MA CINQUIÈME

DU MÊME AUTEUR

La Collaboration, 1940-1944, Armand Colin, 1964
La Sixième République, Flammarion, 1974
Les Miroirs de Jupiter, Fayard, 1986
Les Secrets d'une victoire, Flammarion, 1995
Carnets secrets de la présidentielle. Mars 2001-mai 2002, Plon, 2002
Politic circus, Archipel, 2004
Cahiers secrets de la Ve République, 1965-1977, vol. 1, Fayard, 2007
Cahiers secrets de la Ve République, 1977-1986, vol. 2, Fayard, 2008
Cahiers secrets de la Ve République, 1986-1997, vol. 3, Fayard, 2009
Mitterrand. Carnets de route, Pluriel, 2011
Cahiers secrets de la Ve République, 1997-2007, vol. 4, Fayard, 2011
Le Rose et le Gris. Prélude au quinquennat de François Hollande, Fayard, 2012
Le Monde selon Mitterrand. Combats, pensées, arrière-pensées, piques, polémiques, Tallandier, 2015.
Comment en est-on arrivé là ? Histoire d'un chaos politique, Robert Laffont, 2016
Quelle histoire. Carnets secrets 2016-2017, Robert Laffont, 2017
Le Paris de Mitterrand, Éditions Alexandrines, 2019
Fake News, écrit avec Robert Namias, Robert Laffont, 2019
Le Brun et le Rouge, écrit avec Robert Namias, Robert Laffont, 2020

MICHÈLE COTTA

MA CINQUIÈME

BOUQUINS
mémoires

92, avenue de France 75013 Paris
ISBN : 978-2-38292-359-7
Dépôt légal : octobre 2023

À mon père.

1.

La naissance de la Ve République en direct

Il est à peine plus de 21 heures à Paris, ce soir du 13 mai 1958. Le président du Conseil pressenti, Pierre Pflimlin, pâle, le dos légèrement vouté par le poids des responsabilités qu'il cherche à acquérir, vient de se rassoir, l'air épuisé, sur les bancs des ministres. Au-dessus de lui, depuis la tribune de la présidence de l'Assemblée nationale, André Le Troquer dirige les débats : il sera plus tard accusé d'avoir organisé, des années durant, des ballets roses dans ses appartements privés. Mais de cela, ce soir, il n'est pas question. Pierre Pflimlin, que le président de la IVe République, René Coty, a chargé trois jours auparavant de constituer un gouvernement – après la démission de Félix Gaillard, les renonciations ou les échecs de Georges Bidault, René Pleven, René Billères et Jean Berthoin –, vient de passer plusieurs heures difficiles à rechercher l'investiture des députés présents, mais deux interruptions de séance l'en ont empêché pour l'instant.

Le débat reprend à peine, en début de soirée, lorsque le radical Charles Hernu, député de la 6e circonscription de la Seine, proche de Pierre Mendès France et dirigeant du puissant Club des jacobins, interrompt le premier orateur, et crie, depuis son banc, en direction de ceux qui seraient tentés de continuer leur bavardage en séance : « Un comité de salut public est installé à Alger. Il y a autre chose à faire qu'à vous écouter ! »

La IVe République est tombée, ce jour-là, dans l'énorme tohubohu qui s'empare alors des députés, accordant leur vote, la peur au ventre, à Pierre Pflimlin. Celui-ci n'aura pas le temps d'en faire quelque chose : la panique, en dehors du palais Bourbon, se répand de l'Élysée à Matignon, et de là, à la France entière qui se réveillera le lendemain matin avec la menace d'un parachutage sur Paris du 10e corps de parachutistes du général Massu. Dans quelques semaines, quelques jours, le général de Gaulle, dernier président du Conseil de la IVe République, jettera les fondations de la Ve et les soumettra par référendum aux Français. Dans leur immense majorité, ceux-ci applaudiront la fin du régime d'Assemblée et adopteront la nouvelle Constitution qui portera le sceau du Général.

J'avais vingt ans, et j'étais là. À la tribune des journalistes, tout en haut, au second étage de l'hémicycle, au cœur de la presse, c'est-à-dire, pour moi, au centre du pouvoir. C'était la première fois de ma vie que je mettais les pieds à l'Assemblée nationale. Comment, par quel subterfuge, par quel culot et avec quelle recommandation – celle, nullement politique, du directeur de l'Institut français de presse, Jacques Kayser –, étais-je parvenue à pénétrer dans ce lieu vital ? Peu importe. Pour ma première visite, j'ai vu, quel cadeau pour quelqu'un qui ne rêvait que de journalisme, tomber une République.

Mes opinions politiques, à vingt ans, étaient à vrai dire assez floues, sinon contradictoires. J'étais tombée très jeune dans le chaudron : mes plus lointains souvenirs remontent aux tournées électorales de mon père, résistant de la première heure dans le Sud-Est de la France, maire socialiste de Nice à la Libération. Ne m'ayant qu'entraperçue pendant les années de guerre, il n'aimait rien tant que me faire partager, dès l'âge de sept ans, ses visites de quartiers, cérémonies municipales et autres distractions parmi lesquelles le football, évidemment, tenait une place de choix. J'ai aimé, très tôt les estrades, les préaux d'école, les chapiteaux pleins, l'arrivée des voitures officielles dans l'arrière-pays niçois et les vins d'honneur. À force d'attendre ensemble la fin des banquets, des réceptions, des discours, je m'étais fait un ami du chauffeur de la mairie. Je me rappelle que nous commentions, avec grande lucidité, la situation. Nous dépistions les flatteurs, les enthousiastes, les hypocrites aussi, et n'avions pas d'égal pour renifler, sans nous tromper, les adversaires, ceux qui n'osaient rien dire mais n'en pensaient pas moins, les opportunistes qui passent vite, en souriant, sans dire un mot. Ce chauffeur, dont je me souviendrai toute ma vie comme d'un puissant psychologue politique, finira – ça ne s'invente pas – à Hollywood, où il fut pendant vingt ans la doublure d'Eddie Constantine.

L'histoire avance vite : aux élections législatives de 1951, mon père fut battu à plate couture. Après les mêmes meetings enthousiastes, les mêmes chapiteaux bourrés. Adieu les kilomètres avalés d'un bout à l'autre du département, les mains serrées, les verres offerts, tout partit en fumée. Et, si j'ose dire, mais c'est une autre histoire, mon père avec.

J'avais été élevée par lui dans l'admiration de Jean Jaurès, le tribun socialiste du début du siècle, et dévoré très tôt sa magnifique préface de l'*Histoire socialiste (1789-1900).* Dans celle de Léon Blum aussi, dont j'ai connu, de toute éternité – il me semble –, la dernière phrase de son livre, *À l'échelle humaine* : « Lorsque l'homme se trouble ou se décourage, il n'a qu'à songer à l'humanité. » Lorsque le candidat battu, revenu de sa permanence aux lumières éteintes, rentra chez nous, je lui dis, sans bouger, sans pleurer, comme anesthésiée : « Je ne lui pardonnerai jamais, à ton humanité. Je ne ferai jamais de politique. »

Paroles d'enfant. En réalité, la politique m'intéressa toute ma vie, même si, instruite trop tôt des ravages que peut causer une défaite électorale, je ne me risquai jamais à solliciter une investiture. Il m'arriva même, plus tard, d'en refuser.

À dix-sept ans, à Nice, en première année d'hypokhâgne, j'avais adhéré, en grande partie pour désespérer ma mère, au Cercle des étudiants communistes qui venait de se créer, marquant l'intention de la direction du Parti de se concilier cette fraction plus intellectuelle de la jeunesse qu'il ne parvenait pas à embrigader dans les rangs populaires de la Jeunesse communiste. Il faut dire que notre professeur de philosophie, communiste de haut vol avec lequel nous avions sur la place de l'Esplanade, devant le lycée Masséna, d'interminables conversations à la sortie des cours, nous incitait fortement à ce choix. Mais, sur la Méditerranée, les réunions du cercle choisi se déroulaient sur la plage, entre deux baignades et deux parties de ping-pong, ce qui ne nous engageait pas vraiment à la réflexion sociale. Passé les premiers mois, j'oubliai mon engagement qui m'avait pourtant valu, venant du directeur du journal communiste niçois, *Le Patriote*, le don, dans les Éditions de Moscou, de quelques volumes des œuvres complètes de Lénine. Que je n'ai jamais ouverts, évidemment. Et lorsque, l'année suivante, en khâgne cette fois, notre professeur de philosophie changea, nous oubliâmes les leçons enflammées de son prédécesseur pour apprendre comment bâtir un devoir pour épater, avec un lot de citations, en grec de préférence, l'examinateur chargé de noter notre copie.

La guerre d'Algérie fut à l'origine de tous les engagements de notre petit groupe d'étudiants et d'étudiantes. Très tôt, je pris conscience de la paralysie qui semblait s'emparer de tous les acteurs politiques de la IVe République devant la rébellion algérienne. En 1958, mon héros était Pierre Mendès France, pour la façon dont il avait mis fin à la guerre d'Indochine. Je n'avais raté, dans les années 1954-1955, aucune de ses causeries autour du feu du samedi, premier exemple de communication politique où sa voix fluide, précise, m'avait attirée. Nommé président du Conseil en juin 1954, après la défaite française de Diên Biên Phu, le 7, il s'était juré de régler le conflit indochinois en un mois, sans quoi il s'engageait à démissionner. Cela prit un peu plus de temps, mais l'affaire fut néanmoins menée à vive allure. Le 18 juin, il traitait avec les émissaires du Viêt-Minh. Les accords furent conclus dans la nuit du 20 au 21 juillet. « La France, avait-il dit dans le compte rendu de son action à l'Assemblée nationale, a conduit ces États à l'indépendance. Une autre mission demeure : leur apporter sur leur demande, aide et appui pour assurer le bien-être des peuples et la consolidation de leur sécurité. Telle sera la politique généreuse et réaliste de la France. »

Qu'en peu de mots tant de choses soient dites m'avait enthousiasmée. M'avait atterrée, en revanche, la coalition hétéroclite, droite, communistes, républicains populaires qui, six mois après son succès indochinois, se hâta de se débarrasser de Pierre Mendès France (PMF) en lui refusant sa confiance.

L'idée qu'on ne puisse pas mettre un terme par la négociation à cette guerre en Algérie entre frères ennemis me révoltait. D'autant qu'après tout, avec le Maroc et la Tunisie, « l'indépendance dans l'interdépendance », comme disait le président du Conseil, Edgar Faure, qui succéda à PMF en 1955, vite devenue indépendance tout court, avait été ou serait possible.

Toute médaille a son revers. Le revers de PMF, pour moi, c'était Guy Mollet, le secrétaire général du Parti socialiste SFIO, la vieille bonne SFIO. Deux ans auparavant, en 1956, après une campagne législative victorieuse menée la main dans la main, au sein d'un Front républicain, avec Pierre Mendès France, les deux hommes avaient affirmé ensemble leur fibre sociale et leur volonté de régler, par une autonomie raisonnée, la question algérienne qui empoisonnait le débat politique. La campagne avait été largement dominée par la personnalité de PMF. Pourtant, à ma grande surprise – et celle de ses électeurs – Guy Mollet, bien moins populaire, qui n'incarnait pas vraiment le renouveau réclamé par la situation, accepta, à peine les résultats connus, la lourde charge de la présidence du Conseil afin de rétablir la paix en Algérie. J'imaginais je ne sais quel complot, de préférence antisémite, qui se serait heurté à la désignation de PMF.

Je ne sus que plus tard, bien plus tard, ce qui s'était passé, lorsque Jean-Jacques Servan-Schreiber (JJSS), à l'époque fanatique partisan de Mendès France, pour qui il venait de fonder *L'Express*, me raconta avoir passé sa nuit, le jour du vote, à tenter de convaincre Mendès que la victoire lui revenait et qu'il lui fallait accepter la présidence du Conseil, qu'il ne pouvait pas reculer. Mendès argua du fait que, dans la coalition baptisée Front républicain, le parti dominant était le Parti socialiste, et non pas les radicaux auxquels il se rattachait. Ce petit, tout petit calcul, suffisait, à son sens, pour offrir la victoire à Guy Mollet. À croire que Mendès avait préféré sa tranquillité à un *remake* plus dur de la négociation indochinoise.

Derrière les lunettes qui cachaient de petits yeux gris enfoncés, implacables, où brillait toujours un éclair de méfiance à l'égard de son interlocuteur, Guy Mollet n'était pas Pierre Mendès France. Il n'était pas, comme ce dernier, un symbole, celui de la paix en Indochine. Du haut de mes dix-huit ans, la suite me donna raison. Guy Mollet avait été élu le 2 janvier 1956, après avoir, pendant toute sa campagne, qualifié le conflit d'Algérie d'« imbécile et sans issue ». Un mois plus tard, le 6 février, date décidément fatidique pour la démocratie en France, il s'était rendu à Alger. Porté par la volonté de faire la paix, il avait pourtant été accueilli par une pluie de tomates et vigoureusement houspillé par les ultra pieds-noirs qui l'accusaient de vouloir brader l'Algérie. La preuve : il avait désigné comme ministre résident en Algérie le général Catroux, accusé d'avoir préparé la « capitulation » de la France au Maroc, et taxé à ce titre de décolonisateur patenté. La gerbe que Mollet avait déposée au monument aux morts avait été piétinée par la foule. Défiguré par la peur – que les rares images de la télévision révélaient de manière implacable –, il avait immédiatement abandonné ses velléités de pourparlers avec les rebelles du FLN et opté, sous la pression, pour une politique de force, mettant ainsi dans sa poche, si tant est qu'il l'ait voulu un jour, les perspectives d'une décolonisation réussie. Le pauvre Catroux fit les frais de ce recul, contraint de démissionner le jour, ou presque, de sa nomination. Le 12 mars, Mollet demandait au Parlement les pleins pouvoirs en Algérie « en vue du rétablissement de l'ordre, de la protection des personnes et des biens ainsi que de la sauvegarde du territoire ». Je ne savais pas alors que le demi-tour à 180 degrés faisait partie des règles de la politique. Mais ce revirement-là, je ne l'avais pas encaissé.

Pour mener cette guerre, il fallait des hommes : dès 1955, une partie des jeunes en fin de service militaire furent rappelés de force sous les drapeaux. En 1956, le gouvernement socialiste avait décidé d'envoyer tout le contingent : la durée du service militaire obligatoire était passé de 18 à 27 mois. On imagine le choc en France, partout, et surtout dans les classes d'enseignement supérieur où les jeunes gens voyaient reculer l'horizon de leur entrée dans la vie professionnelle. Personne plus que Mollet, à mes yeux, n'incarnait la débandade de la République.

Considérant qu'il avait trahi sa mission, Pierre Mendès France démissionna de son gouvernement. Comment ne pas lui donner raison ?

Je reviens au 13 mai 1958. À l'époque – cela a beaucoup changé depuis –, la politique se faisait, et se défaisait au palais Bourbon. Et les journalistes qui prenaient place dans la partie haute de l'hémicycle qui leur était réservée étaient, je le savais, les mieux informés de Paris. Directeurs de journaux, grands éditorialistes, chefs des services politiques, c'était là, où se formaient et disparaissaient les gouvernements, qu'ils prenaient d'abord le pouls de la situation.

M'asseyant pour la première fois à leurs côtés, je n'avais pas assez d'yeux pour observer, depuis la petite place réservée à la presse qu'ils m'avaient allouée avec courtoisie, les grandes figures du journalisme politique, Georges Altschuler, d'Europe 1, petit, sec, assez content de lui, écouté alors comme un oracle, Jean Ferniot, de *France-Soir*, moustache conquérante, nœud papillon, rire sonore, et amateur de bons restaurants – je l'appris assez vite, car il était rare que cet homme qui aimait les femmes ne tente pas sa chance avec n'importe laquelle d'entre elles –, Jean-Raymond Tournoux, chroniqueur à *Paris Match*, et Bernard Lefort de RTL. Quatre plus ou moins joyeux lurons considérés comme les caciques de la profession, dont je savais qu'ils connaissaient par cœur toute l'histoire de la IVᵉ République, son fonctionnemeht chaotique et chacune de ses personnalités, présidents du Conseil, ministres, socialistes ou modérés, de droite ou de gauche. Seuls les députés communistes ne les intéressaient pas, puisqu'ils n'avaient aucune chance de figurer dans quelque gouvernement que ce soit.

À la tribune de presse, je me trouvais entre deux journalistes du *Mond*e : Claude Estier, ancien de l'hebdomadaire socialiste *Le Populaire*, dont on disait que le nombre de ses lecteurs ne dépassait pas celui de ses collaborateurs, qui ne cachait pas ses sympathies pour la gauche, et Raymond Barrillon, chef du service politique du quotidien du soir, dont je lisais depuis mon adolescence les articles au style sévère, sans complaisance, et dont l'humour acide était craint de tous. Dans l'équipe qu'il dirigeait, Barrillon, comme le directeur du quotidien, Jacques Fauvet, avait la réputation de ne supporter ni les inexactitudes, ni les fautes d'orthographe. Très nombreux, disait la légende, étaient les stagiaires du *Monde* qui avaient appris à leurs dépens ces règles élémentaires, oubliées parfois depuis, du premier journal politique français.

Raymond Barrillon m'avait accueillie avec stupeur, comme si j'étais totalement incongrue dans le cadre du palais Bourbon où les femmes étaient peu nombreuses, deux ou trois pas plus, et largement plus âgées que moi, mais dotées d'une certaine gentillesse qui n'apparaissait pas au premier abord. « Ne faites jamais le métier de journaliste », me conseillait-il, brillant dans la démonstration qu'il me faisait des difficultés de la profession, insurmontables pour une jeune femme. « Cause toujours, mon vieux », me disais-je en l'écoutant sagement.

À l'Assemblée nationale, tous prenaient conscience de l'inexorable déclin de la IVe République, sans savoir que la fin était si proche. C'était devenu d'ailleurs, partout, mais surtout à Sciences Po où je faisais mes études, où chaque étudiant se passionnait pour la vie politique, un sujet de conversation permanent. Jusqu'à quand ce cirque, ces allées et venues des mêmes hommes politiques, formant des gouvernements pour quelques semaines, quelques mois, allait-il durer ? On connaissait leur nom par cœur, mais dans mon esprit – hormis Pierre Mendès France, je l'ai dit –, ils se ressemblaient tous, à l'exception des communistes qui jouaient un autre jeu que celui du pouvoir, mais bientôt plutôt celui de la déstabilisation permanente du système auquel tant bien que mal ils participaient. J'avais, je ne sais trop comment, l'impression bizarre de les connaître, Jules Moch, Edgar Faure, René Pleven, Maurice Bourgès-Maunoury, à travers les journaux, que je dévorais depuis mon adolescence, comme s'ils étaient des personnages de papier, sans chair, sans idées, sans convictions. Je me trompais sûrement et il y avait parmi eux des hommes (pas encore de femmes) de qualité, mais tous noyés dans la même impuissance.

C'est ce soir-là, celui du 13 mai, qu'ils eurent tous la conviction que l'heure de la chute était venue.

Avec eux, parmi eux, tenus minute après minute au courant de la fièvre qui, sur le forum d'Alger, s'emparait des civils et des militaires, par les innombrables dépêches qui tombaient sur les téléscripteurs, tandis qu'ils interrogeaient sur place députés et ministres qui pour la plupart voyaient le ciel leur tomber sur la tête, j'ai pu mesurer l'extraordinaire décalage entre ce qui se passait sur la place du Gouvernement général et au monument aux morts, à Alger, de l'autre côté de la Méditerranée, et à Paris, le pataugeage général des parlementaires qui, plutôt que d'évoquer l'insurrection à leurs portes, disputaient son investiture à ce pauvre Pierre Pflimlin. Comme si leurs échanges, leurs discours appartenaient déjà à une République qui n'existait plus et dont ils prononçaient, sans sembler s'en apercevoir eux-mêmes, l'oraison funèbre. Le président du Conseil désigné dans l'après-midi avait en effet donné le ton, dénonçant « la vacance du pouvoir » – la France était sans gouvernement depuis la démission de Félix Gaillard trois semaines plus tôt –, qui « paralyse une fois de plus l'État, alors que notre armée se bat, alors que la crise aiguë des devises fait peser sur notre économie une menace d'asphyxie... La dégradation de nos institutions, avait-il poursuivi, menace la République dans son existence ».

Il avait bien sûr également évoqué l'Algérie. Avec d'infinies précautions et une épaisse langue de bois. C'est qu'il était attaqué, sur ce point, par une grande partie de la droite qui lui faisait, *a priori*, le procès de vouloir négocier avec les rebelles algériens. Sa déclaration d'investiture tombait au plus mal : quatre jours auparavant, le 9 mai, on avait appris, à Alger et à Paris, l'exécution par les rebelles du FLN de trois soldats français prisonniers, et ce même jour, l'envoi d'un télégramme du général Salan, en poste à Alger, au président de la République René Coty. Il y soulignait l'inquiétude de ses officiers et de ses troupes, qu'il n'était pas sûr de pouvoir tenir dans une République sans gouvernement et sans vision.

Pierre Pflimlin n'était pas un perdreau de l'année. Il pensait en effet que la négociation serait nécessaire, mais l'évoquer à ce moment-là, en sollicitant l'adhésion du plus grand nombre de parlementaires de tous bords, n'était peut-être pas la meilleure des choses à faire. Mieux valait, pour lui, à cet instant-là, répéter la phrase attendue, et qui ne voulait pas dire grand-chose : « La France n'abandonnera pas l'Algérie. » Il s'engageait, pour finir, à une réforme des institutions, qui serait étudiée par le Parlement à la rentrée d'octobre et à démissionner si les parlementaires la refusaient.

Le constat sombre de Pierre Pflimlin sur le fonctionnement du régime, était, me paraissait-il, assez pessimiste pour mettre un terme aux criailleries des députés qui lui étaient hostiles. Et assez lucide pour être partagé par l'ensemble de l'Assemblée. Mais non, rien de cela, sous la coupole du palais Bourbon. Tout se passait comme s'il s'agissait d'une ixième et banale déclaration de politique générale d'un président du Conseil qui, de toute façon, comme ceux qui l'avaient précédé, ne resterait pas longtemps à l'hôtel Matignon. Pas un mot sur l'actualité qui d'heure en heure menaçait depuis Alger les parlementaires divisés. Je n'ai jamais oublié, depuis, première leçon retenue, que les hommes politiques ont tendance à ne résoudre les crises ou à ne s'attacher à les résoudre qu'au moment où, confrontés à la réalité, plus tenace qu'eux, ils ne peuvent faire autrement.

Et c'est alors qu'Hernu intervint et dit tout haut ce que chacun savait déjà, mais, on ne sait pas pourquoi, par crainte ou impuissance, taisait : qu'une sorte de révolution, sans précédent, de civils et de militaires enflammait la capitale algéroise. La fièvre s'empara alors des parlementaires face à une situation qu'ils s'efforçaient de cacher depuis le début de l'après-midi. J'entendis l'un, Pierre Montel, député Indépendants et paysans du Rhône, dont je ne connaissais même pas le nom, demander sur-le-champ en France un gouvernement de salut public ; un autre, Léopold Sédar Senghor, parlementaire français et futur président du Sénégal, affirmer avec une voix de miel au contraire que c'était « mal poser le problème que d'aller clamant que l'Algérie, c'était la France ». La phrase, qui avait fait (et fait toujours polémique) n'était pas dite au hasard : elle était précisément celle qui avait été prononcée quatre ans plus tôt, au début de l'insurrection, par le ministre de l'Intérieur de Pierre Mendès France, un certain François Mitterrand. Un troisième prenait la parole pour affirmer que « la défense de l'Europe occidentale s'écroulerait si nous perdions nos positions stratégiques en Afrique du Nord. La Méditerranée, ajoutait-il, deviendrait une mer russe. L'Europe libre cesserait d'exister ».

Les communistes, eux, demandèrent, par la voix de Waldeck Rochet, directeur du journal communiste *La Terre*, au parler si rocailleux que je le trouvais presque incompréhensible, la destitution immédiate du général Massu. Pflimlin répondit avec netteté que, certes, des événements graves se produisaient à Alger, mais que « ce n'était pas au Parti communiste qu'il appartenait de sauver la République et la liberté ».

Bref, leurs propos résumaient, dans la nuit qui avançait, l'impuissance chronique, et clinique, de la IVe République face aux « événements » d'Algérie, qui la minaient depuis quatre ans.

« Fascistes », invectivait la gauche. « Algérie française », vitupérait la droite. Épuisés, électrisés, progressivement conscients du danger qui pesait sur la République, les députés, dans leur majorité, finirent par voter, à 274 voix contre 129, vers 3 heures du matin, l'investiture de Pierre Pflimlin. Lequel leur avait rappelé, juste avant le vote, relatant d'une phrase la situation : « Des Français se sont laissés entraîner à accomplir des actes graves et il s'est trouvé des chefs militaires pour prendre, dans ces circonstances, une attitude d'insurrection contre les lois Républicaines. Il faut que vous sachiez que nous sommes peut-être au bord d'une guerre civile. »

Guerre civile ! Ces deux mots résonnèrent longtemps dans la nuit du 13 au 14 dans l'hémicycle bondé. Je le soulignais longuement, dans le cahier que fébrilement je remplissais depuis le matin (habitude qui était la mienne depuis ma quinzième année et que je ne perdis jamais) : je voulais voir de près le grand monde de la politique, j'étais servie.

La panique s'accrut : chacun l'apprenait avec une inquiétude grandissante jusqu'au petit matin, tandis que les lumières de l'hémicycle ne s'éteignaient pas. Dans la nuit, la prise du gouvernement général d'Alger, celle de la radio France 5 dégénéraient : un camion, prêté par les gendarmes, avait eu vite fait d'arracher les grilles de la résidence du pouvoir français à Alger, la foule des insurgés avait grimpé à l'assaut des balcons, balançant bientôt par la fenêtre papiers administratifs et machines à écrire. Le général Massu était arrivé vers 20 heures, rejoignant le général Salan, commandant en chef de la France en Algérie, dont la présence couvrait l'insurrection. Dans les minutes qui suivirent, il annonça, accueilli par une rumeur énorme de la foule, la création d'un Comité de salut public dont il prenait la tête.

Le lendemain, il en appelait au général de Gaulle pour que celui-ci prenne la tête d'un gouvernement de salut public dans la métropole. Les choses, après cela, allèrent à toute vitesse.

Pierre Pflimlin, de son côté, avait nommé à ses côtés Guy Mollet vice-président du Conseil. Il a cru se renforcer, alors que la présence du secrétaire général du Parti socialiste à ses côtés éloignait justement du gouvernement en place une grande partie de la gauche qui ne se reconnaissait pas dans cet homme devenu la tête de Turc d'une partie, la plus jeune, de ses militants. Bref, l'entrée de Guy Mollet dans le gouvernement Pflimlin, au haut poste de vice-président du Conseil, ne garantissait pas le soutien de la gauche, mais celui des plus conservateurs d'entre elle.

Je crois bien, dans les jours qui suivirent l'appel, dicté ou pas, du général Salan, et jusqu'au 1er juin, date de l'investiture du général de Gaulle, dernier président du Conseil de la IVe République, n'avoir quitté la tribune de presse du palais Bourbon qu'à la fin de l'après-midi, le soir presque tombé, pour y revenir le matin, quand la salle des Pas perdus et celle des Quatre Colonnes étaient encore vides, et n'avoir pas manqué une miette de cette fin dramatique, quoique programmée depuis longtemps, de la IVe République.

Les radios, bien sûr, avaient interrompu leurs programmes enregistrés et leurs correspondants commentaient en direct l'insurrection. Le « moi, général Massu » par lequel le commandant des parachutistes avait commencé son adresse aux Algérois avait scandalisé bien des Français, dont je faisais partie, mais l'appel à de Gaulle avait mis du baume au cœur aux gaullistes – lesquels pour la plupart avaient choisi de ne pas voter l'investiture de Pierre Pflimlin. Puis, le 15, le général Salan, qui venait pourtant de se voir confirmer par le nouveau gouvernement ses pleins pouvoirs en Algérie – en partie pour coiffer Massu –, lance à la foule, toujours depuis le balcon du GG : « Vive l'Algérie française », et ajoute, parce qu'un partisan du retour du général de Gaulle aux affaires, Léon Delbecque, le lui souffle, un « Vive de Gaulle » vibrant, que, plus tard, il affirmera ne pas se souvenir d'avoir prononcé.

Bientôt court en France, parmi les députés, le bruit, relayé par Alger, amplifié en métropole, que les militaires français rebelles se préparent à renverser le pouvoir à Paris : les parachutistes, à Alger, sont déjà prêts, et les camions militaires les attendent déjà sur un aéroport métropolitain pour les transporter dans la capitale. Les premiers objectifs seraient, toujours suivant les rumeurs, l'Élysée, Matignon et, bien sûr, la Chambre des députés.

Depuis le début de l'année, le général de Gaulle, quoi qu'en retrait de la vie publique depuis la fin du RPF, mouvement qu'il avait lui-même lancé en 1947 et mis en sommeil en 1953, était fortement sollicité par des politiques, qui n'étaient pas forcément de son bord.

Il y avait d'abord, évidemment, toute l'agitation entretenue en France par ses partisans pour remettre le Général au centre de leur action : campagnes d'affiches en avril 1958, sur fond de *La Marseillaise* de Rude, appels multipliés à son retour, dont celui, le 20 avril, de l'association des Français libres, aller et retour des hommes politiques – parmi lesquels Pierre Mendès France en avril – à Colombey-les-Deux-Églises que de Gaulle quittait une fois par semaine pour son bureau de la rue de Solférino où il retrouvait, impassible et attentif, fidèle, et plus politique que certains le croyaient, le fidèle Olivier Guichard.

À ma grande surprise, d'autres que les gaullistes appelaient eux aussi au retour du général de Gaulle : ainsi de Maurice Duverger, dont à Sciences Po je ne manquais jamais un des cours, et qui, à ma connaissance, n'était pas spécialement gaulliste. Dès le 4 mars, il avait publié dans *Le Monde* un article sobrement intitulé : « Quand ? » pour expliquer que le retour au pouvoir du général de Gaulle était inéluctable et que la seule interrogation portait sur la date précise de son retour. Je me rappelle l'avoir interrogé le lendemain de la publication de son article, à la fin d'un de ses cours : pourquoi cette certitude ? Que représentait pour lui, tant d'années après l'échec éclatant du RPF, le personnage même de de Gaulle : un souvenir glorieux ou un avenir éclatant ? Les deux, m'avait-il répondu, et en tout cas, une nécessité. Le grand professeur de droit dont à l'époque je buvais les paroles ne pensait pas que la IVᵉ République puisse survivre, pas seulement à la crise algérienne, mais à l'instabilité de ses gouvernements. Il n'avait évidemment pas tort, comme la suite l'a démontré. Est-ce pour calmer les ardeurs de Maurice Duverger qu'Hubert Beuve-Méry, le directeur écouté du *Monde*, écrivit dans son quotidien, début mai : « Quelle chance aurait-il [de Gaulle] de mieux réussir qu'il y a douze ans l'entreprise de redressement national ? » J'avais retenu cette phrase, dix jours avant l'insurrection d'Alger : elle me paraissait, alors, frappée au coin du bon sens.

De Gaulle se taisait. Mis au courant, ne serait-ce que par ses proches, gaullistes de toujours, comme Lucien Neuwirth, du désir de ses partisans de tout faire, face au naufrage de la IVe République, pour ramener au pouvoir l'ancien chef de la France libre, il les écoutait, en évitant de répondre, ou, en maître de l'ambiguïté, s'abritait derrière quelques formules soigneusement choisies. Il entendait l'un, qui l'adjurait de prendre fait et cause pour l'Algérie française, puis l'autre, venu à Colombey lui parler de la décolonisation inévitable et nécessaire, avec le même calme, la même réserve et parfois le même silence. Sans jamais décourager aucun de ses interlocuteurs.

Cette fois, après l'appel du général Salan, qu'il n'aime guère, le 15, de Gaulle consent, depuis son bureau de la rue de Solférino, à faire une déclaration qu'il demande au plus proche de ses collaborateurs, Olivier Guichard, de communiquer à l'AFP : « Aujourd'hui, devant les épreuves qui montent de nouveau vers le pays, qu'il sache que je me tiens prêt à assumer les pouvoirs de la République. »

Le 19, au palais d'Orsay, il tient une conférence de presse devant cinq cents journalistes – parmi lesquels, cette fois, je n'étais pas arrivée à me faufiler –, pour déclarer qu'il se tient à la disposition du pays. Signe de sa maîtrise : il arrive à faire rire l'assistance lorsque, avec des phrases dont il sculpte chaque mot, dans une attitude théâtrale, il prononce cette sentence que chacun des présents a gardée en mémoire. À la question posée sur la légalité de son action, puisqu'il ne s'inscrit pas dans le processus politique habituel de la IVe, il répond, ses grands bras ouverts en signe de dénégation : « Croit-on qu'à soixante-sept ans, je vais commencer une carrière de dictateur ? » La salle s'esclaffe.

Ceux qui l'écoutent, transistor à l'oreille, ont compris. Mais, au juste qu'ont-ils compris ? Devant moi, les camps se font. Pour certains, Claude Estier par exemple, collaborateur du *Monde* et de l'hebdomadaire de gauche *France-Observateur*, pour la plus grande partie des socialistes franchement opposés à Guy Mollet, la chose est évidente : les militaires, et eux seulement, ont ramené le général de Gaulle à la tête de l'État. Le Général, chef d'un *pronunciamento* militaire ? Non, au contraire, plaident d'autres pour qui il est l'un des seuls à pouvoir, entraînant derrière lui ces généraux qui ne se soumettent qu'à lui, sortir le pays de la crise algérienne.

Il n'empêche que pour moi, dès ce 19 mai, il n'y a aucun doute : le Général qui disposait, à Alger, de nombreux soutiens actifs, n'a jamais rien ignoré des efforts faits par ses partisans pour le ramener au pouvoir. Mais jamais non plus donné l'ordre de déstabiliser la IVᵉ République qui, il est vrai, n'avait besoin de personne pour se déstabiliser elle-même. Il n'est pas interdit, pensais-je à l'époque, plus nuancée que beaucoup de mes camarades étudiants, de profiter des erreurs des autres. Je ne croyais pas, contrairement à ce que beaucoup de mes acolytes de Sciences Po affirmaient avec force dans les manifestations du Quartier latin, que le Général de Gaulle soit brutalement devenu un militaire factieux. Je me rappelle un dessin de presse, paru à la une d'un journal, j'ai oublié lequel, le 28 mai, où les partis de gauche défilaient dans Paris. Le dessinateur y montrait quelques manifestants criant leur slogan : « Le fascisme ne passera pas », et un traînard derrière eux soufflant : « Il est passé. »

Il m'était apparu, au moment même, que le mot « fascisme » était abusivement employé. Ce n'était pas l'avis de Claude Estier, par exemple, ni de son directeur, celui de *France-Observateur*, Claude Bourdet, très sévère avec le Général, dont ils attendaient qu'avant d'accepter tout rôle politique, il désavoue les généraux insurgés en Algérie et en Corse. Mais de Gaulle l'aurait-il fait, qu'il aurait condamné des militaires que le pouvoir français ne désavouait pas lui-même. Au surplus, il aurait perdu sur l'heure son avantage essentiel, la raison même pour laquelle sa présence s'imposait : seul il pouvait, dans l'état actuel des choses, calmer les militaires et empêcher le projet qu'avaient certains d'entre eux de débarquer en France. La « guerre civile » dont avaient parlé en premier les parlementaires au soir du 13 mai était en effet plus proche qu'on ne le savait alors, les mouvements des troupes et l'arrivée de militaires venus d'Alger à Toulouse, quoique mal connus, étaient dans tous les esprits.

De toute façon, l'heure n'est plus aux interrogations : très nombreux sont ceux qui, publiquement, ou plus discrètement, avec soulagement dans tous les cas, se rallient au général de Gaulle, qui leur apparaît, sans qu'ils le disent, comme la seule solution pour éviter le pire. Pendant ce temps-là, le président du Conseil en titre voit se défaire autour de lui l'autorité gouvernementale. Pierre Pflimlin perd l'un après l'autre les leviers du pouvoir : les militaires se prononcent depuis le forum pour le retour du Général, le reste de l'armée, en métropole et ailleurs, hésite, les forces de l'ordre se débandent – on l'a vu en Corse, investie par les parachutistes qui ont soutenu la création d'un comité de salut public, à l'exemple de celui d'Alger –, ses propres amis politiques sont prudents, attentistes. Et, surtout, le président de la République, René Coty, personnage que l'on avait cru jusqu'alors transparent, tout juste bon, comme on disait alors, à inaugurer les chrysanthèmes, a pris sa décision, convaincu que seul de Gaulle peut empêcher la guerre civile.

Juste un mot sur sa femme, qui jouissait d'une immense popularité auprès des Français jusqu'à sa mort, en 1955, deux ans seulement après l'élection de son mari à la présidence de la République, tant elle ressemblait à leur mère ou à elles-mêmes : sa corpulence n'y était pas pour rien, ni son chignon austère, ni surtout la façon dont elle avait accueilli les premiers journalistes venus faire son portrait : en tablier. Elle-même avait été saisie par les premières photos officielles qui avaient été faites d'elle. Elle se savait grosse, confiait-elle alors, mais pas à ce point. Cette anti-vedette, et fière de l'être, devenue en deux ans l'image d'une grand-mère bien en chair, mais sympathique, plaisait tellement aux Français qu'elle était arrivée à supplanter son mari : il lui arrivait de faire la une de *Paris Match* – ce à quoi elle eut droit également pour son décès marqué par des funérailles en grande pompe à l'église de la Madeleine. En tout cas, c'est elle, et pas lui, plutôt gentil, sans carrure, sans éloquence, sans allure en un mot, qui fit de René Coty un « président normal » dirait-on aujourd'hui, mais avisé, quoiqu'il ne s'exprimât guère publiquement.

Cet ancien sénateur porté par ses pairs à la présidence de la République avait, disait-on, une devise : « En avant, avec le sourire ! » Pas sûr que, dans cette période où finalement il joua un rôle capital, il ait de bout en bout affiché le sourire dont témoignent les photographies officielles. Il apparaît au contraire avoir assumé ses fonctions, dans ces temps fiévreux, avec une détermination qu'on ne lui connaissait pas. Le 28 mai, après que le Général a un peu hâté les choses en déclarant la veille avoir « entamé le processus régulier nécessaire à l'établissement d'un gouvernement républicain », René Coty prend acte de la démission de Pierre Pflimlin, et invite, le 28 mai, dans le plus grand secret, les présidents des deux assemblées, Gaston Monnerville pour le Sénat, André Le Troquer pour la Chambre des députés, à rencontrer le général de Gaulle pour discuter avec lui des conditions de son retour. J'apprendrai le jour d'après, par le récit qu'en fit auprès de quelques-uns de ses confrères, salle des Pas perdus, un vieux de la vieille de la presse politique, Jean Benedetti, la différence d'attitude, cette nuit-là, des deux présidents : Gaston Monnerville, que rien à l'époque n'oppose au général de Gaulle se montre plutôt positif ; André Le Troquer en revanche s'est persuadé qu'il est, lui, l'homme de la situation et n'est pas ravi à l'idée de céder sa place à l'homme du 18 juin.

Ce qui est formidable, à l'endroit où je me trouve, à l'Assemblée, c'est que tout se sait ou presque, avec un décalage de quelques heures, parfois de quelques minutes. Rien finalement ne nous échappe, même si les rencontres nocturnes de de Gaulle avec à peu près tous les officiels de la IVe République mettent du temps à révéler leurs secrets. Les différents auteurs qui, dans les années suivantes, consacreront tant de livres au 13 mai 1958 et aux conditions du retour aux affaires du Général en donneront évidemment un récit moins subjectif, et plus exhaustif que je ne le fais aujourd'hui, avec mes seuls souvenirs.

Mais peut-être, sûrement même – comment en serait-il autrement, c'est la différence entre témoignages et Histoire ? –, y a-t-il chez eux moins d'émotion que celle que nous éprouvions dans le petit monde clos du palais Bourbon, moins d'agitation aussi, car il fallait, pour ceux qui m'entouraient, chercher l'information à tout moment, la transmettre aussitôt quitte à la démentir la minute suivante, tout cela en sentant que l'État pouvait être d'un coup investi, anéanti, remplacé.

En écrivant ces lignes, je me souviens, comme si c'était hier, de ces heures d'attente, mêlées de peur, de ces incroyables images, rares évidemment, mais vues sur les quelques téléviseurs du moment, d'une insurrection dont on ne savait exactement ni qui en étaient les organisateurs – sinon des petits groupes, dont des gaullistes, parfois antagonistes, ennemis même –, ni quel écho elle avait sur les pieds-noirs d'Algérie, ni sur les musulmans avec lesquels ils se flattaient de fraterniser.

Insurrection : ce mot divisait le monde politique en deux camps pour le moment irréconciliables. Il y avait, d'un côté, ceux qui la faisaient, l'encourageaient ou s'y résignaient trop vite, et ceux pour qui le général de Gaulle, revenant au pouvoir dans les fourgons des militaires, ne pourrait que s'y installer en dictateur. J'ai encore sous les yeux le numéro spécial de *France-Observateur*, daté du 22 mai 1958, dont les pages se décollent et se dégradent au fil du temps. Une phrase se détache, à la une, sur fond rouge : « Au bout du gaullisme, la dictature ». « De Gaulle a choisi son camp, écrivait avec solennité Claude Bourdet, le directeur de l'hebdomadaire, c'est-à-dire la faction militaire et ultra-colonialiste qui, seule peut le porter au pouvoir. » Une page plus loin, Roger Stéphane – je l'évoquerai souvent par la suite –, qui retrouvera assez vite sa confiance, fortifiée par son action au sein de la France libre, dans le Général, écrit, en forme de regret, qu'hier à peine il souhaitait que de Gaulle fût en mesure de résoudre le problème algérien, et qu'aujourd'hui pourtant il redoutait de le voir, appelé par la rue d'Alger, « imposer à la France la politique d'une faction ».

La France coupée en deux : le spectacle me fascinait. Je n'imaginais pas qu'il soit possible de la voir se déliter en moins de temps qu'il n'en faut pour le dire. La gauche s'enflamme, parle de faction, de dictature, de pouvoir militaire, alors que tant d'autres estiment déjà inéluctable le retour du Général. En même temps que je feuillette *France-Observateur*, et que je frémis à chacune de ses prédictions, je lis *Paris-Presse*, du groupe Hachette : les éditorialistes de son journal, prudents ou convaincus, soulignent au contraire qu'assumer les pouvoirs de la République, comme l'a dit de Gaulle dans son message du 15 mai, ce n'est pas pour la remplacer, c'est la reconnaître. « Il ne dénonce pas les factieux, mais ne les approuve pas… »

Quant à Michel Debré, sénateur gaulliste qui allait se voir confier la rédaction de la Constitution, puis Matignon, il pourfend chaque semaine, depuis 1957, dans *Le Courrier de la colère*, les dirigeants de la IVᵉ République. Le 22 mai, considérant que l'affaire est dans le sac, il déclare avec une fougue dont lui seul est capable « attendre le général de Gaulle, seul capable de rétablir, dans l'ordre, l'unité de la France et de refaire l'unité de la nation ». Les ministres, qui n'étaient pas de son bord, jugeaient souvent ses propos excessifs. Aujourd'hui, ils les commentent, les approuvent parfois. Un parlementaire que je ne connais pas me montre la une du brûlot comme s'il y voyait la confirmation d'un fait déjà accompli. On y voit un des rares clichés de Général souriant, serein, sortant de la conférence de presse du 19 mai. Lui aussi sait qu'il ne lui reste qu'un court bout de chemin à faire avant de gagner.

Quand j'entendis avec d'autres, dans la salle de presse du palais Bourbon, à l'endroit où télex et dépêches de l'AFP ont leur terminal, René Coty, ce n'était tout de même pas rien, le président de la République, se demander, dans un discours retransmis sur les ondes de « Paris vous parle » si « les Français, demain, allaient se battre avec les Français », si vraiment « nous allions droit vers un combat fratricide », et s'interroger, d'une voix presque calme, élégante en tout cas sur ce qui, « après une lutte inexpiable resterait de notre France », ma religion était faite, même si je n'avais aucune conviction gaulliste, ni aucune certitude sur ses intentions : l'appel de René Coty au « plus illustre des Français », le rappel de l'autorité morale que, semble-t-il, il était seul alors à posséder me parut d'emblée incontournable, tant, finalement, la France – et ses représentants – avaient peur.

Après les quelques phrases de René Coty, tout alla très vite. Le lendemain, le général de Gaulle acceptait de constituer le gouvernement, il acceptait même de prononcer une sorte de discours d'investiture à l'Assemblée nationale devant les députés. Sur le moment, j'ai cru que, pour de Gaulle, cette cérémonie parlementaire allait de soi. Beaucoup plus tard, Olivier Guichard, le plus fidèle de ses collaborateurs, resté depuis l'échec du RPR, me confia qu'au contraire, le Général avait d'abord été réticent à une telle procédure : Guichard lui démontra que seul l'aval des parlementaires empêcherait ses adversaires de l'accuser d'un coup d'État et il fut entendu.

Un des derniers souvenirs qui me reste de ce 13 mai qui dura jusqu'au 1er juin, ce fut de Gaulle, en civil, assis seul ce jour-là sur le banc du gouvernement, se retournant vers les députés pour les regarder sans aménité, ses grosses lunettes d'écaille sur le nez, gagner leur siège sans brouhaha. Plus ému qu'il n'aurait souhaité l'être. Pas un des parlementaires ne manquait. Monté à la tribune, il prononça sur un ton curieusement monocorde, dans un silence absolu, unique en un tel lieu, la plus brève déclaration d'investiture dans toute l'histoire de la IVe République. Le temps de demander des pouvoirs spéciaux, de mettre l'Assemblée en vacances pendant six mois, de promettre de maintenir l'unité, l'intégrité et l'indépendance de la France, le tout en sept minutes, et il redescendait déjà les marches de la tribune. Sans attendre une seconde de plus, comme si sa présence dans ces lieux lui était insupportable, il quittait le palais Bourbon, façon de montrer aux parlementaires que désormais, dans la future Constitution annoncée, dont on connaissait les grandes lignes, les grands débats auraient lieu ailleurs qu'au Parlement.

Puis, sans lui, le débat commença. Parmi ses adversaires, je fus plutôt déçue par Pierre Mendès France. Il avait l'air de souffrir, et peut-être souffrait-il en effet, à l'idée de refuser son investiture à l'ancien chef de la France libre parce qu'il ne voulait pas donner un vote sous la contrainte et la menace d'un coup de force militaire. À vrai dire, s'il pensait vraiment, comme il l'a dit ce jour-là, que le Général était assez intelligent pour orienter le conflit algérien dans les voies de la liberté, alors que ne votait-il pour lui ? Et s'il espérait que le Général éliminerait le péril fasciste et restaurerait les libertés, alors pourquoi ne s'engageait-il pas derrière lui pour ce combat ? Sur mon cahier, j'ai noté résolument un seul mot pour justifier mon jugement mitigé : « alambiqué ». Par la suite, souvent, et notamment dans ses relations futures avec

François Mitterrand, je me rappellerai ce mot que j'inscrirai souvent, peut-être injustement, en marge de mes notes sur les déclarations, publiques ou privées, de Pierre Mendès France.

Combien me parut plus forte, plus éloquente, la charge menée par François Mitterrand. Je l'écoutais pour la première fois, sans sympathie particulière. Je trouvais, pour être honnête, qu'il était lui-même un symbole vivant de la IVe République : je savais que pendant des années, à la tête d'un petit groupe charnière, l'Union démocratique et socialiste de la Résistance (UDSR), il avait fait et défait les gouvernements et qu'il avait été quatorze fois ministre entre 1947 et 1958. Je ne connaissais de lui que quelques photos, dont l'une, qui avait fait la une d'un grand quotidien, en tenue de soirée à l'occasion d'un gala lorsqu'il était ministre de l'Information. C'était trop peu pour juger du personnage, j'en conviens. Je le trouvais, sans que je puisse lui apposer un autre terme : mondain.

D'ailleurs, autour de moi, les éditorialistes paraissent sceptiques. L'un d'eux, particulièrement informé, dont j'ai oublié le nom, dit à qui veut l'entendre que, connaissant François Mitterrand comme il le connaissait, il trouverait bien un moyen de plaire à de Gaulle et de figurer dans son gouvernement. Je l'entends encore : « C'est un opportuniste, soutenait-il, quoi qu'il dise aujourd'hui, il trouvera bien un moyen de se rallier. »

Il y alla au contraire d'un réquisitoire qui en surprit plus d'un – dont celui qui tout à l'heure le qualifiait d'opportuniste. J'ai retrouvé, dans son exactitude, la phrase assassine qui a marqué ce jour-là son refus d'investiture : « Lorsque le 10 septembre 1944, le général de Gaulle s'était présenté devant l'assemblée consultative, il avait auprès de lui deux compagnons, qui s'appelaient l'honneur et la patrie. Ses compagnons d'aujourd'hui, qu'il n'a sans doute pas choisis, mais qui l'ont suivi jusqu'ici, se nomment le coup de force et la sédition. »

À y repenser plus tard, je crois que, sans employer de grands mots, un nouveau Mitterrand est né ce jour-là, celui qui sera le premier président de gauche de la Ve République. En tout cas, il n'était ni opportuniste, ni mondain. Il ne doutait pas de la victoire de de Gaulle sur le Parlement ce jour-là, il savait que son discours le condamnait à une opposition dont il ne savait pas combien de temps elle durerait et il en acceptait le prix. Peut-être même, mais il est possible que je me trompe, est-ce à l'occasion de son refus qu'il s'est « gauchisé », pour la première fois. C'est dans les travées socialistes et communistes que sa formule sur la sédition a été le plus applaudie. L'idée qu'il ait vu, pour plus tard, pas tout de suite évidemment, un chemin s'ouvrir sur sa gauche au moment où il prononçait son réquisitoire, n'est pas tout à fait sortie, je pense, de mon imagination.

J'arrête ici le compte rendu presque d'heure en heure, de ces quinze jours d'effondrement des uns, de reconquête des autres. Je n'ai pas vu, le lendemain, le général de Gaulle, revenu au banc du gouvernement avec ses ministres, se livrer à l'opération séduction, après l'opération sédition, comme le disaient ses ennemis, et lever les bras au ciel en un signe d'impuissance amusée, quand l'avocat d'extrême droite Jean-Louis Tixier-Vignancour, dont Jean-Marie Le Pen sera plus tard le directeur de campagne, confia publiquement avoir voté pour lui la veille : les examens de Sciences Po commençaient, et je fus obligée d'arrêter, au moins pour un temps, ma découverte du monde politique pour passer quelques oraux avec Maurice Duverger, ou, grand ponte du droit constitutionnel, François Goguel : celui-ci, gaulliste de cœur, me sut gré de lui parler de la réforme constitutionnelle dont il savait, et moi aussi, qu'elle était déjà à l'ouvrage.

S'agissait-il de coup d'État, ou de coup d'État permanent, titre d'un court livre percutant de François Mitterrand publié plus tard, en 1964, ou encore de coup d'État démocratique, selon Christopher Nick, l'auteur du livre *Résurrection*, nom de l'opération militaire dont, la semaine du 13 mai, les militaires en Algérie avaient menacé la France ? La réalité, pour moi, est qu'il y a toujours eu une part de ruse, ruse, oui, plus que machiavélisme, au moins dans l'attitude du Général depuis le début de l'année 1958. Comment penser qu'il ait ignoré les mouvements des uns, les départs des autres en Algérie, comme celui de son fidèle Lucien Neuwirth, ou, plus proche de Jacques Chaban-Delmas, Léon Delbecque ? De Gaulle savait tout de ce qui se préparait, il a reçu à Colombey des dizaines d'émissaires militaires ou de gaullistes engagés dans les manœuvres qui préparaient son retour. Mais pas un instant, en les écoutant, il ne s'est départi de sa réserve. Jamais de oui ni de non, jamais de « Allez-y, vous avez ma confiance », encore moins de « Halte-là ».

À la ruse s'ajoutait à coup sûr l'art d'attendre le moment, de forcer les choses sans avoir l'air d'y participer, de fondre sur sa proie au moment où il estimait que la IVe République était morte sans le savoir et que le chemin pour arriver à ses fins était enfin ouvert. Olivier Guichard, qui a vécu ces années à ses côtés, s'est tu aussi. Le silence, l'ambiguïté, étaient presque plus difficiles pour lui que pour l'exilé de Colombey, puisque, resté rue de Solférino, au siège du Général, donc à deux pas de l'Assemblée nationale et des ministères, il ne cessait d'être sollicité par les acteurs de la vie politique. Il savait avec plus de précision encore ce que certains activistes mettaient en œuvre pour renverser la IVe République, pour ramener leur grand homme au pouvoir. Jamais il n'est tombé dans aucun piège, ni n'a commis la moindre erreur qui ait pu laisser supposer l'implication de de Gaulle dans l'action des gaullistes. Qui pourtant peut douter que ce dernier ait voulu reprendre le rôle qu'il avait abandonné au début de 1946, pour, face aux institutions fragiles, puis moribondes, aller jusqu'au bout de la démarche qui était la sienne au sortir de la guerre : la mise en place d'un régime fondé sur une autre Constitution – celle dont précisément n'avaient pas voulu les partis politiques issus de la Résistance en 1946 –, dans laquelle le pouvoir exécutif procède directement du chef de l'État ?

Deux réalités s'imposèrent à moi dès le début du mois de juin : la première est le formidable changement de rythme de la politique. Lorsqu'on relit aujourd'hui la liste, telle que l'a établie plus tard l'historienne en chef de la IVe République, Georgette Elgey, des ordonnances signées par le général de Gaulle entre le 3 juin 1958 et le 8 janvier 1959, 335, plus d'un texte par jour, on mesure l'allure et la rapidité avec laquelle, sans véritable opposition structurée, et sans l'aval de l'Assemblée nationale, mise en sommeil pour six mois, la Ve a fait oublier en moins de temps qu'il n'en faut pour le dire la IVe et sa chute finale. Rapidité encore plus étonnante pour l'élaboration de la nouvelle Constitution sur laquelle, il est vrai, il avait son idée depuis longtemps. Quant à celui qu'il chargea véritablement de son écriture, Michel Debré, nommé garde des Sceaux, il avait en tête, depuis 1946, les volontés du Général auxquelles il souscrivait totalement. Il était aussi partisan de laisser au Parlement, Assemblée nationale et Conseil de la République, dans lequel il siégeait depuis 1947, des prérogatives importantes. Il n'était pas du tout, comme je l'avais cru en lisant les papiers le concernant, favorable à un système qu'on appellerait aujourd'hui présidentiel, mais, au contraire, attaché à laisser une grande place à un système parlementaire, à condition que ce soit du président de la République que procède l'essentiel.

Je ne connaissais pas, bien sûr, Michel Debré, mais une de mes camarades de Sciences Po, avec laquelle je travaillais les diaboliques oraux de l'école, s'appelait Nicole Racine. Elle était la fille de celui qui allait devenir, en 1959, le directeur de cabinet de Michel Debré : elle me parlait, dans la maison de campagne de ses parents, où nous passions les week-ends de juin à réviser nos cours, de l'activité énorme du ministère de la Justice où Michel Debré, qu'elle décrivait comme un homme habité par la réforme de la Constitution, tenait la baguette.

Dans le détail, je n'ai pas exactement suivi ni qui, ni quelles instances, ni la place exacte qu'y prit le général de Gaulle. Il se fichait des détails, voulait seulement s'assurer que ses grandes idées constitutionnelles figuraient dans le texte final. Ce que je savais en revanche, c'était que Michel Debré allait être capable, avec deux ou trois collaborateurs infatigables, de produire un texte à la mi-juillet, de le faire accepter, y compris par les anciens présidents du Conseil et ministres que de Gaulle, au nom de la continuité républicaine, avait nommés dans son gouvernement, de suivre sa progression, à laquelle n'étaient associés ni le président de la République en exercice René Coty, ni la majorité des ministres. C'est qu'il n'y avait pas de temps à perdre : personne ne pouvait, ni ne voulait, prendre le risque de voir de Gaulle à nouveau tirer sa révérence – chacun savait qu'il en était capable –, après une controverse constitutionnelle dirigée contre lui par un ou plusieurs anciens hommes de la IVe. Après tout, chacun connaissait l'ampleur de la crise dont la France venait de sortir – et dont elle n'était pas complétement sortie –, et était conscient que le Général avait été désigné pour proposer une nouvelle Constitution, car tout le monde avait jugé des effets négatifs de l'actuelle, notamment l'instabilité gouvernementale.

Pour le moment, il s'agissait de s'atteler à la Constitution. Ce fut la première fois que je voyais Michel Debré, qui m'en parla beaucoup par la suite, à l'ouvrage. Cet homme de quarante-six ans, au sourire tranquille, que les dessinateurs de presse se plaignaient de trouver si lisse qu'ils ne pouvaient le caricaturer, était déjà pourtant un polémiste qui répandait la terreur dans les milieux politiques de la IVᵉ. Résistant à trente ans, il avait reçu en 1943 pour mission du chef de la France libre d'établir la liste des nouveaux préfets qui remplaceraient, le jour venu, les préfets de Vichy. Il s'était acquitté de sa tâche avec une efficacité qui lui valut d'être nommé commissaire de la République à Angers en 1944. Il avait alors trente-deux ans. L'année suivante, il était chargé d'une réforme de la fonction publique, qui s'était montrée le plus souvent si pusillanime sous Vichy : ce fut la naissance de l'ENA, dont les élèves auraient souvent plus tard, et cela, Debré le démontrait par sa vie même, la tentation de la politique.

Le vrai Michel Debré n'était pas un haut fonctionnaire. Quelle colère contre la IVᵉ République, et les « princes » qui gouvernaient alors ! Quelle passion derrière son visage resté jusqu'à la fin de sa vie juvénile ! Une passion qui parfois, lorsqu'il prenait la parole, faisait chevroter sa voix, dont les intonations déviaient vers le haut, ce qui fit longtemps l'amusement des journalistes et lui attira souvent l'incompréhension de ses auditeurs.

Un des enjeux de cette nouvelle Constitution portait également sur les rapports entre la France et ses territoires en Afrique : la discussion se fit sur l'article 11, c'est-à-dire sur les liens entre la métropole et les différents pays de l'Afrique noire. Serait-ce une fédération ou bien plutôt une confédération ? Je ne sais qui a inventé le mot « Communauté ». C'était un mot commode, dans lequel on pouvait mettre n'importe quoi, sans désobliger personne, et sans s'engager outre mesure dans la voie choisie.

Le dernier acte de cette période, ce fut, le 4 septembre, la présentation aux Français de la Constitution. Ça, pour du spectacle, ce fut du spectacle. Imaginé, mis en scène de bout en bout par

André Malraux, que le Général avait immédiatement voulu à ses côtés depuis le 2 juin.

« Mon génial ami », disait-il de l'auteur de *La Condition humaine*, dont la fabuleuse lecture m'avait, en khâgne, pris un bon mois. Je déteste, depuis, les gens qui n'aiment pas Malraux : j'aurais plus tard l'occasion de m'apercevoir à quel point beaucoup d'hommes politiques autour du Général détestaient ce livre, et comme ils détestaient encore plus *L'Espoir*. Que les souvenirs de sa guerre en Espagne ou son extraordinaire vision de ce qu'allait devenir la Chine les hérissent ou pas, en tout cas, le Général l'avait imposé à son entourage, aux ministres dont le rang protocolaire était supérieur, à ses collaborateurs, et finalement à tous les Français.

Comme Fabrice à Waterloo, je n'ai pas vu grand-chose, parce que, prise dans les manifestations autour de la place de la République, je ne parvins que très tard, la fête finie, à arriver près de la tribune. Descendue à un mauvais arrêt de métro – je ne connaissais pas encore très bien Paris –, je fus coincée boulevard Voltaire. Quant à entendre les discours, les mouvements des CRS autour de moi m'en ont empêchée. Et aussi par moments, la course des manifestants, – ils ne m'ont pas semblé si nombreux – qui m'entraînait dans les portes cochères. Celle du 26, je m'en souviendrai toujours, m'a été particulièrement accueillante. J'ai dû rester près d'une demi-heure dans la cour, à côté des poubelles. Très près de l'endroit où le grand homme s'adressait à la foule, nombreuse devant lui. Mais trop loin pour le voir et pour l'entendre. Il faut dire qu'il fallait, pour mettre un pied sur la place, être muni d'un carton d'invitation, ce que je ne savais pas. Ou alors être ancien combattant, ce que je n'étais pas non plus.

Ce que je vis, la cérémonie terminée, à plus de 19 heures, ce fut l'immense tribune d'où le Général s'était adressé aux Français. Quelle tribune ! Franchement, seul Malraux pouvait inventer un bastringue pareil. Déjà, choisir la place de la République, avec son immense Marianne de bronze juchée à plus de vingt mètres de haut, ce n'était pas mal imaginé. D'autant, je l'appris par la presse, que jamais aucun Président n'avait parlé à cet endroit depuis l'inauguration du monument en 1883. J'avais raté la mise en scène, mais la reconstituais dans mon esprit, abasourdie, choquée presque par l'ampleur inégalée donnée à la cérémonie : après le discours de Malraux, vers 18 h 30, un énorme rideau qui voilait l'entrée de la tribune s'était ouvert, laissant la place à la voiture du Général. Celui-ci s'était avancé, les bras ouverts « en V », et avait appelé les Français à voter oui. J'ai lu son discours le lendemain dans *Le Monde* : il y disait longuement, bien sûr, tout ce que la Constitution nouvelle allait changer, mais plus que le texte du discours, les images de la télévision, les photographies des journaux marquaient une telle différence avec les cérémonies des présidents de la IVᵉ République, le tablier de Mme Coty, le lyrisme de Vincent Auriol, que, d'un coup, j'eus la conscience de la naissance d'un autre monde, celui où le spectacle était synonyme de grandeur. Du moins est-ce ce qu'espérait, je pense, André Malraux, et ce à quoi il réussit au-delà de son ambition. Il ne restait plus qu'à attendre le 28 septembre, date fixée pour le référendum sur la Constitution.

Je venais d'avoir vingt et un ans et l'idée de m'inscrire sur les listes électorales alors que je venais d'emménager dans une chambre de bonne, rue Bruller, qui donnait directement sur la ligne du métro Denfert-Rochereau-Antony, ne me vint pas à l'esprit. Dans ma tête, mon adresse était encore niçoise. Si j'avais voté, j'aurais voté oui, même si la gauche donnait un mot d'ordre contraire. Ce que j'avais vu de la IVᵉ République ne me donnait pas envie de la défendre. Le oui remporta un franc succès, qui allait bien au-delà de la gauche classique : d'ailleurs, Guy Mollet était au gouvernement, ce qui en avait surpris plus d'un, il avait même contribué à l'écriture de la Constitution, et clairement celle-ci dépassait les clivages entre la gauche et la droite, malgré les discours à l'Assemblée nationale de PMF, qui ne s'y fit jamais, et de Mitterrand qui, plus tard, s'y fit très bien.

De Gaulle maintenant, c'était une autre affaire. Celle de l'Algérie. En juin 1959, diplôme de sortie de Sciences Po en poche, je fus retenue pour un stage d'été à *France-Observateur*. C'était le cœur de l'opposition au général de Gaulle qui, malgré ses promesses de mettre un terme à la guerre d'Algérie, semblait hésiter sur les options qui s'ouvraient à lui.

2.

Dans les coulisses de l'affaire algérienne

Le temps du doute. Que voulait-il faire, finalement, général de Gaulle ou pas général de Gaulle ? Que pouvait-il faire ? On s'y perdait, je m'y perdais. « Je vous ai compris », en juin 1958, était une formule assez floue pour faire croire aux Français d'Algérie qu'il reconnaissait leur combat pour l'Algérie française et la lutte contre les indépendantistes algériens. Mais à d'autres, au contraire, il paraissait que, précisément parce que la phrase était floue, le Général ne prenait aucun engagement devant ceux auxquels il parlait, sur le forum d'Alger. En revanche, lorsqu'il disait quelques jours plus tard : « Vive l'Algérie française », je me disais que, décidément, rien n'était clair.

De ce point de vue, *France-Observateur* était un microcosme. La bagarre entre ses fondateurs était devenue permanente. Depuis le bout de bureau qui m'avait été attribué – stagiaire, la responsabilité qui m'avait été donnée était de choisir les photos qui illustraient le journal ; ce que je faisais, je dois dire, au petit bonheur la chance, n'y connaissant rien –, j'entendais, dans la salle du fond, les échanges de voix qui tournaient souvent à la franche dispute entre les fondateurs historiques du journal. Claude Bourdet, farouchement hostile au Général, était convaincu qu'il ne réussirait jamais à mettre un terme à la guerre d'Algérie, et qu'il continuait de menacer la France, avec les généraux d'Alger, d'une dictature militaire. Tous ses articles, semaine après semaine, dénonçaient le système et son extrême dangerosité. Face à lui, Roger Stéphane – qui avait fondé l'hebdomadaire avec lui, et dont la contribution financière à la création du journal avait été de loin la plus importante – faisait état des conversations personnelles avec le général de Gaulle et assurait au contraire que lui seul pourrait ramener la paix en Algérie et réussir la décolonisation.

Je dois dire quelques mots sur Roger Stéphane à qui me lia, jusqu'à la fin de sa vie, une particulière amitié. Il n'aimait pas les femmes et le disait haut et fort, à un moment où les hommes revendiquaient peu cette liberté. Il me raconta plus tard, ce qui aujourd'hui ferait frémir plus d'une féministe, une de ses prouesses. Amateur de cigares, il en allumait un, en attendant l'ascenseur du 10, rue des Pyramides, alors siège du journal, lorsqu'une habitante de l'immeuble, qui patientait avec lui, lui demanda, horrifiée, de l'éteindre, parce qu'elle en détestait leur odeur. « Ça tombe bien, lui répondit Roger Stéphane, entrant en premier dans la cabine, lorsqu'elle fut arrivée au rez-de-chaussée, moi, je déteste les femmes ! » Une parfaite muflerie qui m'avait fait rire, ce que je n'oserais plus faire, en public du moins, aujourd'hui.

Après un déjeuner amical avec Jean Cocteau, comme si de rien n'était, il avait dirigé, à vingt-cinq ans, comme commandant FFI, l'assaut qui avait, à Paris en 1944, libéré l'Hôtel de Ville. Admirateur et ami d'André Malraux, il avait conçu, pendant la guerre, un éternelle dévotion au général de Gaulle. Il était, à gauche, ami d'Edgar Faure et de Mendès France, militant d'une décolonisation franche au Maroc et en Tunisie et avait, dans un premier temps, je l'ai dit, le 13 mai, craint que le Général de Gaulle ne soit ramené au pouvoir par les militaires d'Alger. Mais, deux mois plus tard, sa fidélité au Général avait pris le dessus. Dans les discussions, qui se traduiraient bientôt en une rupture avec Claude Bourdet et les autres dirigeants de l'hebdomadaire, j'entendais ses accents convaincus, qui laissaient de marbre les autres dirigeants du journal. Je n'avais bien sûr, de ma petite place, pas le droit de participer à leurs échanges, mais les cloisons étaient étroites et les éclats de voix, nombreux.

Paul-Marie de La Gorce rejoignit la rédaction de l'hebdomadaire pendant que j'y effectuais mon bref stage. Docteur en sciences politiques, soutenu par la mémoire d'un illustre grand-père, académicien, historien du Second Empire, il travaillait depuis des mois sur une Histoire de l'armée française. Doté d'une ironie sans faille, impénétrable et gai, secret et pourtant disert, iconoclaste et érudit, courageux lorsqu'il lui fallait traîner dans la casbah, avec le costume-cravate qu'il ne quittait jamais, pour recueillir des informations, et amateur de bons restaurants parisiens auxquels ma bourse n'avait pas accès, il fut, dans ces années-là, plus proche de la stagiaire que j'étais que des pontes de *France-Observateur*. D'autant que ce journal de gauche connaissait évidemment mal la caste militaire, et que les sources sérieuses de Paul-Marie de La Gorce étaient bienvenues pour suivre de près l'agitation actuelle des généraux et colonels, en France et en Algérie. Les visages des journalistes de *L'Observateur* étaient trop connus, pour la plupart d'entre eux, pour pouvoir emprunter discrètement, je veux dire sans que les Renseignements, généraux ou militaires, en soient avertis, l'avion Paris-Alger.

C'était lui, donc, qui ne cessait de franchir la Méditerranée pour envoyer, depuis Alger, ses articles renseignés, signés du pseudonyme étrange d'Édouard Roermont sur le choix duquel il ne s'est jamais expliqué. Sa réflexion l'amenait dans le même sens que Roger Stéphane : il était également convaincu, même s'il n'avait pas encore été reçu par l'émigré de Colombey-les-Deux-Églises, que, dans l'état d'insubordination presque totale dans lequel était la majorité des militaires, le dernier Premier ministre de la IVe République, devenu chef de l'État après le référendum de 1958, était le seul à pouvoir mettre fin à la guerre d'Algérie. En même temps, chaque fois qu'il se rendait à Alger, à Bône ou à Constantine, il voyait que la reddition des rebelles n'était pas pour demain. Comment de Gaulle allait-il s'y prendre pour sortir du bourbier ?

L'Observateur n'était pas le seul journal en pointe sur la guerre de l'Algérie. Je lisais *L'Express* avec passion depuis mon adolescence provinciale : s'adressant à un autre public que *L'Observateur*, plus modéré, plus bourgeois, plus nombreux aussi, l'hebdomadaire avait été lancé en 1953 par Jean-Jacques Servan-Schreiber et Françoise Giroud, dont le style et la beauté me faisaient déjà rêver, pour soutenir le réformisme de PMF. Sur un autre ton, moins moraliste, il partageait le même combat de la décolonisation. Surtout depuis que François Mauriac, quittant avec fracas *Le Figaro* dont il était le fleuron, avait été le premier, le 15 janvier 1955, à y dénoncer l'usage par l'armée de la torture en Algérie. Sous le titre « Mauriac accuse », à la une de *L'Express*, j'avais appris, par les révélations de ce grand écrivain catholique que j'avais peu lu, la pratique, presque courante sur les combattants algériens, du supplice de la baignoire, ou plutôt « d'un baquet d'eau sale où la tête est maintenue jusqu'à l'étouffement », du courant électrique « sous les aisselles et entre les jambes » et autres mœurs d'une partie de l'armée française que personne avant lui n'avait osé évoquer. Le témoignage sur lequel il s'appuyait, d'un prêtre de la région de Constantine, était clair, précis, terrible.

Sur moi, comme sur tant d'autres Français, l'article de François Mauriac avait marqué un tournant dans la guerre ; comme l'avait été plus tard le départ pour l'Algérie, comme réserviste, du sous-lieutenant Jean-Jacques Servan-Schreiber. Il avait choisi, plutôt que de commenter depuis Paris l'évolution des choses, d'être sur le terrain, à la tête d'une compagnie basée à cinquante kilomètres d'Alger. Sur le ton du récit, en cachant les noms de ses interlocuteurs, il exprimait son expérience d'officier rappelé, décortiquant les forces et les faiblesses des positions françaises en Algérie. Semaine après semaine, il dessinait une évolution libérale pour ce pays qui n'était encore qu'un département français. À son retour, il avait retrouvé sa place à la direction du journal que Françoise Giroud avait dirigé d'une main de fer sans lui, au milieu de journalistes convaincus, comme Jean Daniel, que l'indépendance de l'Algérie était désormais la seule porte de sortie possible pour le général de Gaulle et son gouvernement.

Je me disais, en lisant, en écoutant, que la France entière, en ce moment, partageait les mêmes doutes et se heurtait aux mêmes incertitudes. De Gaulle ferait-il ce pour quoi il avait été élu ? Avec cette difficulté qu'il avait été élu sur un malentendu. Les uns étaient sûrs qu'avec de Gaulle, l'Algérie demeurerait française ; les autres étaient convaincus qu'elle ne le resterait pas.

La première année du règne de de Gaulle n'avait en rien résolu le problème. Il fallut attendre son discours du 16 septembre 1959, près d'un an et demi après sa prise de pouvoir, pour que la pensée du président de la République apparût un peu plus clairement, et encore. Je l'écoutais rue des Pyramides, aux côtés d'Hector de Galard et de Claude Estier, à *L'Observateur*.

« Autodétermination », il employait ce mot pour la première fois : les Algériens se voyaient offert, pour la première fois dans l'histoire, le droit de choisir leur destin, après un cessez-le-feu, entre la sécession, la francisation complète, « de Dunkerque à Tamanrasset », ou la constitution d'une Algérie gouvernée par les Algériens, mais « en union étroite avec la France ». Le mot était fort, mais la réalité offerte ne nous parut pas suffisante pour que les partisans de l'indépendance algérienne s'en satisfassent, puisqu'il dépeignait avec épouvante l'idée de sécession, dont l'aboutissement serait « invraisemblable et désastreux », dont les conséquences seraient « une misère épouvantable, un affreux chaos généralisé, un égorgement généralisé et bientôt la dictature belliqueuse des communistes ». Il nous apparut clair que sa préférence allait vers un gouvernement algérien en alliance, de type fédéral, avec la France.

C'était un premier petit pas vers un règlement de la guerre en Algérie. Mais un discours qui mécontenta tout le monde. Aux partisans de l'Algérie française, il laissait croire qu'ils pourraient un jour être gouvernés par des Algériens, et aux partisans de l'indépendance algérienne, il présentait sous un jour épouvantable ce qu'il demandait, la sécession.

Trois mois plus tard, les barricades hérissaient Alger, le bras de fer commençait entre le Général et l'armée française, les pieds-noirs se retournaient contre de Gaulle, la France était sous la menace permanente d'un coup d'État. Je passe les étapes, mais je garde de ces années 1961-1962 l'impression, indicible pour ceux qui ne l'ont pas vécue, d'une attente anxieuse, et surtout du poids nouveau de l'armée, presque entièrement gagnée à l'Algérie française, prête à débarquer sur Paris. Avec la présence obscure de l'OAS, créée depuis l'Espagne où il était en exil, par le général Salan. Clandestine, bien sûr, l'organisation frappant d'abord en Algérie, indistinctement des Algériens nationalistes ou même modérés, de policiers ou de militaires restés fidèles au pouvoir. Bientôt cette OAS, en lutte pour enrayer l'indépendance algérienne, débarqua en métropole, où elle trouva sans difficulté des relais pour attenter aux biens et aux personnes favorables, en France, au chef de l'État ou à l'indépendance algérienne. Ainsi entendait-on, la nuit, les explosions aux domiciles des leaders de la gauche et du gaullisme. Je me rappelle avoir suivi un cours de Maurice Duverger à la Sorbonne, en fin d'après-midi, et avoir, comme tous les étudiants, entendu le bruit proche d'une explosion. « Pourvu que ce ne soit pas chez moi », plaisanta le professeur de droit. C'était chez lui, près de la rue Saint-Jacques, où il habitait alors, nous l'apprenions le lendemain.

Autre professeur, autre combat. À Sciences Po, où j'avais commencé mon doctorat de sciences politiques et ma thèse de troisième cycle, j'assistais avec plaisir au séminaire animé par trois professeurs connus, Jean Touchard, René Rémond et Raoul Girardet sur le mouvement des idées politiques françaises. Au contraire de ses deux acolytes, le premier spécialiste des idées politiques, le second historien du catholicisme et de la droite, Raoul Girardet, né un an après la bataille de Verdun en 1917, ne faisait pas mystère de son engagement avant 1939 à l'Action française, ni plus tard auprès du général Giraud, pendant la Seconde Guerre. Nous savions tous qu'il écrivait, depuis des années, dans l'hebdomadaire royaliste de Pierre Boutang, *La Nation française*, sous le pseudonyme de Philippe Méry. Il était de surcroît spécialiste, dans l'université, de l'armée française sur laquelle il avait déjà écrit quelques livres. Il était surtout une référence, une conscience même pour les officiers de l'armée d'Algérie. Et surtout, après la sortie dans la revue sartrienne *Les Temps modernes* de ce qu'on appelait le « Manifeste des 121 », en 1960, appelant les appelés du contingent à l'insoumission, il avait signé, contre les intellectuels « de la trahison », un tout autre manifeste, d'intellectuels nationalistes ou anti-gaullistes réaffirmant « la mission civilisatrice de l'armée en Algérie ».

Après une séance du séminaire, au début de l'automne 1961, il m'invita à prendre un pot au bar Le Pont-Royal, où il avait coutume de rencontrer en fin d'après-midi l'écrivain de droite Jacques Laurent (qui, sous le nom de Cecil Saint-Laurent, écrivait des best-sellers historiques, dont *Clotilde à Vichy*, *Clotilde à Alger*, tout un programme), le patron des Éditions de la Table ronde, Roland Laudenbach, auxquels se joignaient des jeunes gens, dont Philippe Tesson, alors tout jeune directeur du journal *Combat*, bel ange aux yeux bleus, quoiqu'à la plume acide et polémique, et d'autres encore dont les convictions anti-gaullistes étaient bien ancrées. En attendant les habitués, Raoul Girardet me raconta longuement son appartenance au mouvement de l'OAS en métropole, l'« OAS soleil », leurs réunions clandestines, les actions commandées à des militants déterminés. Je n'en demandais pas tant, plutôt gênée de ses confidences politiques que je ne sollicitais pas. Nous nous quittâmes vers 22 heures. Le lendemain matin, j'appris qu'il avait été arrêté au petit jour, et emprisonné, parmi d'autres, à l'hôpital Beaujon, qui, je ne sais pourquoi, servait alors d'établissement pénitencier pour militants de l'OAS. Malade à l'idée qu'il puisse penser que je l'avais dénoncé, alors que je ne sais pas comment je m'y serais prise pour le faire, j'allai parler à Jean Touchard, également secrétaire général de la Fondation des sciences politiques, comme pour le prendre à témoin du secret que j'avais gardé sur les propos que m'avait tenus la veille Raoul Girardet. Il me rassura : Raoul Girardet ne faisait pas mystère de son engagement pour l'Algérie française, il s'en vantait presque auprès de ses collègues et les autorités politiques du moment ne pouvaient pas ne pas le savoir.

Emprisonné quelques semaines, il fut accusé de « provocation de militaires à la désobéissance » puis revint paisiblement à Sciences Po poursuivre son séminaire sur les idées politiques, dont celles qu'il avait mises en pratique.

Ainsi étions-nous, ces années-là, à deux doigts de la guerre civile. Je n'y croyais qu'à moitié au début, avant de me convaincre progressivement du danger que faisait courir à la République une armée toujours plus factieuse. À chaque avancée, que je jugeais pourtant mesurée du général de Gaulle, correspondait un mouvement de refus, plus ou moins musclé, des militaires en Algérie, dans lesquels se reconnaissaient la plus grande partie des militaires français, on l'a oublié depuis : semaine des barricades en janvier 1960, qui répond au discours du général de Gaulle sur l'autodétermination de septembre 1959. Putsch des généraux d'Algérie, en avril 1961, en réplique à la conférence de presse dans laquelle le général de Gaulle, le 11 avril, a fait part, non sans quelques accents cyniques, de sa conviction que, tôt ou tard, l'Algérie serait indépendante. En réplique aussi aux pourparlers avec le FLN algérien engagés depuis le début de l'année après le oui des Français au référendum sur l'autodétermination en janvier

Je me rappelle comme si c'était hier le putsch du fameux « quatuor de généraux en retraite » dans la nuit du vendredi 21 au samedi 22 avril 1961. Salan, Challe, Jouhaud, Zeller, hostiles, au-delà de la raison, à la politique de négociation du général de Gaulle, accusé de trahison, basculent, et avec eux une grande partie de l'armée en Algérie, en métropole et en Outre-mer, dans l'insoumission.

Samedi au matin, la France tout entière apprend que des parachutistes, ceux du 1er REP, désormais célèbre, se sont emparés en trois heures des points stratégiques d'Alger, dont le gouvernement général, l'aéroport et la radio. Elle apprend aussi ce qu'elle ne soupçonnait pas vraiment : que l'objectif était bel et bien la prise du pouvoir par les militaires en métropole et le renversement du général de Gaulle. On n'a pas le temps de le croire tout à fait que, dans la soirée, s'élève sur les ondes la voix solennelle, mais surprenante, de Michel Debré. Le Premier ministre appelle les Français à venir « à pied, à cheval ou en voiture », barrer la route aux soldats factieux qui seraient parachutés sur la France pour prendre le pouvoir avec le concours, sur place, des cadres de l'armée française.

Au journal *Libération*, où je viens ce soir-là chercher mon ami Claude Estier, je m'aperçois vite que le dîner prévu est bien oublié. La tension est à son comble dans l'immeuble qu'occupaient alors *Libération* et *L'Humanité*. Je pense ne pas avoir, jusque-là, pris exactement la mesure des choses. Dans la rédaction, le standard, désert, est sur le point de sauter sous les appels. Ne sachant comment montrer ma bonne volonté, je m'y installe et réponds à des correspondants, innombrables, qui appellent après l'allocution, prononcée d'une voix caverneuse, par Michel Debré. Je leur réponds comme je peux. À la question : que pouvons-nous faire, de mes correspondants qui désirent se porter au secours de la République, je réponds, m'appuyant sur les propos d'André

Malraux qui appelle à la formation de commandos de défenseurs de la République et du ministre de l'Intérieur, qu'ils peuvent aller chercher les armes qu'on leur fournira place Beauvau. Ce n'est pas rien, tout de même, de donner une telle consigne à ceux qui m'appellent, anti-gaullistes, communistes même pour la plupart. Je m'amuse de mon rôle impromptu en même temps que je m'inquiète sérieusement de la situation et des mouvements militaires annoncés. L'angoisse me reprend d'une guerre civile, d'une prise de pouvoir au nom du maintien de l'Algérie dans la France, ou en l'occurrence, cette nuit-là, de la France dans l'Algérie. Je ne rentre chez moi qu'au petit matin et j'écouterai, comme tout le monde, l'intervention du général de Gaulle, le 23. Jamais, je crois, je n'ai entendu dans la voix du général de Gaulle autant d'indignation devant ces militaires entraînés « hélas, hélas, hélas » dans la rébellion, ni autant de détermination pour ordonner que tous les moyens, « je dis bien tous les moyens » soient employés pour leur barrer la route. Le « aidez-moi » m'émeut, en même temps qu'il m'inquiète. Pensez : le grand homme demande aux Français de l'aider. Dans quel drame faut-il que nous soyons pour qu'il nous rappelle à la résistance !

Après son bref discours, à peine plus de cinq minutes, mais quelles cinq minutes !, il faudra quelques heures à peine pour que le putsch se délite. Le ralliement des chefs militaires attendu par les putschistes n'est pas au rendez-vous, le contingent sur place refuse d'obéir aux ordres des factieux, le général Massu fait de la résistance. C'est assez pour que ma conviction, cette fois, soit définitivement faite : son autorité seule, sa fermeté, son courage aussi ont éloigné le danger de la guerre civile. Personne d'autre que lui n'aurait pu mener à terme la décolonisation inéluctable de l'Algérie.

À quel prix ? Au prix fort.

Envoyée par Philippe Tesson pour le journal *Combat*, je suis à Évian, en mars 1962, avec une foule de journalistes, français et étrangers, pour rendre compte des pourparlers avec les indépendantistes algériens, dont on nous assure qu'ils vont être signés par les deux équipes de négociateurs. En réalité, des rencontres entre les représentants du général de Gaulle, Christian Fouchet, Robert

Buron et surtout Louis Joxe, il y en a eu beaucoup, depuis plus d'un an, des secrètes, des moins secrètes, semées d'échecs.

C'est lorsque le Général avait demandé à Georges Pompidou, son ex-directeur de cabinet promis à devenir Premier ministre, de prendre secrètement les commandes de la négociation au début de l'année 1961 que l'affaire avait pris un cours nouveau. Georges Pompidou s'était même collé de fausses moustaches sur son visage pour se rendre à un entretien en Suisse. Avant d'être le premier journaliste à la révéler dans *L'Express*, Paul-Marie de La Gorce m'avait parlé de cette mission secrète de Georges Pompidou, en mars. Et de tout ce qu'il avait appris de la part des négociateurs algériens du gouvernement provisoire de la République algérienne, dont Krim Belkacem et Redha Malek, qu'il connaissait bien, faisaient partie, me révélant que ceux-ci avaient été très sensibles à l'intervention de Pompidou dans un processus où ils restaient méfiants : ils savaient bien que l'abandon du Sahara et de son pétrole était, dans la réflexion initiale de de Gaulle, inacceptable. Le putsch, en avril, suivi de son délitement, avait paradoxalement accéléré le processus : de Gaulle, maintenant, avait hâte d'en finir.

De cette hâte, les accords d'Évian, le 18 mars 1962, étaient une des conséquences les plus évidentes : la rédaction des textes avait commencé un an plus tôt – une des premières réunions, les mois précédents, avait été marquée par l'assassinat par l'OAS du maire de la ville. Il s'agissait seulement, à Évian, d'une formalité marquée de quelques signatures. Georges Pompidou ne participait pas à cette réunion aux côtés des autres négociateurs français. Preuve évidente que son intervention dans les pourparlers de 1961, un an plus tôt, avec les Algériens du FLN, avait été capitale. L'envoyé spécial du général de Gaulle n'avait pas besoin de se rendre à Évian. Il avait négocié l'essentiel.

Pour des raisons que j'ai oubliées, ou peut-être parce que, tout ayant été rédigé à l'avance par Georges Pompidou, la réunion des négociateurs aujourd'hui n'avait aucune importance réelle, les journalistes sont restés parqués dans un des grands espaces d'Évian, casino ou hôtel, où tous s'entassaient, tandis que les deux délégations siégeaient de l'autre côté du lac et ne se sont montrées qu'en photo. Nous n'avons eu communication du long texte (63 pages) que tard dans l'après-midi. Le temps d'entendre une petite voix suraiguë de femme dire distinctement : « Drôle de négociation ! Pas vu la queue d'un ministre ! »

C'était la doyenne des journalistes présents : Geneviève Tabouis. Née en 1892, elle avait été une des plus célèbres, et renseignées, journalistes dans l'avant-Seconde Guerre mondiale. Habillée de noir comme les vieilles dames de Faizant, elle continuait à tenir, sur RTL, une rubrique intitulée « Attendez-vous à savoir », dans laquelle elle diffusait des informations qu'elle avait glanées sur la politique internationale. Je n'ai retenu que sa phrase dans le brouhaha des journalistes à qui l'on communiquait le texte touffu des accords.

Une certitude : ce document ne fut jamais suivi du moindre effet : il prévoyait un cessez-le-feu immédiat. Ce fut un feu d'enfer que déchaîna au contraire l'OAS, et qu'entretinrent les combattants du Gouvernement provisoire de la République algérienne. Mais tout cela, maintenant, c'était du passé. Comme le pétrole du Sahara, les essais de Reggane, le retour inorganisé des pieds-noirs. 90 % des Français approuvaient en juin les accords qui, finalement, ne furent jamais appliqués. Pour eux, comme pour de Gaulle, la page de la guerre d'Algérie était définitivement tournée.

Pas tout à fait : le 22 août, un commando de l'OAS ouvre le feu sur la DS qui conduit à Villacoublay le président de la République et son épouse en partance pour Colombey.

« Mitraillade à bout portant par plusieurs armes automatiques, puis poursuites menées par tireurs en automobile ? Des quelque 150 balles qui nous visent, quatorze touchent notre véhicule. Pourtant, hasard incroyable, aucun de nous n'est atteint », notera sereinement plus tard de Gaulle dans le tome 1 de ses *Mémoires d'espoir*.

Ouverte dans la violence, la page de l'Algérie française se tourne. Mais l'attentat, s'il n'a pas été meurtrier, n'a pourtant pas été politiquement inutile : ce jour-là, a-t-il dit plus tard, le chef de l'État prend conscience de sa fragilité. Du fait qu'il peut mourir. Il faut qu'il puisse légalement être remplacé. Lui adjoindre un vice-président ? Il n'en veut pas. Il reprend son idée première, celle qu'il a dans la tête en réalité depuis le discours de Bayeux, à la Libération : l'élection du président de la République au suffrage universel, seul moyen, a-t-il toujours pensé, de maintenir démocratiquement la continuité de l'État. Et de gouverner vraiment. « Plébiscite », crie la gauche qui se constitue en un improbable « cartel des non » où dominent tous les vieux visages défaits de la IVe république. Son échec est absolu. En 1962, les Français approuvent massivement, sans peut-être en mesurer les effets, le référendum qui leur est soumis sur cette modification, capitale, de la constitution de la Ve République. Début d'une autre ère politique.

Le 29 juin 1960, Philippe Tesson me pose mon premier vrai défi de journaliste. Depuis quelque temps déjà, je suis chargée, en alternance avec mon amie Jacqueline Chabridon, des grands entretiens, politiques et sociaux, des pages centrales du journal *Combat*. Cette fois, je suis sommée de faire parler François Mitterrand après la mystérieuse « affaire de l'Observatoire ». C'est la première fois, depuis six mois, qu'il assiste à une manifestation publique. Muet, Mitterrand, l'orateur, qui peut y croire ? C'est pourtant le cas.

Petit retour en arrière, rapide, mais nécessaire, sur ce qu'on a appelé l'« affaire de l'Observatoire » : dans la nuit du 15 au 16 octobre 1959, François Mitterrand, à l'époque, sénateur après son échec aux législatives de la Nièvre en 1958, sort du restaurant Lipp, à Saint-Germain-des-Prés, lorsque, sur le chemin de son domicile proche, rue Guynemer, sa 403 est prise en filature. Il modifie sa route pour échapper à ses poursuivants. À peine a-t-il le temps, au niveau de l'avenue de l'Observatoire, de plonger au-dessus de la haie dans le jardin que son véhicule est mitraillé par la voiture suiveuse. La veille, le gaulliste Lucien Neuwirth, un des principaux artisans du « complot » ayant ramené le général de Gaulle au pouvoir, a en deux phrases, dans *Paris-Presse*, lancé un cri d'alarme : « Les commandos ont franchi la frontière. Les personnalités à abattre sont désignées. »

J'ai encore en tête, tant d'années plus tard, cet étrange appel de Lucien Neuwirth et surtout cette sombre période, du lourd climat dans lequel ce cri était lancé. Je me demandais ce jour-là à qui il s'adressait. Plus à de Gaulle, pensais-je, qui, quelques jours après sa conférence de presse sur l'autodétermination du peuple algérien, me semblait être devenu l'homme à abattre pour les tenants de l'Algérie française qui avaient cru en lui. Plus aux gaullistes, en tout cas, qu'à n'importe lesquels de leurs adversaires politiques. Je ne pensais pas que cela pût être Mitterrand.

La mystérieuse course-poursuite de la nuit, à laquelle la presse donne le lendemain le plus grand écho, le désigne comme la cible des fameux « commandos » d'extrême droite. Ce que ne dément pas François Mitterrand, à qui le retour sur le devant de la scène politique ne déplaît évidemment pas.

Une semaine plus tard, alors que François Mitterrand n'a pas dit à la police un mot sur celui-ci, un homme, Robert Pesquet, ancien gaulliste mis au ban des siens, devenu poujadiste par la suite, révèle, dans le brûlot d'extrême droite *Rivarol*, qu'il a organisé cet attentat à la demande de Mitterrand lui-même désireux d'apparaître à cette occasion comme l'ennemi numéro 1 des partisans de l'Algérie française. Pour confirmer ce qu'il affirme, Pesquet produit une lettre, écrite et postée avant l'attentat, qui fournit des indications précises sur l'itinéraire suivi par la 403, l'endroit où elle s'est arrêtée, le mitraillage qui devait avoir lieu seulement après que son conducteur avait trouvé un abri dans les jardins de l'Observatoire.

On imagine mal la stupeur qui suivit les déclarations de Robert Pesquet. Entre ricanements et indignation, François Mitterrand est déconsidéré par la plus grande partie, à gauche et à droite, du monde politique. Ses amis de gauche s'interrogent, les gaullistes rigolent, les communistes aussi. Sérieusement attaqué pour mensonge et dissimulation, Mitterrand est bientôt mis au ban du Sénat, sa levée d'immunité est requise et tout aussitôt acceptée. Plus : comme à aucun moment il n'avait parlé à la police de Robert Pesquet, la levée d'immunité est immédiatement suivie d'une inculpation pour outrage à magistrat.

Quelle affaire ! Et quelle épouvantable mécanique ! François Mitterrand avait commencé par vouloir se défendre, mais ses propos tombaient dans le vide, ou plutôt, pire, sous les rires. Il ne pouvait plus apparaître nulle part sans qu'autour de lui fuse le cri : « Pesquet, Pesquet ! » Bref, assez vite, il avait cessé de se justifier pour se murer dans le silence. Et c'était ce silence-là, obstiné depuis plusieurs semaines, que Philippe Tesson, un tantinet machiavélique, comme il l'était toujours, me demandait de faire cesser. « Je suis sûr que toi seule pourras faire parler Mitterrand, commentait-il : personne ne te connaît, il ne se méfiera pas de toi. » L'occasion était toute trouvée : les salles gothiques et les allées du parc de l'abbaye de Royaumont accueillaient, le 30 au matin, les participants d'un colloque, organisé par l'Association pour la sauvegarde des institutions judiciaires et la défense des libertés individuelles, à la lumière de la guerre d'Algérie. C'était essentiellement du processus de l'autodétermination qu'il était question ce matin-là. Sous les arches du cloître, à quelques kilomètres de Paris, quand j'y arrive, le jeudi, le Tout-Paris de la gauche, juristes, comme les professeurs Georges Lavau et le doyen Georges Vedel, des hommes politiques, des syndicalistes s'entretient à la tribune sur les libertés individuelles et sur les conséquences du conflit algérien sur l'exercice de la légalité.

Le colloque est interrompu vers midi, et les intervenants, auxquels se sont joints quelques journalistes, déjeunent, sous les arches, en bordure du jardin, autour d'une grande table en fer à cheval. Les « officiels » sont placés en bon ordre, presque protocolaire, autour de l'organisateur du colloque, le bâtonnier René-William Thorp. Je reconnais auprès de lui les professeurs de droit, les politiques, Pierre Cot et Paul Teitgen. Pas de Mitterrand. Je prends place, bien embêtée par ce que je crois déjà être un échec, tout au bout du fer à cheval. Quelques minutes après que chacun a commencé à piquer dans son assiette, Mitterrand arrive. Il n'y a plus de place auprès des orateurs et des responsables du colloque, attablés depuis un bon quart d'heure. D'un coup d'œil, pour choisir une place, Mitterrand fait le tour de la table. Deux chaises sont libres à mes côtés, tout au bout. Il vient donc s'asseoir près de moi.

Il est vêtu d'un costume beige, couleur de brume, comme s'il voulait se rendre invisible. Ses yeux trop noirs ont perdu leur éclat dans un visage qui s'est légèrement empâté. Je le trouve presque gauche, bien loin des photos altières du ministre de l'Information de la IVe République en tenue de soirée, dont, beaucoup plus jeune, j'avais retenu les traits bien dessinés et l'assurance presque hautaine. Pas de hauteur pour lui aujourd'hui. Certes, à la demande du bâtonnier Thorp, dont j'apprends à l'occasion que c'est son avocat, il fait aujourd'hui sa rentrée, encouragé par ceux qui lui restent fidèles, dans la vie politique : je le sens profondément marqué par le scandale médiatique qu'il vient de traverser, tendu, inquiet, traits tirés, sur la défensive.

Il ne m'a jamais vue, donc ne redoute pas d'agression de ma part, s'étonne toutefois assez vite de me voir là. Je n'ose lui parler de *Combat*, tant il a l'air de vouloir échapper à toute interview : c'est comme étudiante de troisième cycle de Sciences Po, ce que je suis, que je me présente. Mitterrand engage la conversation sur un ton léger, presque forcé, me demande le sujet de ma thèse. Au bout de quelques minutes, je n'y tiens plus. J'ai toujours eu, et j'ai toujours – jusqu'à Jérôme Cahuzac récemment – l'horreur de tirer sur des ambulances, de piétiner un homme à terre, ce qu'il était, même si ce jour-là il tentait une remise en selle. Je le sens fournir des efforts, pendant qu'il me parle, s'interrompant parfois pour adresser un signe à l'un, sourire, plus rarement, à un autre.

Je m'entends encore tout bas lui demander si ce qu'il vit n'est pas trop dur. Le Mitterrand que j'ai connu plus tard m'aurait envoyée sur les roses. Mais ce jour-là, Mitterrand me répond que oui, bien sûr, que le plus dur pour lui est d'être tombé dans un piège. Il me raconte rapidement l'enchaînement des rencontres avec Robert Pesquet, rencontres toutes publiques, dont l'une, la dernière, dans la salle des Pas perdus du Sénat (« J'aurais trouvé un endroit plus discret si j'avais voulu monter un attentat contre moi-même »). Je ne comprends pas tout ce qu'il me dit, car il parle vite et bas, et que je n'ai pas en tête l'entière chronologie de l'affaire. « Oui, je suis tombé dans un traquenard, oui, j'ai fait confiance à un homme qui disait avoir été recruté pour m'abattre. » Il ne me dit pas s'il a été blessé, meurtri par la haine soulevée par ce vrai-faux attentat chez ses adversaires politiques, par le doute de ceux qui se disaient ses amis. Il ne me dit pas, comme il le confiera plus tard, qu'il a pensé au suicide, mais je comprends l'essentiel : ce dont il ne se remettra jamais, me dit-il ce jour-là, c'est d'avoir été assez imprudent, ou malhabile, pour tomber, lui, qui ne redoutait rien, dans un piège dont il craint de ne jamais sortir.

Je ne lui pose aucune des questions que je devrais lui poser pour satisfaire à la curiosité journalistique de Philippe Tesson. Je trouverais indécent de le faire, à ce moment-là, autour de cette table. De toute façon, si je l'avais embarrassé par une question, il aurait immédiatement mis un terme à son monologue. J'écoute, et je me tais. Pitoyable journaliste que je suis.

Je rentre à *Combat*, vers 19 heures, avant le bouclage du quotidien. Philippe Tesson m'attend, avec un sourire incrédule : « Tu es arrivé à le voir ? », me demande-t-il. Je réponds par l'affirmative. « Tu peux écrire un papier ? » Je réponds par la négative. Il lève les yeux au ciel. Je m'explique : « Il faut que je prenne du recul, je ne suis pas sûre d'avoir tout compris. Je dois le revoir, je ferai un article, je le jure, mais pas aujourd'hui. » Bref, une bérézina. Mais Tesson ne m'en veut pas. Il n'attendait rien de cette rencontre à laquelle il ne croyait pas. À vrai dire, il s'en fiche un peu : cette histoire est déjà presque ancienne. Elle s'enlisera bientôt dans une procédure juridique compliquée, où chacune des deux parties conteste l'autre, et qui finalement n'aura jamais d'épilogue.

On le sait depuis : Robert Pesquet révélera en décembre 2005 dans un documentaire diffusé par France 3 – après la mort de Mitterrand – qu'il était, certes encouragé par ses amis d'extrême droite, le seul instigateur de cette machination destinée à jeter l'opprobre sur un homme de la IVe République, désormais gagné à la cause de l'indépendantisme algérien. Mais personne, et peut-être pas Mitterrand lui-même, ne sut jamais s'il avait ou non pensé à instrumentaliser la chasse à l'homme que Pesquet lui avait mise en tête.

L'épisode n'aurait pas grande importance s'il n'avait changé la personnalité même de François Mitterrand : lorsqu'il est sorti, lessivé, de son audience au palais du Luxembourg, au milieu de sénateurs haineux ou muets qui demandaient la levée de son immunité parlementaire, deux seuls hommes, me dira-t-il, l'ont assuré de leur solidarité, Wladimir d'Ormesson et Robert Hersant, qui deviendra dans les années 1970 le puissant directeur du *Figaro*. Il n'est plus, ne sera plus jamais le jeune ambitieux grandi sous la

IVe, qui n'avait jamais subi aucun revers. Il n'est plus l'insouciant, insolemment gâté par les fées de la politique. Il se reproche sa légèreté, son amateurisme presque. Lorsqu'il me parle, en 1960, il craint que sa carrière s'achève dans les bosquets du jardin de l'Observatoire.

À quarante-trois ans, il doute désormais de son étoile. La méfiance, contre tout et tout le monde, partisans supposés ou ennemis déclarés, est entrée dans sa vie. La prudence devient une règle primordiale. L'homme seul s'entourera désormais d'une garde rapprochée : l'avocat Georges Dayan, connu au stalag dans les années 1940, seul à le tutoyer, à le gourmander parfois, non sans humour, André Rousselet, l'ancien président de Simca, qui met à sa disposition l'acuité de son esprit et la rondeur de son portefeuille, Roland Dumas, avocat lui aussi, qui, au fait de toutes les affaires politico-financières de Paris, détournera les coups s'il le faut. Et en donnera pas mal. Sans oublier cette complicité qui les unit, lorsqu'il s'agit d'une part très importante de la vie de François Mitterrand, sa conquête et sa consommation de femmes : Dumas n'ignore et n'ignorera rien plus tard de l'univers sexuel et sentimental de Mitterrand, dans lequel, en dehors de lui, pas grand monde, sauf peut-être ce personnage falot qu'est François de Grossouvre, ordonnateur de ses expéditions amoureuses, ne s'y retrouvera. Comme le prouvera la suite, François Mitterrand n'est pas Roger Salengro. Il rebondira. Mais n'oubliera pas.

3.

Le moment Mitterrand

Le hasard, la chance, toujours. Un matin de septembre 1963, une jeune étudiante pousse la porte de mon bureau, au quatrième étage, neuvième palier de Sciences Po. J'avais défendu ma thèse au printemps et me spécialisais, avec les quelques chercheurs qui créaient le devenu aujourd'hui fameux Cevipof, dans l'étude des comportements politiques. J'avais accepté, par intérêt pour cette nouvelle discipline dont François Goguel était le précurseur, autant que par nécessité, le poste de chargée de recherche au CNRS : les piges de *Combat* étaient maigres sinon inexistantes et mon recrutement, intermittent, aux *Cahiers de la République*, grâce au professeur René de Lacharrière, collègue de mon frère à l'université de Caen et proche de Pierre Mendès France ne me nourrissait pas non plus. Mon interlocutrice commençait une thèse, je crois ne pas me tromper, sur les républicains sociaux de la IVe République. Elle venait me raconter qu'elle avait dîné, en compagnie de son futur mari, Olivier Chevrillon, avec Françoise Giroud. La patronne de *L'Express* cherchait une assistante et lui avait proposé ce poste.

Ma première phrase fut pour la féliciter avec, au cœur, une violente envie d'être à sa place. La jeune femme m'arrêta : elle n'avait pas accepté l'offre de Françoise, n'ayant aucune envie de faire du journalisme. Je ne lui cachais pas que si Françoise Giroud m'avait fait cette proposition, je n'aurais pas hésité une minute pour la rejoindre. Elle fut très étonnée, me croyant mariée pour toujours avec la science politique. Mais me proposa de donner mon nom à la directrice de *L'Express*. Assez tôt, le lendemain matin, sa secrétaire m'appelait : Françoise Giroud m'attendait, pouvais-je venir tout de suite ? Il devait être 10 heures. Je répondis, le cœur battant à tout rompre, que je serais une heure plus tard au siège du journal, sur les Champs-Élysées. En sortant du métro, mes jambes flageolaient. J'avais cinq minutes d'avance. J'entrai dans un bar chic, à peu près désert à cette heure, et commandai, à l'étonnement du garçon, un Baby – je n'osais pas même prononcer le mot whisky – que je bus d'un trait. Dix minutes plus tard, j'étais devant elle.

Elle ne savait évidemment rien de moi, mais je savais à peu près tout d'elle. La façon dont, seule, elle avait dirigé *L'Express*, pendant que Jean-Jacques Servan-Schreiber était rappelé en Algérie. Je n'aimais pas seulement le journal, et ses engagements politiques, auxquels j'avais toujours souscrit, depuis que, adolescente à Nice, je m'arrêtais chaque semaine chez le kiosquier, tout juste en bas de chez moi, pour acheter mon hebdomadaire favori. Je l'aimais, elle, pour son écriture exigeante, acide, pour la clarté de ses positions, derrière la précision de son style et ses phrases courtes, découpées comme de l'acier. Pour sa beauté aussi : ses yeux noirs, veloutés dans ce visage volontaire, son sourire lumineux, dévastateur, qui faisaient oublier les chagrins de sa vie personnelle derrière son apparence éclatante. Longtemps, des années plus tard, alors que moi-même je n'avais pas non plus été préservée du malheur, son sourire m'a accompagnée, clair et courageux.

Je ne l'avais croisée qu'une fois auparavant, de loin : elle passait rue de Verneuil au volant d'un coupé décapotable Mercedes gris clair, elle était habillée de clair, ses courts cheveux bruns décoiffés par le vent avec une écharpe blanche. Libre et rayonnante. Mon cœur, pour elle de midinette, s'était serré, lorsque, quelques semaines après cette fugitive vision, j'appris, comme le Tout-Paris qu'elle décrivait avec tant de distance et d'acuité, qu'elle avait fait une tentative de suicide, après que Jean-Jacques avait épousé une jeune fille très jeune et très blonde. Se tuer, elle, au sommet de son métier, femme libre, influente, crainte et respectée, qui était pour moi un modèle absolu de charme et d'intelligence, se tuer pour un homme ! Et un homme qui, ayant la chance de posséder son amour, avait préféré y mettre fin !

L'Express avait vécu, mal, quelques semaines, quelques mois sans elle. Jean-Jacques, lui-même plus touché qu'il ne l'aurait souhaité par leur séparation, avait bien tenté de la remplacer à la direction de l'hebdomadaire, par une autre Françoise, Françoise Verny, qui deviendrait plus tard une très influente éditrice. Mais la greffe n'avait pas pris au sein d'une rédaction trop longtemps habituée à l'autorité souriante, au professionnalisme ferme de Giroud. Celle-ci avait donc, un beau jour, repris sa place sans même donner d'explications – Jean-Jacques et elle n'en avaient sans doute par besoin –, applaudie par tous, avec un respect nuancé de tendresse à l'issue de sa première – nouvelle – traditionnelle conférence de rédaction

Je pensais à tout cela en entrant dans son bureau, transie de peur. Elle n'était pas aussi intimidante que je le pensais. La familiarité n'était pas son fort, certes, mais elle paraissait plus menue, plus accessible, plus douce, derrière sa grande table, dans cette pièce que des tableaux impressionnistes modernes, qui n'étaient visiblement pas des copies, mettaient en valeur. Elle souhaitait, me dit-elle, que je la seconde dans la direction de la section littéraire du journal. Le directeur en était le très érudit François Erval, qui avait lu tout Milan Kundera, n'ignorait rien de Pablo Neruda ou de Mircea Eliade, raffolait de la littérature d'Europe centrale et avait en horreur une littérature plus populaire, plus adaptée sans doute aux lecteurs et lectrices de *L'Express.* Rétif de surcroît à toute obligation journalistique : la notion d'heure de bouclage lui était inconnue, obtenir d'un auteur qu'il rende son article à temps lui apparaissait comme une insulte à son égard. Voilà ce qui serait, si je l'acceptais, ma mission.

Je savais ne pas être douée pour le maintien de l'ordre et redoutais que le champ de mes connaissances littéraires n'atteigne ni l'Europe centrale ni l'Amérique du Sud. Je dis pourtant oui, sans réfléchir plus avant, pensant que l'essentiel était d'être dans la maison. Je me faufilerais bien, à brève échéance, dans le service politique. Tant pis s'il fallait pour cela passer par assurer l'intendance du service littéraire. Bref, au bout d'une demi-heure d'entretien, où j'ai sans doute beaucoup bafouillé, elle se leva : « Jean-Jacques » (au journal, on ne l'appelait, comme Françoise d'ailleurs, que par son prénom) souhaitait à son tour me voir. J'en conclus que j'avais passé la première étape, et que la seconde serait sans doute plus difficile. Précédée de Françoise, je franchis les quelques mètres qui séparaient son bureau du sien, et vis celle-ci lui glisser entre les mains une fiche qu'elle venait de griffonner. « Je vous laisse », dit-elle.

La table devant lui était vide, immense, d'un ordre méticuleux, sans un dossier, sans un papier.

Au contraire de celui de Françoise, tiède, légèrement parfumé, son bureau était net, carré, déshumanisé presque, sans aucun objet personnel, comme s'il se fichait, ce qui était d'ailleurs le cas, du cadre dans lequel il travaillait, convoquait des gens, élaborait des scénario politiques ou préparait ses éditos décapants. Il ne perdit pas de temps. De deux choses l'une, me dit-il. Soit, je ne m'entendrais pas avec François Erval, et celui-ci risquait de demander, et d'obtenir, ma tête, soit je m'entendais avec lui, et dans ce cas, c'était lui, Jean-Jacques, qui serait tenté de me faire prendre la porte. « Alors ? » me demanda-t-il, assez satisfait de son brutal résumé de la situation. Il prit le temps de lire le billet de Françoise et répéta : « Alors ? » Je me souviens avoir répondu, en feignant une assurance que je n'avais pas : « Alors, si vous voulez, c'est oui. »

« Ah bon, dit-il en riant, vous êtes courageuse ! »

Il ajouta, plus bas : « Je vous fais confiance. » Je ne compris que plus tard, bien plus tard, ce qui faisait sa puissance, lui dont je me demandais alors comment, avec sa jolie gueule, certes, mâchoire carrée, volontaire, yeux d'un bleu métallique, il avait pu séduire Françoise après une simple course-poursuite en automobile sur les quais de la Seine, au sortir d'un dîner mondain : l'attention qu'il portait aux autres – quand il estimait utile pour lui de le faire – faisait qu'il obtenait de ses interlocuteurs le meilleur d'eux-mêmes. Il faisait exister les autres par la conviction, justifiée ou pas, qu'il avait de leur valeur ou de leur intérêt, comme il l'avait fait de Pierre Mendès France. Ou les attirait à lui, comme François Mauriac, qu'il avait littéralement arraché au *Figaro*, parce qu'il les persuadait qu'ils étaient uniques. C'était ainsi, sans doute, que Françoise s'était prise à son piège. C'était ainsi qu'elle avait, un soir, préféré mourir que vivre sans voir l'admiration dans son regard. Elle me dit un jour, plus tard, comme on le dit d'un enfant doué et difficile : « Il est insupportable, mais les gens, avec lui, se sentent intelligents... » C'était vrai.

Il ouvrit sa porte, puis celle de Françoise, devant qui il me laissa. « Quand êtes-vous libre ? » me demanda-t-elle comme si elle savait que Jean-Jacques avait donné son feu vert alors qu'il n'avait pas dit un mot. Une mystérieuse complicité entre eux, sans doute, qui avait survécu à leur rupture – si tant est qu'elle ait été définitive, ce que je n'ai jamais cru.

Je répondis : demain, ce qui la fit sourire. Le lendemain, je pris congé de mes chers professeurs de Sciences Po, passablement surpris par la promptitude de mon départ. Entrant dans le bureau de Raoul Girardet, sur lequel l'OAS semblait avoir glissé comme sur les plumes d'un canard, je tombai sur un jeune homme, tout juste admis à l'ENA qui, comme moi, avait été de ses élèves. Il était brun, l'œil noir et vif. Un sourire ironique était comme dessiné sur ses lèvres dans un visage irrégulier. Girardet me le présenta. Il s'appelait Jean-Pierre Chevènement et venait de terminer une longue étude sur l'Allemagne de l'après-Seconde Guerre mondiale. Se destinait-il à la haute administration ? Je compris à sa réponse qu'il se préparait à une carrière plus politique que technocratique.

« Oui, me dit-il, j'ai l'intention de signer mon adhésion au Parti socialiste.

– Adhésion à Guy Mollet, lui demandai-je, légèrement abasourdie par l'idée, venant d'un énarque de mon âge, pour qui le personnage de Guy Mollet ne correspondait sans doute pas à une image de modernisme politique.

– Oui, me répondit-il, superbe – je l'entends encore. C'est de l'intérieur qu'il faut le détruire pour le changer. »

Eh bien, il en avait du culot, ce jeune homme. Il ne manquait pas de confiance en lui surtout ! Je ne savais pas alors que commençait ce jour-là une amitié qui ne s'est jamais éteinte.

Mais, vite, revenons à *L'Express*. Quelques heures après avoir quitté ma courte vie dans la science politique, je pris possession de mon bureau, tout petit, mais privilégié : à côté de celui de Françoise Giroud. Un bureau qu'avaient occupé avant moi, je crois bien, Florence Malraux, la fille du « génial écrivain », et Anne-Marie de Vilaine. Longtemps je me suis demandé ce qu'elle avait écrit sur sa petite feuille qu'elle avait tendu discrètement à Jean-Jacques, en me laissant dans la gueule du loup. Elle n'a répondu à ma question que des mois plus tard. Une seule phrase : « Ne la brusquez pas. » Phrase que Jean-Jacques s'était hâté d'interpréter à sa manière, plus brutale que séduisante, considérant mon entrée à *L'Express* comme une mission impossible.

Pendant quelques mois, je fis mes classes. Cela voulait dire : préparer, éventuellement couper, ou même changer un mot des articles, avec le plus extrême soin, bien sûr, les auteurs pour la plupart très célèbres de l'hebdomadaire ayant une haute conscience d'eux-mêmes – et de leur écriture –, tout cela sans m'opposer au courroux de François Erval, qui fut, dès le premier instant où on me mit dans ses pattes, mon ennemi juré. Quelques semaines plus tard, lorsqu'elle jugea que mon stage s'achevait, Françoise me confia une rubrique, dans les pages littéraires du journal toujours, « Entre les lignes » – c'était son titre –, dans laquelle je me lançai, sous son œil exigeant, à faire des portraits d'auteurs moins célèbres que Mircea Eliade, mais plus connus des lecteurs de *L'Express*. Françoise était ma première lectrice, évidemment : elle ne me passait rien, en me dispensant avec une douceur qu'elle me réservait ses conseils de journalisme, dont j'étais fière de profiter. J'avais, me disait-elle avec raison, après la lecture de mon premier livre, un résumé de ma thèse sur la Collaboration, un style universitaire, qui n'était pas celui d'un hebdomadaire. « Quand vous assistez à un accident, au coin de la rue, vous ne commencez pas par me raconter le temps qu'il faisait, vous me dites : il y a un accident dans la rue. Pas de périphrases, pas d'introductions inutiles : l'information d'abord. »

Ce qu'elle appelait la « lisibilité » d'un article, c'était l'envie que son auteur donnait à ceux qui en avaient commencé la lecture de le lire jusqu'au bout. Le plus important était donc l'accroche, la première phrase, le premier mouvement. « D'ailleurs, m'expliqua-t-elle, faites-en vous-même l'expérience : dans un article, vous pouvez souvent retirer le premier paragraphe et attaquer directement par le second. Cela va plus vite, et c'est plus fort. »

Bon, je passe sur les conseils journalistiques qu'elle rédigea d'ailleurs plus tard dans une sorte de manuel dont j'eus la chance d'avoir la primeur jour après jour. Tellement d'autres choses à écrire sur Françoise Giroud, dont il m'arrive si souvent de sentir la présence à mes côtés. J'ai tout aimé d'elle, je crois. J'ai aimé son visage, sa façon de parler d'une voix douce que démentait parfois la dureté du propos. J'ai aimé sa façon de s'asseoir comme un chat, jambes repliées sous elle, toujours prête à griffer. J'ai eu la chance, comme peu d'autres, de partager sa vie, c'est-à-dire son travail, pendant plusieurs années, les plus riches sans doute pour moi. Sans elle, j'aurais été différente. Elle a appris tant de choses à la lycéenne de Nice que j'étais, lorsque je suis « montée » à Paris. La façon de s'habiller, éviter absolument les talons trop hauts en reportage, les phrases inutiles. Elle m'a prêté des robes du soir, car je n'en avais pas, et surtout montré comment les porter. Elle m'a appris aussi à me défier des hommes, à redouter les femmes, et surtout que le travail était le meilleur des antidépresseurs.

Depuis la fin de l'été, Jean-Jacques s'ennuie. Plus de guerre d'Algérie, donc plus de cause brûlante à défendre. Le journal s'essouffle après son combat décolonisateur. Les lecteurs tournent la page, il faut les fidéliser autrement. Tout change, d'ailleurs, au journal. Jean Daniel se prépare à quitter l'hebdomadaire où il avait écrit, dans l'émotion, la chronique de la guerre. Il entraîne avec lui une bonne partie des journalistes politiques. Plus de Pierre Mendès France, auquel l'oppose maintenant une mystérieuse querelle de famille. L'ancien président du Conseil a épousé la cousine de Jean-Jacques, Marie-Claire de Fleurieu, au moment où je ne sais quel conflit matériel oppose les deux familles des fondateurs des *Échos*, donc de *L'Express*, Robert, père de Marie-Claire, et Émile, père de Jean-Jacques.

Jean-Jacques ne s'ennuyait jamais longtemps. Il choisit le grand chambardement. *L'Express* devait changer de fond en comble, sur le modèle des hebdomadaires américains. Il fallait adopter le format de *Time* et de *Newsweek*, pour moderniser son style et le rendre plus original. Ce qui, entre parenthèses, ne dura pas longtemps, tous les hebdomadaires s'alignant à toute allure par la suite sur le format choisi. Jean-Jacques avait déjà envoyé son jeune frère Jean-Louis aux États-Unis, pour préparer une nouvelle maquette du journal. Pourquoi lui, et pas Françoise ? En réponse, elle me donna un conseil qui me fut utile pour la vie : « Il est plus facile de critiquer un projet, de le changer à la marge que de l'inventer soi-même. » Formule qui traduisait à la fois sa crainte d'un changement trop radical de *L'Express* et sa volonté de s'opposer le moins possible à Jean-Jacques.

L'essentiel du projet de celui-ci n'était toutefois pas seulement le changement de format du journal. Il lui fallait un projet plus politique, plus polémique, il lui fallait ne pas s'ennuyer, précisément, dans ces années où la Ve République et son chef, le général de Gaulle, allaient nous endormir, pensait-il, en attendant sa réélection prévue pour le mois de décembre 1965. Jean-Jacques Servan-Schreiber redoutait que le Général ne profite de la contradiction dans laquelle à peu près tous les partis, sauf le sien, s'étaient enfermés tout entiers. Ces dirigeants, socialistes, radicaux, divers gauche, centristes même, unis dans un « cartel des non » avaient condamné le principe même de l'élection du président de la République au suffrage universel en 1962, parlant même, comme le président du Sénat Gaston Monnerville, de « forfaiture ». Ils avaient été largement battus par les Français. Comment, maintenant, les partis allaient-ils pouvoir en 1965 se mobiliser pour une élection dont ils avaient combattu le caractère populiste ? À noter tout de même que quelques hommes politiques, dont Mitterrand, revenu dans le jeu politique, et Defferre, plus avisés, plus conscients de la séduction qu'exercerait sur les Français l'idée d'élire eux-mêmes leur Président, étaient restés en retrait dans la campagne du cartel des non.

Le résultat était qu'aucun parti n'était capable, à la fin de l'année 1963, de désigner un candidat pour défier le Général. Qu'à cela ne tienne, Jean-Jacques, qui pensait qu'en toute chose mieux valait aller vite, allait en inventer un. Ainsi naquit ce mystérieux M. X sur le mode, inédit dans la presse, assez utilisé depuis dans la publicité, du teasing : « J'enlève le haut aujourd'hui, demain j'enlève le bas. »

En réalité, Jean-Jacques avait sa petite idée depuis plus de six mois : il ne songeait qu'à trouver un candidat de la gauche et du centre à opposer au Général ou à son remplaçant, hypothèse, après tout, possible, en décembre 1965. « Pourquoi pas Defferre ? » lui avait demandé, quelques semaines auparavant, François Mitterrand lui-même, avec qui il déjeunait au George-V, – la cantine VIP de *L'Express*. La démonstration de Mitterrand vaut son pesant d'or quand on connaît la suite : il faut un socialiste, à la fois capable d'entraîner le plus grand nombre des sympathisants de la SFIO derrière lui, de séduire en même temps les centristes, et d'amener, vers une coalition plus élargie, une partie de la droite modérée antigaulliste. Sans oublier toute une nouvelle génération politique, celle des clubs, Jean Moulin notamment, ou d'Horizon 80, création personnelle de JJSS, celle des groupements qui ne veulent pas se constituer en partis politiques, des rencontres, séminaires et autres symposiums entre syndicalistes et hauts fonctionnaires dont Jean-Jacques fait grand cas.

En effet, Gaston Defferre, ancien résistant, maire de Marseille depuis 1953, plusieurs fois ministre sous la IVe République, éternellement minoritaire, parce que trop modéré, dans le parti de Guy Mollet, auquel un léger accent du Midi donnait parfois l'air d'un personnage de Marcel Pagnol, alors qu'il avait le plus souvent, en réalité, chapeau mou gris vissé sur la tête, le comportement sévère d'un protestant cévenol, pouvait être cet homme : à la droite de la gauche, à la gauche de droite. La perle rare.

Nouveau rédacteur de *L'Express*, le précédent ayant suivi Jean Daniel, Jean Ferniot, venant de *France-Soir*, mit sa plume au service d'un feuilleton politique, d'un genre encore inconnu : Monsieur X, que personne ne connaissait encore, serait, à coup sûr, l'adversaire principal du Général à la fin de l'année 1964. Semaine après semaine, son portrait se dévoile. Numéro du 19 septembre 1963 : M. X, politicien de cinquante ans, décide de se présenter à la présidence de la République. L'article ne révèle pas grand-chose de sa personne : à la description qu'en fait Ferniot, le lecteur comprend qu'il s'agit d'un homme discret, sérieux, qui n'est pas né de la dernière pluie, qui, déjà organisé, a un *brain trust*, des amis politiques. Il apparaît aux lecteurs comme plutôt de gauche, d'une gauche moderne et ouverte, écoutant aussi bien les syndicalistes que les « notables », ennemi pourtant de toute combinaison politique, et bien décidé à être le candidat unique de l'opposition, sans entamer de négociations avec le moindre parti que ce soit. Il est modeste toutefois, et promet de s'effacer devant un candidat qui serait mieux placé que lui. Mais enfin, précise Ferniot : « Il sait écouter et il sait foncer. »

Impossible, à ce moment de *L'Express*, même assignée à la rubrique littéraire – et chargée subsidiairement par l'éditeur Jean-Jacques Pauvert de rédiger, avec Jean-François Revel, excusez du peu, un ouvrage sur l'élection de 1965 –, de ne pas se sentir concernée par ce journalisme d'un nouvel âge. En quinze jours, M. X est devenu un phénomène de presse. Et c'est *L'Express* qui mène le jeu.

Paris-Match demande à son grand reporter politique Jean-Raymond Tournoux d'enquêter sur la personnalité qui se cache derrière ces deux lettres majuscules. Il interroge, les uns après les autres, les vedettes de l'opposition qui pourraient jouer ce rôle et commence par Jean Monnet, le père de l'Europe. Celui-ci tombe des nues. Vieux routier, Tournoux ne veut pas faire d'impair. Il préfère, cette fois, laisser du temps au temps. Il enquête, à son allure, à pas lents, mais sûrs, malgré l'insistance de ses chefs.

L'Express du 3 octobre. Jean Ferniot a transmis à M. X les lettres, nombreuses, qui sont arrivées à l'hebdomadaire après son premier article. Personne ne sait qui il est, on apprend simplement qu'il ne boit pas d'alcool, qu'il ne fume pas, mais consomme beaucoup de café. Et qu'autour de lui commencent à se réunir quelques conseillers secrets avisés, diplomates ou syndicalistes. Beaucoup de correspondants s'étonnent que M. X veuille s'installer dans une opposition constructrice, comme on dirait aujourd'hui : « Si je juge qu'une réforme est bonne, je juge également qu'elle doit être appliquée le plus vite possible. » Mais X les rassure, en les assurant qu'il se battra contre la politique gaulliste sur l'Éducation nationale, « un scandale », et pour l'instauration d'un régime présidentiel, et non parlementaire. « Nous ne sommes pas aujourd'hui, dit-il, dans un régime présidentiel mais dans une monarchie. » Il ne cache pas sa préférence pour le régime présidentiel.

Après cette seconde parution, illustrées par des photos montrant Jean Ferniot et les directeurs de *L'Express*, aux visages volontairement floutés, entourer M. X, les milieux politiques commencent à s'interroger plus gravement. De qui s'agit-il, ce M. X est-il sorti tout armé du cerveau de Jean-Jacques Servan-Schreiber ? Est-ce lui-même ? Non, l'astuce serait trop grossière. Mendès peut-être ? Non, puisqu'il s'est sérieusement éloigné ces derniers temps du directeur de *L'Express*. Mitterrand ? Les commentateurs l'excluent. Il n'a pas eu le temps de se refaire une santé depuis l'Observatoire, même s'il a créé, en 1963, un minuscule mouvement, essentiellement composé des amis qui lui restent : la Convention des institutions républicaines. Alors qui ?

Troisième article : 10 octobre. Cette fois, Jean Ferniot laisse la parole aux gaullistes que, selon lui, M. X inquiète plus qu'ils ne le disent. Et qui se battront pour ne pas voir rétablir la IVe République.

À la petite place que j'occupe, bien sûr, je ne suis officiellement informée de rien : c'est en haut, tout à fait en haut du journal que les choses se passent. Tout de même, quelque chose me trouble : pour la première fois, Gaston Defferre, le maire de Marseille, signe l'éditorial de *L'Express* : « Majorité, minorité : droits et devoirs ».

On avait Mendès, on a Defferre, je ne le dis pas, mais je trouve que le niveau baisse. François Mitterrand, à qui j'en parle, me donne tort : Defferre est un type bien, il s'est toujours opposé à Guy Mollet au sein du Parti socialiste, il est populaire, mais pas vulgaire, instruit sans en jeter trop, etc. J'en conclus que Mitterrand, qui ne perd pas son avenir de vue, redoute davantage l'arrivée sur le devant de la scène politique de Mendès que celle de Defferre. Tout de même, cet édito !

Cette fois je me risque à poser la question à Françoise : Est-ce lui, M. X ? Françoise a une réponse toute faite : M. X, c'est l'affaire de Jean-Jacques, pas d'elle. Mais enfin, elle ne reste pas tout à fait silencieuse, même si elle laisse faire, sur le sujet, le duo Ferniot-JJSS. De toute façon, certains éléments me mettent la puce à l'oreille : je n'ignore pas que Jean-Jacques et sa femme passent à peu près tous les week-ends à Marseille. Ce n'est ni pour le pastis, ni pour le soleil.

Quatrième parution : voici la première interview de M. X. « Un moment de l'histoire », n'hésite pas à écrire Georges Suffert, qui, venu de *Témoignage chrétien*, a lui aussi rejoint le service politique de *L'Express*. « Que reprochez-vous au général de Gaulle ? », demande Ferniot, qui a lui-même au préalable rédigé et soumis la réponse à l'approbation de Jean-Jacques. Réponse : « D'avoir échoué sur l'essentiel, la construction d'un pays neuf. »

Tout ce qui est écrit est pourtant moins clair que la photo : celle-ci qui, représentant M. X à la page 11 du journal, est clairement, en ombre chinoise, le visage du maire de Marseille.

Et Jean-Raymond Tournoux aura beau jeu d'écrire le premier, dans *Match*, au terme d'une recherche exhaustive : M. X, écrit-il, est Gaston Defferre, « Marseillais, dont la rigueur n'exclut pas la cordialité. » La réussite de l'opération M. X est totale au point que *L'Express* n'a même pas eu besoin de poser le point sur le I. *Paris Match* s'en est chargé.

JJSS peut conclure, dans le dernier éditorial de la série, fin octobre, que M. X a déjà gagné puisque l'idée d'un candidat unique de l'opposition au général de Gaulle apparaît possible, et qu'elle bouleverse ceux qui ne voyaient dans l'élection présidentielle de 1965 qu'une formalité.

Gagné, gagné, c'est vite dit. La candidature Defferre, qui parut vite certaine, quoique lancée par la première campagne de marketing politique, est loin de passer comme une lettre à la poste. Au Parti socialiste d'abord : Guy Mollet, son puissant et contesté secrétaire général, tombe de sa chaise : l'idée de voir son opposant de toujours propulsé à la première place le met dans une fureur noire. Il n'est pas le seul. Les communistes prennent vite acte que le candidat unique de l'opposition ne veut pas d'eux, et en tirent tout naturellement la conclusion qu'il ne sera pas unique. Les centristes, nécessaires à Gaston Defferre pour commencer le début d'un début de regroupement de l'opposition à de Gaulle, sont loin de partager, à l'égard du maire de Marseille, le même enthousiasme que l'équipe de *L'Express*. Gaston Defferre, fortement poussé par Jean-Jacques – qui, cette fois, pour maintenir sur lui sa pression, s'installe trois ou quatre jours par semaine dans les Bouches-du-Rhône – se lance, en traînant un peu les pieds, me semble-t-il, dans une campagne où il répète presque mécaniquement des arguments qu'il n'a pas définis lui-même. Quant à ses troupes, elles sont forcément réduites : il ne faut pas compter sur Guy Mollet, Jean Lecanuet ou Joseph Fontanet pour lui en fournir.

Fin janvier, Jean-Jacques m'appelle dans son bureau, ce qu'il fait rarement. Il préfère réunir parfois chez lui, pour un bref dîner, un petit concile dans lequel je suis acceptée assez vite – je crois qu'il n'a même pas demandé leur avis aux directeurs politiques et autres rédacteurs en chef. Il le fait, dit-il, pour gagner du temps, et en posant le plus brutalement possible aux uns et aux des questions sur lesquelles il veut obtenir sur-le-champ des réponses. On n'y mange pas grand-chose, dans ces dîners, et il nous arrive souvent, à Suffert, Ferniot et moi, de terminer chez Lipp le repas trop rapide pris chez lui. Je n'ai de ces agapes, d'ordinaire mesurées, qu'un grand souvenir : celui du caviar qu'il nous offrit un jour, non pas parce que c'était bon mais parce que, nous dit-il sérieusement, « ça rend intelligent ».

Dans son bureau, toujours plongé dans le clair-obscur qui sied à la concentration, c'est de politique qu'il veut me parler. Du club qu'il a créé, Horizon 80, destiné à alimenter la réflexion de son candidat, et la sienne propre. Il veut surtout me confier une mission spéciale. Il lui revient que les prestations de Gaston Defferre en province sont tout sauf excellentes. Le maire de Marseille est plutôt sympathique, mais l'éloquence n'est pas sa qualité première. « Il tient un meeting ce soir dans le Nord, me dit-il. Votre visage lui est inconnu. Prenez mon chauffeur, et revenez me dire demain ce que vous en avez pensé. Je fais confiance à votre sens politique, quoique nous ne l'exerciez pas encore ici », dit-il avec, ce qui me flatte, une nuance de regret.

Me voilà partie dans le Nord. Les réunions politiques avaient encore lieu à 20 heures, avant, assez vite, de refluer vers 18 heures, pour laisser les Français regarder leur programme télévisé. La fin peut-être du militantisme qui voyait, dans les années 1960, les communistes rejoindre leurs camarades de cellule, les socialistes, leurs camarades de section, pour parler de l'avenir du monde en buvant un coup, ce qui, finalement, ne faisait de mal à personne.

À vrai dire, lorsque j'y arrivais – d'après mes souvenirs, le nord de la France ne faisant pas partie de ma géographie personnelle, c'était à Lens –, il n'y avait pas grand-monde. Et Gaston Defferre, avec son léger accent du Midi, son costume de feutre gris et son chapeau, était loin d'être un tribun. Pourtant je l'avais entendu quelques jours auparavant, au comité directeur du PS, à Clichy, affronter les cadres de son parti et recueillir, à la majorité, leur approbation. Mais, là, dans les brumes du Nord, le courant ne passait pas. Le programme, qu'il déroulait presque sèchement, car cet homme du Sud n'avait rien d'un expansif, semblait presque dérouter ses auditeurs. L'opposition constructive à de Gaulle restait un concept lointain et l'idée de réformes n'était pas évidente pour des socialistes, certes très hostiles aux communistes dans cette région, qui n'en voulaient pas moins rester révolutionnaires. Côté Jean Jaurès plus que Jules Guesde, bien sûr. Mais révolutionnaires quand même. Entre ses auditeurs et Gaston Defferre, il y avait comme un fossé d'incompréhension.

Et puis lui, surtout, m'inquiétait. Il s'était pourtant, fin décembre, après une réunion du comité directeur socialiste, déclaré officiellement candidat à la Présidence, en attendant l'aval du congrès prévu en février. Pourtant, ce soir à Lens, il n'avait pas l'air d'y croire lui-même. Je jugeais abyssale la distance qui le séparait de son public. Je comprenais maintenant pourquoi il s'était, toute sa vie, contenté de rester minoritaire, de laisser Guy Mollet conduire froidement la machine socialiste, se méfiant de tous et de toutes, derrière ses lunettes sévères et son menton carré. C'était qu'il était à l'aise dans les seconds rôles, à Marseille, dans sa jolie mairie sur le port, ou dans les congrès, bien au chaud parmi ses partisans. Et plus encore sur son bateau, baptisé du nom de celle qui était encore sa femme, *Palynodie*. Il y faisait ce qu'il aimait lorsqu'il n'était pas dans sa mairie : diriger son esquif sur les eaux de la Méditerranée, plus dangereuses qu'on ne croit, et lire, le soir venu.

Parenthèse : Maurice Faure me racontera plus tard qu'il y avait, à bord de la légère embarcation, deux sortes de bibliothèques : l'une, composée des meilleurs ouvrages de la littérature du XVIIIe et du

XXe siècle, l'autre, dans la seconde cabine, de romans érotiques du XVIIIe. C'est à Maurice Faure, dont on reparlera dans la séquence qui suit, qu'évidemment, Gaston Defferre assigna sans hésiter, lors d'un week-end en mer, la seconde.

Le lendemain, je racontai avec prudence, mais sincérité, à Jean-Jacques ce que j'avais ressenti la veille. Il m'écouta, ce qu'il savait très bien faire. Optimiste néanmoins, il me dit que, de meeting en meeting, cette distance avec son public se resserrerait. Et que, maire de Marseille, il avait déjà montré qu'il pouvait sortir de sa coquille protestante pour mieux séduire son public, puisqu'il avait été élu et réélu à la mairie de la cité phocéenne.

La suite de l'Histoire montre qu'il ne le séduisit pas. Certes, au congrès extraordinaire de Clichy, le 1er février 1964, il fut désigné officiellement comme candidat à la présidentielle malgré la mauvaise humeur visible de Guy Mollet. J'y étais, ne voulant rater pour rien au monde ce spectacle d'un secrétaire général de la SFIO, soi-disant tout-puissant, obligé d'accepter l'investiture de son ennemi de toujours. Jean-Jacques et son équipe avaient installé leur quartier général dans un bistrot d'à côté, où des émissaires, minute après minute, leur rendaient compte des péripéties du congrès : la réticence des fédérations favorables à Guy Mollet, l'enthousiasme de la fédération des Bouches-du-Rhône, l'incrédulité de tous ceux qui pensaient, à l'intérieur du parti qui s'appelait encore « Section française de l'internationale ouvrière », qu'un minoritaire d'un jour resterait minoritaire toujours. Mais enfin, pour le moment, Defferre l'avait emporté sur son vieil ennemi.

Gaston Defferre prononça d'ailleurs, ce jour-là, avec chaleur, le discours qui lui avait été préparé ligne à ligne par Jean-Jacques : un discours-type, un discours-robot en quelque sorte, qui fut, jusqu'à la fin, abrupte, de sa campagne, le bréviaire du candidat Defferre.

Mais après, plus rien ne marcha comme prévu : Guy Mollet ne cessa de reprocher à Defferre de l'avoir mis devant le fait accompli. Les communistes s'éloignèrent de cette tentative de regroupement de la gauche : dès les premiers jours, le maire de Marseille avait écarté, avec une inutile brutalité, toute ébauche de programme commun avec le PC. Quant au rapprochement avec le centre, entrepris au début de 1964, il ne se présentait pas bien. L'objectif était la création d'une grande fédération, étendue des socialistes aux différents mouvements du centre. Une fois de plus, la lourde procédure des socialistes retardait le coup d'envoi.

Il n'était pas envisageable d'établir cette grande fédération avant le nouveau congrès socialiste qui aurait le dernier mot. Ce dernier était prévu en juin 1965, pas avant. À six mois du scrutin ; décidemment, tout est bon pour ralentir le mouvement.

C'est le cas, précisément. Ce congrès me laisse une impression pénible. Tout s'y déroule en catimini, et le secrétaire général historique de la SFIO, Guy Mollet, qui a laissé faire la première partie de l'opération Defferre, a retrouvé tout son tonus pour faire dérailler la machine. Il a eu le temps de remonter ses batteries, conforté par son complice de toujours, le maire de Lille, Augustin Laurent. Les socialistes partisans de Gaston Defferre, dont l'inimitable secrétaire adjoint de la fédération des Bouches-du-Rhône, Charles-Émile Loo, dit Milou, rond et épanoui, exécuteur de toutes les œuvres, bonnes ou mauvaises de son patron, sont surveillés, épiés, « marqués » comme on le dirait des joueurs de l'Olympique de Marseille, par les amis de Guy Mollet. Pas de conciliabules possibles, pas d'échanges en privé.

Quant à Jean-Jacques, il enrage de ne pas pouvoir communiquer avec Defferre. Il a une seconde fois choisi d'installer son QG au fond d'un restaurant à proximité de la salle des congrès. Il ne supporte pas qu'on lui résiste, mais aujourd'hui, franchement, les vents molletistes lui sont contraires. Dès le début du congrès, il tente à plusieurs reprises de parler à son candidat puis de me joindre, sans y parvenir, naturellement : les coulisses des débats sont fermées aux journalistes. Les téléphones portables n'existent pas encore, il comprend qu'il ne pourra joindre Defferre qu'à l'heure du déjeuner. Alors il change de tactique.

Le congrès vient de reprendre après une brève suspension, lorsque, de mon siège, je vois un lampiste du service d'ordre passer devant l'assistance en brandissant une énorme pancarte, où chacun peut lire que « Georgette est demandée au téléphone ». Georgette ? Quelle Georgette ? Rigolade dans la salle. Je finis par comprendre que Georgette n'est autre que Defferre à qui JJSS, je m'en doute, supporte mal de ne pas délivrer ses conseils. Defferre qui a compris lui aussi fait le dos rond. Il craint le ridicule, d'autant que le prénom, féminin, entretient les plaisanteries, et préfère ne pas décoder le message. La pancarte peut bien passer et repasser, Defferre reste à son banc, comme s'il ne s'agissait pas de lui. Je me suis toujours demandé ce qui se serait passé si les congressistes l'avaient vu se lever et foncer vers la cabine téléphonique, pour prendre les ordres de son mentor. Il ne s'en serait jamais relevé.

Ainsi Defferre fera-t-il son discours seul comme un grand, en faveur d'une fédération qui groupe tous les réformateurs, « tous ceux qui ont la volonté de transformer la société ».

Mon Dieu, ce qu'il dit est assez vague pour passer chez des socialistes qui, depuis longtemps, n'ont plus le couteau entre les dents. Quant à Guy Mollet, il accepte, pour ne pas diviser le Parti. De toute façon, m'expliquent des connaisseurs en coulisses, il ne croit pas un seul instant à cette initiative, alors pourquoi la condamnerait-il ? Il va attendre, conformément à la stratégie qui lui a réussi toute sa vie, que l'affaire capote, donner un petit coup de main dans ce sens s'il le faut. Sans prendre le risque de se découvrir dès aujourd'hui. Dimanche soir, un accord est trouvé, largement favorable à la motion de Gaston Defferre, puisqu'il accepte des rencontres entre centristes, socialistes, représentants des clubs dans le but de constituer une fédération.

Pas pour longtemps : deux réunions constitutives sont prévues pour mettre en place cette grande fédération. La première, le 15 juin, au domicile de Jacques Duhamel, député du Jura, avenue Raymond-Poincaré ; la seconde deux jours plus tard chez un centriste d'un autre acabit, Pierre Abelin, 22 boulevard Malesherbes. Je n'assiste qu'à la première et encore, pas jusqu'à la fin : nous sommes quelques journalistes à guetter, sur le trottoir, près du Trocadéro, la fin d'une discussion qui s'éternise. Je décide qu'elle s'éternisera sans moi. J'attendrai le lendemain pour savoir ce qui s'y est passé. Pas grand-chose, en réalité. J'ai bien fait de ne pas attendre la fin du conciliabule truqué, en réalité, de bout en bout.

Il n'y a là pas moins de dix-sept dirigeants politiques dans des lieux qu'ils voulaient tenir secrets, et ne le sont pas restés longtemps. Dix-sept personnes qui ont un passé commun, le plus souvent celui de la IVe, qui se sont souvent combattues, ont parfois eu des sympathies communes, mais des votes différents, qui ont essayé mille fois de se rapprocher, toujours empêchées de le faire par l'intérêt mal compris de leur formation politique et le bal incessant de leurs propres ambitions. Certains ont été des amis, comme Jean-Jacques et Jacques Duhamel, qui furent, dans leur jeunesse, amoureux de la même femme – que Jacques épousa, au grand regret de Jean-Jacques. D'autres sont des adversaires de toujours, dont les deux « camarades » du Parti socialiste, Mollet et Defferre, dont l'accord est pourtant nécessaire pour que naisse une fédération commune. François Mitterrand est isolé. Quant aux centristes, où Joseph Fontanet surveille Jean Lecanuet comme du lait sur le feu, on ne peut pas dire non plus qu'une extrême solidarité existe entre ces deux leaders, d'ailleurs largement inconnus des Français : le premier, Joseph Fontanet, l'est moins que le second.

Militant chrétien depuis sa jeunesse, il est, à quarante-quatre ans, un des dirigeants du MRP, mouvement chrétien fondé à la Libération, dont il gère les derniers moments politiques. Élu en Savoie, il est, avec Pierre Pflimlin, Robert Buron, Paul Bacon et Maurice Schumann, un des cinq membres du gouvernement de Georges Pompidou à avoir démissionné de ses fonctions après la fameuse conférence de presse du général de Gaulle, où le chef de l'État, se laissant aller à son sens de l'improvisation, se moqua de l'Europe. En ironisant sur la langue qu'elle allait adopter, le « Volapuk », il avait scandalisé à dessein les militants d'une Europe unie, dont le MRP défendait l'idée. Quant à Jean Lecanuet, qui ne tardera pas à se faire connaître, il est agrégé de philosophie – il a été, à vingt-deux ans, le plus jeune philosophe de France –, ce qu'il se garde bien de laisser paraître tant il a le sens de la dérision, surtout celle de lui-même. Fontanet le jalouse, Lecanuet ironise sur ses ambitions. Parmi les dix-sept choisis pour se rapprocher les uns des autres dans une fédération commune, ils ne sont pas, et de loin, les plus proches.

La première réunion débouche sur l'incertitude, la seconde, sur l'impasse. À l'aube du 18 juin, ce ne sont pas dix-sept membres d'une nouvelle et puissante fédération qui se retrouvent sur le trottoir du boulevard Malesherbes, mais dix-sept hommes épuisés par neuf heures de discussions, d'accrochages, de malentendus, neuf heures d'échec. À *L'Express*, Jean-Jacques, aux traits tirés de fatigue, m'en fait un résumé consterné. Dès les premières minutes de la première réunion, la messe, si on ose dire, était écrite : Guy Mollet a interrompu Defferre avec brutalité, l'accusant clairement, pour la première fois, de vouloir tuer le Parti socialiste. Quelques instants plus tard, Joseph Fontanet indique que, dans son esprit, il serait mieux que chacun reste dans son camp, les centristes avec les centristes, les socialistes avec les socialistes. Dans ce cas, que faisait-il là, sinon, comme Guy Mollet, mettre fin à la tentative avant qu'elle ne commence ?

À cet instant, tous se sont aperçus que seule la détermination de Gaston Defferre, c'est-à-dire l'obstination hors du commun de Jean-Jacques, a provoqué ces réunions auxquelles personne d'autre qu'eux ne croyait. Seul François Mitterrand a tenté de démontrer à Guy Mollet que, sans union, point de combat, tandis que Jean Lecanuet, le moins connu des dirigeants centristes, s'est heurté au refus farouche de Joseph Fontanet. En dehors du fait que chacun voulait garder son pré carré, le combat portait essentiellement sur les rapports à entretenir avec les communistes, dont Guy Mollet, en connaisseur, énumérait les dangers, presque plus hostile à leur égard que les centristes qui ne les avaient jamais approchés

Huit jours plus tard, Gaston Defferre jetait l'éponge, peut-être soulagé.

Le moment Mitterrand est venu. Il ne tarda pas à le faire savoir.

Le 14 juillet, Jean-Jacques, en vacances à Cadaqués avec Georges Suffert et Olivier Chevrillon, me demanda de les rejoindre pour le week-end. Bien qu'il manifestât la volonté de m'initier, sans succès, au ski nautique, ce n'est pas pour cela qu'il m'avait appelée. Un soir, dîner terminé et tous les participants ayant regagné leur chambre, il m'entraîna sur la terrasse de la villa qu'il avait louée, blanche, face à la mer, pour me parler de ses projets. Il était sombre, presque angoissé, ce qui n'était pas dans ses habitudes, preuve que l'échec de Gaston Defferre lui apparaissait comme le sien. Voilà qu'il voulait à son tour se lancer dans la campagne. Et si, après tout, il faisait acte de candidature ? Qu'est-ce que j'en pensais ? Je n'en pensais pas de bien, mais c'était difficile à dire. Je le lui dis pourtant, puisqu'il me demandait mon avis.

Je commençai par le meilleur : qu'il était un formidable patron de presse, qu'il n'y en avait plus tellement en France, que son avenir était là, la dynastie des Béguin et des Prouvost en passe de disparaître. En revanche, la politique, me semblait-il, n'était pas pour lui. Comment ça, pas pour lui ? Il ne faisait que cela ! Difficile d'expliquer à quelqu'un, surtout quand il a le double de votre âge et qu'il est votre patron, que la politique est un métier, que ce n'est pas parce qu'on a raison qu'on y réussit, ni parce qu'on conseille les plus grands qu'on sait apostropher les paysans sur les marchés ou même dire bonjour aux gens dans la rue. J'avais, au fond, de la politique une image bien classique, et qui a été depuis, souvent démentie. Dans mon esprit, on commençait par se faire élire, si on y arrivait, au conseil général, où il fallait patienter et arpenter la campagne avant de songer à la députation, et, après peut-être, bien après, il pourrait se poser la question de la présidentielle. Bref, je bafouillais. Mais il le comprit néanmoins derrière ma gêne : je le sentais mal, lui, si solitaire, si personnel, sans étiquette autre que sa volonté d'apparaître comme un réformateur, défiant dans six mois le général de Gaulle.

Il m'écouta, longuement. J'étais désolée parce que je lui disais ce qui, en somme, tournait autour de cette phrase : vous êtes trop naïf pour faire de la politique, surtout à un niveau où tous les coups sont permis, et surtout ceux que vous n'imaginez pas. « Bon, conclut-il quand sa femme poussa la fenêtre de leur chambre et nous dit qu'il se faisait tard. Peut-être pourriez-vous sonder, de ma part, François Mitterrand et lui demander quelles sont ses intentions ? »

Rendez-vous au célèbre Deux-Magots, quelques jours plus tard, le 20 juillet, avec François Mitterrand. Je ne lui cachai pas, bien entendu, pourquoi, ni à la demande de qui, je lui posais des questions. Il avait compris, avant que j'aie prononcé un mot, ce dont Jean-Jacques m'avait chargée.

« Il pouvait me le demander lui-même, plaisanta-t-il. » Et me précisa, en trois points, sa position. Il considérait que l'échec de Gaston Defferre – qu'il avait pourtant lui-même défendu – avait complètement changé la donne politique. Jean-Jacques et lui avaient démontré que l'ouverture vers le centre démocrate était impossible, tandis qu'à gauche, Guy Mollet n'avait aucune intention de cesser son jeu de massacre. Il conclut d'une seule phrase : « La voie est fermée à droite, il faut passer par la gauche. »

Envisageait-il de se présenter lui-même ? Même réponse nette : oui, à trois conditions. La première était l'appui de Pierre Mendès France. Il semblait sûr de l'avoir. Deuxième condition : le feu vert des socialistes. Mitterrand en était convaincu : Gaston Defferre ne reviendrait jamais sur son abandon et Guy Mollet préférerait soutenir un candidat qui ne soit pas issu de sa famille politique et dont il serait assuré qu'il ne la divisera pas. Troisième condition : le feu orange des communistes. Feu orange ? Explication : « Je ne négocierai pas avec les communistes, je ne leur parlerai pas directement. C'est aux socialistes de le faire. S'ils se mettent d'accord, sur quelques propositions, je suis prêt à les accepter. Mais cela ne passera pas par moi. » Autrement dit, Guy Mollet est encore, dans ce cas, le maître des cérémonies ? Peut-être, répond François Mitterrand, mais pas dans les mêmes conditions : il ne craindra pas la division du PS, et aura sa place, bien à lui, dans les pourparlers avec les communistes. Du moins le croit-il.

Je me dis que, pour être si sûr de lui, François Mitterrand ou d'autres, en son nom, ont déjà pris contact avec les communistes. Je le quitte devant l'église de Saint-Germain-des-Prés, convaincue qu'il sera candidat. Quand le fera-t-il savoir ? « Pas maintenant, dit-il en me quittant, quand tous les Français sont en vacances. Je ne veux pas être le candidat du vide. »

« Croyez-moi, et dites-le à Jean-Jacques : je n'aurai aucun scrupule, moi, à accepter les voix des communistes. Si j'en ai l'occasion, je dirai : “Certains préfèrent la voix de M. de Rothschild ? Moi, je préfère les voix des ouvriers, question de goût !” »

Il part pour Hossegor, où il rejoindra Danielle, sa femme, la productrice Christine Gouze-Rénal, sa belle-sœur, accompagnée de Roger Hanin, dont les blagues le font rire, parfois à en pleurer, et, déjà, mais je l'ignore, Anne Pingeot.

De tout ce que je lui raconte, Jean-Jacques tire la conclusion que Guy Mollet torpillera Mitterrand tout comme il a torpillé

Defferre, qu'embarquer les communistes dans sa campagne est la pire des folies. Et que Mitterrand prendra beaucoup plus de temps à se décider qu'il ne me le dit lui-même.

Réponse à peine un mois plus tard, le 9 septembre. Coup de téléphone de François Mitterrand au tout début de la matinée. Il m'annonce qu'il déclarera sa candidature dans l'après-midi. C'est-à-dire au moment où le chef de l'État a précisément choisi de tenir une conférence de presse, sa treizième, à l'Élysée, sur l'Europe et le marché commun ? « Justement, cela me paraît un excellent moment pour parler de ma candidature, me répond mon interlocuteur, pas mécontent de lui. Il m'étonnerait qu'elle passe inaperçue ! »

Dans l'après-midi, à *L'Express*, nous nous retrouvons tous, dirigeants et journalistes, dans le salon du dernier étage, la plus grande pièce du journal, devant la télévision. Le matin, je n'ai pas voulu évoquer auprès de qui que ce soit, ennemi ou ami, mon échange avec François Mitterrand. Mais, là, à quelques minutes de la prise d'antenne de de Gaulle, je ne peux m'empêcher, par le désir idiot que j'ai de montrer que je suis bien informée, de lâcher mon scoop à Jean-Jacques et à Françoise. Jean-Jacques me regarde sans me croire : « Pendant l'allocution de de Gaulle ? Vous n'y êtes pas ! » me répond-il en prenant tranquillement place sur un siège devant l'écran. Françoise Giroud, plus prudente, et qui me connaît mieux, m'interroge du regard. Je confirme d'un hochement de tête.

Vers 16 h 15, je quitte le salon tandis que le général de Gaulle continue son propos télévisé, et me mets en attente devant les téléscripteurs de l'Agence France-Presse. Inutile de rappeler qu'Internet et ses alertes n'existaient pas encore. Notre seul lien à l'actualité immédiate était, dans ces années, ces grosses machines cliquetantes qui crachaient à toute allure les textes de l'agence sur des rouleaux de papier, que de jeunes stagiaires venaient, à leur tour, distribuer aux journalistes. Je n'attends pas longtemps : quelques minutes plus tard, le texte de Mitterrand que j'attends s'inscrit sur les dépêches. Sa dernière phrase : « Il n'est pas possible de laisser plus longtemps se prolonger une situation qui fait le jeu du système actuel. J'ai donc décidé de solliciter les suffrages des Françaises et des Français le 5 décembre prochain. »

Je remonte au salon, et, pas peu fière, passe la dépêche à Françoise. Surprise et, me semble-t-il, légère irritation de Jean-Jacques, que Mitterrand n'a pas jugé bon de prévenir directement. D'autant que le nouveau candidat ne s'est pas gêné pour solliciter secrètement, la semaine précédente, les autres chefs des partis de gauche. Il a ainsi obtenu, il m'avait dit qu'il en avait l'intention, le feu vert, tremblotant certes, de Guy Mollet, quelques minutes seulement avant l'intervention du général de Gaulle. Il s'est assuré de la défection du leader radical Maurice Faure. En quels termes est-il, au moment où il se déclare, avec les communistes ? Il m'avait affirmé qu'il ne négocierait pas directement avec eux. Mais alors, à quel stade en sont les pourparlers et qui s'en est chargé ? Pour le moment, il ne m'en dit pas un mot. Au moment où il se lance, je suis convaincue que, même s'il a approché ou fait approcher les communistes, François Mitterrand n'a pas le feu orange qu'il attend d'eux et encore moins leur feu vert. Je croyais au début de l'été que des rencontres, au moins informelles, avaient commencé. Je n'en suis plus si sûre.

La déclaration de candidature de François Mitterrand fait, comme il le pensait, plus de bruit que la conférence du Général, – encore que celui-ci y soit allé d'une petite phrase qui restera dans les manuels d'histoire comme dans le langage commun : « Qui a jamais cru que le général de Gaulle étant à la barre, il devrait se contenter d'inaugurer les chrysanthèmes ? »

Le lendemain, la presse s'en donne à cœur joie, mais elle commente davantage la candidature de François Mitterrand que les explications, convaincantes d'ailleurs, du général de Gaulle sur la chaise vide laissée par la France au Conseil des ministres européen.

Elle est fragile, pourtant, cette candidature, presque solitaire. Personne n'y croit vraiment, sauf Mitterrand lui-même et sa minuscule équipe.

La candidature de cet homme, qui, à quarante-neuf ans, a toujours, dans son profil, quelque chose d'incisif, qui intrigue, inquiète ou séduit, ne met pas un terme aux recherches d'un homme providentiel en mesure de battre le général de Gaulle s'il se représente. Drôle de mois de septembre, où, à gauche et au centre, les dirigeants ne renoncent pas à trouver leur homme providentiel, preuve que l'accord donné par Guy Mollet à Mitterrand, dans son bureau historique de la Cité Malesherbes, était de pacotille.

Vite, il m'apparaît que Guy Mollet suit et surveille plusieurs lièvres à la fois. Car s'il a dit oui à Mitterrand, il ne renonce pas, loin de là, à la candidature, centriste, d'Antoine Pinay. La presse avait beaucoup parlé, pendant le mois d'août, de cette candidature de l'ancien président du conseil de la IVe République, qui voulait « mettre la France au régime », devenu, en 1958, ministre des Finances du Général. Une semaine après la déclaration de candidature de Mitterrand, Antoine Pinay annonce qu'il attend, le soir même, à son domicile, une délégation du comité de liaison des démocrates.

Vers 19 h 30 donc, je retrouve une foule de confrères (les consœurs sont moins nombreuses à l'époque) sur le trottoir du 87, boulevard Suchet, pour assister au défilé de ceux qui sollicitent un engagement présidentiel d'Antoine Pinay. C'était lui qui avait lancé en arrivant à Matignon en 1952 l'emprunt Pinay dont le succès fut plus tard controversé, mais son personnage, petit homme étriqué coiffé d'un chapeau rond assez ridicule – pourtant très amateur de femmes, comme me le confia un jour Françoise Giroud –, était resté, à droite, le symbole d'une France bien gérée. La preuve ? Le général de Gaulle lui avait confié en 1958 la réforme monétaire, dont Pinay passait pour le père, qui se termina pourtant, contre son avis, par une dévaluation du franc et la hausse des impôts. Il n'importe. En 1965, il restait un recours.

Au bas de son escalier, le jour où je faisais, comme d'autres, les cent pas devant sa porte, je vis monter les uns après les autres, du MRP Jean Lecanuet au radical Maurice Faure, tous ceux qui ne voulaient pas d'une candidature Mitterrand appuyée par le Parti socialiste. Seul Mitterrand m'avait dit la veille qu'il était sûr que Pinay ne se présenterait pas. Comment en était-il aussi certain, l'avait-il rencontré lui-même, lui avait-il envoyé son ami Georges Dayan ? Je ne sais. En tout cas, la réception que fit Pinay aux démocrates était loin de révéler son enthousiasme.

Lorsque nous vîmes descendre les visiteurs du soir, ils étaient moins guillerets qu'à leur montée. Je ne sais lequel des présents, Maurice Faure sans doute, confia à la cantonade que la première question d'Antoine Pinay avait été : « Êtes-vous sûrs que j'aurai 8 millions de voix ? » Aucun des présents ne pouvant l'assurer, Maurice Faure prit la responsabilité de lui dire – il nous le raconta – qu'il en aurait beaucoup plus. Cela ne l'engageait à rien. Avait suivi une discussion de café du commerce, Antoine Pinay envisageant successivement plusieurs hypothèses avec des interlocuteurs : le retrait du général de Gaulle, la candidature, qu'il semblait préférer de Georges Pompidou, le retrait de François Mitterrand. Mais de réponse aux sollicitations de ses demandeurs : oui ou non, Pinay se présenterait-il ? il n'y en eut pas, et les journalistes qui battaient la semelle devant le domicile d'Antoine Pinay eurent presque à consoler les émissaires des démocrates totalement désorientés par cet épisode inattendu de leur feuilleton. Lequel dura plusieurs jours, jusqu'à ce qu'une nouvelle déclaration de Pinay, fin septembre, décourage définitivement ses amis.

J'en reviens au double visage de Guy Mollet. J'ai à peine eu le temps de m'asseoir dans son bureau, où il m'a donné rendez-vous une quinzaine de jours après que la SFIO a officiellement accordé son soutien à Mitterrand, qu'il me montre, avec une sorte de fierté le texte de son interview dans *Paris-Presse*. J'y lis avec stupeur la phrase : « Je souhaite qu'Antoine Pinay soit candidat, parce que c'est la meilleure façon de battre le candidat gaulliste. »

« Cela va être interprété comme un lâchage de Mitterrand », lui dis-je, en reposant le journal du soir. Il hausse les épaules : « Ça n'a rien à voir, je ne dis rien contre François Mitterrand, au contraire je répète que nous ne lâcherons pas le candidat de la gauche. C'est bien le candidat de la gauche, non ? ». Il est content de lui : ce qu'il ne me dit pas, c'est, que par cette interview, il veut enfermer Mitterrand à gauche, ne pas lui permettre d'opérer une jonction entre les socialistes et le centre. Pinay et le centre démocrate à droite, François Mitterrand avec une partie de la gauche, les vaches seront bien gardées, et elles ne pourront pas changer de pâturage. Guy Mollet divise tandis que Mitterrand essaie de réunir. Cela me paraît évident. Je ne suis pas la seule. Ce que Guy Mollet a voulu me dire, c'est qu'il pouvait encore, d'une phrase, défaire une candidature qu'il a acceptée. Tordu, mais bien à sa manière. En tout cas, ce Mitterrand, il le tient à l'œil.

Pendant ce temps-là, le centre n'a toujours pas de candidat. Certains se retournent vers Pierre Sudreau, qui refuse. C'est finalement Jean Lecanuet, le président du MRP, qui met un terme à la quête d'un candidat centriste, en se déclarant lui-même le 19 octobre. Sans trop y croire, d'ailleurs, me confia-t-il le lendemain, sinon que Mitterrand n'était pas le candidat qui était en mesure de conquérir le centre, surtout s'il s'alliait avec les communistes. Or, Jean Lecanuet, à qui tout pour le moment avait réussi, études, vie familiale, vie politique aussi puisqu'il était, depuis 1962, à quarante-deux ans, le président de ce qui restait du MRP, était convaincu qu'il fallait un candidat au centre pour que celui-ci survive au gaullisme. Puisqu'il n'était pas arrivé, pas plus que ses amis politiques, à convaincre le moindre d'entre eux, il s'était décidé à faire lui-même le grand plongeon. Avec une conviction plus que modérée, amusée presque, sur ses propres chances.

« Le candidat pris au piège », titrait *Le Monde* le lendemain. La plupart des commentateurs, qui ne le connaissaient pas, le donnaient en quatrième position derrière Tixier-Vignancour, célèbre avocat d'extrême droite. C'était mal vu : avec son air facilement sportif, des vêtements d'homme à la mode – complets bien coupés, contrairement à ceux de tous les autres candidats, imperméable ciré orange avec lequel il posera sur la première page de *Paris Match* –, Jean Lecanuet donne à la compétition politique un ton nouveau, dynamique que personne n'attendait d'un président, ou d'un ancien président du MRP.

Le général de Gaulle, lui, n'annonça sa candidature que le 4 novembre, dans une déclaration de huit minutes seulement, où il se borna à condamner les partis politiques, qui prenaient, en effet, beaucoup de place en cet instant. Pourquoi si tard ? Si sa conviction n'était pas faite auparavant, quel élément avait pu le décider ? La faiblesse supposée de ses adversaires, un homme se présentant à gauche, François Mitterrand, n'ayant aucune chance de séduire les électeurs centristes ; un autre homme se présentant au centre, Jean Lecanuet, n'ayant aucune velléité de convaincre les socialistes ? Une parenthèse : l'éditeur Guy Schoeller, fondateur de la collection « Bouquins » et ancien mari, entre autres, de la romancière Françoise Sagan, homme de culture, de talent, dont l'élégance et le charme n'avaient d'égal que la férocité, était un ami de Françoise Giroud. Il aimait Georges Pompidou, n'en faisait pas mystère, mais, contrairement à d'autres, n'en tirait pas profit.

Guy Schoeller avait évoqué devant Françoise et moi, à l'automne, au cours d'un dîner chez lui, avenue Bosquet – avec assez de flou pour ne pas jouer les informateurs –, l'embarras dans lequel le général de Gaulle, en retardant l'annonce de sa candidature, ou en feignant devant lui d'hésiter, avait mis son Premier ministre. À moins que ce ne soit, plaisantait-il, pour le mettre à l'épreuve. En tout cas, Guy Schoeller était convaincu, que, jouant peut-être les Volpone, le Général avait laissé entendre, un soir de printemps, à son Premier ministre, sa lassitude et son désir de départ. C'était au cours d'un dîner où il avait choisi comme seuls convives Michel Debré, André Malraux et Georges Pompidou.

« Faut-il que je me représente ? » leur avait-il demandé. Michel Debré – qui m'a raconté plus tard ce dîner en petit comité – l'avait exhorté avec force à le faire, Malraux, avec émotion et conviction. Georges Pompidou, en revanche, paraît-il, était resté dans la pure analyse politique, pesant le pour et le contre. Bref, de Gaulle en avait dit assez pour que Georges Pompidou ait en effet envisagé l'éventualité d'un retrait du chef de l'État. Je l'imaginais partagé entre le doute sur la sincérité du Général, sur ses intentions réelles, et l'annonce d'une candidature d'autant plus difficile qu'elle n'était pas, succession oblige, sans une certaine obligation de grandeur. Comment éviter qu'autour de lui, à Matignon, se rejoignent parfois, le soir, une grande partie des barons du gaullisme, Olivier Guichard, Roger Frey, Jacques Chaban-Delmas, Jacques Foccart, pour lui poser des questions sur son avenir proche, donc sur le leur, au cas où de Gaulle ne se représenterait pas ?

Et puis, ajoutait Guy Schoeller, la candidature de François Mitterrand comptait dans la décision du général de Gaulle : elle avait été accueillie à l'Élysée, nous dit-il, avec soulagement. La gauche n'avait donc trouvé que cet homme-là pour défendre ses couleurs ? Quant à la présence de Lecanuet, elle n'appelait, chez le Général et dans son entourage, que de l'indifférence. Dès le 4 novembre en tout cas, même si Georges Pompidou pense alors – il l'écrira plus tard – que mieux eût valu pour le Général ne pas se représenter, il calme autour de lui les ardeurs de ses proches, et revient dans son rôle : celui de gestionnaire du premier septennat du Général. Je ne sais si c'est à cette occasion ou même avant, en grimpant les escaliers du perron de Matignon, que Georges Pompidou s'est préparé à l'éventualité élyséenne ; en tout cas, rien, tout au long de la campagne de 1965, n'a permis de voir chez lui quelque mauvaise humeur ou impatience.

Je déjeunais souvent, pendant cette période, avec Louis Vallon, esprit original et libre, ancien résistant socialiste devenu le président des gaullistes de gauche, connu pour ses bons mots et sa consommation d'alcool, les deux étant peut-être liés. Nicole Racine, ma camarade de séminaire, qui avait remarqué mon impécuniosité et s'en inquiétait avec gentillesse, me l'avait présenté, pendant ma scolarité à Sciences Po, début 1960. J'avais été, pendant quelques semaines, son « nègre », effectuant des recherches pour un livre qu'il n'a d'ailleurs jamais publié. Depuis, pour plaisanter plutôt que pour travailler, nous déjeunions souvent ensemble : ses médecins lui avaient interdit après quelques excès de boire une seule goutte des vins et des alcools qu'il aimait. Il s'y était résolu avec tristesse, mais se consolait en commandant pour moi, dans les grands restaurants où il me conviait régulièrement, les crus les plus remarquables, les vins les plus précieux. Il n'en buvait pas une goutte, mais m'encourageait à le faire. Il buvait par procuration en somme. Dois-je dire qu'il m'est arrivé de revenir à Sciences Po, en début d'après-midi, les joues rougies, un peu vacillante ? Il me raconta à ce propos début novembre son dernier échange avec le général de Gaulle :

« Vallon, lui avait dit celui-ci, qui éprouvait pour lui estime et amusement, je suis très optimiste pour ma campagne.

– Ah bon ? avait demandé Vallon qui, pensant que de Gaulle avait laissé trop attendre ses partisans, ne l'était pas du tout.

– Oui, avait continué le Général. Parce que j'ai un très bon secrétaire général, un secrétaire général qui intervient au moindre danger. »

Vallon ne comprenait pas. « Vous voulez parler de Burin des Rosiers ? », lequel était en effet secrétaire général de l'Élysée, dont la politique n'était pas la tasse de thé.

« De Guy Mollet, Vallon, de qui voulez-vous que je parle ? »

Il ne faisait aucun doute pour lui que Guy Mollet ne pensait qu'à se débarrasser de Mitterrand et qu'il y parviendrait. Avant même le premier tour de la présidentielle peut-être.

Bon. Dans cette campagne, dont je l'avoue, je ne pensais pas, moi, un seul instant qu'elle pouvait remettre en question le mandat du général de Gaulle, l'opération la plus compliquée à mener pour Mitterrand était l'adhésion des communistes

Quand Waldeck Rochet, son secrétaire général, à la voix si rocailleuse que je n'arrivais souvent pas à comprendre ce qu'il me disait (j'avais besoin que son plus proche collaborateur, Charles Fiterman, me fasse la traduction simultanée de ses propos) a-t-il pris la décision de soutenir Mitterrand ? Pas de gaité de cœur non, pas par sympathie non plus, mais parce que, première force de la gauche aux élections législatives, il savait que les communistes ne le seraient pas lors d'une élection présidentielle.

Ne pas compter les suffrages communistes à la présidentielle, ne pas faire la preuve de leur faiblesse dans une élection au suffrage universel de ce genre : pour Waldeck Rochet, c'était l'essentiel. Sans compter qu'il s'agissait aussi, rien que cela, de réintégrer la vie politique nationale, dont les communistes étaient pratiquement exclus, sauf pour exercer leur fonction tribunicienne et inutile, depuis 1947, c'est-à-dire depuis les débuts de la guerre froide. Cela passait forcément par une alliance ou au moins par un rapprochement avec le candidat désigné par la SFIO et les radicaux. Depuis le 9 septembre, au fur et à mesure que les différents partis de gauche, socialistes, radicaux, se ralliaient à Mitterrand, la conviction du secrétaire général du Parti communiste se renforçait.

Personnage discret, qui passait le plus clair de son temps pendant la semaine dans le QG du PC, place Kossuth d'abord, puis plus tard dans la superbe demeure de béton et de verre que le grand architecte Oscar Niemeyer avait construite dans le nord de Paris pour un PC triomphant et riche – ce qu'il ne sera plus longtemps –, la position de Waldeck Rochet était claire, même s'il la cachait à beaucoup dans son propre parti : une élection présidentielle n'est pas une élection législative. Il ne s'agit pas d'élire le représentant de son quartier, mais le président du pays. Et qui, parmi les rangs des communistes eux-mêmes, serait prêt à donner la clef du pouvoir d'un pays occidental à un président de la République communiste ? Le PC était condamné, s'il se battait seul, à une lourde défaite, même s'il était encore le parti le plus puissant de France. Il ne pouvait s'engager, et engager les siens, que derrière le candidat de la gauche.

Mais le secrétaire général du PC n'était pas tout seul. Il savait que les étudiants communistes, comme d'autres militants, à l'aise dans l'opposition au « système », étaient hostiles à un ralliement, sous quelque forme que ce soit, à un homme qui, comme François Mitterrand, avait été quatorze fois ministre sous la IVe République.

« Quitte à participer à une élection présidentielle, mieux vaut, me disait un des dirigeants des Jeunesse communistes dont j'ai oublié le nom, se compter, les purs, les durs, rester entre soi plutôt que de se compromettre dans une minable ouverture à droite. » Le jeune homme qui me parlait n'était pas prêt à changer d'avis : il m'annonça fièrement que, si la ligne Waldeck était suivie par le comité central du PC, il se chargerait, lui, de ridiculiser le visage de Mitterrand sur les affiches, en collant sur ses yeux des billets de dollars, preuves de son atlantisme. Ce qu'il fit, par parenthèse, une fois que Waldeck Rochet parvint à exécuter son plan, avec une méticulosité de militant mécontent.

Waldeck s'y prit très bien, avec la démarche qui était la sienne, lente, mesurée, bienveillante, mais attentive. D'abord, il attendit la première conférence de presse de François Mitterrand au Lutetia, le 21 septembre, pour lui faire tenir, au su et au vu de tous les journalistes, un premier courrier. Lorsqu'il s'assit, le candidat n'avait pas même eu le temps d'en prendre connaissance. Il décacheta l'enveloppe lui-même à la tribune. Cela pouvait passer pour une mauvaise mise en scène, mais ce ne l'était pas. « Waldeck Rochet, lit-il tout haut devant la presse, me demande de lui faire connaître ses options fondamentales. » La première ligne de la missive mit Mitterrand, derrière son visage resté impavide, de fort mauvaise humeur : il les avait précisément communiquées, ces options fondamentales, aux dirigeants communistes quelques jours auparavant. Ceux-ci avaient choisi d'exiger publiquement une réponse qu'ils avaient déjà. Ça commençait mal.

Mitterrand avait dit qu'il ne rencontrerait pas les communistes, mais il en avait besoin. Sa candidature n'aurait été qu'une parmi d'autres, si elle n'avait pas été celle de l'unité de la gauche, communistes compris. Je me souviens du haut-le-cœur qui soulevait, dans la perspective du moindre rapprochement, tous ceux qui les avaient haïs sous la IVe République, pour leur soumission à Moscou – ce qui était encore le cas –, tous ceux qui avaient fermé leur porte une fois pour toutes au Parti, à ses dogmes… et à ses purges. Tous ceux qui pensaient qu'aucune entente ne serait jamais possible avec ceux qui contribuaient à la division de l'Europe en deux camps ennemis, irréductiblement séparés par le rideau de fer, ayant choisi leur camp, celui de « l'étranger ».

Pourtant, comme Mitterrand me l'avait dit un jour de 1962, en revenant dans le jeu politique après avoir tourné la page de l'Observatoire : « Le chemin est bouché sur la droite, il faut passer par la gauche. » Aujourd'hui il ajoutait : « toute la gauche », ce qui choquait encore une partie de ses propres partisans : des socialistes, autour de Guy Mollet, la plupart des radicaux, qui ne croyaient pas en un nouveau Front populaire dont ils ne voulaient pas et, encore plus, la Démocratie chrétienne. Il stupéfiait plus encore tous ceux qui, transfuges des anciens partis, communiste ou socialiste, prônaient l'autogestion, comme un tout jeune homme qui s'appelait Michel Rocard, déjà, c'est-à-dire la création d'un socialisme moderne, libéré des vieux leaders et des vieilles ficelles. Bref, on n'imagine pas, aujourd'hui que le PC est en état de survie et que l'URSS est devenue ce que l'on sait, la stupeur, le refus, l'indignation de certains à l'idée de prendre cette voie, même pour combattre le général de Gaulle.

Un des plus hostiles à toute ouverture avec les communistes, que j'avais appris à connaître d'une réunion à l'autre, était Maurice Faure. Radical, député du Lot, signataire en 1957, comme secrétaire d'État aux Affaires européennes, du fameux traité de Rome, actant la naissance de la communauté européenne. Il avait envisagé, lui aussi, pendant quelques semaines seulement, de se présenter contre le général de Gaulle avec les centristes et les socialistes. Homme délicat malgré son visage légèrement couperosé par le grand air et son fort accent du Sud-Ouest, agrégé d'histoire et fin connaisseur de la géographie électorale française, il avait fort mal pris, il me le raconta par la suite, que Guy Mollet, début septembre, lui ait carrément précisé, bourru comme il savait l'être, que tout compte fait, la candidature de Mitterrand était préférable à la sienne.

« Mais c'est le Front populaire, s'était indigné Maurice Faure.

– Ça ne me fait pas peur. Et vous ? »

Maurice Faure avait eu du mal à digérer cet échange. Il s'en est pourtant remis, assez vite. Mais d'une façon qu'il n'attendait pas : il était tombé amoureux en septembre, me confia-t-il un mois plus tard, de l'exquise pharmacienne de Cahors. Entre la joie de vivre et son ambition, Maurice Faure a toujours choisi la vie. C'est ce qui faisait son prix. « Nous partons en voyage, me dit-il, ce n'est pas à Venise qu'on commence une campagne électorale… »

Revenons-en au pas de deux François Mitterrand-Waldeck Rochet. Il était urgent d'aller plus loin dans la négociation.

Après la demi-mauvaise manière communiste, lors de la première conférence de presse de François Mitterrand, celui-ci délégua la difficile négociation entre les deux gauches à trois personnes de son entourage. Claude Estier, d'abord, ancien rédacteur au journal *Libération* que dirigeait Emmanuel d'Astier de La Vigerie, un vieux « compagnon de route » du PC. Roland Dumas, ensuite, chargé depuis des années de toutes les démarches un peu confidentielles de Mitterrand. (« J'ai deux avocats, disait en riant Mitterrand, Robert Badinter pour le droit, et Roland Dumas pour le tordu. ») Charles Hernu enfin, qui, ancien mendésiste et animateur des Colloques juridiques, y avait rencontré un avocat communiste devenu un proche, Jules Borker. Petit, brun, rapide, l'œil pétillant, Jules Borker fut l'homme de la situation. Par Claude Estier, je le rencontrais dès les premières grandes manœuvres, et par la suite, c'est par lui plutôt que par les émissaires de François Mitterrand que je suivis, jour après jour ou presque, les négociations entre les deux partis de gauche.

Jules Borker, il me le dit la première fois que je le rencontrai, avide de ses confidences, n'aimait rien tant que ces rencontres plus ou moins secrètes, ces allers-retours entre la place Kossuth, siège du PC, et l'appartement de Mitterrand rue Guynemer, ces comptes rendus en catimini au secrétaire général du PC et à ses adjoints, Georges Marchais et Roland Leroy. Il découvrait quelque chose qui avait manqué parfois à ce communiste fidèle : la présence d'autres partis que le sien, d'autres « camarades » que ses « camarades » de parti. Dans sa mission d'agent secret, de négociateur compréhensif, il ne boudait pas son plaisir.

Le 31 octobre, Jules Borker et les trois autres proches de Mitterrand jubilaient littéralement au moment où commença la deuxième conférence de presse du candidat désormais de la gauche unie. Cette fois, tout le monde était là. Waldeck Rochet, souriant à demi, y côtoyait Guy Mollet au visage pour une fois aimable. Lily Mendès France représentait son mari en voyage.

Mitterrand, aidé de l'avocat communiste, avait gagné la partie. Je demandai à Claude Estier, puis à Jules Borker, si leurs négociations avaient été rudes. L'un et l'autre me dirent que, finalement, ils avaient apprécié leurs débats. Et goûté l'expérience qu'ils avaient menée à son terme, en tout cas jusqu'à l'élection : celle d'un mariage de raison entre socio-démocrates et communistes adoucis. Roland Leroy, qui lui non plus n'était pas mécontent de sortir de son monde clos, tout en éprouvant un léger mépris pour la social-démocratie, me le révéla plus tard. C'était la compagne de feu Maurice Thorez, la redoutable – et redoutée – Jeannette Vermeersch, tueuse depuis tant d'années des ambitieux ou, pire, des prétentieux prêts à prendre la place de son mari, qui avait, plus encore que Waldeck, fait pencher la balance et convaincu les récalcitrants.

Le second choc de cette campagne ne fut pas seulement le mien, mais celui de tous les Français, à l'idée de voir apparaître sur le petit écran des hommes politiques dont ils ne connaissaient même pas le visage, puisqu'ils n'étaient jamais, ou presque, intervenus à la télévision publique. Ils y voyaient tous les jours ou à peu près le général de Gaulle, ils connaissaient ses Premiers ministres, et même un certain nombre de ses ministres, Olivier Guichard, Roger Frey, Jacques Chaban-Delmas et surtout, évidemment, Georges Pompidou.

C'est qu'en huit ans, depuis 1958, la télévision française, celle donc de tous les Français, ne leur avait à peu près jamais permis d'entendre, ni de voir, les leaders de l'opposition. Exemple, ce débat sur une motion de censure, le 2 octobre 1965, où le « Journal télévisé » accorda à Guy Mollet, le principal opposant, 1 minute 20 d'antenne, tandis que le Premier ministre, qui le suivit, eut droit à 8 minutes et 15 secondes d'exposé juridique, suivies de 4 minutes 20 d'éloge de la procédure référendaire et de quelques minutes de conclusion : en tout, le représentant du gouvernement avait parlé 21 minutes 45 secondes, ceux de l'opposition, tous partis confondus, moins de 8 minutes.

Si je retrouve aujourd'hui facilement ces chiffres, c'est que, chercheuse en troisième cycle de Sciences Po, j'avais eu le privilège de me voir confier, ainsi qu'à Nicole Racine, la première enquête sur les temps de parole des différents partis politiques pendant une campagne électorale sous la Ve République. Expérience édifiante.

Naturellement, les protestations furent telles, de la part de l'opposition, mais aussi des journalistes du « Journal télévisé », choisis pourtant en 1958 pour leur opinion favorable au général de Gaulle, qu'il parut assez vite impossible de garder, devant le suffrage universel, un tel déséquilibre des temps d'expression. D'où la mise en place, par le conseil d'administration de l'ORTF – et par Alain Peyrefitte, le ministre de l'Information qui l'annonça lui-même au journal télévisé de 20 heures –, d'une mécanique totalement inédite, c'est-à-dire d'un partage rigoureux des temps d'antenne entre les différents candidats, qui auront droit chacun à un temps total de deux heures de télévision et de deux heures de radio, découpées en séquences plus ou moins longues, aux heures de plus grande écoute. Une vraie révolution dans le monde de ce que l'on n'appelait pas encore les médias.

On s'en remet au hasard, faute d'outils de calcul adéquats : le 18 novembre, la sphère qui sert habituellement au tirage au sort de la Loterie nationale désigne l'ordre de passage de chacun des candidats.

Égalité des temps de parole ! Un bouleversement complet pour les téléspectateurs. En 1965, à l'occasion de la campagne officielle, ils auront devant eux six candidats, dont cinq de l'opposition : Jean-Louis Tixier-Vignancour, candidat de l'extrême droite ; Jean Lecanuet, le représentant du centre, après la « tentation de Venise » de Maurice Faure ; le candidat, devenu unique, de la gauche, François Mitterrand ; Pierre Marcilhacy, ancien journaliste devenu avocat, sénateur de la Charente, que la Convention libérale avait désigné en premier, dès le 25 avril, comme candidat à la présidentielle. Il était le seul des candidats à n'avoir pas fait acte de candidature : il avait appris sa désignation dans le petit village de Fleurac, où il inaugurait la salle des Fêtes municipale. Quelques instants avant la clôture officielle, ayant au dernier moment obtenu les 100 signatures d'élus locaux dans dix départements français, Marcel Barbu, inconnu, quoi qu'ancien fantomatique député, s'était joint au bataillon. Connus ou pas, ils disposeront tous, légalement, du même temps de parole que le général de Gaulle ? Stupéfiant. Du jamais-vu, jamais entendu.

Sur le petit écran, les vedettes de l'opposition règnent en maîtres, puisque le général de Gaulle a fait savoir qu'il n'occuperait pas tout son temps d'antenne. Étrange attitude. Pensait-il ne pas avoir besoin de l'appui du petit écran pour triompher sans difficulté en décembre ? Redoutait-il de se voir traité, justement, comme tous les autres, au même rang, devant les mêmes caméras ?

Pourtant, le général de Gaulle et ses ministres ont quelques longueurs d'avance sur eux : ils ont pris, depuis 1958, l'habitude des caméras de télévision. Ils ont appris, et de Gaulle plus que tous les autres, à poser leur voix, à regarder la caméra enregistreuse au bon moment, à dire leur texte ou à l'apprendre comme des professionnels.

Pour les candidats, c'est tout autre chose. Ils sont à l'aise à la radio, dont ils sont les habitués depuis longtemps. Mais aucun autre homme politique n'a jamais eu, précédemment, à solliciter le vote des Français à travers les petites lucarnes, et aucun, en réalité, n'a l'expérience pour le faire. Aucun d'entre eux ne mesure encore ses effets sur les électeurs, ni le formidable attrait que la campagne présidentielle va exercer sur les Français. Et sur moi.

Le 20 novembre, c'est Tixier-Vignancour qui ouvre le feu, suivi de Marcel Barbu. Et Jean Lecanuet éteindra les lumières le 3 décembre à 21 h 30, à quelques heures du premier tour. Je sens bien que la vie politique vient de changer : l'opposition au général de Gaulle s'exprime sur les écrans de l'ORTF ! Choc inouï pour les Français, quelle que soit leur opinion ! Ils n'en reviennent pas du spectacle électoral inédit, gratuit de surcroît, qui leur est donné dans leur cuisine ou dans leur salle à manger. Sur les coups de midi, ils rentrent chez eux. D'autres, qui ne possèdent pas de récepteurs, rejoignent des amis dans les bars, d'autres encore restent au bureau autour du seul poste, parfois, qui existe dans l'entreprise. Même course, mêmes rencontres avec des proches ou avec des voisins dès le commencement de la soirée pour entendre les candidats déclarés s'exprimer, non pas de loin, sur une tribune, mais de tout près, à quelques centimètres de leur verre ou de leur assiette.

Comment passent-ils, ces nouveaux venus, à l'antenne ? Il est interdit de les approcher rue Cognacq-Jay, le parcours des candidats est encadré, surveillé jusqu'aux studios. Le plus intéressant, c'est de les regarder prendre petit à petit, de jour en jour, plus d'aisance. D'autant que le spectacle risquant au bout de quelques jours de lasser, les règles draconiennes qui leur sont imposées par l'ORTF au début évoluent : autour des candidats, des vedettes du petit écran apparaissent, pour les interroger, leur permettant enfin de sortir du monologue. Ainsi Roger Louis, journaliste de l'émission célèbre « Cinq colonnes à la une », suivi du non moins célèbre présentateur Georges de Caunes, viennent-il poser des questions à Mitterrand sur son programme économique, abordant, du coup, l'épineux problème des communistes, ses alliés. Lecanuet fera appel, lui, à Léon Zitrone : le spécialiste des courses abordera avec lui les grandes orientations de son programme.

Comment s'en sortent-ils, donc, dans les premiers jours ? À mon avis, partagé par d'autres, c'est Pierre Marcilhacy, curieusement, qui est le plus à l'aise devant les caméras parce qu'il a l'air, et peut-être est-ce le cas, de ne pas les voir. Sa voix est posée, je trouve ses gestes naturels, même s'il n'a pas d'immenses messages à délivrer. Jean-Louis Tixier-Vignancour, avocat habitué à parler d'une voix de tonnerre, est décontenancé par l'intimité de l'enregistrement télévisé. Il passe trop souvent, comme un vieux boxeur, sa langue entre ses lèvres, sa voix au micro est à la limite de la vulgarité. Et ses rides profondes accentuent la fatigue. Manifestement, il est meilleur dans un prétoire.

Marcel Barbu est visiblement bouleversé. Il déteste le maquillage, et fixe avec terreur tout le monde, du caméraman au producteur de son. Mais enfin, il a l'air bien honnête, et les téléspectateurs ne boudent pas ses apparitions : un homme moyen, et fier de l'être. Il apparaît le 29 novembre dans le noir et blanc de l'ORTF, sans complice pour l'interviewer. Petit homme à lunettes, il lit ses notes avec peine, se présentant comme le dernier héritier de paysans révoltés sous la Révolution : « Je ne suis finalement que ce Jacques Bonhomme, avouera-t-il, ce Français moyen de l'Histoire. » Il a grandi à l'orphelinat d'Élancourt, avant d'entrer au petit séminaire à Versailles, puis d'en sortir. Il travaille comme ouvrier horloger et a de très nombreux petits-enfants. Voilà tout ce que l'on sait de lui. Et aussi qu'il interpelle le général de Gaulle, la larme à l'œil, la voix tremblante, pour le convaincre de donner à chaque Français un logement décent. Ah, les larmes de Barbu !

François Mitterrand, lui, habitué des estrades, a tendance à y tenir meeting, en s'adressant aux foules, avec des accents de tribun, ce qui est incompatible, nuisible même, à l'intimité dans laquelle chaque téléspectateur reçoit une parole audiovisuelle, à l'heure de son dîner. À vrai dire, je ne le trouve pas très bon et je ne suis pas la seule : son visage est trop sombre. S'il arrive à sourire, c'est souvent à contre-temps. Et puis on le sent angoissé par le cérémonial dans lequel les interventions télévisées officielles de la campagne sont strictement enfermées : réception à Cognacq-Jay par des dirigeants et des techniciens dont il a l'impression, vraie ou fausse, qu'ils lui sont hostiles, enregistrement obligatoire dans de minuscules studios de l'ORTF assez rustiques, spécialement aménagés pour la campagne.

Assis derrière la petite table carrée allouée aux candidats, il est là, seul face à la caméra, presque paralysé par cet œil aveugle dont il ne peut pas accrocher le regard, contrairement à celui des foules, qu'il aime convaincre. Mais comment convaincre une caméra ? Comme les autres compétiteurs, il a le droit de se faire accompagner par deux ou trois de ses proches collaborateurs, qui restent cependant en dehors de la cabine où leur champion s'adresse à des hommes et à des femmes qu'il ne voit pas. Il choisit le plus souvent pour l'assister Claude Estier, parce que, journaliste, il connaît mieux que lui le monde de la télévision – qu'en réalité, homme de presse écrite, il ne connaît pas du tout –, et Georges Dayan, parce que, dans la difficulté comme dans le succès, Mitterrand a toujours besoin de Dayan.

Jean Lecanuet s'est finalement assez peu entraîné. Deux ou trois séances, tout au plus, en circuit fermé. Son succès télégénique est pourtant immédiat. Au contraire de François Mitterrand, il est à l'aise devant les caméras : c'est un professeur, il construit ses exposés comme des leçons d'agrégation, en deux ou trois parties, annoncées au départ, chaque point donnant lieu à quelques minutes de développement. Son vocabulaire est basique, comme pour se faire comprendre d'une salle de classe. Ses amis lui ont simplement demandé de ne pas oublier de sourire, ce qu'il fait avec naturel.

La réalité est qu'avant même qu'il ait ouvert la bouche, dès la première image, Jean Lecanuet échappe à son vieux parti. Représentant du mouvement le plus ancien, le MRP, venu de la IVe République, très affaibli dans la Ve, il n'est pas le leader chenu d'un mouvement politique obsolète. Les Français – et les Françaises – le trouvaient beau, simplement. Un acteur de cinéma.

Jean Lecanuet avait quarante-cinq ans, le bel âge en 1965. Son sourire était si parfait qu'assez vite, les Français, toujours prêts à brocarder ceux qui les impressionnent, le baptisèrent « Dents Blanches ». Un surnom délicat en effet, presque gênant, car les commentaires sur son physique étaient, dans les ménages, à l'heure du dîner, plus importants que l'analyse de ses propos. Mais il était assez intelligent, assez drôle surtout – ce qui n'apparaissait guère en public – pour ne pas avoir le crâne immédiatement enflé par les compliments à double tranchant qu'il entendait sans se laisser déboussoler.

Cela ne l'empêcha pas d'être la cible, à peine moins que François Mitterrand, des partisans du Général : Maurice Clavel l'accusa d'emblée d'avoir fait savoir dans son *curriculum vitae* qu'il avait été reçu premier à l'agrégation de philosophie en 1952 alors qu'il n'en était que le deuxième, – après un certain Fenouillet, ça ne s'invente pas. Plus offensif et moins anecdotique, le gaulliste de gauche Philippe de Saint-Robert rappelle que, ancien directeur de cabinet de Pierre Pflimlin en 1958, ayant donc eu sa part de la IVe République dont il ne se revendique jamais, Lecanuet est le « candidat du jésuitisme et de la tartuferie ». Il va même jusqu'à comparer celui qu'il décrit comme « l'imitateur peu imaginatif d'un homme d'État américain » – Kennedy – à un « garçon coiffeur ou un chef de rayon faisant de la publicité pour une pâte dentifrice américaine ». L'attaque ne vole pas haut.

Beaucoup de Français ne sont pas de cet avis, à qui le côté Gary Cooper de Lecanuet, à défaut de Kennedy, est loin de déplaire. Je n'étais pourtant pas sûre, en l'écoutant, que cette façon d'entrer dans le débat politique était idéale pour lui, tant les idées qu'il exprimait étaient masquées par son visage agréable, mais enfin, la vérité est que le président du vieux MRP fit figure, dans la campagne, de prince charmant.

Mitterrand, lui, avait déjà eu à maintes reprises dans sa vie l'occasion de connaître polémiques et injures. La campagne menée contre lui n'avait pas de quoi le déstabiliser. Je me suis toujours demandé, en revanche, si Lecanuet n'a jamais regretté qu'il soit davantage question pendant la campagne de son sourire plutôt que de ses convictions.

Assez vite, passés les premiers engagements, les premières piques, qui amusèrent les Français, Mitterrand et Lecanuet s'imposent comme les seuls vrais candidats de l'opposition. Ils parlent tous deux d'avenir, de la confiance. L'un propose aux Français sur un ton un peu trop grave un « choix qui vous concerne et vous regarde entre une France gaulliste et une France démocratique ». L'autre demande que l'Élysée ne soit pas « la maison de l'orgueil, de la solitude, voire du machiavélisme, mais celle du dialogue ». Chaque jour voit leurs arguments faire mouche dans l'opposition, et décontenancer les partisans du général de Gaulle. Lorsque Jean Lecanuet dit, le 30 novembre : « La relève est assurée », lorsqu'il explique, au cours de sa dernière émission, ce qu'il ferait s'il était élu, il finit par inquiéter sérieusement les équipes gaullistes.

Ils ne le disent pas trop haut en public, mais ceux des ministres gaullistes ou des parlementaires UNR que je croise à *L'Express* ou ailleurs s'inquiètent, puis s'exaspèrent du silence du Général. Eux-mêmes font campagne : leur offensive vise surtout Jean Lecanuet, qui chasse délibérément, avec un évident plaisir, sur les plates-bandes gaullistes. Le 3 novembre seulement, le chef de l'État, poussé de tous côtés, consent à utiliser son temps de parole télévisé pour s'adresser aux Français : c'est bien tard, trop tard pour éviter le ballottage.

Peut-être est-il difficile aujourd'hui d'imaginer le formidable poids dans l'opinion publique de cette première élection présidentielle au suffrage universel. De Gaulle, depuis 1958, semblait immuable, intouchable. Il faut dire que l'opposition centriste n'avait pas de leader quelques mois seulement auparavant, et que François Mitterrand avait eu bien du mal à s'imposer à la gauche entière, dans laquelle il avait gardé quelques inimitiés. Ils n'étaient pas nombreux ceux qui, dès le mois de septembre 1965, donnaient cher de Mitterrand et de Lecanuet. Et pourtant, le paysage politique, de septembre à décembre, s'est modifié plus qu'en huit ans de domination gaulliste. Sans oublier le rôle des radios. Même si la campagne télévisée était le cœur de la bataille, la radio jouait, sur le plan des idées, un rôle supérieur.

J'avais assisté, sur Europe 1, au premier duel entre deux personnes extérieures à la campagne, Michel Debré, passionné, et Pierre Mendès France, dont la conviction n'avait pas pris une ride depuis 1958, sur l'économie. Sur tous les points les deux hommes s'opposaient, chiffres et textes à l'appui, avec fièvre, comme s'ils étaient eux-mêmes candidats, ce que, après tout, ils auraient très bien pu être. Je n'oublierai jamais la voix de miel de PMF et ses arguments affutés. Et pas non plus la voix, qui, cette fois, ne s'envolait pas dans les aigus, de Michel Debré, précis, ferme, efficace. Les deux hommes s'emparaient de tous les sujets, dans un débat ardu, sans faire de concession à leurs auditeurs : l'économie, l'Éducation nationale, le plan de stabilisation. Mais au bout de deux heures, ils n'en ont pas fini. Le débat du 22 novembre devait être unique : il fut suivi de deux nouvelles émissions, le lendemain et trois jours après. Avec une conclusion attendue néanmoins : PMF lançant un appel à François Mitterrand, Michel Debré s'en remettant évidemment au général de Gaulle.

Dans le studio, où s'entassaient non seulement les ténors d'Europe 1, mais les journalistes de toutes les rédactions, interdits de télévision, d'autant plus avides de participer à ces grands moments de radio, nous étions tous stupéfaits à l'idée que les auditeurs, plus politisés certainement que l'ensemble des téléspectateurs, aient été passionnés par ces échanges, qui ne pouvaient avoir lieu dans aucun autre cadre. Oui, cette première présidentielle au suffrage universel, celle que voulait le général de Gaulle depuis le discours de Bayeux, a été, restera la première des batailles.

Sur le terrain des sondages, qui font leurs premiers pas dans la prévision politique, c'est *L'Express*, une fois de plus, qui mène le jeu. Inutile de dire que nous nous jetons sur les chiffres, bien avant qu'ils ne soient imprimés. D'un numéro à l'autre, les scores de Mitterrand, plus encore ceux de Lecanuet, alimentent les premières interrogations : et si le général de Gaulle était mis en ballottage ? Car si le leader de la gauche, depuis le début, est annoncé en deuxième position, la montée de Jean Lecanuet, elle, est quasiment vertigineuse. Le sondage de *L'Express* lui donne 2 % des suffrages le 25 octobre, 3 % le 15 novembre. Et 17, 5 % le 3 décembre, veille du premier tour.

Lorsqu'à cette date, à minuit, la campagne s'achève, les gaullistes ont basculé dans l'inquiétude, le Général part, comme d'habitude, à Colombey, Jean Lecanuet déjeune avec sa vieille mère et dort à Rouen. François Mitterrand dédicace, en début d'après-midi, son brûlot antigaulliste écrit en 1964, *Le Coup d'État permanent* aux étudiants de Sciences Po, dans la librairie qui, à l'époque, fait face à l'école, puis rejoint Château-Chinon, où il doit voter le lendemain matin. Les états-majors politiques parisiens, eux, opposition et gaullistes confondus, se retrouvent dans les cinémas à la séance de 22 heures des deux succès cinématographiques de la saison, *Viva Maria !*, avec Brigitte Bardot et Jeanne Moreau, et *Les Tribulations d'un Chinois en Chine*, de Philippe de Broca avec Jean-Paul Belmondo, Ursula Andress et Jean Rochefort. Je choisis le couple Bardot-Moreau.

La veille du scrutin, le samedi, tandis qu'il s'attardait, au risque de rater son train pour Château-Chinon, à la librairie de Sciences Po, nous étions une petite dizaine de journalistes à interroger Mitterrand. Je lui avais demandé, bêtement, ses pronostics pour le premier tour : ballottage ou pas ballottage ? Sa réponse nous surprit : « Vous n'y pensez pas, nous dit-il, le général de Gaulle aura entre 55 et 60 % des voix. » Il avait avancé ce chiffre presque comme s'il ne le concernait pas. Tranquille, prêt à recommencer une prochaine fois, mais sans illusion sur celle-ci.

Tout était nouveau, décidément, dans cette première élection présidentielle. J'apprends, à l'occasion de ce premier tour, ce qu'on appelle les estimations. C'est que l'Institut français d'opinion publique (Ifop), que dirige le pionnier du genre, Roland Sadoun, allié pour l'occasion à Europe 1, a mis au point le premier système de prévision des résultats. Opération spectaculaire, qui ouvre le champ aux futurs sondeurs, inconnus jusqu'ici.

À *L'Express*, où je me trouve évidemment avant 20 heures, nous apprenons, de nos amis de la radio, cette nouvelle technique, qui va bientôt se généraliser : un correspondant de l'Ifop ou d'Europe 1 présent dans trois cents bureaux de vote soigneusement choisis, représentation en miniature de la France qui vote, téléphone les résultats de son bureau test au standard d'Europe 1, lesquels résultats sont retransmis par liaison radio au centre des calculatrices électroniques.

C'est ainsi que naissent les fameuses estimations, et surtout les fameuses « fourchettes ».

Car le système, on s'en doute, est tout de même assez artisanal, pour ne pas dire rudimentaire : à 20 heures, quelques minutes après la fermeture des derniers bureaux de vote, les auditeurs apprennent, et nous avec eux, que le général de Gaulle aura entre 35 (fourchette basse) et 55 % (fourchette haute) des voix, que Mitterrand le suivra, crédité de 19 à 33 % des voix, tandis que Jean Lecanuet est annoncé entre 16 et 33 % des voix.

Naturellement, les sondages ont fait des progrès depuis, mais à moi, à l'occasion de ce premier tour, la notion de « fourchette » paraît magique. Elle ne permet pas encore de savoir si le général de Gaulle sera élu dès le premier tour, et d'ailleurs, il faut le dire, autour de moi, tout le monde, moi y compris, est plus que sceptique en écoutant les explications de Roland Sadoun. Mais enfin, on commence dans tous les états-majors à parler de ballottage. Ce que confirme, une heure et demie plus tard, la troisième estimation d'Europe 1 : le Général n'obtiendra pas plus, pour ce premier tour, que 48 % des voix, Mitterrand, de 28 à 32 %, Lecanuet, de 16 à 20 %.

Mitterrand et son équipe, retranchés rue du Louvre, au QG de la campagne de la gauche, n'en croient pas leurs oreilles, me dit Claude Estier au téléphone. Michel Debré, la voix presque brisée de tristesse, est le premier sur les antennes à pourfendre Jean Lecanuet, auquel il reproche vivement d'avoir mis le Général en ballottage. « Eh bien, lui répond Lecanuet, c'est ma fierté. » Tandis que Guy Schoeller, sortant de Matignon, où il a écouté les premiers résultats aux côtés de Françoise Sagan, conviée elle aussi par le Premier ministre, me racontera le lendemain, que, certes, « être à Matignon le soir où le général de Gaulle est en ballottage, c'est quelque chose ! », mais que les invités n'ont pas même vu Georges Pompidou. Celui-ci a refusé de paraître à ce petit raout raté. Sur les coups de minuit, un membre de son cabinet lit devant les micros un communiqué rageur qui met en accusation « les candidatures de diversion (traduire essentiellement celle de Jean Lecanuet) qui ont abouti à différer la grande manifestation de la volonté nationale et ont ainsi desservi la France ».

Signe de sa mauvaise humeur, le Premier ministre avait initialement prévu d'employer le verbe « empêcher ». C'est le Général, joint auparavant au téléphone, qui lui a fait remplacer cet aveu d'échec définitif par le verbe, plus prudent et d'ailleurs plus vrai, « différer ».

L'événement est néanmoins, cette nuit-là, le score des deux opposants : les communistes ont voté Mitterrand en masse : celui-ci a atteint, chiffre définitif, 32,04 % des voix – alors que beaucoup pensaient à l'Élysée que les amis de Waldeck Rochet ne joindraient pas facilement leurs voix à celles des socialistes. Et Jean Lecanuet, avec ses presque 16 % des voix, a fait, en quelques semaines, un parcours que personne, surtout pas lui-même n'imaginait.

Vers minuit, je rejoins Georges Dayan, chez Georges Bérard-Quélin, avenue de l'Opéra, où Mitterrand est attendu par ses partisans. Silhouette corpulente, visage rond et crâne chauve, Bérard-Quélin est un personnage considérable du Tout-Paris politique : directeur d'une agence de presse quotidienne, la mieux et d'ailleurs à l'époque la seule, informée de la capitale, il fait la pluie et le beau temps dans tous les états-majors en publiant, chaque matin dans le « Bulletin quotidien », le « BQ », initiales de son nom, de brefs articles sur les différentes activités, avancements, échecs ou initiatives des leaders politiques et de leurs équipes.

On s'arrache le BQ, dans toutes les rédactions de Paris, bulletin dont le rôle prescripteur est immense, parce que, édité d'abord en *offset* puis polycopié sur format de machine à écrire jusqu'à une heure avancée de la nuit, jusqu'au petit matin même, il est le numéro 1 de l'information politique instantanée. À la fois lettre confidentielle et organe de presse, le BQ, en outre, ne touche pas seulement à la politique, mais aussi, dans nombre de publications parallèles, à l'économie et à ses dirigeants. Il est le plus souvent informé par les ministères, sinon par les ministres, des nominations à la tête des sociétés, publiques ou privées.

Georges Bérard-Quélin, franc-maçon revendiqué, ne manque ni de réseaux ni de confidents haut placés. D'autant qu'il a créé, dès 1944, les fameux dîners du Siècle, où se retrouvent une fois par mois hauts fonctionnaires et politiques, patrons d'entreprises publiques et privées, banquiers et financiers. Depuis des années, tous les ballons d'essai des gouvernements et des partis d'opposition passent en priorité par le BQ, tout autant que des informations encore inédites, destinées à être testées ou relayées par la presse de tous bords. Né avant le gaullisme, dans les encore belles heures du radicalisme triomphant de la IVe République, il a eu beaucoup de mal à reconstituer ses réseaux, après 1958. Il y est parvenu, la franc-maçonnerie aidant, et aussi l'extraordinaire travail de ses journalistes qui se faufilent partout.

C'est donc Bérard-Quélin qui ce soir-là accueille dans ses majestueux bureaux le candidat unique de la gauche. François Mitterrand est à peine arrivé que Georges Dayan me confie une mission inattendue : il me donne les clefs de son appartement tout proche, rue de Rivoli, et me demande comme un service personnel de m'introduire chez lui, en l'absence de sa femme Irène, restée avenue de l'Opéra, et d'ouvrir la porte à un visiteur dont il ne me dit pas le nom. Je m'exécute, mue, on s'en doute, par une immense curiosité.

Je suis là depuis cinq minutes lorsque deux journalistes du *Nouvel Observateur*, Jean Daniel et Hector de Galard, sonnent à la porte, précédant de peu Pierre Mendès France. Celui-ci, costume gris presque froissé, a le cheveu ébouriffé, comme s'il venait d'être réveillé, ce qui est le cas, puisque ce sont justement Hector de Galard et Jean Daniel qui, une demi-heure plus tôt, l'ont sorti de son sommeil.

Le moins qu'on puisse dire est que Mendès est maussade, si ses compagnons ne le sont pas. Jean Daniel sait bien que je suis à *L'Express*, il fait une drôle de grimace en me voyant, tandis qu'Hector de Galard, dont j'ai gardé un souvenir amical depuis mon stage ancien à *L'Observateur*, n'a pas l'air trop mécontent de me voir. Si Mendès s'étonne de ma présence, il ne le montre pas. Et il réussit à ne pas trop s'impatienter : Mitterrand a eu du mal à s'éclipser discrètement de chez Bérard-Quélin, est parvenu à semer les journalistes présents avenue de l'Opéra en faisant le tour du pâté de maisons dans l'ID rouge de Charles Hernu, et, suivi de Dayan comme d'une ombre fidèle, arrive au rendez-vous avec un bon quart d'heure de retard sur PMF.

Le but de l'entrevue, je l'apprends, est à la fois symbolique et journalistique. Symbolique, parce que Jean Daniel, qui n'a pas encore pour François Mitterrand l'admiration qu'il aura plus tard, a voulu délibérément la rencontre entre ces deux hommes. Pierre Mendès France aurait pu être candidat – Jean Daniel l'aurait sans doute soutenu –, il aurait pu être à la place de Mitterrand, mais il n'y est pas, et ce soir, c'est lui qui l'a attendu. Journalistique aussi, et peut-être même surtout, parce que le directeur de *L'Observateur* espère bien publier dans son journal une tribune de Mendès appelant à voter Mitterrand au second tour.

Mendès, ça ne m'étonne qu'à moitié, étant donné la tête qu'il fait depuis quelques minutes, depuis précisément que Mitterrand est arrivé, n'est pas chaud du tout. Il lui faut du temps pour écrire, explique-t-il à Mitterrand. Il veut bien le soutenir sans défaillances, jusqu'au bout, mais ne donnera pas d'article au *Nouvel Observateur* ou à qui que ce soit d'autre. Il n'a pas non plus le temps d'animer une réunion publique.

Il a beau enrober cette réponse comme il peut, ma conviction est faite. Il ne pensait pas que le leader de la gauche, dont il condamne en plus l'alliance avec les communistes, dépasserait les 30 % des suffrages, il ne pensait pas que le général de Gaulle pourrait être mis en ballottage, il avait fait ce qu'il fallait en débattant avec Michel Debré pendant des heures. Maintenant, il ne supportait plus d'être un supplétif dans la bataille menée par son ancien ministre, vis-à-vis duquel il n'avait pas que des sentiments amicaux. Il avait certes toujours annoncé la couleur : il était hostile à l'élection du président de la République au suffrage universel. C'était la raison pour laquelle il avait toujours refusé de se présenter lui-même. De là à être heureux de voir quelqu'un d'autre disputer un second tour avec le général de Gaulle, il y avait de la marge. Jean Daniel était désolé, Hector de Galard gardait l'air morose qu'il affichait souvent. Ils prirent congé et raccompagnèrent Mendès chez lui.

Claude Estier, Georges Dayan, sa femme, Irène, aussi petite que son mari est grand, Charles Hernu, ex-lieutenant de Mendès France, qui a rejoint Mitterrand pour sa campagne de 1965, avaient maintenant rejoint l'appartement de la rue de Rivoli. Mitterrand leur raconta la scène qui venait de se dérouler, et dont j'avais involontairement été témoin. Ils étaient indignés. « C'est naturel, dit Mitterrand, avec son curieux sourire à demi-féroce, mettez-vous à sa place ! »

Il était 2 heures du matin. Il nous expliqua, en prenant congé, qu'il devait, le lendemain, conférer avec son pépiniériste d'Hossegor.

Les gaullistes n'avaient pas le temps de refaire un jardin pour rattraper leur retard. Le soir même, à Matignon, il y avait chez les Pompidou, Guy et Florence Schoeller, mon ami Christian Bourgois et sa femme Jacqueline de Guitaut, Sagan et Greco. Peu d'hommes politiques. Grise mine pour tous. Pompidou était furieux, me raconte Christian Bourgois le lendemain. Jacques

Chaban-Delmas, partisan du Général depuis la France libre, dont il avait été le plus jeune général, a résumé l'humeur générale des gaullistes, au micro de RTL, d'une phrase : « Lorsqu'on veut être présent dans une élection de ce genre, il faut s'en occuper. »

Paul-Marie de La Gorce, avec lequel je déjeunais le lundi, était gris de tristesse. Louis Vallon m'appela dans l'après-midi en me confiant tout ce que le scrutin du 5 décembre comportait pour lui d'amertume et de déception. Mais aussi, lui dis-je, pourquoi le Général a-t-il été absent de sa campagne ? Était-il si sûr de sa victoire au premier tour ? Il allait rattraper cela, m'assura Louis Vallon, prêt à prendre sa canne et son chapeau pour le lui demander. Il n'eut pas besoin de le faire.

De Gaulle n'était pas homme à faire deux fois la même erreur. Au second tour, il utilise largement son temps de parole au cours de la campagne télévisée officielle. Quant à Pompidou, il prend, cette fois, les choses en main : après une réunion des ministres chez Alain Peyrefitte, il file chez le Général, tout juste revenu de Colombey. Il en sort investi du sort de la campagne gaulliste. Le jeudi, il réunit les parlementaires de la majorité, UNR, UDT (les gaullistes de gauche) et Républicains indépendants – le mouvement auquel appartient Valéry Giscard d'Estaing, qui a fait ses débuts de parlementaire trois ans auparavant.

Pierre Pasquini, député des Alpes-Maritimes, y a bien sûr assisté : je rencontre le lendemain ce parlementaire, avocat de talent, que je connais depuis qu'il a fait son entrée dans la politique à Nice. Il me raconte ce qui marque, quand j'y repense, les véritables débuts des ambitions personnelles de Georges Pompidou : le Premier ministre, ex-normalien, fait à ses invités une véritable leçon d'agrégation politique : appel à la mobilisation de tous, thèmes de campagne, phrases clés. Il leur suggère les quelques mots à employer pour convaincre les électeurs : « stabilité », « paix ». Et surtout de ne pas employer l'expression « Front populaire », dénoncée pourtant comme un épouvantail par la plupart des quelques trois cents parlementaires présents au dîner.

Les gaullistes de gauche en effet, dont mon ami Vallon, avaient fait remarquer, avant le dîner, et à bon escient, que le Front populaire, auquel ses collègues comparent le large rassemblement de

François Mitterrand, n'avait peut-être pas laissé aux électeurs, y compris les leurs, que des mauvais souvenirs : les congés payés, les tandems, les quarante heures. Bref, chacun est sommé de partir en campagne, aidé par le bréviaire pompidolien.

Le reste, sans surprise, se joue à la télévision : de Gaulle va se rattraper de son silence de l'avant premier tour. Le chef de l'État choisit comme interlocuteur Michel Droit, directeur du *Figaro littéraire*. Il n'a pas oublié, tout est symbole, que Michel Droit, alors jeune journaliste résistant, a figuré à ses côtés à l'Étoile le 26 août 1944, avant que de Gaulle, pour la première fois, descende en vainqueur les Champs-Élysées. On plaisantera beaucoup par la suite sur la déférence avec laquelle Michel Droit a interrogé le général de Gaulle. Il lui pose cependant les bonnes questions, l'amenant à se préoccuper des problèmes des Français, dont le chef de l'État n'a pas dit un mot dans son unique prestation avant le premier tour.

En réalité, une question, une seule, domine la campagne du second tour : que voteront les trois millions d'électeurs de Jean Lecanuet ? De Gaulle ou Mitterrand ? Le lundi soir suivant le premier tour, François Mitterrand dîne avec Gaston Defferre et Jean-Jacques Servan-Schreiber chez un ami commun, l'avocat Georges Izard. Celui-ci a invité un troisième homme : Jacques Duhamel. Député du Jura depuis 1962, ancien membre des cabinets d'Edgar Faure sous la IVe République, ami de jeunesse de JJSS et de Simon Nora, il a travaillé, avant son échec à la fédération du centre et de la gauche, à la candidature de Gaston Defferre. Pour le premier tour, Jean-Jacques a pris le parti de Lecanuet. La rencontre entre les quatre hommes n'a qu'un but : convaincre Duhamel, ami de Lecanuet, de ne rien faire pour compromettre les chances d'un désistement de celui-ci en faveur de Mitterrand.

Le dîner, nous raconta Jean-Jacques le lendemain dans le bureau de Françoise, avait mal commencé : Mitterrand est arrivé contre toute attente de très mauvaise humeur. Il reproche plusieurs fois à Jean-Jacques Servan-Schreiber et à Jacques Duhamel, élu du Jura depuis trois ans, de ne pas l'avoir soutenu. Il dit même : « de l'avoir trahi ». Mauvais début.

Après avoir exprimé son irritation, le candidat de la gauche quitte assez tôt le domicile de Georges Izard. Celui-ci est accablé par la façon dont a tourné son dîner diplomatique. Jean-Jacques, optimiste, l'a rassuré : « Mitterrand avait un abcès à vider. C'est fait. Demain on pourra parler. »

Il n'empêche : Jean Lecanuet ne veut pas choisir entre de Gaulle et le candidat unique de la gauche. La présence du PC dans la coalition mitterrandienne lui reste en travers du gosier. Il appelle ses électeurs, dans une déclaration ambiguë, à « se déterminer personnellement ». En lisant cet appel « à la normande, ni oui, ni non », Jean-Jacques intervient dans un éditorial musclé, comme il sait les écrire, titré « Les voix de Jean Lecanuet » où il appelle le troisième homme de la compétition à se prononcer, au deuxième tour, contre de Gaulle, pour que celui-ci, dont la victoire, face à l'addition mathématique des voix de Lecanuet et de celles de Mitterrand, n'est pas douteuse, recueille la plus petite majorité possible, pour ne pas « faciliter » le jeu du général de Gaulle.

J'entends encore la voix du chef du service politique, Georges Suffert, mettre en garde JJSS, qui n'en tiendra aucun compte : « Vous vous êtes brouillé au premier tour avec l'équipe de Mitterrand, et vous allez vous mettre mal au second avec Jean Lecanuet. » Ce fut le cas.

La dernière semaine fut de la folie. Jean Lecanuet finit par appeler ses électeurs à ne pas voter pour le général de Gaulle, tandis que Mitterrand reçoit le soutien de Jean-Louis Tixier-Vignancour. Bernard Frank et Françoise Sagan signent tous deux un message en faveur du chef de l'État. *Paris Match*, du coup, invite Marguerite Duras, proche de François Mitterrand, et l'auteur de *Bonjour tristesse*, à exprimer dans l'hebdomadaire leur points de vue contradictoires. Marguerite Duras annonce, en cas d'élection de de Gaulle, le retour de la réaction et de l'anticommunisme officiel. Conclusion de Sagan : « À ce moment, nous ferons des barricades ensemble, comme dans *Viva Maria !*... Ce sera extrêmement gai ! »

Quelques jours plus tard, je vais, c'est la première fois, à Matignon où Jean-Luc Javal m'a donné rendez-vous. Je vois l'escalier majestueux, à la droite de la porte centrale : le bureau de Georges Pompidou est au premier étage. Ce n'est pas à cet étage noble que

Jean-Luc Javal me reçoit, mais dans les étages supérieurs, que l'on atteint par un petit couloir derrière la salle du conseil de cabinet, par un autre escalier dont les premières marches sont pratiquement cachées par une vieille photocopieuse. La pièce dont un huissier m'ouvre la porte est exiguë, en désordre, plutôt chaleureuse, mais on ne peut pas dire qu'elle soit luxueuse, au contraire des salons qui ouvrent sur le jardin, qu'il me fera visiter après notre entretien.

Jean-Luc est un des plus jeunes conseillers techniques de Pompidou ; je l'ai rencontré il y a quelques jours dans un dîner d'éditeurs, pas du tout politique. Je trouve – je le lui dis – qu'il ressemble un peu à son patron : il a, quoique plus jeune, la même morphologie, pas vraiment élancée, le même sourire ironique, qui peut se glacer d'un coup, la même fausse bonhomie. Il me le confirme : Georges Pompidou est de mauvaise humeur après le ballottage.

Il trouve surtout que la campagne a été bien mal menée. Le général de Gaulle n'a pas voulu, semble-t-il, s'en remettre aux dirigeants gaullistes, ni surtout à l'UDR. Comme s'il avait désiré se dissocier de ses principaux soutiens. Sans doute pour ne pas apparaître comme le candidat d'un parti, mais de tous les Français : « Il a confié sa campagne, me dit-il, à un vieux compagnon et à deux vieilles dames ex-déportées de Ravensbrück. » Je ne sais pas du tout à qui il fait allusion, et je pense ne jamais le savoir.

Certains ministres, me dit-il, sont épouvantés par les résultats du premier tour. Ils s'agitent en multipliant des déclarations, en suivant tant bien que mal les recommandations que Georges Pompidou a faites aux parlementaires la semaine dernière. Je suis sûre maintenant que le Premier ministre est d'autant plus irrité qu'il avait pensé pouvoir se présenter dès maintenant. Et qu'il aurait fait mieux.

Le lendemain, j'assiste au Palais des sports, le 16 décembre, à la réunion présidée par François Mauriac dont André Malraux est l'orateur principal. Après l'intervention du général de Gaulle, diffusée sur grand écran au-dessus de la tribune dépouillée qu'occupent les deux hommes, Malraux, costume sombre, droit comme un I, s'adresse aux gaullistes présents, sans le moindre tic, dans un discours éblouissant, malgré quelques déraillements de sa voix, où il cite Michelet, Jaurès, Victor Hugo, Bergson, en appelle à la France des croisades, pour réduire en miettes le candidat de la gauche : « Candidat des républicains, laissez dormir la République. »

Le 19, tout va très vite. Le dépouillement est plus facile. Personne ne met plus en doute l'opération Ifop-Europe 1. Dès 20 heures, la France sait que le général de Gaulle a été réélu. Elle saura deux heures plus tard que François Mitterrand, avec 45,5 % des voix, a gagné trois millions de voix entre le premier et le second tour.

Les journalistes qui ont suivi la campagne, dont je suis, rejoignent, une fois de plus Georges Bérard-Quélin, mais à son domicile, rue de Bellechasse, le candidat et son équipe de campagne. Louis Luc, de *L'Humanité*, trinque avec les photographes de *Match* et avec les reporters de *France Dimanche*. Parmi les hommes politiques présents, François Mitterrand est le seul à ne pas paraître abattu.

À Matignon, paraît-il, les bouchons sautent. C'est un peu, ce second tour, la victoire de Pompidou. Le général de Gaulle, comme au soir du premier, a éteint très tôt sa lumière.

4.

Le nouveau Pompidou

Le paradoxe de 1965 est que la première élection présidentielle de la Ve République ne marque pas la victoire d'un homme, Charles de Gaulle, investi de tous les pouvoirs pour sept ans. En réalité, elle masque son déclin. D'abord parce que son âge l'empêchera désormais de se présenter, et l'on sait à quel point le pouvoir d'un chef d'État, d'un simple élu même, diminue en fonction du temps qu'il reste pour l'exercer. Le général de Gaulle, si grand que soit son personnage dans l'Histoire, n'y échappe pas.

D'autant que, désormais, qu'il le dise ou non, il se sent mal élu. Donc mal aimé. Son pouvoir ne s'effrite pas encore, ses idées, sur la politique étrangère, l'Europe, l'indépendance monétaire, notamment, restent intouchées. Pourtant chacun pressent que le Général n'est plus tout seul au sommet de la pyramide politique. Il a montré ses faiblesses, dans la dernière campagne, même s'il a remonté – mais en partie seulement – entre le premier et le second tour le temps qu'il avait perdu, n'écoutant ni les conseils de ses fidèles, ni les mises en garde de Georges Pompidou. Dès le début de 1966, trois hommes vont dominer, pendant les trente prochaines années, – une génération –, chacun à leur place, à leur tour, la vie politique française : Georges Pompidou, Valéry Giscard d'Estaing et François Mitterrand.

Dans la foulée du Général, Georges Pompidou tire à merveille son épingle du jeu. Presque trop, peut-être, pour une partie des gaullistes, les gaullistes baptisés de gauche en particulier, ou pour tous ceux qui ne veulent pas de lui comme successeur du Général. Pour nombre de raisons que les adversaires de Georges Pompidou taisent encore souvent, ils ne le considèrent pas comme un des leurs. Parce qu'il n'a joué aucun rôle dans la Résistance, contrairement à tous les gaullistes que la France libre a unis, et, souvent, continue d'unir. Parce qu'il affiche sa foi dans une France riche et industrialisée, qu'il est plus discret sur son indépendance, et qu'il ne s'engage guère derrière le courant social du gaullisme : association capital-travail, participation des salariés aux profits de leur entreprise.

Néanmoins, ces gaullistes-là sont minoritaires. Plus marqués, plus ridés par le temps que les nouveaux pompidoliens. Car ça y est : on ne dit plus « les proches », les « amis » de Georges Pompidou, on dit les pompidoliens. Tous, pompidoliens ou non, comprennent, sans qu'on le leur explique, que l'intervention de Pompidou à la veille du premier tour a été décisive : c'est lui qui a démontré au Général, dès le 3 novembre, qu'il lui fallait utiliser son temps d'antenne à la télévision de crainte d'être balayé par Mitterrand et Lecanuet, révélations du petit écran, lui qui a remis les gaullistes en ordre de bataille, lui qui a organisé l'entre-deux tours, réactivé les réseaux militants de province laissés de côté avant le premier tour ; lui encore qui a mobilisé parlementaires et ministres, tenus à l'écart, on ne sait pourquoi, par l'équipe faiblement opérationnelle du candidat de Gaulle. Lui qui a tenu à ce que le candidat se soumette à la campagne télévisée officielle, que le Président jugeait pratiquement inutile. Il a également imposé son leadership aux barons du gaullisme, désorientés par le silence de l'Élysée : ceux-ci ont immédiatement choisi, non pas en cas de défaite, car personne ne l'envisageait vraiment, mais pour l'avenir, pour l'après-de Gaulle, de se diriger du côté de chez Pompidou, le « dauphin ». 1965 marque le début du pompidolisme. Comme l'a fait observer le général Billotte, le Premier ministre a, dès cette année-là, le « complexe du Prince de Galles ».

Battu, François Mitterrand est paradoxalement sorti semi-vainqueur de ce scrutin. Il s'irrite lorsqu'il lit dans la presse que Jean Lecanuet, et pas lui, Mitterrand, a mis le général de Gaulle en ballottage. Il a raison, il a bien fallu qu'ils soient deux. Il est vrai pourtant que Jean Lecanuet a canalisé sur son nom des électeurs qui, sans lui, auraient sans doute naturellement voté pour le Général : ce sont ces voix centristes qui lui ont bel et bien manqué pour assurer l'élection dès le premier tour du Président sortant. Il est évident pourtant que si Mitterrand s'était écroulé, si les socialistes s'étaient peureusement murés dans la méfiance souvent exprimée par Guy Mollet, si les communistes n'avaient pas massivement reporté leurs suffrages sur le candidat de la gauche, suivant ainsi les consignes de Waldeck Rochet, il n'y aurait pas eu de ballottage. Il est amusant de voir les deux hommes revendiquer la gloire d'avoir obligé de Gaulle à un deuxième tour.

Il est certain que Mitterrand, fragile leader de l'union de la gauche en 1965, en est devenu le patron. Ses 45 % du 19 décembre lui donnent une légitimité qu'il était loin d'avoir au début de son parcours. Signe qui ne trompe pas : entre le 5 et le 19 décembre, François Mitterrand a été élu président de la Fédération de la gauche.

Un jour où il était anormalement aimable, Guy Mollet, que j'étais allée interroger à Arras avant la fin de la campagne, avait inscrit pour moi, sur un paquet de cigarettes jaunes, ses pronostics du premier tour. À un chouïa près, il avait vu juste : 30 % pour Mitterrand, 45 pour de Gaulle. J'ai longtemps gardé le paquet de cigarettes, preuve d'une connaissance aiguë de la France électorale. Il avait ajouté : « Si j'ai raison, François Mitterrand peut tout se permettre, dans les mois qui viennent. »

Tout se permettre, c'est-à-dire diriger la gauche. De la part de Guy Mollet, la phrase ne manquait pas de sel. Ni d'expérience, car il avait raison. Au terme d'un chemin dont la longueur en aurait dissuadé plus d'un, président de sa petite Convention des institutions républicaines, président de la Fédération de la gauche ou premier secrétaire du Parti socialiste à partir de 1971, poussé de côté à l'été 1968, abandonné par les communistes en 1977, François Mitterrand est resté, avec des hauts et des bas, entouré d'adversaires déterminés à l'abattre ou de lieutenants fidèles au-delà du raisonnable, le maître de la gauche non communiste jusqu'en 1981.

Pourquoi mettre dès cette date Valéry Giscard d'Estaing dans le trio de tête ? On pourrait au contraire le considérer comme la victime collatérale de cette élection : début janvier 1966, Georges Pompidou le débarque sans ménagement de Bercy pour y installer Michel Debré. Trop de divergences entre le Premier ministre et le ministre des Finances : Giscard passe systématiquement au-dessus de la tête de Georges Pompidou pour réclamer les arbitrages présidentiels. Il a notamment négocié directement avec le Président le prolongement du plan de stabilisation, jugé impopulaire en période électorale par le Premier ministre, et refusé les mesures financières proposées par Matignon pour relancer les investissements privés.

Au surplus, dauphin lui-même, Pompidou ne veut pas d'un vice-dauphin. Preuve que les deux hommes ont l'Élysée dans leur ligne de mire. Il y en a, pour le moment, un de trop.

Giscard, qui juge presque infamante la proposition que lui fait Pompidou d'un vaste ministère de l'Équipement : Giscard refuse et il s'en va.

Ce bannissement lui est insupportable. Sans peut-être qu'il s'en aperçoive sur l'instant, il lui est néanmoins bénéfique. Décidé par Pompidou, l'éloignement du ministre des Finances laisse celui-ci s'installer dans une position idéale : dans, mais à côté de la majorité présidentielle. Le voilà installé, contre sa volonté, exactement là où il voulait être, aux frontières du gaullisme et de la droite classique.

C'est que – et de cela, Pompidou est certain –, depuis le référendum de 1962, Valéry Giscard d'Estaing, comme François Mitterrand, met au point son projet présidentiel. Cette année-là, aidé par son ami Michel Poniatowski, il définit sa stratégie, son instrument et sa méthode. La partie que joue VGE, que l'on n'appelle pas encore par ses initiales, tient à un calcul simple, qui ne triomphera cependant pas facilement sous la Ve République, ni de nos jours encore : rassembler autour de lui assez de modérés du centre et de la droite pour pouvoir fédérer autour de lui le courant conservateur moderne, libéral et européen. Cela rappelle un peu le projet de Jean-Jacques Servan-Schreiber. Rien d'étonnant puisque les deux hommes ont longtemps été amis pendant leur jeunesse quand ils parlaient d'avenir ensemble, et que l'un et l'autre envisageaient la même stratégie, Giscard à partir du centre droit, Jean-Jacques à partir du centre gauche. L'éviction, provisoire, de Valéry Giscard d'Estaing entraînera bien des conséquences sur la vie du couple exécutif. Elle sera pour Giscard capitale : elle lui rend sa liberté.

Ainsi iront les choses, quelque peu perturbées, pour les uns et pour les autres, par la parenthèse de 1968, pendant une génération.

Mais revenons à l'année 1966. Elle commence donc, à l'occasion du nouveau gouvernement Pompidou qui suit la réélection du général de Gaulle, par une éviction inattendue : celle de Valéry Giscard d'Estaing. Difficile de comprendre sur le moment ce qui se passe entre les deux hommes. Quelles sont au juste leurs relations ? On les a vus, l'année précédente, déjeuner ensemble – avec ce qu'il fallait de photographes pour immortaliser l'instant – chez Lipp, à Saint-Germain-des-Prés. Cela n'a pas suffi. La mauvaise rumeur d'une crise sous-jacente entre le Premier ministre et le ministre des Finances s'inscrit depuis des mois dans la vie politique. En réalité, comment ces deux hommes pourraient-ils s'aimer ? Depuis quand existe-t-il entre eux ce filet d'animosité, ce grincement permanent ? Sans doute depuis toujours, tant ils sont dissemblables.

D'origine populaire et fier de l'être, Georges Pompidou est ce que l'on appellerait aujourd'hui le symbole de la méritocratie républicaine. Famille « paysanne et pauvre, mais non misérable », mère aimante et père instituteur, parti à la guerre pendant cinq ans, blessé en 1914, dès les premiers jours, pour repartir de l'hôpital, d'abord dans la Somme, puis dans l'armée d'Orient, tel est l'univers dans lequel Georges Pompidou, né en Haute Auvergne en 1911, est plongé dans les premières années de sa vie. Puis les études, aisées, du primaire au supérieur, les lectures surtout, Jules Verne, Alexandre Dumas, Proust, un livre par jour, la montée à Paris, un premier échec à Normale, parce que le jeune homme s'était laissé aller à une certaine négligence, reçu enfin, à partir du lycée Louis-le-Grand, l'année suivante, c'est ainsi que s'est forgé Georges Pompidou. Non sans une conscience aiguë de son origine, qu'il ne renie pas, et dont il est sorti par le haut, par l'école, avec une certaine estime de soi, nuancée par une nonchalance naturelle, dans une France pauvre abîmée par la Première Guerre mondiale.

Comment ne pas voir, dès les premières années, tout ce qui opposera, toute leur vie, Georges Pompidou et Valéry Giscard d'Estaing ? Ce dernier est né en 1926, quinze ans après Georges Pompidou. Regardons-le jouer, petit garçon. Il passe ses vacances au château de la Varvasse, dans le Puy-de-Dôme. Un beau prieuré du XVe siècle gardé par deux tours pointues. L'argent, le lustre, le nom, son père, Edmond Giscard, devenu par décret, en 1922, Edmond Giscard d'Estaing, les a donnés à la famille.

L'ambition politique, sa mère la lui a transmise dès le berceau. Petite-fille d'Agénor Bardoux, ministre de l'Éducation nationale en 1877, député du Puy-de-Dôme, sa mère May Giscard d'Estaing, « la femme qui, dit-il, l'a le plus marqué » le promet à un destin national. Une enfance contrainte, organisée, méthodique : sa mère parle du bien de l'État, son père bachot, finances, résultats. Mais la guerre arrive, et aussi, très tôt, à quatorze ans chez Giscard, l'envie de résistance, dès le lycée Blaise-Pascal à Clermont Ferrand, puis à Paris, à Janson-de-Sailly.

À dix-sept ans, il fait partie des lycéens inconscients et romantiques qui, pour les réseaux résistants, portent des lettres et transmettent les mots d'ordre. Quand le général de Gaulle descend les Champs-Élysées, le 24 août 1944, Valéry Giscard d'Estaing est avec sa mère dans la foule, cette « mer humaine » évoquée par le créateur de la France libre. À dix-huit ans, à la fois enthousiaste pour l'aventure qui continue et désireux de participer au formidable événement qui se déroule sous ses yeux, il s'engage dans l'armée du général de Lattre, en 1944. Il n'en sortira qu'à la fin de la guerre, en avril 1945

Une enfance en tout point différente donc de celle de Georges Pompidou, une formation qui ne l'est pas moins. Agrégé de lettres classiques, ce dernier enseigne à Marseille, puis à Paris où il est nommé tout de suite avant la guerre. Pas de chars du maréchal de Lattre dans la vie de Pompidou, mais, dès 1939, la mobilisation, une guerre qu'il juge menée de manière imbécile par les militaires, et puis un retour à Paris, suivi d'un engagement résistant, comme il l'écrira lui-même : « passif » : « Il était évident que je manquais d'esprit d'aventure », notera-t-il, lucide, dans ses Mémoires hélas inachevés, *Pour rétablir une vérité.*

Pas d'École normale pour Giscard. Pas énormément de lectures non plus : Claudel, Montesquieu, Maupassant déjà peut-être. Après la Libération, une grande école, certes, Polytechnique, puis l'ENA, l'inspection des Finances, tout cela avec l'intention de reprendre le plus vite possible le chemin – et la circonscription électorale – de son grand-père Bardoux. Ce qu'il fait dès 1956.

Rien ne destinait, en revanche, Georges Pompidou à la politique. À la veille de la guerre, il avait confié à un de ses amis, Roger Grégoire (le mari de Ménie Grégoire, qui fut longtemps, sur RTL, la confesseuse tardive des auditrices), qu'il n'y comprenait rien. À son premier biographe, Merry Bromberger, il disait : « La politique me répugnait, j'y ai pris goût parce qu'on peut y faire des choses… »

Les temps changent en effet. À la Libération, le jeune professeur de lettres qui charmait ses élèves marseillais par son amour des grands auteurs et sa façon, paraît-il unique, de leur rendre hommage en lisant leurs pages à haute voix dans la classe, n'avait pourtant pas la moindre envie de retourner dans un lycée au moment où la France sortait de la guerre, où tout était à reconstruire. Lui qui n'avait naguère pas le sens de l'aventure, possède néanmoins celui de solliciter, et de saisir, les occasions.

Un ancien condisciple de khâgne, René Brouillet, qu'il n'a pourtant pas vu souvent pendant la guerre, joue le rôle de directeur de cabinet dans le gouvernement provisoire. Quelques visites auprès de celui-ci, et Georges Pompidou se retrouve chargé de mission au cabinet du Général, chargé des problèmes d'information et de l'Éducation nationale. À trente-quatre ans, sans titre de noblesse gaulliste, sans estampille de la France libre, le voici au cœur de l'histoire qui se fait, et, « béat d'admiration », écrira-t-il, il découvre le général de Gaulle.

Chose curieuse, ceux qui ont participé à l'aventure gaulliste de 1940 à 1944 ne s'étonnent pas, protestent encore moins à l'idée de voir l'ancien agrégé les rejoindre, une fois la guerre terminée, pour commencer une nouvelle étape du pouvoir. Quand j'ai connu, beaucoup plus tard, Louis Vallon, celui-ci, qui ne cessait alors ses critiques acerbes plus que drôles, en privé et en public, sur Georges Pompidou, Premier ministre après quelques années de mandat, je ne pus cacher ma surprise lorsqu'il me dit avoir eu, au contraire, avec lui, des rapports plus qu'amicaux, où la culture commune aux deux hommes et l'esprit caustique de Louis Vallon comptaient beaucoup au moment de ses débuts auprès du Général. C'est dire à quel point l'ancien professeur à Marseille a trouvé rapidement sa place parmi les gaullistes les plus anciens et les plus fidèles. Il l'a manifestement gardée.

Le Général part en 1946, mais n'oublie pas pour autant ce collaborateur amené à lui par Brouillet, qui se voit demander, faveur sans égale, de devenir le chef de cabinet de celui qui n'est plus rien, mais compte bien alors revenir au pouvoir dans pas longtemps.

Dès lors, quel que soit l'itinéraire choisi par lui, chef de cabinet du Général, plus tard fondé de pouvoir à la banque Rothschild, faisant de la politique, mais discrètement, au sein du mouvement que l'ancien chef de l'État vient de fonder, le RPF, Georges Pompidou apparaît peu à peu, sans forcer sa nature, comme le favori du Général. La preuve en est claire, dès le début, c'est lui, et pas le futur Premier ministre Michel Debré, à qui de Gaulle confie la faveur de l'accompagner, lors de sa prise officielle de fonction, en janvier 1959, dans la voiture d'apparat, découverte malgré l'hiver, d'où le chef d'État descendra les Champs-Élysées depuis la place de l'Étoile. Lui encore que le Général charge secrètement de mener à bien les négociations avec le FLN algérien de 1960 à 1962.

Au moment où nous en sommes, la seule période délicate entre les deux hommes, soudés, comme on le pense, par tant de travail en commun, est derrière nous, dans la conduite de l'élection présidentielle de 1965, où pendant quelques jours, Georges Pompidou se vit déjà en candidat à la Présidence, après un éventuel retrait du Général. S'il a été blessé d'avoir dû attendre, sans que l'intéressé lui dise un seul mot de sa décision, s'il a été frustré, s'il a regretté de ne rien pouvoir dire à ceux des barons, qui, nombreux auprès de lui, attendaient que la situation se dégage, pour choisir de quel côté leur cœur allait pencher, en tout cas, personne ne l'a su. Au contraire, chacun a pu noter que personne, plus que Pompidou, n'a davantage fait pour transformer la campagne électorale, dont, au début, le Général fut absent, en victoire finale. Sans éviter, certes, mais cela n'était pas de son fait, la dure surprise du ballottage au premier tour. Le moins qu'on puisse dire est qu'avant, et après cette élection, Pompidou et de Gaulle ont noué des liens précieux, rares. Les voici publiquement affirmés.

Difficile de comparer le sentiment qui liait Georges Pompidou au général de Gaulle depuis 1945, et celui qu'éprouvait, en 1966, Valéry Giscard d'Estaing, ministre limogé, à l'égard du président de la République tout juste réélu. Giscard aimait-il de Gaulle ? Question un peu naïve sans doute : en politique, qui aime qui ? On aime, et encore la règle a-t-elle reçu bien des coups de canif, celui qui a fait de vous le leader que vous êtes devenu. Même si beaucoup, parmi ceux qui, un jour, ont bénéficié d'un coup de pouce d'un de leurs aînés, ont tendance à minimiser l'aide qui leur a été accordée. Aucun doute, Valéry Giscard d'Estaing n'a pas le culte de ceux qui lui ont un temps rendu le service de le prendre dans leur équipe.

Car trois bonnes fées, si on ose dire, se sont penchés sur lui dès le début de sa carrière : Edgar Faure lui a tendu la main le premier en en faisant son conseiller officieux à son cabinet, au ministère des Finances, dans la IVe République, puis officiel lorsque ce dernier est nommé à Matignon après la chute de Pierre Mendès France. « Il ne m'a rien apporté, jugera plus tard Giscard, je n'ai aucune dette envers lui. » De l'admiration pour la sorte de prestidigitateur politique qu'était Edgar Faure, capable, d'une inimitable voix zozotante, de convaincre et d'entraîner par l'intelligence de ses propos ? Oui, à coup sûr. Des sentiments ? Aucun. De la rancune ? Plutôt, puisque, ondoyant à son habitude, Edgar finit par ne pas le soutenir lorsque Valéry Giscard d'Estaing se lance dans sa première campagne législative en 1956.

Deuxième bonne fée : Antoine Pinay. Celui-ci le parraine lorsque, placé en numéro 2 de la liste du Centre national des indépendants et paysans, Valéry Giscard d'Estaing est élu du Puy-de-Dôme au Parlement, adhère au groupe parlementaire des indépendants paysans d'action sociale, où il est à juste titre considéré comme un gamin, tous les proches de M. Pinay ayant au moins quinze ans de plus que lui. Trois ans plus tard, le même Antoine Pinay le nomme secrétaire d'État aux finances auprès de lui, dès l'installation de Charles de Gaulle à l'Élysée. Quels sont, des années plus tard, en 1966, ses rapports avec Antoine Pinay ? Assez anodins, devenus presque nuls, encore que Giscard souligne son intelligence au hasard de quelques lignes de ses Mémoires.

Troisième à s'être penché sur son berceau de ministre : Michel Debré, dont il partage, ou a partagé, la vision d'une Algérie restée française, lui confie le ministère des Finances et de l'Économie en 1962, fonctions qu'il gardera lorsque Georges Pompidou aura succédé à Michel Debré. Mésaventures ou méandres de la politique, c'est le même Michel Debré qui le remplace en 1966. On imagine le sentiment qu'a nourri alors à son égard Giscard, meurtri et indigné.

« Des maîtres à penser, dira un jour Valéry Giscard d'Estaing à Emmanuel d'Astier de La Vigerie, je n'en ai eu aucun. »

Et pas davantage, semble-t-il, le général de Gaulle. Même si, dans une des dernières interviews qu'ait donnée Giscard, en 2019, il souligne à quel point il avait partagé avec le président de la République, depuis 1962, une connivence forte en matière du nécessaire équilibre du budget, soulignant plusieurs fois qu'il a eu pour cela, le « soutien explicite du général de Gaulle ». « Mais pas, ajoutait-il, celui du milieu politique français qui vivait en plein déséquilibre budgétaire, ni celle du Premier ministre, M. Georges Pompidou, qui avait au contraire une culture et une expérience du monde bancaire et donc du crédit et de la création monétaire. »

Beaucoup de choses sont révélées dans ce cours extrait. Il permet de répondre en une seule fois aux questions posées : oui, Valéry Giscard d'Estaing, ministre des Finances, avait depuis quelques années une divergence de vues réelle avec Georges Pompidou, notamment à propos du plan de stabilisation, voulu par le général de Gaulle. Oui, le Premier ministre avait pensé, comme d'autres pendant la campagne électorale de 1965, que les Français souffrant de cette rigueur, le plan de stabilisation aurait dû être pour le moins suspendu, amélioré ou abandonné avant l'élection présidentielle. Ce que Giscard n'a pas fait.

Et non, Valéry Giscard d'Estaing a peut-être un Dieu, mais il n'a jamais eu de maître. Il a jugé que la relation particulière entre le général de Gaulle et lui avait été rompue en 1966. « Rompue », c'est le mot qu'il emploie dans l'année qui a précédé sa mort. Le terme est-il juste ? La réalité est que Valéry Giscard d'Estaing n'a aucun passé gaulliste. Il raconte volontiers, d'ailleurs, non sans un certain plaisir, comment il fit la découverte du gaullisme : ce serait, à l'en croire, en 1957 seulement, lorsqu'avec des parlementaires de l'intergroupe qu'il animait, il était allé à l'Élysée voir le président Coty pour lui expliquer à quel point la France allait mal. La petite délégation se serait entendu répondre que, oui, bien sûr, il y aurait quelque chose à faire : un appel au général de Gaulle. « Mais personne ne le veut ! » aurait regretté René Coty. Ce serait à cet instant seulement que Giscard aurait mesuré ce qu'il restait de de Gaulle dans la vie politique. Il n'empêche : ni dans ses écrits, ni dans ses paroles, Valéry Giscard n'a jamais revendiqué la moindre filiation gaulliste

On le voit, Pompidou et Giscard n'étaient liés d'aucune façon. Ni par la naissance ni par la proximité avec le général de Gaulle. Ni par leur tempérament. Paradoxalement le plus classique est Valéry Giscard d'Estaing, le plus moderne, Georges Pompidou.

L'un, grand, mince, au crâne prématurément dégarni, qu'il tape dans un ballon de football, joue de l'accordéon ou conduise pour s'amuser une rame de métro, garde une élégance parfaitement dans les codes, que rompt parfois une chemise à rayures colorées. L'autre se permet de temps à autre un pull à col roulé, mais n'apporte à sa toilette, de bon goût, qu'une attention distraite. Et a tardivement pensé à son « destin national ». Valéry au contraire a cru très tôt à un avenir étincelant. Et s'il n'y avait pas cru, sa mère, sans doute, aurait été la première à lui faire comprendre de quel bois il était chauffé. Son exclusion du gouvernement est pour Giscard comme un trou d'air dans son histoire, un couac, une blessure d'amour-propre, d'orgueil qu'il n'oubliera jamais.

Je me souviens d'un déjeuner avec lui, chez Lipp, six mois après son éviction, pendant l'été 1966. L'objet était d'écrire un de ces papiers baptisés « marronniers d'été » sur les hommes politiques en vacances : qu'allait-il faire, quel livre lirait-il, ses enfants se joindraient-ils à sa femme et lui ? J'avais bien vite rengainé mes questions. Car il était visible qu'il n'avait aucune, mais alors aucune, envie de prendre le moindre congé. Il m'avait en revanche longuement parlé, une fois de plus, de son éviction du gouvernement. « J'ai encaissé une balle perdue », disait-il, encore lourdement touché en m'expliquant que, comme Michel Debré ne voulait accepter, pour revenir dans ce gouvernement dirigé par

Pompidou, aucun autre poste que celui de ministre des Finances, et comme de Gaulle avait des remords avec Michel Debré, l'ayant trop prestement remplacé après l'indépendance de l'Algérie, Giscard avait été sacrifié dans l'opération.

Il ne me parla pas alors de ses divergences avec Pompidou sur le plan de déstabilisation, mais bien seulement d'un choix presque personnel du Général à l'égard de l'ancien Premier ministre. Ce qu'il ne cessait de regretter fortement, c'était que Pompidou se soit séparé de lui au moment précis où lui, Giscard, allait passer à l'autre phase, beaucoup moins rigoureuse, de son plan. Il m'expliquait avec toute la conviction dont il était capable, et Dieu sait qu'il l'était, avec une sorte de tristesse étonnée, qu'il avait été abattu en plein vol, au moment où paradoxalement il était en pointe dans les sondages, que Pompidou savait très bien ce qu'il allait faire : tout simplement s'en débarrasser. « Si j'avais su, me disait Giscard, que Pompidou et le Général me débarqueraient à ce moment, j'aurais amorcé, quelques semaines avant, la seconde phase, plus positive de mon plan, pour ne pas donner prise à mes ennemis qui me faisaient injustement porter la responsabilité du ballottage de la fin de l'année précédente. »

Non, il ne portait pas Pompidou dans son cœur, ce jour-là.

Tout sépare donc Pompidou et Giscard, qui ne se sont jamais aimés, et n'ont jamais eu grand-chose en commun, même pas, peut-être, de l'admiration l'un pour l'autre. À se demander si le troisième personnage du trio dominant des années 1970, François Mitterrand, n'avait paradoxalement pas plus de points communs avec Georges Pompidou que Giscard. Après tout, cinq ans seulement séparent ces deux hommes. Il n'y a pas entre eux, comme entre Giscard et Pompidou, presque une génération de différence. Tous deux sont nés dans des familles modestes, celle de Georges Pompidou étant, de loin, la plus pauvre. Ce n'est pas par hasard qu'en préambule de ses Mémoires, *Pour rétablir une vérité*, Georges Pompidou a voulu inscrire ces deux lignes, sans même préciser leur auteur, François Villon, le poète des petites gens : « Pauvre je suis de ma jeunesse, / De pauvre et de petite extrace ».

Georges Pompidou n'a jamais oublié d'où il venait, François Mitterrand non plus, quitte à noircir la pauvreté de ses plus jeunes années, finalement moins démunies qu'on ne l'a cru et qu'il l'a parfois dit. Tous deux ont étudié dans des collèges, puis dans des lycées de province, Angoulême, Albi, pas très loin l'un de l'autre, leur jeunesse baignée par l'humanisme chrétien de ses parents pour François Mitterrand, par la soif d'apprendre de son père du côté de Georges Pompidou. Quant aux lectures, au collège, au lycée, puis plus tard, les deux hommes se repaissent des mêmes auteurs, au même rythme, un livre par jour avec, sans doute un peu plus de Maurras, de Barrès ou de Chardonne pour Mitterrand, un peu plus de Jaurès, que son père vénérait dans sa jeunesse, pour Georges Pompidou.

Si ces deux hommes-là s'étaient connus dans d'autres circonstances, peut-être auraient-ils été amis, peut-être auraient-ils passé des heures à parler de littérature ou de poésie – plus tard, Georges Pompidou réunira ses poèmes préférés dans une anthologie, d'ailleurs assez classique. Peut-être auraient-ils regardé à perte de vue les beautés des paysages de leur enfance, la Charente, le Berry, Jarnac, ou Albi la rouge, le Languedoc, le Lot.

À l'âge mur, un seul homme les a séparés, définitivement : le général de Gaulle. Le professeur de lettres, en rien associé à la France libre et à la flamme de la Résistance, a remué ciel et terre – c'est-à-dire ses amis normaliens devenus gaullistes – pour entrer à son cabinet. Ce qu'il a fait, même si la phrase selon laquelle le Général avait demandé à embaucher auprès de lui un agrégé sachant parler le français appartient à la légende. François Mitterrand a, d'instinct, éprouvé pour le Général qu'il a rencontré pour la première fois à Alger, dans l'hiver 1943-1944, un refus, une sorte de répulsion, qu'il a retrouvés après 1958.

Il ne faut pas oublier que lorsque le général de Gaulle l'a revu, à la Libération, il a accueilli François Mitterrand d'un « Encore vous ! » qui en disait long sur son enthousiasme à l'idée de le retrouver dans ces nouvelles circonstances. On imagine ce qu'a pensé, plus tard, en 1958, le même général de Gaulle, lorsqu'il s'est cru obligé de réunir le gratin de la classe politique dans les salons de l'hôtel La Pérouse, juste avant d'être nommé président du Conseil par René Coty, et qu'il a remarqué, dans la file des ministres qu'il avait convoqués, le même François Mitterrand, devenu un ministre quasi permanent de la IVe République

Réfléchissant à la relation qui aurait pu se nouer entre Pompidou et Mitterrand, j'ai le souvenir d'une scène particulière, que j'avais trouvée difficile à supporter, pas seulement par celui qui en était en quelque sorte le héros, mais aussi pour moi, qui le regardais pour la première fois depuis les bancs des journalistes : le premier discours de politique générale de Georges Pompidou, devant le Parlement le 26 avril 1962.

Nous sommes à quelques semaines à peine de l'approbation par référendum des accords d'Évian sur l'Algérie – dont il a été le négociateur principal. Ce discours, je savais, nous savions tous qu'il l'avait préparé avec ses collaborateurs et ses ministres les plus proches : Olivier Guichard, qui l'avait remplacé un temps comme directeur du cabinet du général de Gaulle avant 1958, Maurice Couve de Murville, grand et triste ministre des Affaires étrangères du Général, Alain Peyrefitte, ministre de l'Information, que son téléphone reliait directement à l'époque au présentateur télé du 20 heures, et même Giscard d'Estaing, tous les plus compétents dans leur domaine. Le Premier ministre avait fait une première mouture de son discours auquel chacun, paraît-il, avait ajouté une phrase, creusé une idée, proposé un mot. Le résultat : un kaléidoscope plus qu'un discours de politique générale.

Georges Pompidou n'avait pas une seule fois mis les pieds au Parlement depuis le début de sa carrière, il ne connaissait pas l'hémicycle, si impressionnant parce que l'orateur à la tribune, devant la foule des députés en demi-cercle autour de lui, a l'impression que tous le regardent et qu'il ne voit personne. Il monte pesamment, avec un immense trac, les quelques marches vers la tribune. Lui qui a horreur de se mettre en vedette, de faire le beau, d'occuper la première place, il est servi. La gauche s'agite, les communistes font grand bruit. J'entends partir, de ce côté de l'Assemblée, des cris « Rothschild, Rothschild », allusions au poste occupé par le Premier ministre dans les années 1955, avant qu'il ne retourne auprès du Général en 1958. Lui-même blanchit de colère en entendant ces slogans répétés. Il prononce avec peine ces quelques premiers mots : « Mesdames, Messieurs, songeant aux charges de ma fonction, et gravissant pour la première fois de ma vie les degrés de cette tribune, je ne puis me défendre de quelque appréhension... » qui laissent de marbre les parlementaires de l'opposition. Quant à ceux de la majorité, je les trouve excessivement froids, soutenant à peine celui qui est en principe leur chef.

Tout au long du discours, la qualité de ses propos, sa fermeté, ne s'améliorent pas. Il s'accroche à son texte, il le lit plus qu'il ne le prononce. Il peine, semblant manquer curieusement d'envergure. Bref, il n'est pas bon du tout. Lorsqu'il descend de la tribune, sur ces mots : « À vous de me donner, si vous le voulez bien, votre indispensable concours... », il semble plus soulagé d'en avoir terminé qu'inquiet de se voir refuser leur aide par les parlementaires gaullistes.

À la suspension de séance, nous retrouvons, dans la salle des Quatre Colonnes, les orateurs, de la majorité ou de l'opposition, qui ont parlé après lui. François Mitterrand est entouré de quelques journalistes, que je rejoins. Ceux-ci, ironiques, jugent que le nouveau Premier ministre a été un mauvais, sinon pitoyable, orateur, et que son sens politique n'est pas clairement apparu devant l'Assemblée, majorité comprise. Je n'ai pas entendu le début de la réponse de François Mitterrand, je prends ses propos au vol. Je comprends qu'il répond à ceux qui l'interrogent sur la prestation du Premier ministre qu'ils feraient bien d'être prudents.

Novice, Pompidou ce jour-là ? Sûrement. Mais manque d'envergure ? Mitterrand se garde bien d'un tel jugement. Et il suggère à ses interlocuteurs journalistes de prendre leur temps avant de disserter sur la nullité politique de Pompidou. Il lui prédit, au contraire, ce jour-là, un avenir. J'ai le souvenir de l'avoir entendu dire que le visage du Premier ministre, l'air bonhomme de face, aigu, marqué, de profil, traduisait plus de puissance que de médiocrité. Le mot « puissance » m'a semblé alors, j'en conviens, hors de propos.

Le plus clair est que Mitterrand avait décelé ce qu'allait être Pompidou plus tard, lorsqu'il serait devenu un meilleur connaisseur du Parlement et du terrain, plus rompu avec la vie politique, qu'il ferait semblant d'improviser un texte et non de le lire, de se détacher de lui pour mieux y revenir. L'évidence était que par une de ces rares intuitions dont ces bizarres animaux politiques sont capables, Mitterrand a reconnu dès cet instant son adversaire pour les années à venir.

En ce début de 1966, Pompidou, en effet, prend de l'épaisseur, Mitterrand est sur un petit nuage, Giscard enrage. Dès le 10 janvier, il en est réduit à laisser sa place à Michel Debré rue de Rivoli. La passation du pouvoir est, on s'en doute, morose. Debré, avec, sur les lèvres, ce léger sourire vague, presque gêné, fait l'éloge de son prédécesseur. Celui-ci, qui fait bonne figure, lui souhaite néanmoins, non sans une certaine aigreur, que la hausse des prix ne vienne pas, sous sa conduite, « priver les Français de la reprise annoncée ».

Il enrage, mais, lorsque sa rage commence à s'apaiser, le naturel reprend le dessus. C'est dans le rebond après la chute qu'on reconnaît les hommes politiques. Tout avait été jusqu'à présent trop huilé dans la carrière de Giscard. Une enfance aisée, pas d'échec politique puisqu'élu sans difficulté à la place du grand-père, une femme charmante, de grande famille, dotée, on ne le sait pas toujours, d'un grand humour et d'une grande vivacité. Les yeux dessillés par sa mise à la porte d'un gouvernement dont il se pensait la pièce maîtresse, il sait maintenant que, pour s'envoler plus haut, il lui faut un parti. Pas le vague rassemblement qu'il anime avec quelques députés dont la plupart ont le double de son âge, ce petit mouvement indépendant et paysan qui date des années 1950. Mais un outil politique dont il puisse faire sa rampe de lancement.

Face au puissant Parti gaulliste, Giscard est convaincu que le MRP est frappé par l'extinction naturelle des partis politiques, qu'il est temps de prendre la direction d'un parti dirigé depuis longtemps par des vieux ténors de la IVe. Il mettra son temps d'exil à profit pour y parvenir.

En attendant, le héros du centre aujourd'hui, ce n'est pas Giscard, c'est Jean Lecanuet qui fonde en février le Centre démocrate. En 1965, on l'a vu, il a réussi son coup, a souri aux Français, a donné un vernis de modernité au vieux MRP. Au fond, on l'avait cherché partout, de Defferre à Pinay, ce candidat centriste idéal et il était là, sans doute le plus modeste de tous, ne revendiquant rien, ne bloquant rien, contrairement à son concurrent Joseph Fontanet.

Le MRP, dont la plupart des dirigeants ne voulaient pas en réalité d'un rapprochement avec quelque autre parti que ce soit, avait mis un certain temps avant de découvrir le plus capable de représenter le centre : Lecanuet avait réussi à sauver sa carrière politique à une voix près, en devenant sénateur de Seine-Maritime après un échec aux législatives de 1958. Il commençait à s'implanter à Rouen, dont il était devenu premier adjoint. Le maire était malade, il savait qu'il allait le remplacer prochainement. Les dirigeants du MRP, qui avaient tout fait pour rendre impossible la fédération voulue par Defferre, finirent en 1965 par se tourner vers lui. Lecanuet n'était pas partant, car il craignait de compromettre son avenir rouennais pour un tour de piste sans espoir à la présidentielle. La première fois que Joseph Fontanet, le président du MRP, lui avait dit : il faut que tu y ailles, il avait répondu, d'un ton légèrement agacé : « Je ne pense pas que l'on puisse faire un score, mais si tu es convaincu du contraire, alors vas-y toi-même. »

Il se mit d'ailleurs alors en quatre, ce qui n'est pas banal, pour convaincre d'autres d'y aller à sa place. Maurice Faure avait encore un sourire incrédule lorsqu'il m'avait confirmé, à la fin de l'année précédente, que Lecanuet l'avait supplié, juste avant de faire le grand saut lui-même, de partir à la bataille. Une fois désigné, cependant, il avait exécuté sa tâche, plutôt bien, étonné de devenir auprès des Français, lors de sa toute première intervention à la télévision, ce qu'on appellerait aujourd'hui une « personnalité médiatique ».

Mais enfin, Lecanuet a assez de distance à l'égard de sa propre action, il est assez intelligent pour savoir qu'il a été complimenté avec ses 16 %. Rien de plus. L'élection passée ne donne pas au centre une ample structure, elle n'empêche pas cette bipolarisation que le monde politique vient de découvrir : pour détenir le pouvoir désormais, il ne suffit pas de conclure un petit accord par-ci, un engagement par-là. Il faut avoir la moitié des voix plus 1, c'est-à-dire plus de 50 %.

Avec son score, Jean Lecanuet en est loin. Il ne s'en désespère pas. Au contraire. Il est un homme libre, la tête sur les épaules, plein d'esprit au milieu des siens qui n'en ont guère, sans grande envie de se dévouer corps et âme pour transformer l'essai du 5 décembre. Il n'a pas, il n'aura jamais, même si ses amis s'en désolent, l'obstination, la rage qui était déjà celle de Mitterrand. La vie politique n'a été, ne sera jamais son unique perspective, son ultime désir. C'est d'ailleurs ce que je trouvais sympathique en lui, ce côté amateur, dilettante. J'étais aussi surprise, dès que j'échangeais quelques propos avec lui, que l'homme privé soit à ce point différent de l'homme public. L'homme public se coulait, sans en être corseté, dans le moule du catholicisme social. En privé, j'ai eu l'occasion de m'en rendre compte plusieurs fois en suivant quelques-uns de ses déplacements, il s'exprimait avec vivacité, dans un vocabulaire haut en couleur, avec un franc-parler et sans excessives précautions dans les jugements dont il assaisonnait les autres.

Beaucoup de ses amis politiques disaient tout simplement qu'il était paresseux. Légèrement indolent, plutôt. Sans envie d'être l'évêque de quelque chapelle que ce soit. Prêtre ou diacre, à la rigueur. Je savais déjà que, le jour où, remis de sa disgrâce, Giscard, qui ne pensait qu'à ça, voudrait le manger, il n'opposerait pas de résistance farouche. Lecanuet avait un défaut grave en politique : il n'aimait pas les ustensiles du pouvoir.

François Mitterrand, lesté, désormais, de ses 45 % du deuxième tour, domine, comme l'avait craint Guy Mollet, la bataille à gauche. Il a été élu sans coup férir président de la Fédération de la gauche démocrate et socialiste, dont le but est de réunir dans un parti unique toutes les composantes de la gauche non communiste. Guy Mollet, loin de souhaiter que les socialistes disparaissent dans la bataille, se débrouille pour que la manœuvre soit difficile. Quant aux communistes, François Mitterrand se montre en public volontiers détaché, comme s'il ne savait pas exactement quel cours allait prendre les choses.

En réalité, il ne pense qu'à cela : c'est que déjà les élections législatives de 1967 s'approchent et que Mitterrand, comme toujours, fait ses calculs. Cinq ans auparavant, en 1962, il ne l'oublie pas, le PC avait largement devancé, avec 22 % des voix, le Parti socialiste, celui-ci n'ayant obtenu que 12 % des suffrages, tandis que les Radicaux et le MRP totalisaient 17 % des voix seulement. Arithmétiquement, pour que la gauche non inféodée au Parti communiste gagne, le compte n'y est pas. L'évidence pour Mitterrand est que, tant que les communistes sont les plus forts à gauche, il n'a guère de chances d'arriver à décrocher la majorité. Il faut donc en même temps les séduire et les détruire.

Ce serait simple si les communistes, de leur côté, ne se livraient pas exactement au même calcul. Les discussions, chez eux, vont bon train. Certes, ils accepteront de se rendre à l'occasion d'une ou deux réunions rue de Lille, siège de la FGDS, *terra* pour eux *incognita*, mais ils ne sont plus dans la même situation qu'en 1965. Pour la présidentielle, sentant bien que les Français ne confieraient en aucun cas la France à un communiste, ils ont négocié avec Mitterrand. Mais pour les législatives, ils sont, pour le moment, les plus forts. Leur peau n'est plus à vendre. Ou alors ils la monnaieraient très cher. C'est du moins ce que croient la plupart d'entre eux.

Il ne faut pas être grand clerc pour comprendre que, si chacun des deux partis va séparément à la bataille de 1967, dont la perspective est en train de s'installer dans tous les esprits, le semi-miracle de 1965 ne se reproduira pas. Mitterrand en a une conscience aiguë. Il sait que son avenir se joue sur les relations qu'il aura, ou n'aura pas, avec le PC. Mais il sait en même temps qu'il ne peut pas avoir l'air d'être ficelé par les communistes, ou de courir derrière eux pour solliciter qu'ils aient la bonté de se rapprocher de lui. Pour l'heure, il choisit de jouer sans eux.

Chaque chose en son temps : il lui faut d'abord unifier les différentes composantes de la gauche, et il y en a beaucoup, des radicaux aux socialistes en passant par les mitterrandistes. Ensuite, négocier avec les communistes les candidatures aux législatives et au-delà. S'ajoute à ces calculs de boutiquier politique cette inquiétude, loin d'être levée en 1966. Que les candidats de la gauche s'unissent dans une liste commune, socialistes, radicaux, communistes, ce serait parfait. À condition qu'une telle liste ne fasse pas fuir les électeurs du centre. Dans ce cas, où iraient-ils ? À droite bien sûr.

Illustration : à Brive, le 2 octobre, après l'annulation de son élection par le Conseil d'État, le maire sortant, Jean Labrunie, radical-mendésiste, a affronté pour la deuxième fois le gaulliste Jean Charbonnel. La différence par rapport au scrutin précédent, c'est que figurent sur sa liste pas moins de 10 communistes, 3 PSU, 8 radicaux et 3 indépendants. Charbonnel fait sa campagne en dénonçant le Front populaire et l'emporte sans difficulté sur son adversaire. L'inverse se passe au Mans, peu après : les socialistes cette fois rompent l'accord avec les communistes et laissent le troisième larron, un centriste, leur rafler la victoire sous le nez.

L'anticommunisme existe toujours en France, même si l'élection de 1965 en a éloigné le spectre. Mitterrand doit compter avec cela aussi. Le plus sûr, pour le moment, est de ne pas trop compter sur eux. De ne compter que sur lui.

Voilà pourquoi il ne veut pas aller trop vite. Il laisse volontiers, et volontairement, à Guy Mollet, en tant que secrétaire général du Parti socialiste, le soin de mener ses négociations, dans la perspective des élections législatives qui viennent, avec les communistes.

Il lui faut donc, pour l'heure, exister. Se montrer. Proposer une alternative au gouvernement Pompidou. Je n'ai jamais su qui, autour de lui, Jack Lang peut-être, avait eu l'idée de rendre public un *shadow cabinet* (« cabinet fantôme »), une sorte de gouvernement de la gauche en exil, à la manière anglo-saxonne. Mitterrand avait levé les épaules la première fois qu'on lui en avait parlé. Et puis, de jour en jour, cette idée avait pris du corps. En mars, François Mitterrand propose officiellement la constitution d'un « contre-gouvernement ».

L'idée n'enchante pas Guy Mollet, bien obligé pourtant de s'y résigner, faute de vouloir rompre. Rendue publique, la composition du fameux cabinet déçoit plutôt par son manque d'imagination : Mitterrand en est le président, flanqué de cinq « contre-ministres » : les socialistes Guy Mollet et Gaston Defferre, le radical René Billères auxquels étaient joints des membres de la Convention des institutions républicaines, le parti de Mitterrand, qui avait bien grandi depuis sa création. Ce fut un coup d'épée dans l'eau, ou à peu près. L'annonce du *shadow cabinet*, inconnu dans la politique française, fit quelques titres dans les journaux, mais je n'ai connu personne qui ait manifesté spontanément le désir d'y appartenir ou exprimé sa colère a l'idée de ne pas en être.

Pourtant, avec le temps, François Mitterrand, qui n'avait pas voulu de prime abord s'aliéner Guy Mollet en nommant une personnalité hors parti, insista pour nommer quelques nouveaux ministres de l'ombre, dont celui de la Culture, Jean-François Revel. Ce dernier était alors un polémiste, journaliste à *L'Observateur*, et sera plus tard patron de *L'Express* dans les années 1970.

Ancien normalien, agrégé de philosophie, il ne faisait pas étalage de ses titres universitaires ; sa plume acide lui suffisait pour se faire une place dans la presse en même temps qu'en politique. François Mitterrand aimait beaucoup son esprit libre, dévastateur, d'autant qu'à ce moment de sa vie, Revel ne l'utilisait pas contre lui. Il avait adhéré dès ses débuts à la Convention des institutions républicaines et ne professait pas encore son aversion du communisme, encore moins sa conversion au libéralisme. Ainsi était-il présent pour la première ou seconde réunion du contre-gouvernement prévue, rue de Lille, au siège de la Fédération de la gauche, en fin de soirée.

Vers 18 heures, tous les « contre-ministres » étaient là, de René Billères à Guy Mollet, ayant tous préparé leur intervention, comme s'il s'agissait d'un véritable Conseil des ministres. Jean-François Revel n'avait pas manqué lui aussi de préparer un court discours, percutant, sur la politique culturelle d'André Malraux. Mais voilà qu'une fois de plus, Mitterrand était en retard. Une demi-heure d'attente. Revel dit qu'il va prendre un café au bistrot d'à côté. La demi-heure passée, les contre ministres ont à peine repris leur place, Jean-Francois Revel compris, que la secrétaire de Mitterrand annonce un nouveau retard. Revel se lève sans mot dire et retourne à son café.

Lorsqu'il remonte, il s'adresse aux journalistes qui faisaient le pied de grue dans l'antichambre, et sa voix paraît embarrassée. Son teint a viré au rouge brique, il nous dit lui-même que sa femme – Claude Sarraute – lui interdisant à juste titre l'alcool, il avait profité du retard de Mitterrand pour rattraper son retard, à lui, tout tranquillement, chez le bougnat de la rue de l'Université. Claude Estier et Charles Hernu, les deux spadassins de la Fédération de la gauche, chargés de veiller sur ce contre-gouvernement, extirpent Revel de la mêlée médiatique. Ils sont atterrés. Revel chantonne assez fort. Que va dire le chef, quand il entendra son ministre de la Culture, prononcer son discours d'une voix chargée ? Personne n'a le temps d'exfiltrer Jean-François Revel : Mitterrand entre enfin dans la salle.

Il dit bonjour, annonce qu'il est très pressé, donne la parole à toute allure à Guy Mollet, impeccable et pas gai, puis à René Billères, qui s'exprime avec facilité. Vient le tour de Jean-François Revel. Je regarde la tête de Charles Hernu et de Claude Estier, interdits et blafards. Revel se lève, en s'accrochant à la table. D'une voix tonnante, il s'en prend à André Malraux et traîne dans la boue les projets du vrai ministre de la Culture. Puis il retombe sur sa chaise au bout d'une péroraison cinglante. Mitterrand ne s'aperçoit de rien. La cuite s'est transformée en leçon d'éloquence. Tout le monde respire. La séance dure encore quelques minutes. Puis Mitterrand y met fin. Les journalistes redescendent avec lui l'escalier. « Pas mal, hein, Revel, me dit Mitterrand. Quel tonus ! »

Restent les communistes. Ceux-ci, Waldeck Rochet surtout, n'ont jamais paradé sur le devant de la scène. Pratiquement proscrits sous la IVe République, hormis le court moment où, à la sortie de la guerre, le Général leur a confié des postes ministériels, ils ne se sont signalés que par leur ralliement à François Mitterrand en 1965.

Pour combien de temps ? Les comités centraux se réunissent régulièrement dans la salle des fêtes (et des mariages) des mairies communistes, nombreuses, en banlieue. Les journalistes ne se dérangeaient pas pour y assister, sachant que, de toute façon, ils auraient droit à un communiqué final sans beaucoup d'intérêt.

Néanmoins, puisque j'étais chargée de suivre la gauche pour *L'Express*, j'avais pris l'habitude, au début de l'année 1965, de me déplacer, en cas de comité central, et d'attendre, sur le perron de la mairie choisie, en quête d'une phrase, d'une confidence de l'un ou de l'autre. J'étais là, toujours, faisant la planque, comme le disent les journalistes, qu'il pleuve ou qu'il vente, ce qui était souvent le cas. Je connaissais tous les chauffeurs des grands dirigeants, qui m'avaient bien sûr repérée puisque je poireautais comme eux.

Mes efforts, mon air misérable, affecté bien sûr, finirent par payer. Roland Leroy mandata son chauffeur, qui répondait au nom de Coco, pour me demander si je voulais bien les rejoindre dans le bureau du maire où ils prenaient un pot, leur comité terminé.

C'est ainsi que je fus présentée pour la première fois à Waldeck Rochet, à son secrétaire personnel depuis avril 1964, Charles Fiterman, à un grand individu charpenté aux yeux bleus et à la grosse voix, Georges Marchais, qui restait alors relativement inconnu, ainsi qu'à un homme d'une puissante carrure, dont, pour le coup, je n'avais jamais entendu parler, qui s'est toujours méfié comme d'une guigne des journalistes, et dont l'importance – j'en jugeais par la sorte de respect avec lequel les participants du comité central s'adressaient à lui – me sauta tout de suite aux yeux : le trésorier du Parti communiste, Georges Gosnat.

Personnage considérable, quoique discret, fils d'un forgeron devenu concierge à Ivry-sur-Seine, communiste lui-même. Georges Gosnat avait été nommé en 1937, à vingt-trois ans, à la tête d'une compagnie maritime chargée de ravitailler en armes soviétiques la République espagnole lors de la guerre d'Espagne. Depuis, ses liens avec l'URSS, à un moment où la Russie alimentait financièrement les partis étrangers, étaient, on s'en doute, précieux. Autre financier, plus important encore, Jean-François Doumenc, baptisé le « milliardaire rouge », qui avait fait toute sa fortune dans le commerce alimentaire avec la Russie, dont il avait pratiquement le monopole. Mais ce Doumenc-là n'avait rien à faire des réunions du comité central : il était plus puissant, plus intouchable que chacun des dirigeants, secrétaire général compris.

C'était un monde, le Parti communiste ! Un monde aujourd'hui disparu et que l'on croyait à l'époque indestructible. Fermé sur lui-même, claquemuré : à l'Assemblée, les députés communistes, nombreux, ne se mêlaient pas aux parlementaires des autres partis. Depuis des années : depuis le début de la guerre froide en 1947 ! Dans des régions entières, le Nord par exemple, ils disputaient férocement aux socialistes locaux les circonscriptions électorales ou les mairies, qu'ils avaient la réputation, d'ailleurs, de gérer d'une main de fer, tout en maintenant une sécurité sans faiblesse. Tous, militants ou dirigeants, considéraient qu'ils étaient une sorte de citadelle assiégée, que des prédateurs épiaient dans l'espoir de conquérir ici, une municipalité, là, de pervertir un croyant de leur religion.

Leurs dirigeants se mariaient, et parfois divorçaient, avec les dirigeantes, sur le modèle de celui qui fut longtemps leur « lider maximo » Maurice Thorez, qui ne prenait pas une décision sans sa femme, Jeannette Vermeersch : celle-ci d'ailleurs défendait une sorte d'ordre moral à l'intérieur du Parti. On ne plaisantait pas avec Jeannette. Même si elle eut, dit-on, parmi les jeunes adhérents au Parti, intellectuels et populaires, plus d'un favori.

Ce qui change tout, dans cette période prélégislative et post-présidentielle, et ce que l'on ne sait pas, c'est que Waldeck Rochet, lui aussi, veut sortir le PC de son isolement. Il a pourtant un parcours typique de dirigeant communiste de l'avant et de l'après-guerre, et personne, dans les milieux politiques non communistes, n'a encore discerné sa volonté d'ouverture. Pas causant, discret, le crâne dégarni, modeste, avec un fort accent rocailleux qui traduit ses origines bressannes, il a onze ans de plus que Mitterrand, qu'il ne connaît pas autrement que par leur fréquentation commune de l'Assemblée nationale.

Cet ouvrier agricole, devenu communiste en 1924, envoyé *illico* par le parti français faire ses classes dans l'école du Komintern, placé à la tête des agriculteurs et paysans du PC, directeur d'un organe de presse puissant, *La Terre*, inconnu des intellectuels et des journalistes parisiens, député communiste de la Seine, a succédé à un Maurice Thorez très affaibli par la maladie en 1964. Le milieu politique français que des années-lumière séparaient depuis la guerre froide des communistes, s'était interrogé sur ce choix. En réalité, Thorez, qui l'avait fait « monter » à Paris, avait repéré ses qualités, notamment par le rôle qu'avait joué Waldeck Rochet dans l'organisation agricole du PC, et le préparait à ce poste depuis longtemps. Rochet a gardé longtemps la tête d'un *apparatchik* qu'il n'était pas.

J'avais eu la curiosité, lorsqu'il avait participé à la deuxième conférence de presse de Mitterrand, d'essayer de comprendre comment cet homme, qui me paraissait un communiste discipliné, dans la droite ligne de la pensée soviétique, et sur lequel je n'avais que des idées faites, avait, le premier, accepté de faire ce pas en direction du candidat de la gauche. Quelques lectures, discours de congrès et opuscules divers m'avaient révélé que Waldeck Rochet sortait du cadre dans lequel on l'avait, je l'avais, enfermé.

D'abord cet enfant de cabaretiers paysans avait lu plus de livres que la plupart des dirigeants politiques de la IVe. Et parmi ceux-ci, Emmanuel Kant, dont il a retenu cette phrase qu'il reprend souvent à son compte : « La fin ne justifie pas les moyens. » Elle n'a l'air de rien, cette phrase, mais, pour un homme qui a passé une partie de sa jeunesse dans l'école de formation du Komintern, elle ne va pas de soi, dans des régimes où souvent, les moyens brutaux sont justifiés pour une fin espérée, idyllique, paradisiaque, et finalement jamais atteinte. Inédit : ce secrétaire général du Parti communiste se veut un humaniste, comme il s'était illustré, dans ses éditoriaux du journal *La Terre*, en défenseur de la petite propriété, qui se permet de parler, pour le critiquer, du dogmatisme, et surtout « des erreurs et des abus » de Staline. Mais ni ses propos, ni ses oppositions n'avaient jusqu'alors franchi les murs des comités centraux et autres bureaux politiques du PC.

Je passe sur les écrits de Waldeck pour expliquer ce qui était, dans les années 1965-1970, son analyse essentielle : s'il veut engager son parti dans la voie de l'ouverture, il lui faut forcément trouver des alliés à gauche contre le gaullisme, contre ce bipartisme installé par la réforme constitutionnelle de 1962, et dont, si la gauche ne sort pas, elle mourra.

En fait, Waldeck Rochet était plus préparé qu'on ne le croit à une alliance avec la gauche non communiste, socialistes et radicaux, mettons, comme au bon vieux temps du Front populaire. Il n'est pas non plus inutile de savoir que, partisan de la déstalinisation entreprise par Khrouchtchev, il arrive à la tête du PC en 1964, au moment où celui-ci meurt. Cette fraternité d'idées avec l'ancien chef du Kremlin, fortement critiqué par une partie des dirigeants russes pour avoir bousculé le culte de Staline, entraîne des conséquences immédiates. Les relations entre le Parti communiste français et le Parti soviétique se tendent : en 1965, Waldeck Rochet s'oppose à l'agence russe Tass qui, avec l'accord évident des successeurs de Khrouchtchev, approuve la politique extérieure du général de Gaulle. L'année suivante, il demande à l'écrivain français Louis Aragon de défendre deux dissidents russes, en prélude à une réunion organisée par la direction du Parti français en faveur de la liberté des artistes et des intellectuels. Et enfin, la même année, le voilà partisan de l'Union de la gauche.

Une évolution qui, au-delà des années, j'anticipe, rebondira en 1968 sur sa condamnation de la répression russe en Tchécoslovaquie. Voilà pourquoi – je fais une parenthèse – je n'ai jamais été convaincue par les explications données, plus tard, sur la maladie ayant entraîné son départ de la direction du Parti.

Je m'explique : convoqué, il n'y a pas d'autre mot, par Moscou, en compagnie de Roland Leroy et de Georges Marchais, après sa réaction sur la Tchécoslovaquie, il y fut brutalement hospitalisé. Revenu à l'état de légume, le secrétaire général du Parti fut à nouveau hospitalisé près de Paris, puis dut quitter son poste en 1969 après un intérim exercé par Georges Marchais.

Sans doute avais-je mauvais esprit, puisque des médecins français ayant soigné Waldeck Rochet à son retour de Moscou, pendant longtemps (il mourra le 15 février 1983, près de quinze ans plus tard), ont publié, à cette date, une déclaration sur « la nature et les causes » de la maladie qui avait écarté le dirigeant communiste de son poste de secrétaire général. C'est qu'en effet, il fallait bien répondre à l'accusation que d'autres communistes étrangers, dont les Italiens, formulaient, notamment dans le récit d'une ancienne correspondante à Paris du quotidien communiste italien *L'Unità*, Maria Antonietta Macciocchi, sur la possibilité d'une élimination soviétique pendant le funeste voyage du dirigeant français dans la capitale russe. Les médecins écrivirent solennellement que, dès 1965, Waldeck Rochet avait été suivi pour de petits troubles vasculaires et que le diagnostic de maladie de Parkinson avait été confirmé en octobre 1968, à la demande du dirigeant français lui-même. Rien d'étonnant, donc, précisait un membre de la direction du Parti, Gaston Plissonnier, lors d'une conférence de presse, à ce qu'il ait dû, de retour de Moscou, abandonner ses fonctions.

Sans mettre en cause totalement la déclaration des médecins, je doutais alors et continue de douter aujourd'hui du fait que les Soviétiques l'aient vraiment soigné comme il le fallait, et me demande si, finalement, sa disparition de la vie publique ne les arrangeait pas.

En tout cas, au début de 1967, la gauche est en ordre de bataille : socialistes, radicaux et membres de la Convention des institutions républicaines – les mitterrandistes pur sucre – auront pour l'élection de mars 1967 l'investiture et l'estampille de la Fédération de la gauche. Au deuxième tour, ils s'engagent à suivre les consignes de la Fédération, c'est-à-dire de François Mitterrand. Celui-ci sait bien que tout tourne désormais autour des législatives. Pour lui, c'est le tournant : soit la Fédération progresse, et on dira que c'est grâce à lui, soit rien ne change, et alors, il perdra son leadership sur la gauche. Ses adversaires s'embusquent.

Quant aux communistes, mandatés par leur congrès en début d'année, ils ont accepté de débattre des « grandes options » de 1965. Drôle d'idée de parler de 1965 pour préparer 1967 ! Cela fait partie de la théâtralisation du jeu, qui sera désormais central dans la vie politique française jusqu'en 1981 : Mitterrand veut démontrer que sa candidature de 1965 est le point de départ de tout, c'est-à-dire de l'union. Waldeck Rochet, donc, on le sait, n'y est pas hostile, face à la bipolarisation de la vie politique et la domination de la droite gaulliste. D'où cette rencontre qui, il y a deux ans à peine, aurait été jugée irréalisable, à la fin de l'année 1966, entre une délégation du PC, évidemment conduite par Waldeck Rochet, escorté de Georges Marchais et de Roland Leroy, et le trio Mitterrand-Mollet-Billères.

C'est une première dans la politique française : les deux délégations s'installent, Mitterrand face à Waldeck Rochet, autour de la plus grande table dont dispose, dans ses petits locaux, la Fédération de la gauche. Les photographes, venus en nombre, s'en donnent à cœur joie. Je remarque alors que les portes ne sont pas encore fermées aux journalistes. Roland Leroy, visage aigu, œil moqueur, ricane en parlant tout bas à Georges Marchais, qui s'esclaffe. Que peuvent-ils se dire, ces deux-là, qui ne donnent pas l'impression d'avoir leur langue dans leur poche ? Je vois Waldeck Rochet les gronder d'un coup d'œil, en les invitant à se taire.

Je ne saurai que plus tard la raison de leur mini-chahut. Répondant à ma question sur les raisons de leur rire, Roland Leroy me confiera, quelques semaines après cette rencontre, qu'ils ironisaient sur le comportement de François Mitterrand. Celui-ci, arrivant dans la salle, avait tendu son manteau, d'un geste impérial, à l'un de ses lieutenants, Charles Hernu, en lui demandant d'un signe de le pendre à un porte-manteau. Roland Leroy avait alerté Georges Marchais : le culte de la personnalité, celui que l'on reprochait aux chefs communistes d'entretenir à coups de propagande grossière dans leur pays, c'était, disait-il, ici, autour de la personne de Mitterrand qu'il s'organisait. Marchais avait acquiescé : rétrospectivement, la scène en dit long sur l'état d'esprit des deux leaders communistes. S'ils jugeaient, pour le moment au moins, leur démarche unitaire nécessaire, le moins qu'on puisse dire est qu'aucun d'entre eux n'avait le moindre enthousiasme à son égard. Ils gardaient, et Leroy, qui ne l'a jamais porté dans son cœur, me l'a confirmé par la suite, l'image d'un Mitterrand plus préoccupé de son propre avenir que de celui de la gauche. Et, s'ils discutaient officiellement avec lui, c'était d'abord par nécessité.

Quels que soient les sentiments des lieutenants de Waldeck Rochet, le 18e congrès du Parti communiste se tient néanmoins, dès le 4 janvier, sous le signe de l'unité de la gauche. C'est le premier congrès communiste sans Maurice Thorez. Celui-ci présidait encore le PC, lors du précédent congrès en 1964, mais, sévèrement malade, il y avait certes prononcé le discours de clôture, mais avait laissé, manière de le faire adouber de son vivant, Waldeck Rochet présenter le rapport général. Celui-ci, quatre ans plus tard, est devenu le patron.

À des signes connus, on comprend, dès l'entrée dans la salle de Levallois-Perret, que l'heure est à l'ouverture. Lorsque la salle des congrès communistes est tapissée de drapeaux rouges, qu'ornent la faucille et le marteau, – c'était le cas en 1964, où la tribune était tout entière habillée des deux emblèmes du communisme –, on peut être sûr que le PC se sent seul, et fier de l'être. Aujourd'hui au contraire, c'est une débauche de drapeaux tricolores qui accueillent les représentants des fédérations de la France entière. Y a-t-il des dirigeants qui sont hostiles à un rapprochement avec les socialistes, avec François Mitterrand ? Des « durs » qui n'en veulent pas ? Peut-être, mais on ne les entend pas. Waldeck Rochet les entraîne, au contraire, dans son discours, derrière les autres partis de gauche, et le texte final du comité central rend hommage à « la clairvoyance, la sagesse, la fermeté politique de Waldeck Rochet, et notamment lors de l'élection présidentielle de 1965 ».

François Mitterrand peut être tranquille : le PC, après un tel hommage à Waldeck, appliquera le pacte signé avec la gauche socialiste.

Notre trio Pompidou-Mitterrand-Giscard est en ce début d'année 1967 tout entier tourné vers les législatives. Valéry Giscard d'Estaing tire le premier : il avait bien dit, deux mois auparavant, qu'il s'abstiendrait d'évoquer la campagne législative. C'était reculer pour mieux sauter. Au contraire, dès le 10 janvier, il se lance dans la bataille. Deux mots lui suffisent. Entre les deux, la virgule est essentielle : « Oui, mais. » Je le regarde en me disant qu'il ne manque pas de culot. Il n'a rien dans les mains, rien dans les poches. Il n'est plus ministre. Son petit mouvement indépendant et paysan ne peut rien faire tout seul face à de Gaulle, et pas davantage face à la gauche.

Cela ne l'empêche pas, dans son siège du boulevard Saint-Germain, tout de gris vêtu, immense quand il se lève au-dessus des micros, de dire « oui » au général de Gaulle, mais d'assortir ce « oui », d'un « mais » insidieux. Il explique, non sans quelque hauteur technocratique, qu'il y a quatre positions possibles vis-à vis du pouvoir en place. Le « non » à de Gaulle, un non absolu, celui de François Mitterrand et des communistes. Bien sûr, il n'est pas sur cette position. Mais il n'est pas non plus favorable à un « oui » tout court, celui du gaulliste de base, qui vote sans hésiter pour le Général. Il n'est pas pour un « oui » godillot. Il y a aussi le « non, mais » qui est resté, deux ans après la présidentielle, la position de Jean Lecanuet, qui juge négatif le refus du Général de construire l'Europe, mais ne rejoindra en aucun cas le camp des socialistes. Et puis il y a le « oui, mais ».

La salle, bourrée de monde, futurs candidats aux législatives à la tribune, journalistes dans la salle, frémit avec bonheur. Voici enfin un mot de Giscard qui va bousculer les choses. J'imagine les gaullistes désarçonnés : qui est-il, ce Valéry Giscard d'Estaing finalement, un ami ou un ennemi ? En le regardant, du fond de la salle, je sens que Giscard, qui sourit avec un air conquérant dans le regard, est satisfait de sa trouvaille, de ces deux mots qui suffisent pour révéler que la majorité pompidolienne aura à tenir compte de lui, qu'il soit ou non ministre. Il jubile en réalité : comment deux mots peuvent-ils changer la politique ? Le petit parti républicain, qui grandira peut-être, profitera à la fois des réussites de la majorité, mais ne se privera pas de commenter ses erreurs. Bien joué.

La position qu'il choisit est tout de même difficile à tenir. Car les candidats qu'il présentera dans deux mois auront bien besoin d'investitures majoritaires et qui les leur donnera, sinon Pompidou ? Il me paraît revendiquer une liberté qu'il n'a pas. Il est là, il fait front, avec son petit groupe de fidèles convaincus. C'est sympathique, rigolo même quand on pense que personne, sauf peut-être son ami Michel Poniatowski – lequel affiche, en regardant Giscard avec une amitié doublée de considération, un sourire éclatant –, n'était il y a une demi-heure au courant de ces deux mots, qui révèlent brutalement, et à tous les Français, la dualité de la majorité. Je me dis qu'il a peu de chances de réussir. « Pas du tout, me dit Ponia, que j'interroge en quittant la salle. Figurez-vous qu'au contraire, nous ne cessons, au comité d'action de la majorité, de discuter pied à pied le nombre de nos candidats. C'est Pompidou et de Gaulle qui ont besoin de nous, ce n'est pas le contraire. »

Je pense à la formule de Françoise Giroud, l'année dernière. Après le limogeage de Giscard, celui-ci avait été invité le 15 février à la télévision dans le cadre de l'émission mensuelle « Face à face », de Jean Farran, seule, ou, à peu près, émission véritablement politique de la télévision qui, à l'époque se limitait à une seule chaîne. Son score, à ce qui ne s'appelle pas encore l'audimat, surpasse nettement celui de Georges Pompidou.

« Il n'est plus ministre, il n'est plus député, avait écrit Françoise Giroud, et c'est le moment où, en quarante-cinq minutes de télévision, M. Giscard d'Estaing a pris la physionomie d'un homme politique. Nous avons assisté à la naissance d'un dauphin. »

J'en parle avec elle, comme souvent, en rentrant au journal. Elle trouve le « oui, mais », génial. Le dauphin avait besoin de se faire reconnaître, c'est chose faite. Et surtout, il creuse son sillon politique depuis qu'il a digéré tant bien que mal son éviction : le 4 mars, il a commencé un tour de France, le 1er juin 1966, il a fêté la naissance de son parti et aujourd'hui, il se rappelle aux gaullistes en les prenant de court. Il ne s'attend pas à ce que le général de Gaulle lui fasse l'hommage de commenter son « oui, mais », c'est plutôt de Georges Pompidou qu'il attend la réaction. Mais le Général s'en mêle le premier en Conseil des ministres. « Après les élections, aurait-il dit, il n'y aura plus de ministres du “oui, mais”. » Giscard renvoie la balle au bond : « S'il est exact qu'on ne peut pas gouverner avec des “mais”, il est également exact qu'on ne peut dialoguer qu'avec des “oui”. »

Paradoxalement, Georges Pompidou accueille la sortie de Giscard avec plus de calme. À la veille de ces élections, il acquiert, au bout de cinq ans de mandat, une dimension véritablement politique. Il n'est pas le dauphin, mais plutôt le régent, qui prend en main l'organisation de la future campagne électorale. Le général de Gaulle, qui avait déjà eu assez de mal pour faire sa propre campagne présidentielle en 1965, la lui abandonne avec soulagement.

C'est en son nom, fin décembre, ou du moins fortement soutenus par lui, que les « jeunes loups » de Pompidou sont les premiers à s'engager dans la campagne législative. Ils sont tous à l'UDR, et jurent solennellement, dans une mise en scène spectaculairement destinée aux médias, de lutter ensemble pour « faire tomber la muraille » des parrains locaux de la gauche, radicaux ou socialistes, très bien implantés au sud de la Loire, notamment dans le Limousin.

Jean Charbonnel, secrétaire d'État à la coopération, élu maire de Brive en 1966, dirige la petite équipe qui s'apprête à entrer en campagne. À ses côtés, Jean-Pierre Dannaud, directeur des services culturels au ministère de la Coopération, a fait ses classes en Indochine dans l'équipe du général de Lattre de Tassigny. Revenu à Paris après un long séjour à l'étranger, il a décidé à quarante-cinq ans de se lancer en politique. C'est le plus âgé des jeunes loups, bien décidé à rattraper son retard. Normalien, reçu premier à l'agrégation de philosophie en 1947, il n'a pas la moindre connaissance du terrain, sinon celui du Tonkin, pas d'attache locale, et choisit le Lot pour affronter Maurice Faure : la position de celui-ci, ancien ministre, ex-signataire du traité européen de Rome à la fin de la IVe République, élu du Lot depuis un quart de siècle et parrain des radicaux du Sud-Ouest est brusquement devenue fragile. Hostile à tout rapprochement avec le Parti communiste, Faure est volontairement resté en retrait des pourparlers unitaires de François Mitterrand et a choisi, en 1965, d'afficher ses préférences pour Jean Lecanuet. En mars 1967, il court le risque de heurter une partie de la gauche de son électorat sans entraîner les partisans centristes et catholiques de Jean Lecanuet. Une proie toute désignée pour l'UDR que Dannaud, quoiqu'inexpérimenté, entend bien avaler dès son premier combat électoral.

Non loin d'eux, candidat pour la première fois, l'alpiniste Pierre Mazeaud, magistrat, membre du cabinet du garde des Sceaux, qui connaît mieux les cimes de l'Everest que les méandres politiques du Limousin. Mais aussi Bernard Pons, médecin généraliste dans le Lot, qui avait attiré l'attention du Premier ministre.

En effet, Claude et Georges Pompidou, guidés par la sœur de la romancière Françoise Sagan, Suzette Defforey, lotoise elle aussi, étaient tombés amoureux d'une vieille maison austère, sur le haut du Causse de Cajarc, en 1962 et en avaient fait leur maison de vacances. Inutile de dire que le médecin de la circonscription a assez vite fait partie des familiers du couple Pompidou et de ses amis, nombreux, qui acquirent, pour se rapprocher de lui dès qu'il fut à Matignon, des résidences secondaires dans le Lot – qu'ils allaient d'ailleurs revendre assez vite après sa mort. C'est à ce titre que Bernard Pons est appelé à rejoindre les jeunes loups. Il y trouve Jacques Chirac, le plus jeune de la bande, encore plus proche, lui, conseiller technique au cabinet du Premier ministre depuis cinq ans, de Georges Pompidou, qui l'orienta, pour son premier combat, dans la Corrèze voisine.

Georges Pompidou prend toute sa place. Il préside fin janvier au palais des Sports de la place de Versailles, la première grande réunion politique de la majorité. Malraux, décidément de tous les spectacles, est le maître de cérémonie : devant une salle bondée, si grande que, des places accordées à la presse, on ne voit pas les derniers rangs de l'assistance, il accueille et présente les candidats aux législatives de mars.

Pompidou préside. Son visage a changé. Son œil vert foncé (« un œil canaille, un œil prêtre », disait une de ses riches amies), sous ses sourcils trop fournis, suit du regard les mouvements de la foule. Il n'est plus le professeur qui enseignait la littérature aux élèves du lycée de Marseille, il n'est pas davantage l'ancien fondé de pouvoir de Rothschild, encore moins le Premier ministre emprunté, malhabile de 1962. Le temps est passé sur lui, lui donnant une densité, un maintien à la fois plus serein et moins raide que je ne lui connaissais pas jusqu'à cette fête politique dont les gaullistes ont le secret : quatre cent quatre-vingts candidats présentés à la foule, tout l'état-major de la Ve République présent, sur fond de drapeaux bleu, blanc, rouge, au son des applaudissements scandés.

Lorsque je pénètre non sans peine dans la salle, au premier coup d'œil, je ne vois que lui à la tribune. Il occupe la place sans dissimuler son plaisir, qu'il se penche sur son voisin pour lui parler à voix basse, petit sourire aux lèvres, ou qu'il contemple avec une satisfaction pas même déguisée la masse des militants devant lui. Il n'est plus étranger à la politique, il est le fédérateur de toute la majorité devant lui.

De toute la majorité : car ce qui m'étonne, c'est de voir que Giscard, après sa sortie du « oui, mais », est présent dans la salle. Normal, puisqu'il s'agit de la présentation de tous les candidats de la majorité, républicains indépendants compris, et que Giscard n'a jamais exprimé son désir de faire bande à part, comme Jean Lecanuet, resté tout seul au centre. Mais cela veut dire aussi que Georges Pompidou est devenu un politique assez averti pour savoir où est son intérêt. La droite est à quelques semaines du scrutin. Ce n'est pas le moment d'entamer une polémique avec Giscard. Après tout, il y a un « oui » avant le « mais ». Pompidou s'en tient là. Le général de Gaulle a exprimé sa mauvaise humeur, lui s'est contenté, en réponse aux questions de Pierre Viansson-Ponté dans *Le Monde*, dix jours auparavant, de dire, non sans ironie, que « gouverner, c'était l'art d'éliminer les "mais" ».

De la mobilisation des candidats républicains indépendants qui, en effet, sont plus nombreux qu'il y a cinq ans, dépend aussi la réussite du Premier ministre. Quand il s'adresse, en fin de cérémonie, aux militants, venus par autocars de la France entière, sa voix basse de fumeur, légèrement éraillée, surprend par son timbre, mais résonne avec une sorte de profondeur nouvelle. Je me demande ce que pense Giscard en l'écoutant. Découvre-t-il en même temps que moi le nouveau Pompidou ? Se dit-il qu'il est loin d'en avoir fini avec lui, ou pense-t-il, au contraire, qu'au cours de la campagne, il sera bien obligé de se rapprocher de cet homme qu'il n'aime pas, qu'il commence peut-être à redouter ? Le Premier ministre, classiquement, rend d'abord hommage au Général et précise les objectifs de la majorité puis s'en prend à l'opposition, réjouissant de quelques formules aiguisées ceux qui l'écoutent. Mais il a du souffle aussi : « France, nation immense et légère », c'est par une citation de Chateaubriand qu'il achève ses propos.

Je suis stupéfaite de sa transformation. Certes, il est Premier ministre depuis près de cinq ans, il a eu le temps de faire ses classes. Et il ne doutait pas de lui : en 1965, il n'aurait pas hésité à se présenter si le général de Gaulle ne l'avait pas fait. Deux ans à peine ont passé. Il est aujourd'hui un combattant.

Les semaines suivantes, c'est bien ainsi, de propos délibéré, qu'il mène la campagne. Loin de fuir ses opposants, il veut au contraire les défier. Il accepte, fait-il savoir, de répondre aux « contradicteurs de taille nationale ». Il désigne, par ces mots, François Mitterrand et Pierre Mendès France. Les deux acceptent, bien entendu – comment refuser sans avoir l'air couards ? – cette rencontre politique d'un nouveau genre dont Pompidou a eu l'idée audacieuse. Le 22 février, le Premier ministre est à Nevers, dans la Nièvre, dont Mitterrand est président du Conseil général.

Certes, le meeting a été soigneusement préparé par et pour les partisans gaullistes. Il y a là un nombre incalculable de journalistes alléchés par l'odeur de la poudre, et aussi, au milieu des commerçants de la Loire et des paysans du Bas Berry, quelques carrures imposantes, qui prennent place avec tranquillité devant les différents accès de la grande salle où Georges Pompidou occupe la tribune. Je reconnais parmi eux le premier des agents de sécurité du Général – baptisés « barbouzes » ou « gorilles », comme on voudra –, Paul Comiti. François Mitterrand attend, lui, dans un café ami proche de la mairie, le moment de rejoindre comme il le pourra le palais des Congrès, escorté d'une faible troupe de partisans.

La voiture de Mitterrand était ce soir-là, je ne sais pourquoi, tombée en panne. Mon mari d'abord, l'éditeur Claude Tchou, qui avait tenu à m'accompagner car, petite note personnelle, j'étais enceinte et il craignait de me voir bousculée, se proposa comme chauffeur. Mitterrand accepta. La voiture était une Porsche 911 : le candidat de la gauche ne connaît pas la marque de la voiture de grand luxe qu'il emprunte et monte sans hésiter à côté du conducteur. Parenthèse : je me rappellerai cette scène des années plus tard, lorsque Dominique Strauss-Kahn, candidat non encore déclaré à la présidence de la République, eut l'inconscience de s'asseoir dans une Porsche Panamera pour se rendre au QG non encore opérationnel qu'il avait choisi. L'erreur de communication fut immédiatement remarquée, soulignée, amplifiée.

À Nevers, personne ne connaissait alors les voitures de sport, et l'arrivée du candidat de la gauche dans ce véhicule ne fit ni chaud ni froid aux partisans nivernais de Pompidou. Signe que la perception des inégalités n'était pas la même alors, à gauche et à droite. Devant l'entrée prévue pour la presse, je m'extirpe de la voiture, côté conducteur, pour ne pas déranger le candidat qui se prépare déjà à la bataille, et c'est Comiti lui-même qui m'accompagne dans le carré de la salle réservé à la presse. Je regarde Mitterrand descendre l'allée centrale et arriver presque au niveau de Pompidou.

Pas commode ce parcours : autour de lui, il ne voit que des visages hostiles, tandis que ses partisans, disséminés tant bien que mal dans la foule, hésitent à manifester leur soutien dans le charivari. Mitterrand et Pompidou se regardent, et il me semble, en cet instant, c'est surprenant, mais je le ressens profondément, qu'ils se respectent. Chacun évalue la force de l'autre pour la première fois, leurs yeux ne se quittent pas. Leurs visages finissent par se ressembler : un oiseau de proie d'un côté, Pompidou, ramassé sur lui-même, attentif, le premier à modérer le niveau d'hostilité de ses partisans. De l'autre, Mitterrand, profil de loup, à quelques dizaines de centimètres à peine de ses opposants, à portée de ses adversaires, sans jamais ralentir son pas.

Lorsque Mitterrand a gagné sa position, Pompidou impose le silence. De sa voix basse, il condamne les différentes oppositions, qui amènent les Français « non pas seulement dans le désordre, mais dans le noir ». Mitterrand répond que la majorité gaulliste est tombée du côté où elle penchait, c'est-à-dire du côté du pouvoir personnel. Mais il n'est guère écouté lorsqu'il tente, tant bien que mal, de développer les quinze points de son programme. Les deux adversaires sont pratiquement dépassés par l'assistance. Ceux qui ont parfois fait plusieurs centaines de kilomètres pour entendre Georges Pompidou regrettent que celui-ci laisse parler celui qui vient à peine de pénétrer dans la salle, et qui selon eux n'a pas à y être, même s'il a été invité. Les morvandiaux, minoritaires, sont plus discrets.

À 22 h 30, tout est terminé. Il n'y a pas eu de casse, Mitterrand a remonté l'allée centrale sans bousculade. J'entends Pompidou, qui s'engouffre dans sa DS noire, déclarer, sans joie, que « tout cela, finalement, n'est pas très positif ». Il a raison : c'était son meeting, après tout, et celui-ci a tourné en combat singulier. Il n'a pas gagné une voix, même s'il est sûr de ne pas en avoir perdu. Quant à Mitterrand, il a retrouvé à la sortie voiture réparée et chauffeur habituel. Il retourne dans le bistrot près de la mairie d'où il est sorti, et où certains de ses amis parisiens l'ont attendu avec une appréhension grandissante. Il murmure, quêtant l'approbation des siens : « Il fallait le faire, non ? » Il sait aussi qu'il s'est mobilisé pour rien, sauf pour ne pas avoir l'air de « caler » devant son adversaire. Un combat de coqs en somme. Il n'a pas même l'air fatigué, il a fait son boulot, c'est tout. Je songe que dans la voiture qui le ramène à toute vitesse à Paris, Georges Pompidou pense la même chose au même moment.

Depuis des semaines, les deux hommes parcourent la France en tous sens, Pompidou en Mystère 20, Mitterrand dans un petit appareil à hélices. La différence est que, pour le premier, cette première campagne est un apprentissage. Pour le second, c'est presque de la routine. Mitterrand a toujours aimé surmonter ses peurs pour forcer le destin, Pompidou apprend la joie qu'il y a à dominer la foule. Ils sont tous deux éreintés. Le Premier ministre a donné, depuis le début de la campagne, une bonne dizaine d'interviews à la presse entière, nationale ou régionale ; François Mitterrand n'a pas été en reste, s'adressant dans les mêmes journaux à un public différent. Je suis sûre désormais que Pompidou ne s'arrêtera pas là, qu'il a d'autres conquêtes en tête, je sais que l'obstination de Mitterrand ne faiblira pas.

Cinq jours plus tard, Pompidou est face à Pierre Mendès France à Grenoble. L'ancien président du Conseil a ressenti douloureusement son échec dans l'Eure, après son « non » à de Gaulle de 1958. Je suis allée lui rendre visite dans les semaines précédant sa rencontre avant le Premier ministre. Pourquoi avoir choisi de se représenter à Grenoble ? Parce que c'est la ville des « couches nouvelles », celle des cadres, des universitaires, m'a-t-il expliqué, reprenant le vocabulaire du petit Parti socialiste unifié. C'est aussi la ville des futurs Jeux olympiques, qui doivent se dérouler dans la région au début de 1968. PMF a déjà en tête des tas de projets pour la ville de Grenoble et pour toute sa région. Pourquoi avoir annoncé tardivement sa candidature ? Tout simplement, me dit-il, parce qu'il a eu du mal à trouver son suppléant. Drôle de raison ! Il n'avait, il me semble, qu'à l'imposer. Ce qu'il a finalement réussi à faire, non sans mal, tant il y avait de volontaires antagonistes, en choisissant un adjoint au maire, Guy Névache, rose et jeune comme un bébé.

Ici, m'a-t-il dit, les communistes sont sur le déclin, ils sont arrivés en troisième position au scrutin municipal de 1965, où le candidat de gauche non communiste a été élu. PMF a de sérieuses chances d'arriver avant le PC au premier tour et de recueillir, après désistement, leurs voix au second. Curieux pourtant comme cet homme, au moment où je lui parle, me semble cassé. Sa barbe de fin de journée assombrit son visage, il est vêtu de gris anthracite. Autour de ses yeux enfoncés, des cernes, presque violets, se creusent. En dehors de sa voix, toujours magique, je sens, à l'écouter, quelle lassitude est la sienne.

Quatre mois plus tard, quelques heures avant son affrontement avec Pompidou, je le retrouve, sombre toujours, mais ragaillardi par la perspective d'en découdre avec le Premier ministre. Le débat, devant 6 000 personnes, est moins dur qu'à Nevers, mieux organisé aussi : les deux hommes parlent peu d'économie, beaucoup des institutions, ce qui, à vrai dire, ne séduit pas la foule de leurs partisans. Leurs dialogues, ou plutôt leurs deux monologues, sont diamétralement opposés. PMF reste hostile, profondément, à l'élection du Président au suffrage universel, massivement adoptée par les Français. Pour lui, le Président est un arbitre qui doit se soumettre au verdict des législatives, et nommer dans ce cas un gouvernement qu'il n'appelle pas encore de « cohabitation ». Pour Pompidou, élu pour une politique déterminée, le président de la République la conduit avec ceux qui voudront bien le suivre, et il en trouvera.

Je me dis, en les regardant, parler l'un après l'autre en feignant de ne pas voir les incidents, nombreux, et parfois violents, qui opposent leurs partisans, que Georges Pompidou trouvera peut-être ce débat plus « positif » que celui de Nevers. Mais je ne peux m'empêcher de penser que, s'il n'a plus aujourd'hui son regard d'aigle, c'est qu'il n'a rien à craindre de PMF. Il a tout à gagner au contraire à le traiter avec plus d'égards que François Mitterrand. Il ne faut pas confondre un ancien président du Conseil, qui aurait pu se présenter à la présidentielle et n'a pas voulu le faire, et le candidat de la gauche, dont chacun sait qu'il vise la présidence. Pour lui, Mendès France est un débatteur, sinon un faire-valoir, Mitterrand, un adversaire.

Quinze jours plus tard, tombe, comme on dit, le verdict des urnes. Le premier tour marque une nette victoire de la majorité, en même temps que la cuisante défaite de Jean Lecanuet. Ce qui, du coup, justifie *a contrario* la stratégie de Valéry Giscard d'Estaing, resté dans la majorité tout en faisant entendre sa voix. L'exercice du pouvoir n'a pas usé le camp gouvernemental. C'est la troisième fois qu'il gagne (1958, 1962, 1967), ce qui n'est jamais arrivé depuis la Libération. Le succès gaulliste est durement ressenti par Mitterrand, pourtant élu dès le premier tour, et aggravé par le score des communistes. Ceux-ci sont arrivés en tête, avec près de 22,5 % des suffrages, la Fédération de la gauche n'obtient que 19 %. Dix-huit mois d'efforts pour faire exister la Fédération de la gauche, pour maintenir contre vents et marées le courant unitaire de la présidentielle de 1965, pour imposer un seul candidat à tous les partis de la gauche non communiste, socialistes, radicaux et conventionnels, tout cela n'a servi à rien : le PC maintient sa supériorité sur l'ensemble de l'opposition.

Dans la nuit du premier tour, pendant qu'il faisait ses comptes, à la préfecture de la Nièvre, je lui avais demandé s'il était « déçu ». Il s'était agacé, me répondant qu'il n'attendait pas un autre résultat. C'était faux, j'en étais sûre, me rappelant ce qu'il disait tout bas à ses amis conventionnels : l'opposition, pour lui, ne parviendrait pas au pouvoir tant que le Parti communiste serait le premier parti à gauche. Tant que les forces regroupées autour de lui ne seraient pas majoritaires. Elles en étaient bien loin.

Pourtant, les élections – je l'ai appris à l'occasion de ce scrutin et le phénomène s'est reproduit souvent depuis – ont des logiques parfois peu compréhensibles : car la nette victoire du camp gaulliste au premier tour ne fut pas confirmée au second. En une semaine, il semble que le cours des choses se soit presque inversé.

Deux raisons à cela. La première était que, chose pratiquement inespérée, les communistes avaient accepté, entre les deux tours, de retirer leur candidat, même s'il devançait son concurrent socialiste dans les quelques circonscriptions où, selon la formule consacrée par leur accord, celui-ci avait plus de chances d'être élu. Un geste tout à fait inhabituel pour des communistes : depuis les débuts de la Ve République, le « Front républicain » profitait à celui des candidats de la gauche, communiste ou pas, qui arrivait en tête au premier tour. Là, il s'agissait d'un coup de canif majeur au Front républicain donné par un secrétaire général du PC lui-même : si un candidat de la Fédération était jugé en mesure de gagner au deuxième tour, le candidat communiste appellerait à se désister pour lui. La définition était assez vague : qu'est-ce que cela veut dire, « en mesure de gagner » ? Il faut en réalité traduire par : « en mesure de gagner les voix centristes que les communistes ne gagneraient en aucun cas ».

Il fallait voir Mitterrand, dans le train qui revenait de Nevers au petit matin, le lendemain du premier tour, stylo en main, avec une science inouïe de la carte électorale, repérer à toute allure dans les colonnes de résultats du *Figaro* quel candidat de la Fédération de la gauche pourrait profiter de cette clause. Assise en face de lui, je le voyais cocher de l'index une circonscription, puis la souligner en rouge : aucun doute, dans la négociation qui commencerait dans l'après-midi avec les communistes, il arriverait avec sa liste, une quinzaine de noms, demandant, et obtenant, le désistement d'un certain nombre de leurs candidats. Un cadeau en somme, offert par le PC aux concurrents de la Fédération de la gauche. On imagine que seule la direction du PC était capable de demander à l'un des siens de s'effacer devant un concurrent arrivé après lui. Chez les socialistes, où la discipline était moindre, c'eût été inenvisageable.

Les négociations n'avaient guère de chances de durer : les listes devaient être déposées en préfecture avant le mardi soir minuit. Donc, deux délégations se retrouvent à 15 heures, le lundi après-midi au siège de la Fédération, rue de Lille. L'atmosphère était grave puisque la majorité en place avait beaucoup mieux supporté le choc que Waldeck et Mitterrand ne le pensaient. Les « cadeaux » communistes étaient à la fois d'autant plus nécessaires et d'autant plus difficiles à accorder qu'ils avaient moins de possibilité de victoires qu'ils ne le croyaient la semaine précédente.

Pendant que les deux délégations s'enferment dans la grande salle, les observateurs venus nombreux se répartissent comme ils le peuvent dans les différents bureaux. Presque rien ne filtre des discussions en cours, sinon que Claude Estier, qui fait le lien avec les journalistes, nous laisse entendre au bout d'une heure que Mitterrand a demandé une vingtaine de « cadeaux » aux communistes. C'est à ce moment qu'à côté de moi, qui suis assise par terre faute de place, le téléphone sonne sur le bureau d'une secrétaire. Celles-ci sont occupées à autre chose. Personne ne répond. Au bout de dix sonneries, je me lève et finis par décrocher. J'entends la voix haletante d'un homme demandant à parler à un négociateur. Je lui réponds poliment que précisément, ces messieurs sont en train de discuter, que je suis journaliste et ne peux les déranger. Il me demande qui je suis, je donne mon nom. Mon interlocuteur bégaie : « Mimi, tu es Mimi ! Écoute-moi une minute, c'est vraiment important. »

À mon tour de bégayer. Personne, depuis que je suis à Paris, ne m'appelle ainsi, de ce surnom familial que je déteste. Je lui demande, non sans garder quelque distance, qui il est. Il s'appelle Paul Cléricy, il est candidat à Antibes. C'était un ami de mon père, lui-même candidat à Nice vingt ans auparavant, et je le connaissais depuis, en effet, mon enfance. « Mimi, je suis à quelques voix du candidat communiste, il faut que Mitterrand le sache. »

Franchement, je ne vois pas comment je pourrais intervenir. Je m'excuse auprès de mon interlocuteur de ne pas pouvoir l'aider. Il raccroche, navré. Puis j'ai des remords. Je cherche, au milieu des groupes qui se sont formés, la collaboratrice la plus proche de Mitterrand que j'ai vue à un moment dans les salles, Laurence Soudet. Celle-ci l'a préféré à Mendès France, dont elle a été longtemps la collaboratrice, pensant que le devoir, en même temps que l'amitié, l'appelait à suivre du plus près possible la revanche de la gauche sur le gaullisme, même si ce n'est pas pour demain. Je lui demande si elle peut faire passer un nom à n'importe lequel des négociateurs puisqu'elle peut, elle, entrer et sortir de la salle des mystères. Je griffonne le nom de Paul Cléricy sur une feuille arrachée de mon sacro-saint carnet de notes et le lui donne. Lorsque la réunion s'achève, peu de temps après, un bref point de presse de Claude Estier nous apprend que, sur les vingt demandes de Mitterrand, les communistes ont décidé de retenir treize « cas particuliers ». Sur les treize cadeaux, huit sont, attention personnelle de Waldeck Rochet, pour le petit groupe de fidèles de Mitterrand, baptisé les conventionnels. Surprise, le fameux Paul Cléricy y figure.

Les électeurs, ou du moins une partie d'entre eux, ont-ils voulu corriger leur vote du premier tour ? Ont-ils voulu revenir, marginalement au moins, sur la large victoire que laissait présager le vote du 5 mars ? En tout cas le deuxième tour rectifie le premier, avec une sorte de glissement imprévu vers les candidats de gauche. Quelle soirée ! On pouvait penser que les enquêtes des instituts d'opinion s'étaient affinées depuis la dernière présidentielle. Pas le moins du monde.

Gag majeur de la soirée politique, dès 20 heures, Europe 1 annonce que les « fourchettes » des sondages sont fausses, et qu'un bouleversement technique rend caduques toutes les prévisions qui ont été faites dans la semaine. Chacun en est réduit, dans une angoisse grandissante, à attendre les chiffres que le ministère de l'Intérieur diffuse au compte-gouttes, mais qui parfois remontent sans attendre des bureaux de vote locaux ou parisiens.

Ainsi apprend-on que les désistements communistes en faveur des socialistes ont été massifs, que les députés « mitterrandistes », ceux de la Convention des institutions républicaines, sont tous élus grâce à eux, à l'exception de Charles Hernu. Celui-ci, ancien mendésiste ayant rejoint lui aussi le staff de Mitterrand, parachuté à Saint-Étienne, n'a pas pu arracher la victoire à Lucien Neuwirth, un des hommes qui, en 1958 ont travaillé depuis Alger au retour du Général. Quant à Claude Estier, il attendra un peu plus longtemps les résultats : il s'est présenté malgré les conseils de Mitterrand dans le 18e arrondissement de Paris contre Alexandre Sanguinetti.

Petite parenthèse sur un des gaullistes les plus surprenants de l'après-guerre d'Algérie : ancien de l'Action française avant la guerre, personnage brillant, orateur talentueux à la voix de tonnerre, passionné d'histoire, Sanguinetti fait aussi partie de ceux qui ont manifesté depuis Alger, en 1958, leur volonté de ramener au pouvoir le général de Gaulle. Partisan à l'époque de l'Algérie française, ami du général Salan, Sanguinetti avait sans doute apprécié le « Je vous ai compris » du général de Gaulle, plus que l'indépendance accordée quatre ans plus tard à l'Algérie. Il n'empêche : c'est à lui qu'il revient, pourtant, en 1961, nommé au cabinet du ministre de l'Intérieur Roger Frey, d'organiser, contre l'OAS où il compte beaucoup d'amis, le fameux service d'action civique, sorte de police parallèle du premier gouvernement du général de Gaulle. Il finira secrétaire général de l'UDR, d'où Jacques Chirac le poussera lourdement à la démission, mais c'est une autre histoire, à raconter plus tard.

Toujours est-il que Claude Estier, qui s'est donc mesuré à lui, sera le dernier des nouveaux candidats « conventionnels » à être fixé sur son sort. En apprenant, largement après 22 heures, qu'il est finalement élu, François Mitterrand perd son impassibilité et tombe dans ses bras, sous les flashs des photographes. Au total, 40 députés perdus du côté de la majorité, 4 ministres du gouvernement battus, et 193 sièges à la gauche. Avec 244 sièges, l'UNR et les RI conservent ric-rac leur majorité. L'UNR a perdu 30 sièges, les républicains en ont gagné 7. Comme le dit à *L'Express* le professeur François Goguel, qui, à Sciences Po, était en train de créer une nouvelle discipline, celle de la sociologie électorale qui porte toujours sa trace : « Le gaullisme a pâti au deuxième tour d'avoir paru trop bien réussir au premier. »

Victoire en demi-teinte pour Georges Pompidou et son gouvernement, pari réussi en revanche pour Valéry Giscard d'Estaing : sept sièges de plus, c'est peu, mais son succès relatif dans l'insuccès général de la majorité marque une évolution dans son équilibre interne. Giscard qui se veut gaulliste « réfléchi » (c'est une autre version du « oui, mais ») travaille depuis deux ans à structurer son mouvement : autour de la fédération de Républicains indépendants, dont il a lui-même créé, en Auvergne, la première antenne régionale, une dizaine de clubs Perspectives et réalités se sont implantés en France sur le mode de celui de Paris.

Pourquoi des clubs ? Giscard ne voit dans ce mot que des images positives. La France selon lui n'a pas besoin d'un parti politique supplémentaire, encore moins d'un parti de masse, mais de structures plus modernes – il aime ce mot, dont l'humoriste Thierry Le Luron se délectera dans l'imitation qu'il fera de l'ancien ministre des Finances. Son but est d'offrir un cadre, un lieu de rencontres largement ouvert, un lieu de réflexion pour les Français modérés auxquels il a choisi de s'adresser, toujours au sein de la majorité bien évidemment. En compétition, soit dit en passant, avec Jean Lecanuet : « On oublie les dents blanches de M. Lecanuet, résume alors *Le Nouvel Observateur*, pour sentir Giscard avec ses dents longues… »

Pour l'inauguration officielle des locaux de la fédération des Républicains indépendants qu'il occupe avec son groupe de fidèles au 195, boulevard Saint-Germain, Giscard a organisé une grande réception à laquelle il a eu l'habileté d'inviter, en hôte de marque, le Premier ministre. Autour des buffets, où se pressent journalistes et politiques venus en nombre, on me raconte l'échange entre Georges Pompidou et le maître de maison, qui lui a fait faire le tour du propriétaire de cet appartement aux murs blancs, transformé en siège des RI.

« Vous êtes un peu à l'étroit ici, dit le Premier ministre.

– C'est actuellement notre lot », lui répond Giscard, marquant une pause à peine perceptible sur le mot « actuellement », dans une allusion courtoise, mais directe, aux négociations électorales, difficiles, parfois conflictuelles qu'il conduira jusqu'au bout avec l'état-major du parti gaulliste au sein du comité d'action pour la Ve République.

Parmi les jeunes candidats pompidoliens qu'on a baptisés pendant la campagne les « jeunes loups », envoyés par Georges Pompidou dans le Sud-Ouest pour secouer les vieux bastions de gauche, seuls le docteur Bernard Pons, implanté, lui, depuis quelques années à Cahors et l'énarque Jacques Chirac, venu tout droit du cabinet de Pompidou, sont élus. Jacques Chirac commence tout juste après ce scrutin sa longue carrière d'homme politique.

Pour montrer que ses jeunes loups à lui ont eu plus de chances que ceux du Premier ministre, Mitterrand, dès le lendemain, parcourt l'Assemblée nationale, fait visiter à ses petits nouveaux la salle des Quatre Colonnes, l'hémicycle et la buvette. Je vois pour la première fois André Rousselet, élu à Toulouse, escorter le président de la Fédération de la gauche, avec l'élégance nonchalante qui est la sienne, Georges Fillioud, ancien d'Europe 1, vainqueur dans la Drôme, l'air conquérant d'un correspondant de guerre, Claude Estier, journaliste aussi, qui retrouve un Parlement qu'il connaît bien pour s'y être assis longtemps sur les bancs consacrés à la presse au premier étage de l'hémicycle. Georges Dayan qui, élu pour la première fois dans le Gard, ancien membre d'à peu près tous les cabinets ministériels de Mitterrand, retrouve après une longue absence les grandes salles de l'Assemblée avec un plaisir manifeste.

Quinze mois plus tard, fin juin 1968, tous les mitterrandistes avaient perdu leurs sièges de parlementaires, la Fédération de la gauche éclatait, Mitterrand lui-même en était expulsé, et Georges Pompidou sortait vainqueur de sa première grande épreuve politique.

5.

Le crépuscule du Général

Pourquoi, en France, cette explosion du mois de mai 1968 ? Par contagion ? En Amérique, les universités américaines s'insurgent contre la guerre du Vietnam, tandis que Robert Kennedy et Martin Luther King sont assassinés à quelques mois d'intervalle ; les hippies distribuent du LHD et font l'amour sur l'herbe des pelouses. Avec Alexander Dubček à la tête d'un nouveau gouvernement, Prague se libère du joug de Moscou – pour retomber bientôt sous la tutelle des tanks. En Allemagne, Mai 68 a commencé en juin 1967 : ce soir-là, à l'Opéra de Berlin-Ouest, on joue *La Flûte enchantée*, et les étudiants se sont mobilisés pour protester contre la présence dans la salle du Shah d'Iran et de sa femme. Charge des forces de l'ordre : un mort. La révolution culturelle fait rage en Chine, tandis que le Japon connaît une grève d'étudiants d'un an, la plus longue de son histoire.

Comme si un coup de folie tournait autour de la Terre. Mais pourquoi en France ? Peut-être est-ce, tout bonnement, qu'après l'agitation de la campagne, l'année 1967 se traîne, celle de 1968 s'annonce semblable aux autres : mêmes cérémonies politiques, mêmes usures de la majorité et de l'opposition, mêmes rites et, parfois, même ennui.

L'étroite victoire de la majorité, la montée de la gauche ont pimenté, quelques semaines, la vie parlementaire. Pour la première fois, une motion de censure déposée par la gauche a inquiété, un temps, la majorité. Elle a été repoussée, et le train-train politique a recommencé, comme d'habitude, selon le même parcours : Élysée, Matignon, Assemblée nationale, place Beauvau, rue de Grenelle.

Le général de Gaulle a tenu pour la quinzième fois une conférence de presse à l'Élysée, le 16 mai. Tandis que deux ventilateurs style exposition coloniale brassent continument l'air chaud sous les dorures de la Salle des fêtes de l'Élysée, les ministres sont, comme d'habitude, sagement groupés à la droite du Président, raides sur leur chaise. Je regarde de Gaulle à la télévision, depuis la cité Malesherbes, où le journal m'a chargée de recueillir les réactions de Guy Mollet. À l'image, Georges Pompidou s'éponge souvent le front. La chaleur des lieux ? Ou plutôt sa réaction aux propos du Président, lorsque celui-ci dit non à l'entrée de l'Angleterre dans le marché commun.

« Décidément, commente d'une phrase Guy Mollet, de Gaulle ne changera jamais ! »

La guerre des Six Jours, en juin, a bouleversé, un temps, les clivages : Valéry Giscard d'Estaing et Jean Lecanuet ont signé la motion de soutien à Israël avec François Mitterrand et Pierre Mendès France.

Le Général pendant l'été a semblé dérailler : à Montréal, fin juillet, sur le balcon rococo de l'hôtel de ville, il prononce le fameux : « Vive Montréal, vive le Québec, vive le Québec libre. » À Paris, c'est la rigolade, ce qui est mon cas, ou l'indignation. Les uns se demandent si le discours, qui n'avait pas été, semble-t-il, communiqué à Matignon, est la marque d'un déclin intellectuel du Président. Les autres y voient, c'est le cas de mon ami Paul-Marie de La Gorce, gaulliste de toujours et éditorialiste au *Figaro*, sa volonté intacte de défier, sur le continent américain, l'impérialisme américain. L'éclat du Général est insupportable ou grandiose selon les cas.

Giscard fait régulièrement entendre sa voix pour rappeler son poids dans la majorité : est-ce la sortie du Général au Canada qui lui fait condamner « l'exercice solitaire du pouvoir », en plein mois d'août ? « Trois mots qui ont fait mouche, me dit Michel Poniatowski en riant, parce qu'ils décrivent une situation que tout le monde dans la majorité, Pompidou compris, analyse et regrette. » Je revois Pompidou s'éponger le front, et je ne suis pas loin de penser comme lui.

Et il ne faut pas compter sur la gauche pour renverser les tables et amuser le tapis : le Parti communiste et la Fédération de la gauche n'en finissent pas de faire régulièrement le constat de leurs divergences plus que de leurs convergences, les réunions se multiplient sans faire avancer les choses. Guy Mollet n'a qu'une préoccupation : celle de ne pas voir les amis de Mitterrand absorber ou, pire, pervertir, les socialistes.

Les giscardiens, qui chassent de plus en plus sur les terres du Centre démocrate de Lecanuet, sont comme en équilibre dans une majorité étroite.

Les gaullistes de gauche continuent, comme Louis Vallon, de détester Georges Pompidou, tandis que les barons du gaullisme se pompidolisent à toute allure. Les prévisions ne sont pas bonnes : 1967 a été une année médiocre, 2,5 % pour la production industrielle quand le cinquième Plan de développement économique et social prévoyait une croissance de 5 %. Les patrons du CNPF soulignent que les perspectives restent grises pour 1968. Et la France compte 400 000 chômeurs, chiffre qui paraît terrifiant aux économistes. « Si un jour, on atteint les 500 000 chômeurs en France, se risque à dire imprudemment Pompidou, ce sera la révolution. »

Bref, domine en 1968 cette impression pesante que la France tourne en rond. Ou ne tourne pas rond.

J'entends parler du danger « gauchiste » pour la première fois au comité central du PC qui se tient au Plessis-Robinson en début de l'année 1968. La direction se dit préoccupée par les dérives gauchistes internes au Parti. Cela ne veut pas dire grand-chose pour moi, excepté que, dans toute la littérature communiste que j'avais lue pendant mes études, j'avais gardé le titre d'un livre de Lénine : *Le Gauchisme. La maladie infantile du communisme.*

Je ne connaissais pas le moindre gauchiste, du moins à l'époque, et n'en avais entendu parler qu'à une occasion : lorsque la Jeunesse communiste avait rué dans les brancards en 1966. Et encore, s'agissait-il alors de gauchistes ? Une partie des jeunes s'opposait aux changements dogmatiques du parti et à l'ouverture libérale de la direction du PC, trop attentifs aux sirènes de la Fédération de la gauche, tandis qu'à l'opposé, une autre regrettait que le parti français ne ressemble pas au parti italien, plus libre, plus critique, moins soumis aux Soviétiques. Deux directions diamétralement opposées : j'avais accordé surtout mon attention aux pro-italiens, qui, autour de Bernard Kouchner, ouvraient une nouvelle voie, qu'aux dogmatiques qui, selon moi, la fermaient. Puis je n'y avais plus pensé.

1968, en France, commence par une série d'actions étudiantes, dont je pense d'abord qu'elles ressemblent davantage à des monômes qu'à la traduction d'idées politiques structurées. Tout de même, j'aurais dû prendre conscience plus tôt des alertes multipliées au lieu de les ranger avec indifférence dans la case : manifestations étudiantes.

Première alerte : à Nanterre, université récente, vivant en vase clos, près des bidonvilles et des cités, entre un chemin de fer et des terrains vagues, le ministre de la Jeunesse et des Sports, François Missoffe, qui inaugure la piscine du centre sportif, est pris à partie par une cinquantaine d'étudiants. Celui qui les conduit s'appelle Daniel Cohn-Bendit, inconnu au bataillon. On apprendra plus tard qu'il est né à Montauban quoi que d'origine allemande, qu'il a vingt-deux ans, des taches de rousseur et une voix de tonnerre.

Quelques jours auparavant, Alain Peyrefitte, ministre de l'Éducation nationale, a interdit, dans les campus et autres bâtiments ou cités universitaires, aux garçons de garder les filles dans leurs chambres au-delà de 23 heures. C'est mieux que de mon temps, où toute étudiante pincée dans la chambre d'un étudiant après 21 heures, était dénoncée sans ménagement par la direction. Mais pas assez.

Cohn-Bendit – on ne voit que lui, les traits si poupins, les cheveux roux et raides –, crie à François Missoffe : « Vous n'osez même pas parler du malaise sexuel des jeunes ! » « Faites du sport », conseille celui-ci, pompeusement, comme si le sport était là pour calmer les ardeurs amoureuses des jeunes gens. Sifflets de la petite troupe.

Quelques jours plus tard, le 22 mars, des étudiants sont arrêtés sur le campus pour avoir participé à une manifestation contre la guerre américaine au Vietnam. Absurde. Réponse immédiate : la création à Nanterre du « Mouvement de 22 mars ». Envoyé par *L'Express* pour interroger ses dirigeants, notre jeune confrère et ami Ivan Levaï, qui pourtant est le plus à gauche de nous tous, y est fort mal accueilli, sinon molesté, par les étudiants et revient choqué, au sens littéral du mot, au journal, par cette révélation qu'il nous fait partager : les étudiants ont hué le représentant du journal bourgeois qui l'envoyait, c'est-à-dire le nôtre.

Enfin, dernier signe prémonitoire : tout nouveau député communiste en Essonne, Pierre Juquin se rend, à Nanterre, à l'occasion d'une réunion contradictoire, qui devrait le confronter pour la première fois à Daniel Cohn-Bendit. Il a trente-huit ans, mais paraît à peine avoir l'âge des animateurs du Mouvement du 22 mars. Quant à son visage rond et jovial, il évoque pour moi, avec ses yeux rieurs et son nez en trompette, une sorte de Tintin batailleur.

Un Tintin très mal accueilli dans l'amphi où Cohn-Bendit lui a donné rendez-vous. Des groupes indéterminés ont occupé la salle pour empêcher le débat, scandant sans interruption son slogan de guerre contre la classe politique en général et le Parti communiste en particulier : « Juquin, Lecanuet du PC ! » Lequel Juquin est bientôt cerné par une meute qui menace de lui casser la figure. Cohn-Bendit l'exfiltre par la porte arrière de l'amphi.

Le 2 mai, les « enragés » – c'est ainsi que l'Éducation nationale a baptisé ce mélange indistinct d'anarchistes, de trotskistes ou autres prochinois qui a investi le secteur des sciences humaines de Nanterre – suggèrent fermement à l'intouchable professeur René Rémond d'aller faire cours ailleurs et à ses élèves de s'abstenir de le suivre. Le recteur appelle Alain Peyrefitte, le ministre de l'Éducation, qui prend la décision de fermer la faculté et ses sciences sociales le 2 mai. Ce qui devait se produire se produit : les étudiants de Nanterre investissent la Sorbonne le lendemain. Ils sont une centaine, puis un millier dans la cour, pour dénoncer la répression dans leur fac. Ils sont revenus après le déjeuner et la situation a dégénéré. Le rectorat tremble de peur, et le ministre avec eux : le soir venu, la Sorbonne est interdite, la police expulse les étudiants *manu militari*. Plusieurs dizaines d'entre eux sont embarqués dans des cars de CRS. Les autres restent dans la rue, où ils rendent coup pour coup.

Voilà pour la simple chronologie. Mais la réalité « ressentie », comme on le dit aujourd'hui des températures, est tout autre. Et aujourd'hui, ce 4 mai, boulevard Saint-Michel et rue Gay-Lussac, pour la première fois, de petits groupes de jeunes gens casqués et gantés contre-attaquent les policiers, surpris par la violence des combattants. Quand je rentre chez moi, rue du Pré-aux-Clercs, en plein Saint-Germain-des-Prés, le commissariat à l'angle de la rue Perronet, étroitement grillagé, s'est transformé en bunker.

Vers minuit et demi, je tente une sortie devant l'église, face aux Deux-Magots, claquemuré depuis le début de l'après-midi. La place est calme maintenant, mais les passants que nous croisons, derrière les mouchoirs qui les ont protégés des gaz lacrymogènes, nous disent que plus haut, à l'angle des deux boulevards, Saint-Germain et Saint-Michel, les affrontements continuent. Trois heures de violentes bagarres de rue pendant la nuit, six cents interpellations, presque autant de policiers blessés que d'étudiants, me précisera le lendemain matin Jean-François Kahn qui a fait pendant la nuit le tour des hôpitaux.

En moins d'une semaine, au milieu d'un printemps tranquille, alors que Georges Pompidou ne cesse de parler de modernisation, de renouvellement, d'industrialisation, les étudiants ont bouleversé l'ordre établi, le pouvoir, l'opposition, les partis, l'autorité. Rien à voir avec les manifestations contre la guerre d'Algérie il y a dix ans, où les étudiantes que nous étions détalaient, tête nue et talons hauts, sur les boulevards Voltaire et Beaumarchais, devant les CRS. Aujourd'hui, les mêmes étudiants sont casqués, armés de matraques. Ils se réclament de nouveaux mouvements politiques dont, franchement, je ne sais pas même les noms.

J'apprends donc presque par cœur pour ma part la longue liste de ces jeunes qui font désormais, je ne sais pour combien de temps, partie de notre vie politique. Je m'efforcerai, parfois sans succès, tout au long de la période qui vient, d'approcher leurs animateurs ou, du moins, leurs porte-parole.

Le plus connu d'entre eux est à coup sûr Daniel Cohn-Bendit dont une photographie diffusée à la une des magazines au lendemain des premières manifestations du Quartier latin a illustré dans la presse du monde entier la rébellion de Mai : on le voit, large sourire impertinent, le défi dans l'œil, toiser de toute sa hauteur un CRS casqué. Il revendique son état d'anarchiste, et a créé le Mouvement du 22 mars, dont tout est parti.

Avec lui – mais pas derrière, à chacun sa liberté ! – se mobilisent les trotskistes de la Jeunesse communiste révolutionnaire, autour d'Alain Krivine et d'Henri Weber, les prochinois de l'UJCML (Union des jeunes communistes marxistes-léninistes), qui allait devenir au mois d'août la Gauche prolétarienne, sans oublier la participation à la rébellion étudiante de deux syndicats, l'Unef, dont un des principaux représentants s'appelle Jacques Sauvageot, et le Snesup, syndicat de l'enseignement supérieur dont Alain Geismar est le secrétaire général. Le trio Cohn-Bendit, Geismar, Sauvageot est désormais reconnu comme assurant la coordination du mouvement étudiant.

Quelques jours plus tard, le 10 mai, c'est l'émeute dans Paris, la vraie, celle qui fait vraiment peur au pouvoir. Les combattants ont des foulards noués autour du cou pour échapper aux jets de gaz, des casques pour protéger leurs yeux, des objets non identifiés qui peuvent servir d'armes. Quelques milliers de lycéens les rejoignent en rangs serrés.

De la Mutualité, où se tiennent simultanément deux meetings différents, les étudiants remontent vers la montagne Sainte-Geneviève et la rue Gay-Lussac. De bouche à oreille, circule entre les manifestants l'information que l'ORTF vient d'annuler l'émission « Panorama », prévue pour le soir même, à laquelle devaient participer Jacques Sauvageot et Alain Geismar, nouveaux héros de la jacquerie étudiante, et, de l'autre, représentant l'autorité de l'État, le préfet Maurice Grimaud et le recteur d'académie Jean Roche.

Ils sont bientôt 20 000 au carrefour Saint-Germain-Saint-Michel : certains dépavent les rues, d'autres arrachent les armatures de fer forgé qui entourent les arbres aux alentours du jardin du Luxembourg. CRS et service d'ordre de l'Unef maintiennent un ordre relatif jusque vers 21 heures, jusqu'à ce que deux cars de police foncent dans la foule, place Edmond-Rostand, pour échapper aux jets de pavés. La manifestation s'emballe, les barricades s'élèvent à tous les coins de rue, les tentatives réitérées de dialogue entre rectorat et meneurs étudiants, parfois relayées par les radios périphériques, échouent dans la cacophonie des rues.

Le 11 au matin, je remonte jusqu'à la rue Gay-Lussac, une fois de plus, spectacle de guérilla urbaine, dont on voit qu'elle a duré toute la nuit. Curieux : ce matin, les gens regardent tranquillement les scènes de désolation, les camions-poubelles passent, des hommes en salopette lavent les pavés. Le retour à l'ordre.

Pourtant, on l'apprendra plus encore dans les heures, les jours qui viennent, la répression policière a été brutale, beaucoup des riverains l'attestent, les CRS ont poursuivi les jeunes jusque dans la cour des immeubles.

Cinq jours plus tard, pourtant, preuve que le préfet de police de Paris, Maurice Grimaud, avait su s'entendre, dans le secret, avec ses organisateurs, le grand défilé annoncé pour le 13 mai se passe dans un calme inimaginable pour ceux qui, depuis quinze jours, commentent heure par heure affrontements et désordres. Un cortège, immense, de plus d'un million de personnes, sages comme des images ou à peu près, traverse Paris où la circulation est arrêtée. Pas de bus, pas de métro, pas de voiture. Seul le bruit de la foule qui suit le parcours déclaré à la préfecture de police, de la place de la République à Denfert-Rochereau.

Les groupes d'étudiants se suivent et ne se mélangent pas. Je m'amuse, avec Catherine Nay qui m'a accompagnée dans ce bastringue, à trouver des différences de comportement entre prochinois et trotskistes : pas difficile, je ne sais pas pourquoi, les trotskistes progressent par bonds, poussant des cris de guerre « Hop, hop, hop » en levant les bras. Parmi eux, des étudiants de Sciences Po, des chercheurs, que je reconnais et qui ne me paraissaient pas en prise directe avec la classe ouvrière. En revanche je ne vois pas – je saurai plus tard, qu'en effet, ils avaient refusé de participer à la manifestation – de bataillons prochinois.

Au cours des premiers jours des manifestations étudiantes, si dévastatrices qu'elles soient, je me suis demandé si je n'exagérais pas un peu la situation, ce qui est dans mon caractère : après tout, le 8 mai, Giscard et Mitterrand sont tranquillement venus discuter, à *L'Express*, dans un face-à-face courtois et policé. Giscard n'a pas même parlé une seconde du mouvement étudiant, mais de la croissance française qui a été, en dix ans, la plus élevée d'Europe. Mitterrand répond, d'une phrase, que dix ans pour ne pas arriver à faire une réforme nécessaire, celle de l'université, c'est beaucoup.

Dialogue intéressant, certes, mais bien décalé quand on regarde ce qui se passe dans les rues.

J'ai déjeuné le lendemain au siège de la Fédération de la gauche, à côté de Guy Mollet. Lui non plus n'a pas l'air préoccupé outre mesure, pas plus que Mitterrand qui, bloqué en Savoie, lui a demandé d'assurer la permanence de la rue de Lille. Il joue avec moi au jeu de « Si j'étais Pompidou ». Le Premier ministre, en effet, est en voyage officiel en Afghanistan depuis le 2 mai. Il paraît qu'il a pensé regagner Paris, mais l'Élysée lui fait dire qu'il serait inutile, et même nuisible, d'abréger son voyage. Il doit rentrer dans la soirée. « Si j'étais Pompidou, s'interroge tout haut Guy Mollet ? Je foncerais chez le Général et je donnerais un coup de barre pour éviter le pire… »

C'est exactement ce que fera Pompidou quelques heures plus tard. Après en effet une visite au Général, il prononce un bref discours à 23 heures : il rouvre la Sorbonne, en signe d'un apaisement qu'il souhaite « rapide et total ». Et promet aux étudiants l'amnistie.

Quand j'y pense aujourd'hui, je me dis que la première phase des ides de mai, celle des étudiants et des désordres urbains, n'a pas vraiment atteint la classe dirigeante, de gauche ou de droite.

Certes, dirigeants de la majorité, et une partie de ceux de l'opposition, ont trouvé excessive l'agitation des étudiants, imbécile, dramatique même la mise à sac du Quartier latin, inacceptable la réaction des forces de l'ordre, encore que, comme le dira le préfet Grimaud, tout drame ait été évité, mais n'ont pas pensé qu'elle pouvait menacer le pouvoir, et changer les cartes de l'opposition.

Comment analyser une situation que personne n'a envisagée ? Tant qu'il ne s'agit que d'une agitation, fût-ce d'une rébellion étudiante, les effets, et les peurs, restent limités. Certes, le gouvernement agissait, l'opposition s'opposait on ne sait trop à quoi, les différents mouvements, baptisés indifféremment gauchistes – même s'ils avaient entre eux d'énormes divergences, que nous ne déchiffrions pas encore –, envisageaient l'avenir.

L'Odéon, occupé lui aussi au bout de quelques jours, était désormais le théâtre d'interminables palabres. À la Sorbonne, les étudiants passaient leur temps à parler et aussi à écrire sur les murs.

Parmi leur premier slogan, justement, « Les murs ont la parole » a fait mouche. Les étudiants en quête de révolution ont choisi leur mode d'expression favori : le dazibao. Désormais pour eux, c'est sur les murs, sur des affiches qui volent au vent ou sur de simples feuilles, qu'ils écrivent ce qui leur passe par la tête, plutôt poétique, comme le fameux « Sous les pavés, la plage », ou, plus chargée de sens, la phrase anarchiste : « Il est interdit d'interdire. »

Ce qui est significatif, c'est que, dans la première phase du mouvement de Mai, les Parisiens sont restés plutôt calmes vis-à-vis des manifestations étudiantes, comme s'il s'agissait d'une éruption de jeunesse. Calmes ou parfois solidaires : après tout, l'université n'est pas un jardin d'enfants, et que des jeunes s'en prennent à l'ordre établi, quoi de plus normal ? C'est presque salutaire. Certains d'entre eux jugeaient même, les enquêtes d'opinion en faisaient foi, que la répression policière avait été trop sévère.

L'humeur générale des milieux politiques change avec l'arrivée, dans le sillage du mouvement étudiant, des occupations des usines de Cléon et de Flins. L'arrêt total de la France enfin, une grève générale d'une ampleur inconnue, d'un coup, font entrer le mois de mai dans un nouveau cycle, celui de la frousse.

Si, assez tôt, avant le 15 mai en tout cas, j'avais été plus inquiète sur ce qui pouvait suivre, tout en partageant un grand nombre des revendications sur la lourdeur des procédures et des structures universitaires, sur la société bloquée, sur les inégalités, matérielles et culturelles, c'est que j'avais eu une conversation en tête à tête avec Roland Leroy, la veille du jour où les usines de Flins et de Cléon allaient se mettre en grève, le 15 mai.

Je le rencontrais, en dehors du siège de Parti où les journalistes ne passaient pas inaperçus, presque clandestinement, dans un bistrot du 20e arrondissement. Il n'était pas, évidemment, aussi sommaire que Georges Marchais, qui avait cru bon les jours précédents de dénoncer dans *L'Humanité* « l'anarchiste allemand » Cohn-Bendit, ce qui lui avait valu toutes les moqueries, et l'indignation des étudiants.

Roland Leroy était pour moi, quoique tout en haut de la pyramide du Parti, membre du bureau politique et du secrétariat du PC, une sorte de personnage de roman, œil aiguisé, dur, résistant à quinze ans, ayant échappé à la Gestapo en 1942 en se glissant dans un cercueil et contraint d'y rester quelques jours, autodidacte et lecteur de tous les grands romans du XIXe et du XXe siècle, ami des grands écrivains communistes français de son temps – à l'opposé total de Georges Marchais. Face à ce qu'il connaît bien – fils d'un cheminot anarcho-syndicaliste, il avait dû mener au nom du Parti, trop brutalement selon certains, la guerre aux jeunes anarchistes de 1965 –, il ne me cache pas ses inquiétudes : il craint que l'aventurisme étudiant ne finisse par gagner les ouvriers, en dehors de tout parti, en dehors de la CGT.

« Tant qu'il s'agissait des étudiants, bon, le PC s'y faisait. Si la classe ouvrière lui échappe aujourd'hui, c'est une autre affaire. »

Le risque, si je comprends bien, est que, refusant de se couper de la base, les communistes ne soient tentés, à un moment ou à un autre, de la suivre. Bref, résume-t-il, presque sinistre, à partir du 15 mai, les communistes français risquent d'être dans une ambiguïté totale. D'un côté, ils craignent la naissance d'un anticommunisme de gauche ; de l'autre, ils ne pourront pas supporter d'être coupés des masses populaires. Je lui fais valoir que tout dépend de ce qu'on appelle les « classes populaires ». Il m'assure que le PC fera tout pour empêcher que ces petits-bourgeois d'étudiants aillent rejoindre les ouvriers sur leurs lieux de travail.

Sur ce point, il a raison : à Boulogne-Billancourt, le 16 mai, les syndicats fermeront les grilles : ils ne veulent pas laisser entrer les 3 000 étudiants venus soutenir les ouvriers. Georges Séguy, le patron de la CGT, aura cette phrase, ce jour-là : « Pas question d'être romantique. »

Georges Dayan, à qui je parle de ma conversation avec Leroy, me révèle que Waldeck Rochet a appelé François Mitterrand pour lui faire part de sa vive inquiétude devant ce qu'on appelle déjà « la contagion ». Mitterrand pensait, il y a quelques jours, déposer une motion de censure sur la politique économique et sociale du gouvernement. Il y a renoncé, après sa conversation avec Waldeck, pour ne pas unir dans le même texte les salaires des ouvriers et les revendications des étudiants. La motion de censure, qui sera d'ailleurs repoussée, ne portera que sur la répression policière et le malaise étudiant.

Pour l'instant, sous le poids des informations qui remontent de toutes parts, solidarité des usines occupées avec les étudiants, manifestations de rues, immenses, dans Paris, départ et retour du général de Gaulle en Roumanie, du 14 au 18 mai, grève générale à partir du 17 mai, entraînant une pénurie d'essence qui paralyse villes et campagnes, oui, en effet, le mot « contagion », c'est-à-dire le passage du mouvement étudiant qualifié souvent de « bourgeois » par les communistes, à un soulèvement des couches populaires, une insurrection, peut-être, se murmure. Et pourquoi pas – le mot ravit les « gauchistes » – une révolution – mot toujours prononcé, au palais Bourbon, en baissant le ton – dont on ne connaît ni les contours ni les objectifs ?

Seule certitude, la classe politique est globalement attaquée, de haut en bas, du général de Gaulle au dernier des parlementaires. Lecanuet, Mitterrand, Waldeck Rochet, Pompidou, Giscard, tout cela, c'est du pareil au même. La classe politique est tout entière jetée à la poubelle. À une seule exception peut-être, celle du PSU, où Michel Rocard, aidé par l'idéologue Marc Heurgon, sait entretenir quelques idées auxquelles se rattachent les responsables des mouvements de jeunes, par exemple l'autogestion, que lui-même, Rocard, a longtemps soutenue.

Ma surprise, car c'en est une, est que les partis de gauche, le PC surtout, sont les premiers visés par la rébellion étudiante, qui souhaite organiser une gauche plus radicale, sans le truchement du PC et de la CGT, qui lui est trop inféodée.

Avant même le gouvernement, avant même Pompidou et de Gaulle, la première victime des jours de mai est la gauche traditionnelle, PC et PS. Avant de toucher au chef de l'État, on verra plus tard qu'ils y parviendront, c'est Mitterrand qu'ils sont en train d'abattre. Communistes, socialistes, mitterrandistes, tout cela pour eux, c'est fini, terminé, oublié. Un autre monde. François Mitterrand a été hué sur le parcours de la manifestation, par des jeunes gens casqués de la Fédération des étudiants révolutionnaires. Il n'est pas le seul. Entraînée dans un meeting du PSU par Michel Rocard lui-même, j'ai entendu Cohn-Bendit traiter les communistes de « crapules staliniennes », comme Trotski. Interrogé sur Mitterrand, il dit voir en lui non un allié, mais quelqu'un qui, à la rigueur, pourrait servir à quelque chose. Et Pierre Mendès France ? « C'est la moins dévalorisée de vos vedettes. »

Je suis à l'Assemblée le 22 mai lors de la discussion de la motion de censure déposée par la gauche. Bien sûr, je sais que, désormais, la vraie partie ne se joue pas là, mais bien plutôt dans les usines et dans les syndicats. Pourtant le débat atteint une véritable intensité dramatique, car tous les parlementaires sont déboussolés. Inquiets surtout.

Ne parlons pas des gaullistes : on les sent atteints, pas seulement par la peur de perdre leur siège, dans un futur rapide, ni même peut-être d'un changement de régime. Les gaullistes, les vrais, sont tout bonnement tristes à l'idée que leur général de Gaulle finisse dans la chienlit qu'il dénonce lui-même. Les communistes sont sans état d'âme. Ils appliquent leur grille de lecture, en forme de syllogisme, à la situation : les étudiants sont gauchistes, le gauchisme est la contre-révolution, les étudiants sont contre-révolutionnaires. Comment concilier la solidarité avec les Français grévistes et la crainte du gauchisme ? C'est leur problème. Dans l'hémicycle, la majorité des députés de gauche, dont bien sûr les nouveaux élus émanant de la Convention des institutions républicaines, sont sur la même longueur d'ondes que Mitterrand : celui-ci pense, je le crois, que tout ce qui ébranle le gaullisme est bon pour lui. Il se trompe et le paiera cher, mais ne le sait pas encore.

La motion de censure déposée par la gauche n'est pas adoptée. Deux séquences ont néanmoins démontré publiquement le désarroi des gaullistes : la démission du chef de file des gaullistes de gauche, René Capitant, et le discours assassin d'Edgard Pisani, qui, ministre de l'Agriculture, puis de l'Équipement dans le gouvernement Pompidou, en a démissionné un an auparavant.

Autant Louis Vallon m'est toujours apparu comme un joyeux luron, drôle, chaleureux, autant j'avais trouvé René Capitant renfermé et grincheux. Tous deux incarnent la face sociale du gaullisme, et, ayant le même culte du général de Gaulle, ils cherchent, depuis longtemps il est vrai et sans grand succès, la « troisième voie » entre le capitalisme et le socialisme. Vallon n'aime pas, ou plus, Pompidou, je l'ai raconté plus haut, Capitant le déteste. Il plaide aujourd'hui qu'en outre, si la Ve République et le Général en sont là, c'est la faute de Pompidou, qui, selon eux, se fiche du tiers comme du quart de la « troisième voie », et notamment de l'intéressement et de la participation des salariés à l'entreprise, leurs thèmes favoris sur lesquels ils se disent assurés d'avoir convaincu le Général.

La veille, Capitant, qui n'est rien de moins que président de la commission des lois à l'Assemblée nationale, a laissé entendre, dans son intervention devant le groupe parlementaire réuni à huis clos, qu'il voterait la motion de censure déposée par la gauche, pour condamner publiquement la stratégie imposée par Pompidou dans cette crise. « Je ne pardonnerai jamais aux ministres qui ont fait huer de Gaulle par la rue » : c'est par ces mots, prononcés avec force, presque les larmes aux yeux, qu'il avait terminé son intervention. Ses amis passeront toute la soirée à le supplier, à grand-peine, de n'en rien faire. Capitant entend leurs arguments : il ne votera pas avec la gauche, mais démissionnera de son mandat. Ce qu'il fait, portant ainsi un coup sérieux au moral des gaullistes.

Le second gros incident de séance les abat encore plus. Il faut dire que, de ma vie entière, je n'ai jamais assisté à une telle scène. Edgard Pisani m'explique, quelques minutes seulement avant le vote, qu'il s'est astreint la veille à rédiger deux explications de vote, l'une justifiant la censure du gouvernement, l'autre la condamnant. « Voyez-vous, dit-il, j'ai eu beaucoup plus de mal à rédiger la seconde version que la première. J'en ai conclu que je voterai la censure. »

Il a commis, pour ce faire, une véritable entourloupe : il est membre du groupe gaulliste, et c'est à ce titre qu'il a obtenu un temps de parole au nom de l'UDR. Chacun, sauf les quelques personnes auxquelles il en a fait confidence, pense donc qu'il ne votera pas la censure. Il monte à la tribune sous les applaudissements de son groupe. Pour annoncer aussitôt, d'une voix caverneuse, qu'il la votera. Les députés gaullistes marquent le coup et, de leur place, le traitent de renégat. Épuisé, Pompidou avait quitté quelques instants sa place au banc réservé au Premier ministre. Prévenu par un de ses collaborateurs de la prise de position d'Edgard Pisani, il est revenu et est resté immobile à l'entrée de l'hémicycle, debout, presque décomposé. Il a rejoint finalement sa place, d'où il a écouté les dernières phrases de son ancien ministre de l'Agriculture avec un air écœuré. Instant politique que je n'oublierai jamais. Que ne fit pas oublier le refus de Valéry Giscard d'Estaing d'« ajouter de l'aventure au désordre », réitérant ainsi son soutien au gouvernement – même s'il ne put s'empêcher de dire que, dans l'avenir, il faudrait « gouverner autrement ».

Loin de l'Assemblée, devenue un théâtre d'ombres, c'est pourtant François Mitterrand, qui, pour le moment, voyait au contraire se conjuguer sur lui les tirs venant de positions totalement opposées, de ceux qui accusent la gauche, donc Mitterrand, d'organiser le désordre, et de ceux qui l'accusent de vouloir préserver l'ordre établi. Situation politiquement difficile, intenable même.

Un jour de la fin du mois de mai, je ne me souviens pas exactement lequel, Mitterrand décide de remonter à pied avec Georges Dayan, depuis l'Assemblée nationale, le boulevard Saint-Germain pour aller déjeuner, comme il le fait souvent, chez Lipp, un peu plus haut sur le boulevard. Il y va, accompagné d'une toute petite escouade de journalistes dont je fais partie.

Je n'oublierai jamais le kilomètre de rue parcouru en sa compagnie. Deux sortes de Parisiens le croisaient. Les uns, une petite minorité, lui faisaient un geste amical, d'encouragement sans doute dans son opposition au général de Gaulle. L'un d'entre eux, au contraire, l'a injurié longuement, en se rapprochant de lui, de manière d'ailleurs dangereuse, les dents serrées, avec haine. Il cracha par terre pour mieux exprimer son dégoût. Mitterrand, visage figé, n'avait pas esquissé un geste, ni dit un mot. Nous en étions effrayés pour lui. Il nous dit simplement, répondant à nos craintes, qu'il était habitué à ce genre de comportement, qu'il s'en foutait absolument. Il le redira plus tard, un jour, dans d'autres circonstances, à Laurent Fabius qui, lui aussi, connut la haine. Pour l'heure, Dayan conclut qu'il était temps de ne pas laisser le président de la Fédération de la gauche se promener seul dans Paris.

En tout cas, nous arrivâmes chez Lipp où un second choc nous attendait : Roger Cazes, le patron de la brasserie Lipp, refuge pour le déjeuner et le dîner du monde politique, droite et gauche confondues, depuis près de vingt ans, s'approcha de la table où Mitterrand et nous avions pris place. Son visage reflétait une colère dont on aurait cru incapable ce patron de brasserie habile à conserver sa clientèle de quelque bord qu'elle soit. « Non, monsieur Mitterrand, dit-il très fort, on ne brûle pas les voitures. Non, répéta-t-il, pas les voitures », comme si c'était sur ordre de Mitterrand que les manifestants étudiants avaient quelques jours auparavant incendié les véhicules qui avaient brûlé longtemps devant son restaurant. Dayan fit mine de rire, pour éviter un incident, mais à la fin du repas, il me dit, sérieux : « Le vent tourne. »

Roger Cazes reflétait, mieux que personne, le premier danger qui frappait Mitterrand : les gens d'ordre en effet, et Roger Cazes en était un, confondaient, ou faisaient mine de confondre, la gauche que représentait Mitterrand et les gauchistes. Oui, en effet, le vent tournait. Mais il était loin de tourner en faveur du leader de la gauche rejeté à la fois par les jeunes gens qui voyaient en lui une sorte de dinosaure arriviste, datant de la IVe République, et par la droite qui le voyait, bien faussement d'ailleurs, comme un instigateur de désordre.

Premier indice, peut-être, que le mouvement de Mai commençait à voir se dresser contre lui le mur de la majorité silencieuse : les mêmes qui, début mai, jugeaient que leurs enfants s'agitaient un peu trop, mais que c'étaient des jeunes, et des jeunes venant, pour le plus grand nombre d'entre eux, de familles aisées – bref, que tout cela n'irait pas très loin – commençaient à s'inquiéter du tour que prenaient les choses. Si les ouvriers ne s'étaient pas rangés du côté des étudiants, sans doute n'auraient-il pas eu la même réaction. Mais là, d'un coup, la pyramide sociale s'inversait.

À propos d'inversion de la pyramide, la directrice générale d'Hachette, par exemple, Yvonne Bernardet, qui faisait son boulot le mieux du monde et n'avait jamais été contestée par le personnel de la maison, nous avait raconté, en riant à demi, secouée quand même, qu'elle avait vu la veille une délégation syndicale pénétrer sans ménagement dans son bureau. Leur responsable, prenant une feuille de papier sur une table, avait dessiné l'organigramme d'Hachette. En haut, naturellement le président du groupe, Ithier de Roquemaurel. Juste en dessous, la directrice générale, puis le personnel de direction et de fabrication, les directeurs de collection, etc.

Ayant dessiné son organigramme, le délégué syndical avait tout simplement retourné la feuille. « Voilà, avait-il dit, maintenant, en haut, c'est nous. Vous, vous êtes en bas. Nous donnons les ordres, pas vous. » C'était une forte femme, elle leur avait demandé de sortir, ce qu'ils avaient fait sans grabuge, mais enfin, elle restait assez bouleversée par cet entretien.

À *L'Express*, les choses étaient différentes : Jean-Jacques Servan-Schreiber avait tout de suite pensé que le mouvement de Mai était salutaire, que la mobilisation de la jeunesse était saine. Il ne s'était pas caché, dans des éditoriaux acérés, uniques parmi ses confrères directeurs de journaux, de vouloir bousculer la société, de dénoncer les partis impuissants à le faire et un président de la République dépassé et réfractaire à la modernité. Et voilà que les jeunes lui donnaient raison.

Il le pensait d'autant plus que le personnel de *L'Express*, journalistes ou administratifs, n'avaient aucune envie de le traiter, ni lui, ni, *a fortiori* Françoise Giroud, à la manière de la directrice de Hachette. Nous avions décidé au contraire, inversement aux journalistes de l'ORTF, que notre devoir était de continuer à informer le public. Mieux : lorsque la grève générale frappa la distribution des journaux – Catherine Nay l'a déjà raconté dans un livre à succès –, nous nous sommes mis, nous les journalistes, à vendre le journal, donc notre prose, sur les trottoirs et à la terrasse des cafés. Lorsque les imprimeries s'arrêtèrent, le journal sous un format réduit fut imprimé en Belgique et ramené dans la nuit à Paris. Et nous le distribuâmes, dans le 11ᵉ arrondissement en ce qui me concerne, de la même façon.

Au début, je pensais comme Jean-Jacques que le mouvement était positif, et avais pris un réel plaisir à lire, sur les murs de la Sorbonne, des évocations poétiques des jours futurs. Tant qu'il s'agissait d'étudiants qui discutaient à n'en plus finir, dans les amphis de la Sorbonne et à l'Odéon, sur l'organisation future de la société, ça allait. Si, en revanche, les ouvriers, les employés, les salariés s'y mettaient, alors tout devenait différent. Le Parti communiste qui était, depuis si longtemps, à l'origine des mouvements sociaux, se voyait dépassé par un mouvement diffus, spontané, non encadré par les syndicats. La gauche était dépassée par l'ultra-gauche. Personne dans la vie politique française, à l'exception de JJSS, ne pensait vraiment que c'était une bonne chose.

Le 27 mai, Waldeck Rochet et François Mitterrand s'enfermaient dans la forteresse du PC. Le siège communiste était alors en plein Paris, place Kossuth – tout près de la Bourse qui avait été incendiée la veille par les étudiants au moment où le général de Gaulle, dans l'espoir d'enrayer le mouvement, avait brandi l'annonce d'un référendum – pour peser leurs intentions respectives. Je ne sais pas ce qu'ils se sont dit, puisque je faisais une fois de plus la planque à l'entrée. Mitterrand est sorti assez vite de l'immeuble bunkerisé de la place Kossuth. Je suis convaincue, aux quelques mots qu'il a lancés aux journalistes, qu'il ne doutait plus de l'attitude du PC. Au moment où le gouvernement craignait de voir les communistes appuyer le mouvement étudiant, Mitterrand avait eu de Waldeck Rochet l'assurance que le Parti communiste ferait tout pour reprendre le contrôle du mouvement social, et pour ne pas l'abandonner aux gauchistes.

Qu'est-ce qui diable a poussé le lendemain François Mitterrand à s'adresser aux Français dans une conférence de presse ? J'étais pourtant témoin du fait que, quelques jours auparavant, il ne souhaitait pas s'exprimer sur le mouvement étudiant, qu'il ne connaissait pas du tout, et dont il n'avait jamais prévu qu'il prenne un tour maoïste ou trotskiste, ou, selon le mot en vogue chez les étudiants, « spontex ». Mais tant de gens autour de lui, Guy Mollet, JJSS, et aussi ses amis au sein de la Fédération de la gauche, avaient fait lourdement pression pour que Mitterrand parle, pour qu'il dise solennellement qu'il était prêt, que la gauche était prête à gouverner, si les gaullistes n'y parvenaient pas, que la gauche n'incarnait pas le désordre. Celui-ci a fini par se laisser convaincre. « Je ne la sens pas, cette conférence de presse, je ne la sens pas » m'avait-il dit, en quittant Waldeck Rochet la veille au soir. « Ne la faites pas, dans ce cas », m'étais-je entendue répondre.

En réalité, après avoir adopté longtemps une prudence de serpent face à ce mouvement qu'il n'avait pas prévu, qui bouleversait son univers politique et son parcours personnel, il ne pouvait se taire : le Général, quelques jours auparavant, avait annoncé son intention – bien imprudente – de consulter les Français par référendum. Mitterrand était obligé de dire quelle position serait celle de la Fédération de la gauche.

Plus grave à ses yeux, Jean Lecanuet et Jacques Duhamel avaient lancé des appels à Pierre Mendès France, rejoignant ainsi le PSU, pour qu'il prenne en mai, en quelque sorte, l'avenir du pays. Peut-être voyaient-ils en lui le seul homme providentiel capable de chasser du pouvoir un autre homme providentiel, de Gaulle, que mai 1958 avait amené, et que le mouvement de mai 1968 voulait chasser. Mitterrand devait reprendre la main et non la passer à Mendès.

À la conférence de presse du lendemain, à l'hôtel Intercontinental, tous les dirigeants de la Fédération de la gauche, dont Guy Mollet, bien sûr, étaient au premier rang. Il y avait tous les photographes, toute la presse. L'ORTF, la télévision, malgré la grève de la majorité de ses journalistes, avait trouvé quelques caméramans non grévistes – on les appelait les « jaunes » – dépêchés sur place davantage pour contrer la manœuvre de Mitterrand que pour la soutenir. Lorsqu'il eut terminé ses propos, qui consistaient essentiellement à proposer à Mendès de diriger un gouvernement provisoire tandis que lui, Mitterrand, serait candidat à la présidence de la République, Guy Mollet n'attendit pas même qu'il descende de l'estrade pour le féliciter, les radicaux le suivirent.

Venant vers moi, Guy Mollet me demanda, ce qui n'était pas dans ses habitudes, ce que j'avais pensé de cette formidable intervention. Je n'étais pas de son avis, et je le lui dis. Après tout, Mitterrand avait en quelque sorte ouvert la campagne présidentielle, même s'il l'avait fait en prenant d'infinies précautions, en utilisant des termes comme (j'ai revu les images intégrales de cette conférence de presse avant d'écrire ces lignes) : « je proposerais », « je pourrais dire », « pourquoi ne pas envisager », etc. Les nuances, les « si », les « pourquoi pas » ne passent pas dans un exercice du genre que tentait Mitterrand.

Ses adversaires, et Dieu sait s'ils étaient nombreux à cette époque, ont tout simplement conclu que Mitterrand se voyait déjà à la place du général de Gaulle. Mais celui-ci était toujours là, il n'était pas parti, il n'avait pas démissionné. Son gouvernement non plus. Faire comme s'ils avaient déjà plié bagage, n'était-ce pas aller trop vite et trop loin ?

« Mais ce n'est qu'une question d'heures, me répondit Guy Mollet, il partira le 16 mai après le référendum et le gouvernement sera alors démissionnaire de fait. » Tout de même, être candidat à des élections pas encore annoncées et parler d'un gouvernement provisoire au moment où Georges Pompidou était à Matignon, cela me paraissait mettre en quelque sorte la charrue avant les bœufs. Et surtout, abattre ses cartes trop tôt.

Au cours du pot qui suivit, au bar de l'hôtel Intercontinental, je n'entendis personne qui partageait mon point de vue. Gaston Defferre était aux anges, le président du Parti radical René Billères aussi. La gauche, du moins pensaient-ils ainsi, était aux portes du pouvoir. La veille, j'avais senti, moi, Mitterrand beaucoup moins assuré qu'eux du dénouement de la crise. J'entendais encore : « Je ne la sens pas, cette conférence de presse, je ne la sens pas. » Mais Guy Mollet était si content ! Je finis par me dire, sur le moment, qu'après tout, c'était moi qui me trompais.

Il m'est arrivé de douter plus tard de l'attitude de Guy Mollet en la circonstance : peut-être son machiavélisme était-il plus grand que je ne le pensais. Et si après tout, il n'avait pas été mécontent de voir Mitterrand s'avancer trop, jouer les méchants ambitieux prêts à prendre toutes les places disponibles, le plus vite possible ?

Comme d'habitude, ce fut dans le bureau de Françoise Giroud que je me dirigeai dès le lendemain matin en arrivant à *L'Express* pour lui faire part de mes interrogations. Je la trouvai elle-même perplexe. Elle ne pensait pas que Mitterrand aurait dû sortir, la veille, de son silence et, comme moi, trouvait audacieux de se déclarer candidat à une élection dont il n'était pas question. D'autant que les images de la télévision avaient appuyé sur le « Je suis candidat » de Mitterrand, et qu'elles faisaient presque passer ses paroles comme une tentative de coup d'État, tout simplement. J'appris en outre plus tard, par un coup de téléphone de Roland Leroy, que Waldeck Rochet, auquel Mitterrand n'avait pas parlé au cours de leur conversation de son intention de confier quelque gouvernement provisoire que ce soit à Mendès France, avait été plus que contrarié par sa déclaration. « Mendès est anti-communiste, sans doute un des plus hostiles au PC qui soit, me dit Roland Leroy. C'est une plaisanterie. »

Il ajouta plus clairement qu'il mettait en doute la sincérité des propos que les jours précédents François Mitterrand avait tenus à Waldeck Rochet et son engagement immuable dans l'union de la gauche.

Pour en revenir à la conférence de presse de François Mitterrand, elle ne séduisit, à les entendre sur le moment, que les partenaires de Mitterrand dans la Fédération de la gauche. Elle avait donc en revanche déplu fortement aux communistes, et au surplus, elle avait désigné aux gaullistes leur adversaire principal au moment où lui-même, Mitterrand, n'avait aucune carte en main. La suite montra, comme on le verra, que les effets de la réunion de l'Intercontinental, si chaudement approuvée par Guy Mollet, furent désastreux.

En effet, Mitterrand est la victime collatérale, au moins provisoirement, du mois de mai.

Mais la première victime de Mai 68 est le général de Gaulle. La rébellion étudiante depuis les premiers jours avait d'emblée mis en cause toute autorité, et surtout, celle du général de Gaulle. Celui-ci avait été désarçonné par les émeutes étudiantes. Sa première réaction aurait été de passer à la manière forte, de briser le mouvement comme il aurait pu le faire d'une garnison rebelle.

La fermeture des universités, première réplique, pendant que Georges Pompidou était absent de Paris, avait été ordonnée au ministre de l'Éducation. Il paraissait évident, y compris à son entourage, furieux ou déconcerté, que le général de Gaulle, dont pour une fois les discours n'étaient pas suivis du moindre effet, perdait jour après jour sa dimension historique. Il avait gagné la Seconde Guerre mondiale, et il perdait celle-ci, menée par une jeunesse minoritaire et désordonnée, c'était un comble. Dans son allocution du 24 mai, il annonça sa décision de procéder à un référendum dans les semaines qui venaient précisément au moment où les bagarres de rues étaient passées Rive droite, à la Bourse, symbole du capitalisme auquel les mutins avaient mis le feu. Je me souviens des réactions des jeunes émeutiers. Ce fut, d'un bout à l'autre de la rue qu'ils occupaient, un cri, sur l'air des lampions : « Adieu, de Gaulle, adieu, de Gaulle, adieu ! »

L'effet a été totalement contraire à celui qui était recherché. Personne n'a cru un seul instant que le référendum changerait quoi que ce soit à la situation. C'était comme si déjà sa parole ne valait plus rien – du moins pour les jeunes manifestants. Pour l'ensemble des Français, c'était autre chose, et la peur qui gagnait progressivement la majorité silencieuse allait leur donner le dernier mot. Mais enfin, je me rappelle la sorte de soulagement éprouvé, y compris par moi quand Pompidou est rentré de son voyage officiel et qu'il a orienté autrement la lutte contre les insurgés.

Deux interventions du général de Gaulle resteront marquantes, pour le meilleur ou pour le pire, le concernant, de ces jours de mai. La première est son départ, le 28 mai, pour Baden-Baden. Les choses ont été racontées mille fois, aussi est-ce inutile de revenir sur les détails de cette journée : le Général décide soudainement de partir à Colombey, il prévient son Premier ministre par téléphone, en quelques mots se terminant par un « Je vous embrasse » étonnant dans le vocabulaire du chef de l'État ; l'hélicoptère présidentiel, dans lequel prend place, outre son épouse, une partie de sa famille, décolle, mais n'arrive pas à Colombey. Pendant deux ou trois heures, les Français, y compris Georges Pompidou, ne sauront pas où il est. Le Président a disparu.

Souvenir essentiel, pour moi, de ce moment-là. Ma réaction et celle d'une consœur du journal, Irène Allier, est de foncer au palais Bourbon pour tenter de recueillir les premiers propos des députés gaullistes, et aussi, peut-être, des informations sur l'inquiétante absence du président de la République.

Arrivées dans la salle des Pas perdus, nous n'y trouvons pas un chat. Comme si chacun s'était caché à l'annonce du départ du Général. C'est alors que, peu avant 15 h 30, nous voyons venir à nous, presque guilleret, arrivant de la salle des Quatre Colonnes, la longue silhouette de Jacques Chirac, le jeune loup de Georges Pompidou devenu ministre depuis qu'il a gagné son siège en Corrèze. Lui aussi peut-être pensait pouvoir trouver dans les grands espaces du Parlement quelques députés.

En désespoir de cause, il se dirige droit sur nous, le visage lisse, souriant, comme si tout était pour le mieux dans le meilleur des mondes. Pas inquiet pour un sou. Mes questions ne l'étonnent pas :

il y répond avec la plus grande sérénité. « L'absence du général de Gaulle ne change rien à rien, nous dit-il. Georges Pompidou est là, c'est l'essentiel. Vous savez, ajoute-t-il, il a tout en main, alors… » Si on le comprend bien, il n'attend pas avec enthousiasme le retour du Général. S'il pouvait ne pas revenir… Nous avons l'impression qu'il se fiche de nous, tant il fait montre d'un optimisme éclatant. Il ne s'attarde pas, prend courtoisement congé et continue son chemin vers la sortie du palais Bourbon, du côté de la place de la Concorde. Quel coffre, ce jeune loup !

Quelques heures après, le Général est retrouvé. Il est bien à Colombey. Mais qu'a-t-il fait, où est-il allé du matin au milieu de l'après-midi ? Il faudra quelques heures pour savoir ce que chacun sait aujourd'hui, que son hélicoptère s'est posé en Allemagne, où il aurait longuement parlé au général Massu, commandant en chef des forces françaises en Allemagne.

Le doute reste néanmoins même aujourd'hui : coup de com ou coup de fatigue ? Le général Massu depuis a donné son témoignage. Il a vu arriver avec surprise un de Gaulle déprimé – ce qui lui arrivait parfois, disent, depuis, ses nombreux biographes, et Georges Pompidou lui-même dans ses Mémoires – qu'il a en quelque sorte remis en selle, en lui parlant en soldat, et en le persuadant de reprendre l'hélicoptère qui l'avait amené. Sur le moment, lorsque le journal télévisé de 20 heures a parlé du retour du Général à Paris, je m'indignais à l'idée qu'il ait pu mettre en scène sa propre disparition pour que les Français le supplient de revenir. Aujourd'hui, je crois que Massu ne mentait pas. Beaucoup des acteurs et des commentateurs des événements de Mai ne sont pas de mon avis.

La seconde – et dernière – manifestation du président de la République en mai, après sa curieuse, presque incompréhensible, escapade en Allemagne, marque en revanche son succès et, mieux, la fin du mouvement de Mai. Il a choisi de s'adresser aux Français, le 30 mai, en plein après-midi, devant un micro et pas devant les caméras de la télévision. Sans doute a-t-il pensé que, pour les Français qui l'écoutaient, cette fois avec autant de curiosité que d'inquiétude, sa voix, depuis les années 1940, était plus impressionnante que son image. Il a retrouvé sa détermination. Son ton est ferme, avec juste ce qu'il faut d'autorité pour montrer qu'il est toujours l'homme du 18 juin, qu'il ne reculera pas, qu'il ne démissionnera pas. Le Premier ministre restera à Matignon. L'Assemblée nationale, ajoute-t-il, est dissoute : des élections législatives seront organisées dans les délais constitutionnels les plus proches possibles.

J'écoute le général de Gaulle depuis un transistor installé dans la salle des Pas perdus à l'Assemblée nationale. Le discours a le mérite d'être clair. Et assez efficace pour déclencher la réaction de tous ceux qui en France en ont assez des étudiants, assez des grèves, assez du chahut. Lorsqu'il fait allusion au « communisme totalitaire », à la « dictature » qui menace, il sait bien ce qu'il fait. Pompidou a acquis dans les heures précédentes, je ne sais comment, sans doute par le patron de la CGT, Georges Séguy, l'assurance que le PC ne soutiendra jamais cette foule hors de tout contrôle. De Gaulle le sait. Mais il connaît aussi le poids des mots et les peurs des Français. Il joue sur la panique, réelle, de la majorité silencieuse pour en appeler à leur courage face à un péril dont il donne le nom.

Il y a quelques jours à peine, Albin Chalandon nous a révélé au cours d'un déjeuner avec Catherine Nay et à moi, que Georges Pompidou juge le référendum annoncé par le Général avant sa fuite à Baden-Baden est, c'est le mot qu'il a employé, « suicidaire ». Mais il n'a pas dit ce que chacun a appris par la suite : que Georges Pompidou n'avait pas hésité à menacer le Général de démissionner, s'il maintenait ce projet. Le président de la République avait ainsi fini, de mauvaise grâce, par lui donner raison.

Quelques minutes après son intervention, qui n'a duré que deux minutes et quarante secondes, une manifestation de ses partisans était prévue place de la Concorde. Vu les derniers fiascos de la communication élyséenne, je ne m'attendais pas à ce qu'il y ait grand monde. Je grimpai sur les marches du palais Bourbon, celles qui font face à la Seine, entre les colonnes doriques du péristyle, généralement fermées, que les huissiers, à la demande du président de l'Assemblée nationale, Jacques Chaban-Delmas, avaient ouvertes face à l'obélisque. Quelques instants seulement après la fin de l'intervention du Général, une foule conflue vers la place de la Concorde, plus dense de minute en minute. Michel Debré et André Malraux prennent la tête de la manifestation, et, derrière eux, tous ceux qu'on ne voyait plus dans les rues depuis un mois étaient là.

Plusieurs députés gaullistes, qui regardaient avec moi depuis les marches du Parlement les Parisiens arriver dans un mouvement ininterrompu auprès d'eux, mirent en toute hâte leurs écharpes tricolores et, descendant directement les marches, derrière l'immense statue de Colbert, se perdirent immédiatement dans la foule.

De Gaulle avait gagné, certes : le lendemain, les grèves s'effilochaient, l'essence revenait dans les stations-services, et chacun repartait au travail. Mais sa victoire était, comme on le vit bien vite, toute provisoire.

Le vrai gagnant de Mai, à coup sûr, était Pompidou. C'était lui, essentiellement, qui avait imposé de bout en bout sa stratégie à un général de Gaulle visiblement dérouté, en réalité bouleversé devant tout un monde qui s'effondrait, par des événements qu'il n'avait pas plus que d'autres, journalistes ou politiques, prévus. Des jacqueries étudiantes, Georges Pompidou a, tout juste revenu d'Afghanistan, pris la mesure : elles étaient spectaculaires, certes, elles révélaient un vrai malaise de la jeunesse française, mais, à ses yeux, elles ne menaçaient pas véritablement le pouvoir.

Sa première réaction fut d'obtenir du général de Gaulle la réouverture de la Sorbonne et des universités et de confier au préfet de police Maurice Grimaud, plus à ses ordres qu'à ceux du Général, le maintien – difficile, mais sans drame – de l'ordre. Il ne pensait pas, il le disait alors à ses rares visiteurs du soir, que la situation soit véritablement révolutionnaire. À l'Assemblée, le 14 mai, il parla, le premier, d'« apaisement » qu'il croyait possible avec une jeunesse qui pensait pouvoir changer le monde avec des mots.

En revanche, lorsque des débrayages ont lieu spontanément, sans consignes syndicales dans les usines Renault de Cléon, de Flins et de Boulogne à Paris, lorsqu'ils se produisent à Lyon dès le lendemain, lorsque du 16 au 17 mai, la France bascule dans la grève générale, il est le premier à comprendre que les syndicats sont à la remorque de leur base, et que là est le danger majeur, celui du débordement.

Or, à ce moment-là, il est tout seul, réellement aux commandes. L'État, c'est lui : tandis qu'à l'Élysée, le Général hésite entre une répression sévère – à laquelle s'oppose son Premier ministre – et la préparation de ses interventions dont la plupart (sauf la dernière) sont « à côté de la plaque », conviendra-t-il lui-même, tout remonte à Matignon : les occupations d'usine, les séquestrations des cadres, l'arrêt des transports, les compagnies pétrolières dans l'incapacité de faire livrer de l'essence aux stations-services, ainsi que le maintien de l'ordre évidemment. Même ceux qui ont vécu ces événements ont oublié l'atmosphère qui était alors celle de la France entière, entre l'outrance des uns et la peur des autres.

Je retrouve, en écrivant ces lignes, l'impression qui était la mienne non pas au tout début de mai, mais autour de la nuit du 24 au 25 mai précisément : cette impression que personne ne dirigeait plus grand-chose. La nuit, en effet, fut apocalyptique. Devant la gare de Lyon, place de la Bastille, sur les Grands Boulevards, à la Bourse donc, tout avait été saccagé. Pourtant, pour la première fois, les barricades avaient été systématiquement détruites aussitôt que construites, preuve que Matignon et la préfecture de police avaient gardé un peu de pouvoir.

De la déliquescence de l'État, cependant, personne ne pouvait douter : le ministre de l'Éducation avait été désavoué, le ministre de l'Intérieur se bornait à communiquer des informations que Pompidou avait eues avant lui, les membres du gouvernement se défilaient, certains préfets ne répondaient plus aux ordres. De cette déroute de l'État, je prends moins conscience, évidemment, en suivant les méandres de la gauche que Catherine Nay qui, elle, suit pour *L'Express* Matignon, et qui, tous les jours au journal, nous en fait la chronique à sa manière : unique.

Entouré de ses deux plus proches conseillers, Michel Jobert, son directeur de cabinet, petit homme sec et distant, au visage strié de sillons profonds, usant avec distinction de son ironie mordante, et Édouard Balladur, son adjoint depuis 1964, élégant, silencieux, le Premier ministre passe ses journées, souvent ses nuits, rue de Varenne. Le soir venu, aucun ministre, aucun responsable de quoi que ce soit ne cherche sa compagnie – aucun, à l'exception, notable, de Jacques Chirac.

Une fois de plus, c'est Guy Schoeller qui me raconte, sobrement, ces soirées, où Georges et Claude Pompidou retrouvent ceux qui étaient autour d'eux, en 1958, en 1962, en 1965 sans jamais faillir à l'amitié. Le seul éclat de rire de la période a sans doute été arraché à Pompidou par le frère de Guy Schoeller, Jacques. Celui-ci, un soir, arriva en retard au dîner auquel il était convié. Les Pompidou, son frère et deux autres convives étaient passés à table sans l'attendre. « Pardonnez-moi, Georges, dit le retardataire. J'ai eu une journée épouvantable ! » En pensant à sa journée à lui, Pompidou rit de bon cœur.

Je ne sais pas exactement ni quand, ni par qui, si c'est par Georges Pompidou lui-même, par ses collaborateurs à l'Élysée ou par Jacques Chirac, fut prise la décision essentielle : entraîner les organisations syndicales dans une vaste concertation salariale. La première idée était d'empêcher ce faisant les étudiants de rejoindre le mouvement ouvrier, ce qu'ils s'efforçaient de faire sans grand succès depuis quelques semaines. La seconde était que cette négociation, proposée et menée dans l'urgence, redonnerait aux syndicats en même temps qu'au gouvernement la maîtrise du jeu. Georges Séguy, le patron de la puissante CGT, et Georges Pompidou avaient en effet les mêmes intérêts : mettre fin aux débordements gauchistes. Et cela, le Premier ministre l'a compris avant le général de Gaulle.

Là encore, on sait, chacun des acteurs en ayant parlé par la suite, comment se sont nouées les relations entre centrales syndicales et gouvernement. Comment Jacques Chirac fut envoyé pour tâter le terrain, pistolet en poche – on ne sait jamais – avec Henri Krasucki, n° 2 de la CGT. Comment Édouard Balladur assista Pompidou d'un bout à l'autre de ces discussions, comment ils conclurent avec les partenaires sociaux, en deux jours, à Grenelle, des accords incroyablement favorables aux salariés, les patrons n'osant pas argumenter alors que les émeutiers couraient encore les rues : Smic augmenté de 35 %, salaires de 10 %. Et aussi comment, rendant compte de ses succès aux ouvriers de Boulogne-Billancourt, Georges Séguy fut surpris de les voir refuser par une base qui en voulait davantage.

Mais peu importait, désormais. Les jeunes avaient perdu leur odeur de sainteté au moment où ce qu'on n'appelait pas encore des casseurs les avaient rejoints, le général de Gaulle s'était repris après Baden-Baden. La gauche s'était embourbée. Et les travailleurs n'entendaient pas que quelques excités empêchassent la mise en place des accords de Grenelle. Les deux Georges, Pompidou et Séguy, avaient surmonté leur ennemi commun : l'anarchisme.

Entre le général de Gaulle et Pompidou, rien ne sera plus comme avant. Voici venir, inéluctable, le moment de la séparation. Le contentieux s'est fait lourd, désormais, entre les deux hommes, qui se sont, dit-on, tant aimés.

Le Général sait, il ne peut pas ne pas le savoir, tout ce qui l'a séparé, opposé même à son Premier ministre toutes ces semaines : il a fermé la Sorbonne, Pompidou l'a rouverte. Plus tard, il voulait faire évacuer par la force les facultés et les théâtres, Pompidou a mis sa démission dans la balance. Le Président était assuré que l'annonce d'un référendum ramènerait l'ordre. Dans les rues, les jeunes, en rigolant, ont scandé le « Adieu de Gaulle, adieu », qui n'a pas manqué de lui être douloureux. Quant à la visite au général Massu, personne n'a jamais su de la bouche du président de la République si elle était un abandon temporaire de fonction, presque une fuite, ou un dernier appel au peuple français pour le ramener à la raison. Lorsqu'il revient le lendemain, pour présider le Conseil des ministres, Pompidou propose une nouvelle fois sa démission, écartée d'une boutade. Mais enfin, le référendum se transformera en élections législatives, et, de ce point de vue, Pompidou a gagné.

Tout de même, tel qu'on imagine le général de Gaulle, deux démissions proposées par son Premier ministre, c'est beaucoup. C'est trop pour l'homme du 18 juin 1940. À Christian Fouchet, ministre de l'Intérieur pendant ce difficile mois de mai 1968, il fera plus tard cette confidence : « Voyez-vous, ce qui me fait le plus de peine – oui, j'avoue que cela m'a fait de la peine –, c'est que la réouverture de la Sorbonne, ce n'était pas du de Gaulle, c'était du Pétain. »

Pompidou-Pétain, le parallèle est assassin. Il l'est encore plus lorsqu'on se rappelle qu'en juillet 1951, c'est Georges Pompidou, son principal collaborateur, qui était allé annoncer au Général, alors retiré à Colombey, la mort du Maréchal. Il avait dit à l'ancien chef de la France libre, selon le témoignage d'Édouard Balladur qui me l'a raconté des années plus tard : « Pétain est mort, la page est tournée. » « Détrompez-vous, lui répondit de Gaulle, les Français ne tourneront jamais la page de Pétain. »

Georges Pompidou, lui aussi, avait été blessé par le Général. Le premier coup lui avait été porté en 1965. Le Général faisait attendre sa décision : se représenterait-il à l'élection présidentielle de 1965 ? Qu'il ne le fasse pas savoir publiquement, passe encore. Qu'il lui conseille de se « préparer » en laissant son Premier ministre dans le même secret que les autres, Georges Pompidou ne pouvait pas ne pas en prendre ombrage. Au début, d'après tous les participants qui l'ont raconté bien plus tard, le Premier ministre n'avait pas l'air mécontent de se voir sollicité, mais il ne se risquait pas même à l'envisager. Mais, plus les semaines passaient, et plus il se persuadait lui-même qu'après tout, ce n'était pas une mauvaise solution. D'autant que de Gaulle, dans une attention presque sadique, suggérait à Pompidou qu'ils n'étaient que deux à pouvoir se jeter dans la bataille électorale, s'amusant peut-être à le laisser croire qu'ils étaient en quelque sorte en concurrence.

Le départ du général à Baden-Baden a été une deuxième sérieuse blessure pour le Premier ministre, une de ces blessures que rien ne peut soigner. Ne pas prévenir l'ensemble de ses amis et de ses collaborateurs de son départ, cela se comprend. Mais abandonner, après un rapide coup de téléphone, son Premier ministre au doute, à l'inquiétude, en pleine crise, est apparu à Georges Pompidou comme une marque de défiance insupportable.

Il y aura donc séparation. Pourtant Georges Pompidou a donné toutes ses forces dans la courte campagne législative. Il a prononcé onze discours ou déclarations radio-télévisées, parlé quatorze fois dans sa tournée dans le Cantal, enregistré deux disques, l'un pour ses électeurs locaux, l'autre pour les Parisiens. Il est à peu près certain que tous les Français, après la victoire écrasante de la majorité aux élections, considèrent que Georges Pompidou est tout aussi responsable du succès que le général de Gaulle lui-même.

D'ailleurs, n'est-ce pas cela qui amène le Général à éloigner son Premier ministre ? Celui-ci s'est rendu coupable d'un crime insupportable, qu'aucun président de la République ne supportera par la suite tout au long de la Ve République : lui faire de l'ombre.

L'Ifop, qui dispose désormais de moyens de prévision plus sûrs qu'en 1965, a procédé à deux sondages, le 29 mai et le 1er juin, avec la même question à propos des deux personnalités politiques : « Votre opinion est-elle devenue meilleure ou moins bonne ? » Le 29 mai, la réponse du panel de l'Ifop était sans appel. Meilleure : Georges Pompidou : 40 %, le général de Gaulle : 15 %. Le 1er juin, les choses vont un peu mieux pour le Général, dont 41 % des Français ont une meilleure impression, mais Gorges Pompidou le précède, avec 47 %. Voilà qui donne le coup de grâce : aucun président ne peut supporter que son Premier ministre fasse la course en tête. À partir de ces sondages, le sort de Pompidou était scellé. Ainsi commence l'enfer de Matignon. Le Premier ministre est à la traîne : on s'en débarrasse parce qu'il vous entraîne par le fond. Le Premier ministre est à la fête : le Président s'en défie.

Jacques Chirac, quelques mois plus tard, me fit le récit de ces quelques jours qui marquent le limogeage, il faut bien l'appeler comme cela, de Georges Pompidou.

À la fin du mois de juin, le Premier ministre a demandé à trois personnes qui l'ont suivi de près de lui faire une petite note sur ce, qu'à leur avis, lui, Georges Pompidou devrait faire. Il s'agit de Pierre Juillet, son conseiller politique – sur lequel il faudra revenir plus longuement un peu plus tard –, de Michel Jobert, son directeur de cabinet, et de Jacques Chirac. Je ne connais que la réponse de Chirac, mais celle des deux autres n'a pas dû être tellement différente : le jeune secrétaire d'État à l'Économie et aux Finances remet une long *memento* où il écrit, en substance – je n'ai pas le verbatim ! –, qu'à Matignon, Pompidou avait acquis une véritable dimension nationale. Le mieux qu'il ait à faire, à son avis, était de prendre quelque distance aujourd'hui pour être en mesure de succéder au Général, dès son départ. Je ne sais pourquoi, dans sa note, Chirac indique que le départ du Général, attendu à la fin du septennat en 1972, se ferait plutôt autour du 10 juin 1970, date anniversaire de l'appel du 18 juin 1940. Georges Pompidou, paraît-il, griffonne en marge de la prose de Chirac : « C'est exactement ce que je pense, le problème est de prendre ses distances proprement. »

Le 1er juillet, donc, restant sur cette ligne, Georges Pompidou, en tête à tête avec le Général, lui fait savoir qu'il ne serait pas hostile à prendre quelque repos. Si le Général juge que, dans les circonstances actuelles, il serait préférable qu'il reste, alors bien sûr, il l'accepterait. Le Général ne dit rien.

Mais voici que Pompidou regrette aussitôt les propos tenus au chef de l'État. Le lendemain, après une nuit qu'on imagine difficile, il fait savoir au secrétaire général de l'Élysée, Bernard Tricot, qu'il pourrait bien après tout, si le Général le lui demandait évidemment, diriger un nouveau gouvernement. Pas de signe immédiat du président de la République.

Quelques jours plus tard néanmoins, les Pompidou sont invités à dîner par les de Gaulle à l'Élysée. Il s'agit d'un dîner en retour de celui qui a eu lieu quai de Béthune, chez les Pompidou, quelque temps auparavant. Le dîner est baptisé : privé. Ce qui, dans l'esprit de Georges Pompidou, en cette période délicate, ne devrait pas empêcher de parler d'avenir. Tel n'est pas le désir du Général, qui n'aborde pas un instant la question de la démission du Premier ministre[1]. On imagine l'atmosphère. Quelque part, je soupçonne rétrospectivement le Général d'avoir éprouvé un malin plaisir à garder le silence.

Pompidou ne sera fixé que le surlendemain, après de longues heures d'attente : le Général a choisi, pour le remplacer, Maurice Couve de Murville. Celui-ci, qui accepte, téléphone à Jacques Chirac pour lui demander d'en prévenir Pompidou avant que sa nomination soit officielle. C'est donc Jacques Chirac lui-même qui annonce la nouvelle, qui n'en est plus tout à fait une – le correspondant de l'Agence France-Presse à l'Élysée, Jean Mauriac, l'a écrit dans une dépêche la veille – à Pompidou.

Convaincu que le départ de Pompidou est une bonne chose pour son avenir, Chirac ne prend pas de précautions téléphoniques. « C'est fait », dit-il tout simplement au Premier ministre qui ne l'est plus. « C'est fait », répète lourdement Pompidou, qui, une dernière fois, demande si cette nomination est irrévocable. Elle l'est. La

1. Et se contente de dire à Mme Pompidou : « Votre mari a tenu », selon les Mémoires posthumes de Georges Pompidou, *Pour rétablir une vérité*, Flammarion, 1982.

réalité est qu'au-delà des divergences, telles qu'elles sont apparues tout au long du mois de mai, le Président rejette l'existence d'un « second pouvoir » à Matignon. Ce que résume à merveille, auprès de Catherine Nay et moi, Albin Chalandon, d'une phrase : « En écartant Pompidou, le Général prouve qu'il entend gouverner tout seul. » Jugement qui n'est pas loin de celui de Giscard, dénonçant avant le mois de mai l'exercice solitaire du pouvoir.

Georges Pompidou n'est plus que député du Cantal, dans lequel il vient d'être élu. Maigre consolation. Un peu plus tard dans la semaine, au moment où il prend congé, au milieu d'une petite foule de ses amis auxquels s'est joint le plus gaulliste de tous, André Malraux, celui-ci lève son verre et, de sa voix inimitable, interrompt toutes les conversations : « Monsieur le député du Cantal, je bois à votre destin. »

Pour le moment, en cet été 1969, le trio Pompidou-Mitterrand-Giscard ne va pas très fort.

Giscard, dont l'année 1967 avait pourtant marqué son OPA réussie sur le vieux parti des Indépendants et paysans, et le succès de sa stratégie électorale, est resté à grande distance de la crise de Mai 68. On n'a pas beaucoup entendu sa voix pendant ces longues semaines de crise. On a entendu celle de son bras droit, Michel Poniatowski, après la tragique nuit de la rue Gay-Lussac, pour condamner « les méthodes de répression brutale » de la police contre les étudiants. Quelques mots sur cet homme devenu le collaborateur le plus proche, plus encore, l'adjoint indispensable de Giscard jusqu'à la fin des années 1980.

Descendant d'une grande famille polonaise et d'un maréchal d'Empire, Michel Poniatowski, à sa sortie de l'ENA, a occupé quelques places dans des cabinets ministériels. Directeur adjoint de cabinet du dernier président du Conseil de la IVe République, Pierre Pflimlin, en 1958, il s'y est distingué déjà par une hostilité, pas même voilée plus tard, à la politique algérienne du général de Gaulle. Son attitude vis-à-vis des gaullistes et de leur chef ne se teintera jamais d'un soupçon de complaisance. Lorsque Giscard se rapprochera de la majorité gaulliste, un peu plus tard, il restera, malgré l'unification temporaire des forces politiques, un partenaire difficile et un allié méfiant.

Quant à Giscard, il s'est contenté de ne pas voter la motion de censure déposée par la gauche, ce qui était bien le moins. Mais il n'a jamais exprimé le moindre soutien au Premier ministre, ni dans son choix de rouvrir les facultés quand elles avaient été fermées, ni dans celui d'entamer, à vive allure, les négociations difficiles avec l'ensemble des syndicats. Il a attendu la fin du mois de mai, quand tout était terminé, pour régler son compte au « gouvernement qui, malgré un sursis, n'a réussi ni à rétablir l'autorité de l'État, ni à remettre la France au travail », et qui, de ce fait, « doit partir de lui-même ».

Mais enfin, de cette période, il laissera de lui, au tout début de la bataille de Mai, une image douloureuse pour son ego : on l'y voit, en marge du congrès des Jeunes Républicains indépendants de Grenoble – eh oui, ils existent –, disputer avec ces jeunes militants une course de ski où il fait une chute spectaculaire, dont la presse publie, avec le plaisir qu'on imagine, quelques clichés amusants. Giscard en est donc, en juillet 1968, au degré zéro de l'actualité politique – en dehors du fait qu'il continue, avec difficulté vu la période, à structurer, autour de ses amis, le mouvement, encore faible, des Républicains indépendants.

François Mitterrand est une fois de plus dans le creux de la vague. Il faut entendre, comme je l'ai fait, avant la réunion du (dernier) bureau politique de la Fédération de la gauche, le 4 juillet, avant l'arrivée de Mitterrand, en retard comme d'habitude, la plupart des députés socialistes ou radicaux qui viennent d'être abattus par la grande vague gaulliste cracher leur venin : les gauchistes ont fait peur aux Français, les communistes ont fait peur aux Français, mais c'est Mitterrand surtout qui a terrifié la France.

Pas la moindre autocritique parmi ces députés battus : en 1967, ils devaient leur siège à Mitterrand, ils l'ont perdu en 1968, mais ils n'y sont pour rien. C'est la faute de Mitterrand, le pelé, le galeux dont est venu tout le mal. Les mêmes, évidemment, se sont tus lorsqu'il est arrivé. Ils craignent donc Mitterrand, eux aussi… Les radicaux de gauche ont leur revanche. Moustache à la Maupassant, Gabriel Péronnet, député de l'Allier, truculent vétérinaire de son état et membre du comité exécutif du Parti radical, avait déjà dit tout haut la veille ce que beaucoup de radicaux murmuraient : « Pompidou a gagné les élections, et on l'a démissionné. Mitterrand les a perdues, allons-nous le garder ? » La vérité est qu'ils n'étaient pas forcément transportés à l'idée de parler d'union de la gauche avec le PC. S'ils l'avaient accepté en 1967, c'était pour gagner les élections avec lui. Aujourd'hui, autant en profiter pour se débarrasser des communistes.

François Mitterrand, que je raccompagne en voiture – ce que personne n'a proposé de faire –, n'a, heureusement pour lui, pas entendu les confidences hostiles que m'ont faites ses compagnons d'hier, de Defferre à Billières. Je ne lui en dis rien, mais il n'est pas un enfant de chœur, il s'en doute. « Tout de même, me dit-il, je ne peux pas croire que ma conférence de presse de juin ait attiré sur la gauche toutes les foudres électorales ! » Tous les partis ont été touchés, le centre aussi a vu ses électeurs s'évaporer. Alors, pourquoi aurait-il la responsabilité de toutes les défaites ? Il ne dit rien d'autre. Je le laisse rue Guynemer, plus abattu qu'il ne le reconnaît.

Et les communistes ? Ils semblent ne pas plus regretter les radicaux que ceux-ci ne les regrettent. Ils ont finalement tiré leur épingle du jeu, dans ces élections, mieux que la Fédération de la gauche. Et leur analyse des événements de Mai est autrement plus aigüe que celle de Guy Mollet ou de Gaston Defferre : dans un long compte rendu, 75 feuillets, 2 heures de discours, Waldeck Rochet s'était, lui, devant le comité central de son parti, penché sur le phénomène de Mai et posé la question : comment s'était donc implanté ce maudit gauchisme ? Sinon parce que le champ lui avait été laissé libre par ceux-là mêmes qui devaient être à « l'avant-garde » de la lutte ouvrière, les communistes.

Si ce n'est pas une autocritique, cela !

Et notre troisième homme ? Georges Pompidou, limogé, n'est pas au mieux de sa forme. Mais il n'a rien perdu d'autre que Matignon. Dans la dernière lettre, une lettre de congé en somme, qu'il lui fait porter, le général de Gaulle, qui l'appelle son « cher ami », souhaite qu'il se tienne « prêt à accomplir toute mission ou à assumer tout mandat qui pourrait un jour [lui] être confié par la nation ». Une nation et une classe politique qui, pour le moment, ne comprennent pas que le Président se sépare de son Premier ministre après une telle victoire électorale. Il n'empêche : ces quelques lignes sont un précieux viatique. D'abord parce qu'elles installent, que de Gaulle le veuille ou non, Pompidou comme un successeur possible. Ensuite et surtout parce qu'elles autorisent ses amis à se placer, pour la plupart d'entre eux, autour de Pompidou et les électeurs gaullistes à devenir, sans remords, pompidoliens.

Tout naturellement, les barons du gaullisme, Olivier Guichard, Roger Frey, Albin Chalandon, Jacques Foccart, unis par leur déjeuner du mercredi – il y en a eu, selon Constance Guichard, une des filles d'Olivier Guichard, 268 en vingt ans, le plus souvent à la Maison de l'Amérique latine –, font cercle autour de lui. Que dire de ces hommes qui ont vu, lorsqu'ils étaient jeunes, leur vie bouleversée par la guerre, mais embellie par le général de Gaulle ? Olivier Guichard, grand gaillard à la démarche lente, au regard faussement endormi, jouant les dilettantes plus que les professionnels de la politique, a passé treize ans, de 1947 à 1960, au plus près du général de Gaulle, dans le bureau mitoyen du sien, 5 rue de Solférino, immeuble dont il se sentait, dit-il lui-même, comme « le portier ». De Gaulle ne lui a jamais pourtant proposé un grand premier rôle ; il écrira néanmoins cette phrase presque amoureuse dans son carnet personnel : « Je n'ai jamais franchi ces quelques kilomètres de la montée vers Colombey, sans que mon cœur ne batte un peu plus vite[1]. »

Roger Frey, l'œil très bleu dans un visage mince, lui, est né en Nouvelle-Calédonie, n'a pas son baccalauréat (« Pinay ne l'a pas non plus », plaisantera-t-il plus tard quand on lui posera la question), et a rejoint la France libre en 1940, puis le gouvernement Debré en 1958. Jacques Foccart, gaulliste de 1940, lui aussi, devenu « Monsieur Afrique », secrétaire général de l'Élysée aux Affaires africaines et malgaches depuis 1960, est le seul, parmi eux, à avoir rencontré plusieurs fois par semaine le général de Gaulle.

S'il a lui-même quelques secrets sur son action parfois vigoureuse auprès des présidents d'Afrique noire, il connaît bien tous

1. Constance Guichard-Poniatowski, *Après tant de silences*, Éditions Bouquins, 2022.

ceux de de Gaulle. Les confidences journalières du Général, personne d'autre que lui ne les a recueillies, celles des moments de doute et des heures de bonheur. Nul mieux que lui ne maîtrise, à force de l'avoir écouté pendant des heures, le vocabulaire du Général, tour à tour classique et populaire, surtout lorsque celui-ci parle des Français qu'il juge, selon les cas, courageux ou trouillards, « des veaux » ou des aigles.

Albin Chalandon, lui, est devenu inspecteur des Finances après une guerre commencée dans le maquis à vingt ans et terminée dans l'armée du général Leclerc. Haut fonctionnaire, il a exercé des fonctions élevées dans la banque et l'industrie, tout en menant une vie politique active. C'est le seul de tous les barons du gaullisme qui ait commencé sa carrière comme attaché au cabinet de Léon Blum, président du gouvernement provisoire en 1946, et rejoint le mouvement lancé par le général de Gaulle, en 1947, le RPF. Dans ce passage entre ces deux grands hommes, il a trouvé distance et liberté d'esprit. Et gardé sa bienveillance.

Guichard, Frey, Chalandon et Foccart ont un point commun : outre leur chemin, dans la France libre ou dans la Résistance intérieure, ils ont vécu en parallèle l'expérience du Rassemblement populaire français, le seul mouvement politique qu'ait jamais tenté de construire autour de lui le Général, pour lutter, d'ailleurs sans succès, contre le « régime des Partis » qui l'avait contraint à quitter la scène en 1946. Le RPF a fait d'eux, en somme, des frères d'armes. Pas seulement d'ailleurs, car la vérité oblige à dire que deux des barons étaient plus unis que les deux autres. Roger Frey était de notoriété publique l'amant de la femme d'Olivier Guichard – ce dont chacun s'accommodait et qui ne déplaisait, semble-t-il, qu'à Mme de Gaulle, jugeant la situation inconvenante.

Au moment où Georges Pompidou s'en va, et depuis quelques années déjà, le choix des quatre barons est fait : ils se retrouvent derrière Pompidou, convaincus, ou se convainquant, que le général de Gaulle a, en le chassant de Matignon, désigné son successeur. Le ralliement des barons est symbolique pour la plupart des gaullistes qui comprennent que les temps changent.

Symbolique aussi, c'est là que les choses se compliquent, pour ceux qui ne veulent pas de Pompidou à la tête de l'État. Qui sont-ils, ceux-là ? On les a vus se découvrir lors de la discussion de la motion de censure déposée par la gauche le 21 mai 1958, mais ils existent depuis que, professeur de droit, élu député de Paris en 1962 contre un jeune homme qui fera parler de lui, Jean-Marie Le Pen, René Capitant a fondé, avec son joyeux ami Louis Vallon et Pierre Clostermann, le héros de l'escadrille Normandie-Niemen, l'Union gaulliste-Rassemblement des gauches démocratiques, qui deviendra vite l'UNR-UDT.

René Capitant et Louis Vallon, dont j'ai rappelé plus haut la joie de vivre et la gourmandise, Capitant surtout, plus idéologue que son complice et ami, jugent avec sévérité ce qu'ils appellent l'inflexion conservatrice donnée par Georges Pompidou à la politique du Général. Vallon m'avait cité, il y a déjà quelques années, l'extraordinaire confidence de de Gaulle à Edgard Pisani en 1966 : « C'est terrible, Pisani, d'avoir un Premier ministre conservateur ! »

Ils ont tous deux immédiatement attribué à l'immobilisme du gouvernement Pompidou le mouvement des jeunes en 1968. Pour eux, Pompidou n'est définitivement pas l'homme de ce qu'ils appellent la « troisième voie », entre le capital et le travail. Il n'est pas entre ces deux mondes, même s'il a su, à Grenelle, en mai, trouver les arguments qu'il fallait pour convaincre Georges Séguy.

Son image reste, pour ces gaullistes dits de gauche, plus conservatrice que réformiste, plus classique qu'imaginative. Il passe à leurs yeux pour un gestionnaire prudent, avisé, mais ennemi de la moindre aventure économique et du moindre bouleversement dans la marche des entreprises, hostile donc au grand dessein prêté au Général de participation à triple volet, dont il veut faire son œuvre ultime.

Si Pompidou, contrairement à Michel Debré, est favorable à une plus grande participation des régions, à leur plus grande autonomie, pour le reste, il est imperméable, dit-il, aux leçons économiques et sociales du professeur Capitant. « Si j'en crois Capitant, avait-il répondu un jour de juin 1968 au général de Gaulle, c'est soit la soviétisation, soit le rétablissement dans les entreprises du régime d'Assemblée. Si c'est cela, je ne suis pas d'accord[1]. » Pas sûr qu'au moment où le Général hésitait encore à se séparer de Georges Pompidou, où il pensait que cette réforme d'envergure était celle sur laquelle il voulait terminer sa grande œuvre, cette réponse ait été la meilleure.

En revanche, son départ désole le patronat : pour le CNPF, la présence à Matignon de Georges Pompidou garantissait que de Gaulle ne se lancerait pas dans un bouleversement général des entreprises françaises. Un proche de Pompidou confirme à Claude Imbert, directeur de *L'Express*, pendant que nous sommes tous en train d'enquêter sur les dessous d'un limogeage que nous n'avions pas davantage vu venir que la crise de Mai : « Les sourires du patronat, qu'il ne demandait pas, lui ont fait du tort, ils ont perpétué l'idée simple, qui était précisément en train de s'estomper dans l'esprit des Français, d'un Pompidou banquier, d'un Pompidou-Rothschild que ses adversaires condamnaient à ses débuts. »

Manifestement, Pompidou s'est fait, avec Capitant et Vallon, des ennemis irréductibles. René Capitant a fait son entrée dans le gouvernement Couve de Murville, successeur de Pompidou à Matignon, comme garde des Sceaux, Louis Vallon est resté en dehors de la combinaison gouvernementale, ce qui lui laisse plus de facilité pour tirer sur sa cible préférée, l'ancien Premier ministre. Député UNR-UDT de Paris, véritable inspirateur de la notion de participation, il est président de la commission des finances de l'Assemblée nationale et me rappelle très haut, lorsque je le rencontre salle des Pas perdus début juillet, qu'il avait bien eu raison de donner à Pompidou le surnom de César Birotteau, du nom de ce petit commerçant avide de richesses et de grandeur, personnage secondaire de *La Comédie humaine* d'Honoré de Balzac.

Ces deux hommes, et ceux qui les suivent dans leur mouvement minoritaire, mais important dans l'esprit du général de Gaulle, ont mal supporté Pompidou lorsque celui-ci était Premier ministre, persuadés qu'il n'était pas l'homme à mettre en place. Ils sont décidés aujourd'hui à se battre – peut-être même à l'abattre –, pour qu'il ne le remplace jamais, ni maintenant ni plus tard, à l'Élysée.

1. Georges Pompidou, *Pour rétablir une vérité*, *op. cit.*

C'est ainsi que commence cette période indécise que marque l'arrivée à Matignon d'un Premier ministre tristounet, Maurice Couve de Murville.

Lors de la rentrée parlementaire du 11 juillet, celui-ci est bien seul – il n'a pas encore fini ses consultations – quand il s'assied, long et triste, au banc du gouvernement, tandis que la plupart des 356 parlementaires gaullistes sont élus sur le nom de Pompidou au moins autant que sur celui du général de Gaulle. Et ne comprennent pas son éviction.

Couve de Murville non plus d'ailleurs : reçu la veille de sa nomination par le général de Gaulle, il avait tenté de lui démontrer que le départ de Pompidou, en ce moment, quelques jours après qu'il avait annoncé un nouveau gouvernement issu des législatives, ferait désordre. Le Général ne l'a pas écouté : il est évident qu'à ses yeux, Couve de Murville ne menace pas de vouloir un seul instant exercer de second pouvoir.

Comment parler de ce personnage né soixante et un ans plus tôt sur l'île Maurice, ministre des Affaires étrangères du général de Gaulle ? Voici donc des années qu'il promène à travers le monde sa haute silhouette élégante, un peu voûtée, et que, vêtu comme un *gentleman* anglais, il rend compte, une fois par semaine le vendredi, au général de Gaulle de ses activités de diplomate en chef, et relaie, en y ajoutant parfois un soupçon de délicatesse, la politique étrangère du Général. Il y réussit si bien qu'il restera dix ans au Quai d'Orsay et n'en sortira que pour entrer à Matignon.

Doué comme pas deux au bridge et aux échecs, il ne mérite pas qu'on le désigne, comme le font beaucoup de politiques ou de journalistes, comme le « champion du monde des lieux communs », encore qu'il lui arrive de dire des platitudes, pour gagner du temps, et finalement ne rien dire du tout. Il fait semblant de ne lire que des magazines ou des romans policiers, en dehors, bien sûr, des dépêches diplomatiques, mais je peux apporter la preuve qu'il partage, avec Georges Pompidou, le goût de la poésie.

J'avais peu après à l'interviewer pour un document télévisé. L'ingénieur du son lui demanda un essai de voix. Il commença immédiatement à réciter pendant plusieurs minutes « Le Bateau ivre », d'Arthur Rimbaud, texte merveilleux et difficile, à tel point que personne n'osa l'interrompre sur le plateau jusqu'à ce qu'il ait dit à voix haute la plus grande partie des quatrains de l'œuvre du poète. Ce sont des choses qu'on n'oublie pas et, le dirais-je, j'ai bien aimé que, Premier ministre ou pas, il ait gardé intacte sa mémoire poétique et sa facilité d'interprétation. Mais enfin, pour le reste, son charisme, nul, qu'il ne recherchait d'ailleurs pas, ne risquait pas de faire ombrage à de Gaulle.

Maurice Couve de Murville élaborait, sans hâte et sans aspérité, avec le sérieux – d'autres diraient l'ennui – dont il a fait preuve toute sa vie, la composition d'un ministère, dans lequel il sut réaliser des équilibres difficiles. C'est à Jacques Chirac le premier qu'il demanda de rester au gouvernement, au poste de secrétaire d'État à l'Économie et aux Finances. « Inutile de dire, me raconta Jacques Chirac quelques jours plus tard, que je suis allé demander à Pompidou de prendre la décision lui-même. Allez-y, surtout dans ce poste-là, m'a-t-il répondu : j'ai besoin d'amis dans ce gouvernement. » La réponse résume à elle seule ce que furent les mois suivant les relations difficiles entre Premier ministre en exercice et Premier ministre déchu.

Dans le gouvernement de Maurice Couve de Murville furent appelés des gaullistes historiques – Michel Debré, André Malraux et Maurice Schumann, l'ancienne voix des émissions françaises de la BBC pendant la guerre, la plupart des proches de Pompidou –, tous les « barons », auxquels s'est joint François-Xavier Ortoli, nommé aux Finances quoique ayant été quatre ans directeur de cabinet de l'ancien Premier ministre, deux Républicains indépendants seulement, dont Raymond Marcellin, qui ne porta jamais Giscard dans son cœur, ce qui explique sans doute sa présence dans le gouvernement Couve, et trois gaullistes de gauche, dont René Capitant, essentiel pour relayer à l'intérieur et à l'extérieur du gouvernement le grand dessein de la participation.

Sans oublier une recrue, d'ailleurs controversée, imposée par le Général lui-même, Edgar Faure, au ministère de l'Éducation nationale : le Président comptait sur son habileté légendaire et sur son imagination féconde pour assurer en douceur la rentrée universitaire qui arrivait à grands pas. Anecdote : Edgar Faure croise Louis Vallon quelques jours après son entrée au gouvernement. Celui-ci me raconte qu'il n'a pas pu s'empêcher de lui demander pourquoi il a rallié le gouvernement. « Que veux-tu, lui aurait répondu le nouveau ministre de l'Éducation nationale, la vie est absurde ! »

Pas le moindre proche de Couve de Murville, donc, dans cet aréopage, où l'ombre de Pompidou plane sur la majeure partie de ses membres

La question immédiate, concernant le nouveau Premier ministre, consistait à savoir s'il était moins conservateur que de Gaulle ne le disait de Pompidou, et surtout en quoi il était mieux placé pour défendre la participation. D'ailleurs, Pompidou avait raison dans sa réponse pour le moins désagréable au général de Gaulle, on ne savait guère ce qu'était exactement la participation, hormis cette volonté d'associer, de différentes façons, le capital au travail. Pourtant le général de Gaulle avait signé en 1967 l'ordonnance sur la « participation des salariés aux fruits de l'expansion de l'entreprise ». Il y tenait d'autant plus que l'idée était ancienne dans sa pensée, inspirée par sa volonté, souvent exprimée, de briser la « loi d'airain » du capitalisme. Ne pas oublier que, dans le droit-fil du programme du Conseil national de la Résistance, de Gaulle a créé les comités d'entreprise. Autre chose est en effet – depuis 1967, et, en réalité, depuis le RPF vingt ans auparavant – sa volonté de trouver une voie entre le « capitalisme abusif » et un « communisme écrasant ».

Couve de Murville était-il, dans cette perspective, plus qualifié pour mener à bien ce vaste projet que son prédécesseur ? À vrai dire, jusqu'alors, personne ne s'était demandé quelles étaient les idées de Couve en matière économique et sociale, la plupart ignorant qu'il était allé à l'École libre des sciences politiques avant la guerre, avait été l'étudiant assidu de Jacques Rueff et que ses notes à l'examen de sortie, oscillant entre 19 et 20/20, sont relatives à la monnaie et aux changes. Cela ne le désigne certes pas pour diriger la France vers un partage plus grand des richesses. Et il ne semble pas plus qualifié que Pompidou pour défendre la participation. D'ailleurs, de religion protestante, il n'est pas un partisan farouche de l'intervention de l'État dans l'économie, dit-il lui-même, mais, comme la plupart de ses coreligionnaires, « libéral et partisan de la responsabilité individuelle des entreprises[1] ». En revanche, le fait qu'un ouvrier ne soit pas seulement un rouage dans le monde du travail lui paraît évident. Reste à imposer cette idée au Parlement et aux ministres.

Car les députés gaullistes et républicains indépendants, très largement majoritaires, ont été élus en juin 1968 pour rétablir l'ordre public et non pour changer le monde du travail. Quant aux ministres, ils ne sont pas, et de loin, partisans de dompter le capitalisme où que ce soit, dans l'entreprise, ou ailleurs. Reste le ministre d'État sans portefeuille, Jean-Marcel Jeanneney, fils du dernier président du Sénat de la IIIe République (et père de l'historien Jean-Noël Jeanneney), qui sera l'âme de la réforme. Celle-ci devra, dans l'esprit de de Gaulle, s'imposer par référendum, et non par le vote de l'Assemblée nationale et du Sénat. Il s'agit d'une interprétation certes assez libre de l'article 11 de la Constitution qu'il entend changer : il ne semble pas s'en préoccuper outre mesure.

Dans l'intervalle, entre la feuille de route donnée par de Gaulle au gouvernement Couve et la réalité du travail du gouvernement, l'écart semble infini. Il s'agit moins pour le nouveau Premier ministre d'imposer la réforme chère au général de Gaulle que d'affronter, et si possible de régler, les conséquences économiques des grèves de Mai – pendant lesquelles, au surplus, les salaires avaient augmenté de 10 % et le Smic, de 30 %.

C'est ainsi que se pose très tôt pour Couve de Murville le problème de la dévaluation.

Celle-ci apparaîtra surtout comme tellement révélatrice du comportement, de la lâcheté des hommes politiques, qu'elle mérite, il me semble, d'être racontée.

Dressons le décor. Le franc est dès l'été attaqué sur le plan international, tandis que l'inflation menace, que les coûts de production augmentent ainsi que le découvert financier.

Chaque ministre en parle et les avis ne sont pas concordants. Les éditorialistes économiques sont divisés. Georges Pompidou, depuis

1. Jean-Philippe de Garate, *Couve de Murville (1907-1999). Un président impossible*, L'Harmattan, 2007.

le boulevard de La Tour-Maubourg où il a installé ses nouveaux bureaux, dit clairement qu'une dévaluation s'impose.

Début novembre, la Banque de France est contrainte d'intervenir pour protéger le franc. Dans la seule journée de mardi, le 19, elle a perdu 400 millions. Les rumeurs s'amplifient et, malgré les dénégations peu convaincantes du ministre de l'Information, Joël Le Theule, les petits épargnants se jettent sur l'or. Bref, en fin de semaine, le principe d'une dévaluation semble acquis, même si certains ministres ne sont pas d'accord sur sa nécessité. D'autant qu'une délibération sur ce sujet est prévue au cours d'un Conseil des ministres annoncé, jour inhabituel, pour 15 heures le samedi 23 novembre 1968. Jean-Marcel Jeanneney y est farouchement hostile et le fait savoir au Général dès le samedi matin. Michel Debré, lui, est au contraire favorable à une forte dévaluation de 25 %, pour déstabiliser le dollar.

Lorsque Jean-Marcel Jeanneney et Michel Debré, alors aux Affaires étrangères, se sont appelés la veille, le désaccord entre les deux amis a été tel que Michel Debré a raccroché son téléphone au nez de Jeanneney. Tandis que Couve de Murville, dans le souci de ménager la chèvre et le chou, reste hésitant, le général de Gaulle lui-même, bougonnant, commence à se demander si la dévaluation est désormais impossible à éviter. Sauf si quelqu'un parvient à lui démontrer le contraire.

Et le miracle tombe du ciel. De Bruxelles, plutôt. La semaine précédente, Jean-Marcel Jeanneney[1] a eu l'idée de demander à Raymond Barre, alors vice-président de la Commission européenne, s'il croit possible le prêt par l'Europe de 2 milliards de dollars à la France, sans contrepartie. Raymond Barre répond qu'il va tâter le terrain, et le samedi matin, précisément, quelques heures avant le conseil exceptionnel, tandis que Jeanneney est dans le bureau du chef de l'État, Raymond Barre leur fait savoir que les instances européennes acceptent sa demande – sans contrepartie –, ce qui rend la dévaluation moins nécessaire. Le chef de l'État la juge donc, maintenant, inutile. Mais il est bien tard : au moment

1. Confirmation de la demande de Jean-Marcel Jeanneney à Raymond Barre, par Jean-Noël Jeanneney plus tard, le 19 janvier 2023.

où commence le Conseil, *Le Monde* annonce une dévaluation d'un peu plus de 9 %. Quant à *L'Express*, qui est sous presse, donc impossible à modifier, il annonce, en première page, la dévaluation.

D'emblée, en s'asseyant autour de la table du Conseil, de Gaulle demande un tour de table. C'est-à-dire à ses ministres de s'exprimer les uns après les autres sur la dévaluation. Le Conseil durera quatre heures. Ce sera le plus long de la Ve République. Jacques Chirac, dont la version sera corroborée par d'autres ministres, m'en racontera plus tard le déroulement. Et surtout la façon dont, subodorant au dernier moment, à de presque invisibles signes, la volonté du général de Gaulle de refuser la dévaluation, la plupart d'entre eux, certains pompidoliens y compris, changent d'avis pour ne pas déplaire au chef de l'État. Le tour de table commence par l'exposé du ministre des Finances, François-Xavier Ortoli : un avis uniquement technique, les arguments pour, les arguments contre, surtout pas de recommandation – alors que c'était lui qui avait fortement incité les économistes du *Monde* à annoncer une dévaluation de près de 10 %. Il ne fait nul doute qu'Ortoli a senti tourner le vent après la réponse de Raymond Barre à la demande de Jean-Marcel Jeanneney, qu'il ignorait et vient seulement d'apprendre. En Conseil, il opte pour la prudence. La parole est à Edgar Faure, qui fait un tour de passe-passe dont il a le génie. La veille, il avait parlé à Ortoli de l'impérieuse nécessité de dévaluer le franc le plus rapidement possible. Devant de Gaulle, ayant l'intuition que les choses ont changé, il fait aujourd'hui un plaidoyer tout feu tout flamme contre la dévaluation. Idem pour les autres, qui s'écrasent ou restent vagues. Arrive le tour de Chirac qui, comme il l'avait dit – non sans en avoir parlé auparavant à l'ancien Premier ministre –, fait un long plaidoyer en faveur d'une dévaluation. « Voilà une opinion divergente », note le Général, sans s'émouvoir.

Vient le tour d'Albin Chalandon qui se prononce également pour la nécessité de la dévaluation.

« Deuxième opinion divergente », répète le Général, aussi calme. Jean-Marcel Jeanneney dit un non ferme (d'autant qu'il est en possession d'un argument massue, que d'autres n'ont pas), Michel Debré en fait le moins possible, par fidélité au Général : il dit que chacun connaît sa position, mais qu'il est prêt à en changer si des arguments valables lui sont opposés. Jacques Chirac fait passer à travers la table du Conseil un mot manuscrit à Ortoli : « J'espère que tu vas défendre ton point de vue. »

François-Xavier Ortoli lit ces quelques lignes, inscrit dans la marge « NON » en lettres majuscules, et le repasse à Chirac. Le ministre des Finances, encore partisan de la dévaluation la veille, juge bien inutile de préciser sa position après que le président de la République a laissé percé ses intentions

Fin du Conseil des ministres : pas de dévaluation, ce qu'apprend avec surprise la foule des journalistes qui a envahi la salle de presse de l'Élysée. Je n'oublierai pas, pour ma part, l'arrivée à la conférence de rédaction, le lundi suivant, du malheureux rédacteur de la *cover story* (« article de couverture ») du journal, comme nous disons dans notre langage, annonçant la dévaluation de la monnaie française face aux autres États européens. Il s'appelait Marc Ulmann, et s'approcha de la table de conférences de la rédaction, presque défiguré après deux nuits sans sommeil, lugubre. « Vatel, dit-il, la gorge nouée, vous connaissez ? »

Nous avons éclaté de rire, ne serait-ce que pour l'amener à retrouver vie. Vatel, pour ceux qui l'ignorent, est un cuisinier-traiteur du XVIIe siècle, intendant et maître d'hôtel français, organisateur de fêtes et de festins pour le Grand Condé : celui-ci donnait une réception en l'honneur de Louis XIV, mais la majestueuse commande de poissons pour plusieurs centaines de personnes n'était pas arrivée à temps et l'illustre traiteur s'était suicidé devant les convives. Nous avons tous conseillé à Marc Ulmann de n'en rien faire, et le comité de rédaction est heureusement passé à autre chose. Mais enfin, il mit un long moment à s'en remettre.

Si j'ai raconté cette histoire, c'est que le gouvernement a hésité des semaines, que Couve n'y a pris aucune responsabilité, que le Général ne le lui avait d'ailleurs pas demandé, et que la conviction de Jean-Marcel Jeanneney, conforme à celle du président de la République, a triomphé.

Pendant ce temps-là, la réforme sur la participation chère au général de Gaulle reste au second plan, comme si les problèmes monétaires de la France empêchaient le gouvernement de penser à autre chose. Mais voilà qu'une autre affaire, d'une nature complètement différente vint brouiller à nouveau la vie politique.

À partir de la fin novembre 1968, il devient difficile, même sans être spécialiste des faits divers, de ne pas parler de l'affaire Marković. L'affaire a fait tant de bruit que chacun a pu en prendre connaissance. Je résume néanmoins, aussi vite que je le peux : le 1er octobre 1968, le corps sans vie d'un jeune Yougoslave, Stevan Marković, doublure et ancien garde du corps d'Alain Delon, est retrouvé dans une décharge publique d'Élancourt, ficelé dans une housse à matelas. Le mort a laissé des lettres dans lesquelles il accuse Alain Delon et une autre personne, François Marcantoni, un truand près de la retraite.

Pas moins de quatre services se penchent sur l'affaire : la 1re brigade mobile, la Criminelle, la Mondaine et la brigade des stupéfiants. L'enquête confiée au juge Patard dévie rapidement lorsque les amis yougoslaves de l'acteur, interrogés, insistent sur les parties fines organisées par le jeune Marković auxquelles aurait participé une femme de ministre.

Une femme ? Quelle femme ? La seule interrogation transforme un fait divers sordide en événement politique. Le Tout-Paris s'interroge, ou fait mine de s'interroger. Des photos circulent sous le manteau. Mon ami Paul Guilbert, du *Figaro*, après quelques jours, me montre un de ces clichés où, au milieu d'un grand nombre de couples photographiés, apparaît le visage de Mme Pompidou. La supercherie nous paraît immédiatement flagrante, le visage est légèrement décalé, comme collé sous un mauvais angle sur la photo. Si on ajoute qu'elle ne paraissait pas s'amuser une seconde, et ne prendre aucun plaisir à rien, la photographie ne démontrait rien, ne prouvait rien et, surtout, pour les connaisseurs, évoquait davantage un montage, presque grossier, qu'une photographie originale.

C'est ainsi que l'affaire Marković, comme on l'appelle bientôt, prend tout de suite un tour politique. Les vrais coupables, les réels complices de l'assassinat de Stefan Marković, ont évidemment choisi de diriger les fins limiers sur une autre piste. Pour noyer une enquête, n'est-il pas préférable de lancer en pâture le nom d'un homme politique ? N'est-ce pas la garantie que juge d'instruction, procureur et officiers de police judiciaire privilégieront les investigations politiques, ne serait-ce que pour montrer aux Français que, si grands que soient les ministres, ils sont ce que nous sommes, qu'ils ne peuvent échapper aux poursuites ni aux réquisitions ?

Le soupçon, donc, on le dit à mots couverts, qui à la longue ne couvrent plus rien, pèse sur Mme Claude Pompidou. On voit pourquoi elle se trouve exposée : elle n'aime pas le monde dans lequel elle est obligée de vivre, préfère, de notoriété publique, les plages de Saint-Tropez à celles de Bretagne, même si, loin de s'y exhiber, elle prend tout bonnement le soleil avec son mari, accompagnée d'amis que le couple a choisis. Mais Saint-Tropez, pour un grand nombre de personnes, et peut-être même pour les juges, a la réputation d'une ville de fêtards, où, il est vrai, ce qu'on appelle des partouzes s'organisent facilement la nuit à peine tombée. Voici donc Claude Pompidou en première ligne.

Peu importe d'où le coup est parti, de l'ennemi juré de Georges Pompidou, René Capitant, garde des Sceaux ou de Bernard Tricot, secrétaire général de la présidence de la République. La ficelle paraît un peu grosse, et personnellement, je n'ai jamais pensé que le sévère, mais estimable, René Capitant ait pu tremper dans un tel minable complot. Mais enfin, il a bien fallu que quelqu'un prononce pour la première fois le nom de Pompidou, et non d'un autre ministre, pour que celui-ci se retrouve dans la situation de devoir défendre son honneur et surtout celui de sa femme.

Partageant avec elle depuis plus de trente ans une vie intime sans histoires – prouesse tout à fait inédite dans le monde politique –, l'ancien Premier ministre ne se doute de rien. Il demande autour de lui : « Mais de qui s'agit-il ? » Les réponses restent vagues : personne n'ose le prévenir des mauvais bruits qui courent sur son épouse. Pas plus le ministre de la Justice que le Premier ministre, Maurice Couve de Murville : c'est pourtant lui que le général de Gaulle a chargé de mettre au courant Georges Pompidou des rumeurs sur son compte. Il ne se donnera même pas la peine de vérifier que son ordre a été exécuté. Couve ne l'a pas fait. Pas plus que tous ceux qui, ayant vent de la gravité des choses, auraient pu mettre en garde l'ex-Premier ministre. Lâcheté, mode d'emploi.

Seul un des anciens collaborateurs de Georges Pompidou à Matignon, Jean-Luc Javal, qui ne l'avait pas accompagné à son départ de la rue de Varenne, indigné à l'idée qu'aucun des membres du gouvernement, dont la plupart étaient de ses amis, n'ait pris l'initiative de prévenir l'ancien chef du gouvernement de ce qui se disait sur lui et sur sa femme, prit un jour la décision, difficile, de tout dire à son ex-patron.

J'avais fait sa connaissance à Matignon, je l'entendais, pendant les jours de Mai, dire le plus grand bien du Premier ministre, et le pire du président de la République, qu'il n'appelait plus que « le Vieux ». Cela s'était su, paraît-il, au Palais, et cela n'avait pas plu. Au moment où il était retourné à la vie civile, à la banque Rivaud, j'étais restée en très bons termes avec lui.

D'après ce qu'il me dit, sans frôler l'indiscrétion, car il m'en a dit le moins possible, le moment fut horrible pour les deux. Pour Jean-Luc Javal, qui se serait bien passé de faire une telle démarche, et surtout évidemment pour l'ancien Premier ministre. « Il faut, lui dit Javal en avalant sa salive, que vous sachiez quelque chose que personne n'ose vous dire. La femme d'un ancien ministre dont tout le monde parle à propos de l'affaire Marković, c'est votre épouse. »

Georges Pompidou écouta les propos de son ancien collaborateur, abasourdi. D'après Jean-Luc Javal, il ne dit qu'une phrase, du genre : « C'est de la folie », comme s'il ne croyait pas à ce qu'on venait de lui dire. Puis il appela ses conseillers, qui lui confirmèrent les propos de Javal.

Des années plus tard, avant sa mort, j'en ai reparlé avec Jean-Luc Javal, au cours d'un dîner de vacances, à Saint-Tropez précisément, où il possédait une maison face à la mer du coté de Ramatuelle. J'ai vu qu'il ne voulait pas revenir sur ces instants. Et me dit simplement qu'il avait effectué ce jour-là son rôle de messager de mauvaise nouvelle, et qu'à ce titre, Georges Pompidou l'avait remercié, mais plus jamais vu. Il ne me dit pas s'il en avait été attristé ou pas. Mais je pensais, en l'entendant, à un récit de même nature que m'avait fait Roger Stéphane des années auparavant.

Les deux affaires n'ont rien de commun, sinon qu'en effet, elles justifient les craintes de ceux qui, dans un cas similaire, préfèrent se taire. Cofondateur en 1950 de *France-Observateur*,

Roger Stéphane était, je l'ai déjà dit, gaulliste de toujours, ce que n'étaient pas ses camarades du journal. Il avait donc quitté l'hebdomadaire après l'arrivée au pouvoir du général de Gaulle, abandonnant ses parts aux autres cadres du *Nouvel Observateur*.

Claude Bourdet, Gilles Martinet et Hector de Galard continuaient, eux, à dénoncer à longueur de pages l'action du général de Gaulle en Algérie. Roger Stéphane avait appris, comme tout le monde, que la jeune femme d'Hector de Galard avait retrouvé, parmi les gaullistes, son amour de jeunesse, Olivier Guichard, et qu'elle avait renoué avec lui des liens qui, à ses yeux, n'auraient jamais dû s'éteindre. Là encore, le Tout-Paris était au courant, Hector de Galard brocardé en catimini, la nouvelle-ancienne histoire d'amour de Daisy de Galard et d'Olivier Guichard abondamment commentée. Roger Stéphane avait pour Hector de Galard estime et surtout amitié. Alors qu'au *Nouvel Observateur*, chacun se taisait, Roger Stéphane, indigné par tant de silences, fut seul à oser lui dire la vérité. Hector adorait Daisy, son chagrin fut immédiat et lui-même, inconsolable. Mais il rompit toute relation avec Roger Stéphane, lui en voulant presque d'avoir dit la vérité, et leur longue amitié s'arrêta là. Malheur aux messagers du malheur.

Je reviens à Georges Pompidou. Le premier coup à encaisser était la mise en cause, sur la place publique, de son épouse. Donc la nécessité de la tenir au courant, si peu que ce soit, des minables cancaneries des uns et des autres. Cet homme aimait sa femme et ressentit avec douleur, colère, indignation, dégoût, l'affront qui lui était fait. D'autant que cet affront le visait, lui, derrière elle. On le sait depuis, lui-même l'a dit, il a noté sur un carnet noir qu'il ne quittait jamais, le nom de ceux qui, instruits de l'enquête sur Marković, ne l'ont pas mis en garde alors qu'ils auraient pu le faire, rigolé de son infortune ou dit que sa carrière était terminée, qu'il ne fallait plus penser pour lui à la succession du Général. Y figuraient, bien sûr, Couve de Murville, à qui Claude Pompidou ne dit plus jamais bonjour. Et René Capitant, bien sûr, qui avait éclaté de rire, devant tout son cabinet, à la lecture des faits relatés par les différents interlocuteurs du juge Patard. Par faiblesse de caractère, Couve n'avait pas exécuté l'ordre du général de Gaulle et n'avait pas alerté son prédecesseur des bruits qui couraient sur lui.

Mais la véritable interrogation de Georges Pompidou, comment en serait-il autrement, tournait autour du général de Gaulle : que savait-il ? Comment n'avait-il pas lui-même pris la peine d'avertir son ancien Premier ministre ? Le 1er novembre, le secrétaire général de l'Élysée avait jugé la chose assez grave pour aller en informer le Général, alors à La Boisserie. « Qu'est-ce que vous venez me déranger avec ce tissu de stupidités ! » répondit le Général, comme agacé. « Qui est au courant ? » interrogea-t-il.

Ils étaient alors trois à partager le « tissu de stupidités » : Couve, Capitant et le ministre de l'Intérieur Raymond Marcellin. Le chef de l'État de retour à Paris au lendemain de la Toussaint les avait réunis tous les trois. La consigne était qu'il ne fallait pas entraver l'enquête, et que le Premier ministre en exercice devait en parler à son prédécesseur. Capitant devait essayer de calmer l'ardeur du juge Patard.

Quelques années plus tard, le ministre de l'Intérieur, Raymond Marcellin, qui avait occupé la place Beauvau de juillet 1968 à 1974, me donna sa version des relations entre le Général et son ancien Premier ministre qui doit correspondre à la vérité, les deux étant morts depuis cette époque et Marcellin ayant toujours gardé une vraie distance avec le Général. Je le cite intégralement, car j'ai reproduit avec un soin extrêmes ses propos : « Il est incontestable que le Général a rendu Pompidou responsable de la défaillance du maintien de l'ordre en Mai. On ne comprend rien au départ pour Baden-Baden si on n'a pas cette dimension en tête. De Gaulle me l'a dit en ces termes après la reprise de l'Odéon par le préfet Grimaud : "C'est un incapable, il ne faut pas lui rendre compte". »

Il ajoute : « D'ailleurs, au premier Conseil des ministres qui a suivi, le Général a exprimé une très forte animosité contre Pompidou. Et encore, le mot que j'emploie, animosité, est faible. Là-dessus est arrivée l'affaire Marković. »

Sans penser que cette dernière avait été montée avec l'aval du Général, Raymond Marcellin pensait, et m'a presque convaincue, que le Général n'était pas malheureux de voir dans la tempête celui dont on disait qu'il avait mieux géré que lui les désordres de Mai aux prises avec les loups.

Marcellin regrettait de ne pas en avoir, lui-même, parlé à Pompidou. Mais, Couve lui ayant recommandé de n'en rien faire et assuré qu'il le ferait lui-même, Marcellin en fut dissuadé. Apprenant que Couve n'avait pas bougé, Marcellin décide d'envoyer son directeur de cabinet, Pierre Somveille, boulevard de La Tour-Maubourg. Celui-ci arrive au bureau de l'ancien Premier ministre deux jours après Jean-Luc Javal. Trop tard, donc. La mission que lui a confiée le ministre de l'Intérieur est inutile.

Marcellin, la mine austère, costume bleu marine, cravate classique rayée, parle un langage direct, corsé, sans fioritures. Il termine son propos dans ces termes : « Il n'était pas convenable de renvoyer Pompidou en mai 1968, il était moche de le foutre à la porte. Renvoyer Pompidou, c'était une méga-connerie. Quand on fait partir un Premier ministre dans des conditions qui nuisent sérieusement à sa carrière, il s'en souvient. Ce renvoi, à mon sens, conclut-il, a été beaucoup plus important que l'affaire Marković dans sa décision de succéder à de Gaulle. »

Marcellin a sans doute raison, et Georges Pompidou aurait présenté sa candidature à la succession du Général de toute façon, plus ou moins tôt, selon l'évolution des choses. Il n'en reste pas moins que, s'il n'avait pas éprouvé quelque chose comme du ressentiment à l'égard de Pompidou, le Général aurait pu demander à le voir, le plus vite possible, ne serait-ce que pour le réconforter. À moins qu'il n'ait douté de son ex-Premier ministre et de son épouse ? Ce serait encore pire.

Les liens, anciens, historiques entre les deux hommes sont distendus, presque brisés. Entre eux, le malentendu s'est définitivement installé. Georges Pompidou a pris sur lui, une première fois, lors d'une rencontre restée secrète, l'initiative de mettre les points sur les I avec le Général qui, le recevant dans son bureau, ne « semblait pas satisfait de lui-même », notera Georges Pompidou[1]. Il y eut même une seconde rencontre avec le président de la République à laquelle participa Bernard Tricot, où Pompidou reconstitua, pour les mettre en pièces, l'ensemble du dossier monté dans le seul but de l'accabler. De Gaulle exigea de René Capitant,

1. Georges Pompidou, *Pour rétablir une vérité*, *op. cit.*

dès le lendemain, qu'il oblige les représentants de la justice à s'occuper de la véritable affaire : l'assassinat de Marković. La pression retomba.

Car, pendant et après l'affaire Marković, qui traînera longtemps sans que la vérité soit jamais établie (le dossier lourd d'une tonne et demie, avec ses 60 000 cotes judiciaires, dort toujours dans les sous-sol du tribunal de Versailles), la vie politique continuait. Le Général pensait toujours à sa grande réforme sur l'organisation des pouvoirs et la participation pour finir en beauté sa mission dont l'issue était prévue pour 1972.

Georges Pompidou lui, traçait son chemin. Après tout, le Général lui avait conseillé de voyager. En visite à Rome, donc, l'ancien Premier ministre, après avoir été reçu par le président de la République et le président du Conseil italiens, réunit dans sa chambre d'hôtel quelques journalistes. À la question, dont il se doutait bien qu'on la lui poserait, « que ferez-vous le jour où le Général quittera le pouvoir ? », il répondit avec naturel « qu'il considérait, dans l'état actuel des choses, qu'il serait candidat ». Énorme écho en France, évidemment, avec gros titres à la une.

Même s'il fit semblant de s'étonner, qui peut croire qu'il ne se réjouissait pas, mesurant l'importance de la place donnée par la presse à son premier petit pas ? Et il se réjouit sans doute plus encore quand le chef de l'État rappela par une brève déclaration sèche qu'il était là et bien là. Après Rome, vint Genève à la mi-février. Devant les Français de cette ville, qui n'avaient jamais été aussi nombreux que pour dîner avec lui – record absolu de 700 couverts –, il donna sa version de ce qui s'était passé en 1968, et laissa entendre qu'il reviendrait au pouvoir. Plus tard, à la télévision suisse, il parle, « si Dieu le veut » de son « destin national ». Catherine Nay, qui a suivi Pompidou avec quelques dizaines de journalistes français dans son escapade suisse, est formelle : cette fois, oui, c'est une déclaration de candidature.

Pour le général de Gaulle, elle tombe au plus mauvais moment. Pour la première fois, je l'ai suivi en Bretagne où il a commencé, début février, une tournée provinciale. Il y aura donc référendum. Il l'a annoncé à l'issue de son voyage à Quimper, dimanche devant une foule vibrante, mais clairsemée, tandis que les abords de la place de la Résistance était solidement gardés par les CRS. Marcellin avait envoyé 4 000 policiers pour une assistance d'à peu près 8 000 personnes. Dans les rues adjacentes, la rumeur était celle de jeunes manifestants syndicalistes, interrompus par de courtes cavalcades lorsque les policiers bloquaient l'accès à la grande place.

C'était la première fois que je participais à un des déplacements du général de Gaulle, et je dois dire que je ne m'attendais pas à ce qu'il soit chahuté à ce point. À Rennes, la veille, des bagarres ont éclaté, pendant le dîner officiel entre les étudiants et les forces de l'ordre. À Brest, le lendemain, en sortant de l'hôtel de ville, il s'est dirigé, échappant à ses gardes du corps vers la petite foule qui l'attendait. Il ne voit plus grand-chose, on le sait, et n'a pas vu qu'un jeune homme, au dernier rang de l'attroupement, essayait de le frapper à la tête à grands coups de parapluie. Il n'y est pas arrivé : il manquait quelques centimètres au parapluie ou au bras de celui qui le brandissait. J'ai ressenti cette scène avec une peine qui m'a étonnée moi-même. Tout de même, c'est de Gaulle, il est vieux, aurait-il pu être atteint, ainsi, par un quidam breton ? Le mot « sacrilège » est monté à mon esprit. Je l'ai écarté, évidemment, mais j'avais, c'est idiot, le cœur serré.

C'est plus tard, le dimanche matin, à Quimper, que son sort a basculé. Oui, dit de Gaulle, il y aura bien un référendum sur la régionalisation et la suppression du Sénat. Oui, les régions seront dirigées par des sortes d'états généraux provinciaux « constitués par la réunion d'élus, de collectivités territoriales, conseils municipaux et conseils généraux, de députés à l'Assemblée nationale, de délégués de diverses catégories économiques et sociales… ».

En dehors du moment où il cite en breton des vers d'un de ses aïeuls, fortement applaudi par la foule, il n'arrive pas, je le sens, à intéresser à son vaste projet. Les gens l'écoutent, mais ne le comprennent pas. À côté de moi, au pied de la colline Frugy qui surplombe l'estrade où le Général parle, Jean Marin soupire longuement : gaulliste de toujours, gaulliste depuis Londres, Jean Marin est président de l'Agence française de presse. Lorsque je lui demande si les voyages du général de Gaulle à travers la France étaient aussi difficiles, s'il se heurtait toujours à de telles démonstrations d'hostilité, il me répond que non. Que c'est même la première fois. Il est vrai qu'il n'avait guère voyagé en France en 1968 ! Si le puissant patron de l'AFP s'est déplacé aujourd'hui, c'est pour juger, par lui-même, des chances qu'a de Gaulle de gagner « son » référendum. À le voir, les larmes lui montant aux yeux, je me dis que cette dernière bataille du président de la République est loin, pour un de ses plus fidèles partisans, d'être acquise.

Aucun doute : ce référendum, que Pompidou l'a empêché de proposer l'année dernière, de Gaulle l'avait sur le cœur. Un référendum rentré. Dès le lendemain de la formation du gouvernement Couve, il a chargé Jean-Marcel Jeanneney, ministre sans portefeuille, d'en préparer le texte autour de la participation et de la suppression du Sénat. Pourquoi Jeanneney ? « Parce que, m'expliquera celui-ci quand je demande à le voir après le départ du général de Gaulle, il m'avait confié en 1963, cinq ans auparavant, une mission sur l'éducation nationale et la régionalisation. En marge de la note sur la régionalisation que je lui ai remise alors, il avait annoté : “Intéressant mais prématuré.” » Pour de Gaulle, le moment était venu de la mettre en œuvre.

Aucun doute d'ailleurs dans l'esprit de Jeanneney, s'il a été nommé dans le gouvernement Couve, c'était précisément pour mettre au point la réforme sur la participation, la régionalisation et la suppression du Sénat. Olivier Guichard, que le général de Gaulle désigne pour l'aider, comprend vite que le binôme avec Jeanneney est impossible : il est favorable, lui, Guichard, à une loi-cadre assortie d'un texte référendaire se contentant de poser des principes. « Tout de même, réagit Jeanneney, il s'agissait de redéfinir le Parlement. Difficile d'expédier cela par une loi-cadre ! »

Prudent, à son habitude, Guichard s'éloigne doucement, sans faire de bruit, du dossier. Jeanneney travaillera avec une équipe de collaborateurs restreinte sur un texte fait tout exprès pour le général de Gaulle, sans que celui-ci écoute vraiment les conseils de tous ceux, ils sont nombreux, qui soulignent son danger. Couve lui-même, pris par les difficultés financières de la France, souhaitait voir le référendum renvoyé à une date ultérieure, dans dix-huit mois ou deux ans. Quant à Michel Debré, me précisa Jean-Marcel Jeanneney, « il m'a écrit un mot où il me disait en substance que la situation était plus grave que je le pensais et qu'il avait autre chose à faire qu'à parler de régionalisation ».

Tous les ministres me diront, après la défaite du dernier référendum gaulliste, le 27 avril, que leurs avertissements sont restés vains. Même lorsque les sondages commencèrent à être négatifs. Roger Frey, costume et cheveux gris, ministre des Relations avec le parlement dans le gouvernement Couve, fut l'un des derniers à en parler au Général. Il me raconta plus tard cette scène qu'il n'oubliera jamais. Celui-ci demanda à le voir, en rentrant de Quimper. Roger Frey lui répondit que le texte était difficile, peu compréhensible par une majorité de Français.

« Croyez-vous que l'on puisse le reporter ?

– Donnez-moi quelques instants pour vous répondre, quémande Roger Frey.

– Non, lui dit de Gaulle, je veux une réponse tout de suite. Réfléchissez quelques instants, pendant que je lis *Le Monde*. »

Deux minutes plus tard, il reprend la parole : « Mon Général, je crois que vous ne pouvez plus reculer. »

Alors, de Gaulle : « C'est la réponse que j'attendais de vous, mon vieux Frey. »

Pourtant, la seconde prise de position de Georges Pompidou à Genève – après l'annonce de Quimper – fait courir un danger, un danger de plus pour le général de Gaulle : l'ancien Premier ministre est candidat, c'est aujourd'hui certain. Comment ne s'imposerait-il pas, dans l'esprit des Français, comme un recours ? Plus encore lorsque le général de Gaulle annonce, le 10 avril au cours d'une émission avec son traditionnel interlocuteur, Michel Droit, qu'il ne pourrait évidemment, dans le cas d'un échec, rester plus longtemps dans ses fonctions : les Français, gaullistes ou pas, savent maintenant que Georges Pompidou peut assurer un remplacement dans la douceur, un passage de pouvoir dans la continuité. Le « Moi ou le chaos » fait pschitt parce que l'ancien Premier ministre, à qui, ironie des choses, le Général avait conseillé un temps de voyager pour se faire connaître, a annoncé depuis deux capitales européennes qu'il briguerait, le moment venu, la présidence de la République.

Quelques jours après Quimper, le Général, officiellement cette fois, invite Georges Pompidou et son épouse à dîner. Drôle de moment, d'ailleurs, que m'a narré plus tard Michel Debré. Redoutant le face-à-face entre les deux couples, Pompidou et de Gaulle, le Président demanda à Michel Debré et à sa femme de se joindre à eux. Michel Debré, qui aurait aimé refuser, avait, ce soir-là, une grippe exténuante. Il entendit comme dans un brouillard la conversation, d'ailleurs, me dit-il, d'une grande banalité. Pas question, cette fois, de parler de Marković, encore moins d'assurer Pompidou de sa solidarité dans une mauvaise passe. N'y tenant plus, Michel Debré, qu'une forte fièvre gagnait, finit par s'excuser auprès du Général, et se retirer avec son épouse.

Il m'a confié plus tard ne jamais avoir su ce que les deux hommes se sont dit, mais croyait fermement qu'il n'avait pas du tout été question de Marković. À l'en croire, le président de la République aurait plutôt demandé à son Premier ministre de faire une pause dans ses déclarations de candidature pour ne pas nuire aux résultats du référendum annoncé. Bref, Pompidou est sorti de ce dîner comme il y était entré : en se sentant désormais libre de tout engagement à l'égard du Général.

Au moment où, les uns après les autres, de François Mitterrand à Valéry Giscard d'Estaing, en passant par les centristes, sans oublier les sondages, annonçaient un vote hostile, où les sénateurs parcouraient villes et villages pour demander à leurs grands électeurs, tous puissamment influents, de sauver le Sénat, comment le chef de l'État aurait-il pu rester confiant dans l'issue de la consultation, sans aucune urgence, qu'il proposait ? Partir sur un coup d'éclat, une dernière réforme, bouquet de son feu d'artifice personnel, partir avant ses quatre-vingts ans en changeant une nouvelle fois la République et ses institutions, n'était-ce pas, pour lui, une sortie réussie ? À moins qu'il ne s'agisse d'un suicide politique.

J'en ai parlé longuement avec Olivier Guichard, au cours d'un dîner chez Roger Stéphane, après le scrutin (sans doute, avant, se serait-il exprimé autrement).

« Un suicide politique ? A-t-il cherché une sortie ? Non, je ne le crois pas. Il croyait à son projet, tout simplement. Il pensait qu'il avait raison. »

Et d'ailleurs, poursuit-il, un certain nombre de ministres l'ont suivi, ils le soutenaient, ils ont fait campagne, Chaban et Joël Le Theule à Nantes, André Bettencourt à Nice, mais pas seulement. Guichard me rappelle, non sans une certaine malice, que Georges Pompidou lui-même a fait une campagne active pour le oui. « Il ne voulait pas être accusé de n'avoir rien fait pour le Général, voilà tout. »

Pour Valéry Giscard d'Estaing, ce n'est plus un « oui, mais », mais un non ferme, « avec regret, mais avec certitude ». À titre personnel, a-t-il précisé, laissant habilement aux Républicains indépendants leur liberté de vote (ce qui permettait aux députés, élus avec les voix du RPR, de garder leur siège en cas d'élections législatives !), mais un « non » tout court.

Pas de suicide politique, dans ce cas. Une réaction irrationnelle à coup sûr, car on se demande pourquoi diable, nanti de la plus forte majorité jamais obtenue en France, il a tenu à remettre son mandat en cause. Un engrenage plutôt. Le Général tenait à son référendum, sur la forme, parce que Pompidou l'avait empêché d'en faire un en mai 1968, et sur le fond, parce qu'il jugeait nécessaire « une mutation de la société française », qui se traduirait par « une participation plus effective de chacun à la marche et à l'activité de ce qui le concerne directement ».

Puis il a pris conscience, comme chacun, des critiques de l'opposition, de sa majorité surtout, de l'extraordinaire remue-ménage que menaient les élus du Sénat. Ce qui l'a amené à douter de l'issue de son combat. Il n'était pas sourd. Que faire alors ? Reculer, comme le lui a suggéré un jour de doute l'auteur du texte, Jean-Marcel Jeanneney, proposant de lui présenter une démission et de prendre sur lui une réforme avortée ? Cela aurait pu sauver le Général, qui refusa la démission de Jeanneney d'une phrase : « Vous ne pensez pas, mon petit, que je vais vous laisser vous battre tout seul[1] ! »

Si reculer était impossible aux yeux du Général, si renoncer à son projet signifiait son déshonneur, il ne lui restait qu'à faire ce qu'il a fait : aller au référendum en mettant les Français devant

1. Rencontre avec Jean-Marcel Jeanneney près de dix ans plus tard, le 6 novembre 1978.

ce qui était à ses yeux la première de leurs responsabilités, leur soutien ou son départ. Pas de suicide. L'échec.

Yves Guéna, ministre des Postes et des Télécommunications, avait pris des notes lors des derniers Conseils des ministres. Le 10 avril, le Général est encore décidé à se battre : « On va donc entrer en campagne électorale, dit-il à ses ministres. Je vais tâcher de m'expliquer ce soir à la télévision de la façon la plus claire possible sur les sujets que soulève le projet de loi. Et également sur le point où nous en sommes de la participation. Et puis aussi en ce qui me concerne personnellement. Alors la campagne va prendre une allure nouvelle. C'est la question du régime qui va se poser et c'est ce qui échauffera tous les esprits. »

Tonalité bien différente lors du dernier Conseil du 23 avril (le dernier dirigé par de Gaulle). « En principe, dit-il à la toute fin de la réunion, à mercredi prochain. Peut-être, s'il n'en était pas ainsi, un chapitre de l'histoire de France serait terminé, mais nous avons espoir. »

Cinq jours plus tard, le sort était joué. 53 % des Français ont voté contre la régionalisation et la suppression du Sénat. Rares, je suppose, sont ceux qui ont lu le texte référendaire de bout en bout : la modification de dix-neuf articles du texte constitutionnel précède la création de régions « pour desserrer le carcan démocratique », la fusion du Sénat et du conseil économique dans une assemblée qui n'aura qu'une voix consultative, franchement, tout cela est loin d'être évident pour les Français. Quant à la fameuse troisième voie entre le capitalisme et le communisme, bien malin qui la trouverait dans les lignes proposées à la lecture des Français. Ceux qui ont pris connaissance du texte soumis à leur vote et ceux qui ne l'ont pas lu – la majorité d'entre eux – donnent une réponse négative.

Il faut bien dire que peu nombreux ont été, pendant la campagne référendaire, les partisans de la réforme : l'opposition a manifesté un refus unanime de la réforme proposée. Du côté de l'ex-majorité, Giscard d'Estaing a fait de même. Jean Lecanuet, au centre, l'a suivi. Quant aux gaullistes qui se sont essayés à la défendre – dont Georges Pompidou, qui ne pouvait que « coller » au Général s'il ne voulait pas révéler aux Français le plaisir qu'il aurait à le remplacer –, manquant de conviction, ils n'ont pas convaincu.

Un mot sur l'inlassable activité du président du Sénat, Alain Poher. Peu ou pas connu du grand public, il était dans la réalité plus roué que son visage patelin ne le laissait croire. Élu pour la première fois au Sénat en 1946, il avait eu le temps d'acquérir une bonne technique parlementaire. Sans attendre que le Général annonce sa décision d'utiliser l'article 11 pour consulter les Français par référendum, Alain Poher avait mobilisé tous les sénateurs pour la défense de la haute assemblée.

Mon ami Pierre Bordry[1], son conseiller politique, que j'avais connu directeur de campagne de Jean Lecanuet en 1965, m'expliquait depuis six bons mois comment les sénateurs avaient installé des permanences dans toutes les mairies de France pour protester contre l'attaque menée contre eux par le général de Gaulle. Tous les élus de tous les partis, hostiles à leur disparition, avaient créé des groupes de pression pluralistes, même chez les sénateurs gaullistes, qui n'avaient pas plus que leurs collègues envie d'être rayés de la carte politique.

Des brochures avaient été envoyées dans toute la France à des centaines de milliers d'exemplaires, les déplacements des élus locaux, les chapiteaux, les préaux d'école loués, les banquets, tout avait été financé, m'avoua Bordry, par le Sénat. Pas un petit village qui n'ait, depuis l'automne, reçu la visite d'un élu du Sénat pour défendre sa cause. L'expression : « marcher à un train de sénateur » en a pris un coup cette année-là. Lorsque leur avenir est en cause, les sénateurs sont capables d'aller vite. Alain Poher se rend, comme il l'avait annoncé, dans quinze villes de France, parle peu de décentralisation et arrive à faire partager son indignation à tous ses auditeurs devant le coup porté au Sénat, « une erreur, une faute, une imprudence ».

Je ne suis pas sûre que ceux auxquels il s'adresse sachent exactement le rôle du Sénat dans la République, mais enfin, il est assez efficace. Et puis, cet air de bon Français moyen, qui ne fait de la politique sur les estrades que lorsque la liberté, la République sont menacées ! De médiocre, il devient inspiré.

L'explication de la défaite du Général est peut-être autre, plus simple encore : les Français, après le chaos de Mai 68, ne voulaient

1. Rencontre avec Pierre Bordry, le 7 décembre 1978.

tout simplement plus du Général. Pour les électeurs âgés eux-mêmes, de Gaulle appartenait déjà au passé. Et Georges Pompidou était là pour assurer la relève. Pour les jeunes, c'était pire : le vainqueur de la France libre n'était plus qu'un père fouettard. Suicide du Général ? Et si c'étaient les Français qui l'avaient en quelque sorte suicidé ?

À minuit dix, depuis Colombey, le général de Gaulle prend acte du résultat. Son communiqué est laconique. Sa décision de quitter l'Élysée prend effet le lendemain à midi. À 15 h 15, le 28, Alain Poher, président du Sénat depuis octobre 1968, arrive au palais présidentiel dans une voiture escortée de motocyclistes présidentiels. En grimpant les marches du perron, il n'a pas franchement l'air mécontent de devoir assurer, comme la Constitution l'exige, l'intérim du premier Président de la Ve République. Inimaginable parcours pour cet homme que personne, ou presque, ne connaissait, maire d'Ablon-sur-Seine, notable replet doté d'une éloquence ronde de sénateur, chaleureux partisan de la construction européenne, collectionneur de timbres et amateur de petits trains électriques. Élu en octobre 1968, il était totalement inconnu il y a quelques mois. Son nom est aujourd'hui sur toutes les lèvres. Tout de même, passer de de Gaulle à Poher…

Paris ne bouge pas dans la nuit. Une seule petite manifestation de jeunes disant bruyamment adieu au Général. Le calme, partout ailleurs. Pourtant, le lendemain matin, en me dirigeant vers le journal, je me sens moi-même en plein désarroi. Et quoi, de Gaulle est parti et les bus roulent toujours, le ciel n'a pas changé, les statues sont à la même place, l'Arc de triomphe devant moi, la place de la Concorde derrière. La terre tourne toujours ! Je me rends compte que j'avais vingt ans quand il est revenu au pouvoir. Je n'ai connu que lui à ce poste, il me semblait immuable, incrusté à l'Élysée jusqu'à la fin des temps. Pour quelqu'un qui, comme moi, a voté non, ma réaction est proprement insensée. Schizophrénique.

6.

Entre vieille France et Nouvelle société

Le titre de l'éditorial de Jean-Jacques, quand j'arrive au journal, me ramène au réel. Ce n'est pas un avis de décès, c'est un *De Profundis*. « Pour la première fois dans la vie d'un homme de ma génération, on peut être fier de son pays. » C'est l'ultime hommage de JJSS à de Gaulle. Il est passé nous voir, dans notre bureau, ce qu'il ne fait jamais, ne sortant guère du sien, rayonnant. Il s'est dit, une nouvelle fois, avec nous, fier des Français qui ont osé voter non. « Il est vrai, me rappelle Françoise, à qui je raconte le tour de piste de JJSS dans la rédaction et que cela amuse plutôt, qu'il a déjà été le premier, en 1963, à écrire, à je ne sais quelle occasion, un article intitulé : "Faut-il tuer de Gaulle ?". »

Cet édito-là m'avait échappé. J'en conclus que Françoise craignait le pire : elle est plutôt soulagée par la prose de Jean-Jacques aujourd'hui. À noter tout de même que, dans le corps de l'édito, il ne donne aucune consigne de vote et ne dit pas un mot sur l'homme qui va prendre le relais. Seule indication : il doit être, évidemment, « le meilleur ». À qui pense-t-il ? À Pompidou ? Sûrement pas. À Giscard d'Estaing ? Cela me semble prématuré. Et pourquoi pas à lui-même ? Il y songe peut-être, mais, cette fois, il n'a pas assez de temps pour s'y préparer : l'élection présidentielle aura lieu début juin. Quoiqu'il espère, il n'en sera pas la vedette.

La campagne commence si vite que personne n'a le temps de souffler. Georges Pompidou a suivi à la télévision la soirée électorale référendaire de son appartement parisien du quai de Béthune, entouré de sa femme, de son fils Alain, de sa belle-fille et de son beau-frère. Collée verticalement au coin de ses lèvres, l'éternelle cigarette Winston. Aux murs du salon, face à la Seine, les toiles qu'aime le couple Pompidou : Gromaire, Soulages. À minuit, après le communiqué du Général, il ferme la télé et, se tournant vers sa famille, dit simplement ce que chacun d'eux sait déjà : « Eh bien, je suis candidat. » Ce sera officiel le lendemain.

Sans surprise, puisque, depuis Rome et Genève, il s'est imposé dans son camp, et qu'aucun des coups qui lui ont été portés par ses adversaires au sein du gaullisme ne l'a finalement atteint. Il n'a pas cherché à se faire adouber par l'UDR, ce qui aurait été contraire à son interprétation de la Présidence. Ni de solliciter de l'un ou de l'autre le moindre avis : qu'en avait-il à faire ? Quant à l'affaire Marković, qui aurait pu le tuer, ou du moins mettre un terme à sa carrière politique, elle est encore, à l'heure qu'il est, inexpliquée au point qu'on ne sait pas même si elle a été montée pour l'abattre, ou simplement exploitée pour l'éliminer. Tout compte fait, elle lui a peut-être servi, cette affaire, en démontrant sa résistance aux manœuvres de ses ennemis, sa pugnacité face à la lâcheté de certains, et aussi, ce n'est pas impossible, en victimisant sa femme et lui-même, que chacun a pu croire visés par un misérable complot.

Tout, autour de lui, est déjà organisé. Le siège de sa campagne demeure boulevard de La Tour-Maubourg, dans les bureaux prêtés par Raymond Marcellin, qu'il occupe depuis plus d'un an. L'équipe reste la même : il s'agit de ceux à qui il a offert, après son éviction de Matignon, de partager une retraite qu'il espérait, comme eux, provisoire et qui le fut en effet. Trois hommes, trois femmes : Anne-Marie Dupuy, solide et infatigable, son chef de cabinet à Matignon – après avoir été directrice des relations humaines chez Rothschild au moment où il en était directeur général ; Simonne Servais, élégante et fine, sa fidèle attachée de presse, qui avait installé entre les journalistes et elle des rapports agréables, que ne vinrent jamais ternir un dérapage ou une gaffe. Des quatre autres membres de cette équipe à la conquête de l'Élysée, il y aura davantage à dire lorsqu'ils se retrouveront, dans deux ailes opposées du palais présidentiel.

Les plus âgés sont Michel Jobert, petit, sec, caustique et Pierre Juillet, quarante-huit ans tous les deux, la plus jeune, Marie-France

Garaud, trente-cinq ans, plus jeune de cinq ans qu'Édouard Balladur, spécialiste des questions sociales, principal négociateur, au nom de Pompidou, des accords de Grenelle. Rien encore ne les sépare : leur but commun, depuis 1963, date de l'entrée de Michel Jobert à Matignon, est de préparer l'élection de Georges Pompidou à l'Élysée. C'est lorsqu'ils y seront parvenus que se fera la grande rupture entre le binôme Juillet-Garaud et le duo Jobert-Balladur. On les retrouvera.

Pour le moment, entre eux, le ciel est encore bleu. Simonne Servais a fait annoncer à tout ce que la France compte de journalistes l'entrée en campagne de Georges Pompidou sur les coups de 9 heures du matin.

Dès 9 h 30, les cinquante membres du bureau politique de l'UDR sont réunis à l'Assemblée nationale. Ils expriment, par télégramme, leur « profond chagrin » et leur « fidélité » au général de Gaulle, de retour à Colombey. Pompidou arrive sur le coup de 10 h 20. Signe qui ne trompe pas : tout le monde se lève. Pâle, il est en retard. C'est, explique-t-il, qu'il vient de rendre public lui-même son acte de candidature.

« N'importe quel homme après le Général, ajoute-t-il, choisissant l'humilité, ne peut que sembler médiocre. » Michel Debré, tout naturellement, prend la parole le premier : il parle de « parachever l'œuvre commencée par le Général » et d'« effacer l'échec que la France vient de subir ». La parole pathétique de Debré fait office de ralliement. Pompidou n'a pas demandé son onction à l'UDR. Il l'a maintenant. Roger Frey conclut par un : « Pour Georges Pompidou, nous nous battrons jusqu'à la mort… » On me raconte qu'une voix – on ne m'a pas dit laquelle – se fait entendre dans le silence qui suit : « … exclue ! »

Dans l'après-midi, me raconte Robert-André Vivien, député du Val-de-Marne – un des députés qui, longtemps, est recordman des claquements de pupitres, épithètes vengeresses, bruits indistincts, du chahut au Parlement –, Georges Pompidou se présente, assez ému, devant le groupe parlementaire UDR. La tonalité y est unanime : Louis Vallon n'est pas là, et René Capitant n'est plus député. La séance a commencé par l'adresse d'un texte de condoléances au général de Gaulle. Celui-ci à peine envoyé, les députés gaullistes passent aux choses sérieuses : après tout, il s'agit de leur avenir.

Les « barons » sont tous présents. Leur ralliement à Georges Pompidou n'est pas une nouveauté. Maurice Couve de Murville lui-même entre dans la salle Colbert au milieu de la brève prise de parole mobilisatrice de Pompidou et applaudit le candidat, qui évite de le regarder – il figure sur le carnet noir où Georges Pompidou a inscrit le nom de ceux qui ont essayé de lui coller sur le dos l'affaire Marković. En revanche, Michel Debré est absent. Il me confirmera plus tard ne pas avoir eu le cœur d'enterrer si facilement les dix années de pouvoir du général de Gaulle.

Ce jour-là, beaucoup de rencontres fondatrices de majorités politiques se sont passées au Parlement. J'ai le souvenir d'avoir couru, d'un groupe à l'autre, pendant tout l'après-midi. Les grandes manœuvres ont commencé. Après l'UDR, Pompidou file chez les giscardiens qui ont réuni de leur côté leur groupe parlementaire.

En plein échange, en présence de Valéry Giscard d'Estaing, Michel Poniatowski demande carrément à Georges Pompidou quelle place il compte réserver à celui-ci dans le futur gouvernement qu'il nommera s'il est élu. Selon Poniatowski, Pompidou a pris longuement sa respiration, et répondu d'une phrase assez habile qu'il serait « indécent » de « faire des promesses devant l'intéressé ». La réponse, assez vague, laisse la porte ouverte ou fermée à Giscard. Car, en ce qui concerne la majorité des Républicains indépendants, ils ne demandent qu'à se rallier à Pompidou. Les parlementaires surtout, qui ont besoin des voix des électeurs UDR pour être élus. Le plus tôt, pour eux, serait le mieux.

Pour le moment, Pompidou est seul candidat. Il ne sait pas encore exactement qui seront les autres, et notamment si Alain Poher sera tenté de se présenter lui-même, mais il pense qu'il a sur lui, sur eux, le grand avantage d'être déjà dans l'esprit de tous les Français, y compris de ceux qui ne sont pas gaullistes, le successeur de de Gaulle.

Pour élargir son électorat, il vise une partie de l'électorat centriste. Il a encore pour ce faire à proposer l'ouverture à quelques amis de Jacques Duhamel, et pourquoi pas à Duhamel lui-même, à offrir un poste honorable à Giscard, et le tour, sauf catastrophe, est joué.

Il reste toujours, sur la route d'un candidat, une gaffe à ne pas faire, un dérapage non contrôlé, un événement inattendu. Mais enfin, pour le moment, il est sur le bon chemin. D'autant que dès le lundi 28 a lieu, chez Roger Stéphane, une rencontre clandestine. Il y a là Louis Joxe, qui fut dix ans ministre du général de Gaulle, Jean Charbonnel, un des « jeunes loups » lancés par Pompidou aux élections de 1967 sur les terres socialistes, qui y a été battu par un ami de François Mitterrand, Roland Dumas.

Sont également ce soir-là dans le petit salon de Roger Stéphane, plein de souvenirs d'André Malraux, rue Ernest-Psichari, le journaliste Paul-Marie de La Gorce, auteur de la première biographie du Général, *De Gaulle entre deux mondes*, et Paul Granet, député UDR de l'Aube, proche d'Edgar Faure. Les comploteurs souhaitent que Pompidou réserve dans son gouvernement une place de choix, et pourquoi pas Matignon, à Edgar Faure, personnalité plus compatible avec la gauche gaulliste. Joint au téléphone, Edgar Faure lui-même rit, et répond, avec le zozotement qui fait son charme, qu'il n'y croit pas un seul instant. Il autorise néanmoins Jean Charbonnel à s'en aller, dès le lendemain, boulevard de La Tour-Maubourg, demander la nomination d'Edgar Faure à Matignon. La démarche fait chou blanc. Mais Pompidou peut en conclure qu'Edgar ne jouera pas contre lui : il a diablement envie de faire partie de son équipe. Le candidat saura s'en souvenir.

Qu'en est-il du côté de Valéry Giscard d'Estaing ? Candidat, pas candidat ? Il hésite encore. De toute façon, il est plutôt soulagé : il croyait devoir attendre jusqu'à 1972 (date initialement prévue de la future présidentielle) pour se sentir libéré de la méfiance, l'animosité peut-être du Général à son égard. Il a gagné trois ans.

Reste qu'il n'est pas sûr des sentiments de Georges Pompidou à son endroit. Premier ministre en 1965, celui-ci avait mis en cause le plan de stabilisation du ministre des Finances, pensant et faisant savoir qu'il avait mécontenté les Français et sans doute coûté un certain nombre de suffrages au Général, au point qu'il avait été mis en ballottage. Il se peut qu'il n'ait pas changé d'avis, et qu'il n'envisage pas un seul instant de reprendre Giscard dans quelque combinaison gouvernementale que ce soit.

Celui-ci a-t-il ou non rétabli avec Georges Pompidou des rapports plus amicaux depuis janvier 1969 ? C'est ce que croit le radical Roger-Gérard Schwartzenberg, à qui je pose la question salle des Quatre Colonnes. Il en est sûr, me dit-il, sans citer sa source. Moi, je n'en ai aucune confirmation. Il est vrai que ces deux hommes ont d'autres endroits pour se rencontrer en toute tranquillité que la brasserie Lipp en plein Saint-Germain-des-Prés. Il y a aussi, pourquoi pas, le téléphone, et surtout les amis proches, qui peuvent faire passer les messages le plus discrètement du monde. Ce qui me paraît sûr – j'ai pu en juger par moi-même grâce à mes conversations avec Ponia ou avec Roger Chinaud, expert en géographie politique et fin limier de Giscard –, c'est que les déclarations de Rome et de Genève ne les avaient pas enthousiasmés, c'est le moins qu'on puisse dire. Pourquoi ? Parce qu'elles inscrivaient dès cet instant Giscard et Pompidou dans la concurrence, sinon la rivalité.

Au-delà de ses relations personnelles avec Pompidou, Giscard s'interroge aussi sur la tension, entretenue par les proches de Giscard, Michel Poniatowski en premier lieu, et les gaullistes depuis bientôt deux ans : il y a eu le « oui, mais », « l'exercice solitaire du pouvoir », qui faisait peu de cas du Premier ministre en exercice, considéré comme quantité nulle dans cette solitude.

Il y a eu surtout : « Avec regret, mais certitude, je ne le l'approuverai pas », phrase lancée à un moment clé de la campagne à propos du référendum du 27 avril. L'ancien ministre des Finances a beau dire qu'il s'exprimait en son nom personnel, et préciser que les RI gardaient leur liberté de vote, sa position, on s'en doute, est apparue aux gaullistes comme une véritable trahison.

Sans compter bien d'autres coups de canif à la veille du scrutin du 27 avril : Michel Poniatowski a pendant la campagne largement pris ses distances avec l'UDR, son groupe parlementaire et son état-major. On l'a entendu s'élever, ici et là en France, contre « la fête référendaire », ce qui lui avait valu dans le journal gaulliste *La Nation*, un violent article de son éditorialiste Frédéric Grendel, signé, en toute sympathie : « La nausée ». Quant à Giscard, il réitère quinze jours avant le référendum d'avril, dans *L'Aurore* et pas moins de treize quotidiens de province, son refus du référendum gaulliste : « La France est devant le référendum, plaisantait-il, comme quelqu'un à qui on a mis un oursin entre les doigts. Elle ne sait pas quoi en faire… » Là encore, vive polémique avec l'éditorialiste de *La Nation*, que la comparaison ne fait pas rire.

Depuis le résultat du référendum, d'ailleurs, certains, dans les couloirs de l'Assemblée nationale, plaident que Giscard est le véritable artisan de l'échec de de Gaulle puisqu'il a incité son électorat à rejeter le référendum. Pompidou lui-même, s'il s'était arrêté au jugement peu amène de Giscard après le mois de mai 1968, sur l'action du gouvernement, la sienne, aurait pu lui en garder quelque rancune.

Voilà pourquoi du lundi 28 au mercredi 30, soixante-douze heures importantes dans la vie d'un homme politique, Giscard envisage toutes les éventualités. Il pense, le 28, pouvoir convaincre le vieil Antoine Pinay, pratiquement retiré des affaires depuis 1965, modéré, apprécié pour ses connaissances en matière de finances publiques, de faire acte de candidature.

Très mauvaise idée : à peine Giscard a-t-il affirmé à la presse, lors d'une conférence hâtivement organisée, qu'il souhaiterait une « candidature d'apaisement », celle d'« un homme d'expérience, non engagé dans les affrontements politiques entre la majorité et l'opposition », description dans laquelle chacun reconnaît Antoine Pinay, que celui-ci rappelle, sur Radio Monte Carlo, qu'il « ne demande rien », « ne souhaite rien », « n'est candidat à rien ». Fin de l'épisode Pinay.

C'est alors que Georges Pompidou fait officiellement acte de candidature, puis s'explique devant les députés Républicains indépendants. Giscard n'en envisage pas moins encore, soit de se présenter lui-même, soit de favoriser la candidature, non encore envisagée, d'Alain Poher.

Giscard candidat ? C'est trop tôt. Il n'a pas le soutien intégral des Républicains indépendants, qui recommandent, comme Raymond Marcellin, de rejoindre au plus vite Georges Pompidou, donc pas de grand parti pour le soutenir, pas d'état-major autre que ses amis proches. Et encore moins de cagnotte électorale. Et si Alain Poher, le président du Sénat qui exerce les fonctions de président de la République par intérim, acceptait de le soutenir ? Giscard le rencontre, puis Poniatowski. Alain Poher, sans doute parce qu'il envisage déjà de se présenter lui-même, noie le poisson et tient à ses deux interlocuteurs successifs des propos vagues.

Bref, Giscard n'ayant pu se convaincre, ni convaincre Poher de le soutenir, les Républicains indépendants, leur chef en tête, se rallient dès le mercredi après-midi à Georges Pompidou. Giscard vient annoncer à la télévision, à 20 heures, qu'entre Pinay, Poher et lui-même, il a choisi un troisième P : Pompidou.

Je ne raconte ici ces menus épisodes de la campagne présidentielle que pour en tirer cette certitude : Giscard, ne serait-ce qu'un moment, a pensé faire acte de candidature. Il y repensera, à coup sûr, dans sept ans. Ou avant.

En attendant, pour cette échéance électorale-là, Pompidou et Giscard sont donc, pour le moment, sur le même bateau.

Le troisième du trio, fil rouge de ce récit, est François Mitterrand. Les temps sont durs pour lui. À l'occasion de la campagne du référendum, les socialistes, Guy Mollet plutôt, ont refusé de lui laisser ne serait-ce que quelques minutes de temps de parole. Une façon, pour le chef de la SFIO, de refermer, avec quel soulagement, la parenthèse Mitterrand et de le lui faire savoir le plus brutalement possible.

Ce dernier ne se fait aucune illusion : il n'a aucune chance de reprendre dans ces circonstances le terrain perdu depuis sa conférence de presse malheureuse de juin 1968, et encore moins de chance de ressusciter l'union de la gauche, dont on s'aperçoit que finalement, à travers les méandres de son cerveau politique, Guy Mollet n'a jamais voulu. Il a décidé, contraint par l'allure que prend la gauche, de « passer son tour ». C'est ce qu'il me dit dès le 1er mai. Non sans un sentiment de mépris, de colère, à l'égard du chef du Parti socialiste. Qui finalement, après plusieurs manœuvres dilatoires, s'est rallié à la candidature Defferre, celle qu'il avait fait avorter quatre ans plus tôt.

Je passe un long moment, pendant la semaine qui suit le départ du général de Gaulle, avec Defferre, qui cumule désormais le poste de président du groupe socialiste à l'Assemblée et de maire de Marseille. Je m'aperçois alors avec stupeur, parce qu'il me le dit, qu'il n'a cessé de penser à sa candidature à la présidence de la République depuis 1965, et même plus tard encore, quand il soutenait, de plus ou moins grand cœur, Mitterrand. L'idée lui en est venue lors d'une première rencontre avec Pierre Mendès France, en janvier dernier. En février, il est allé rejoindre celui-ci à Megève, dans le chalet de Jean-Jacques Servan-Schreiber sans doute, et l'a interrogé sur ses intentions : que ferait-il si de Gaulle abrégeait son mandat ? PMF lui a répondu qu'il ne souhaitait toujours pas faire acte de candidature, et que, dans ce cas, il le soutiendrait.

Fort de cette certitude, et de cet appui, le maire de Marseille, cette fois, est tout heureux, me dit-il, que l'histoire lui laisse une seconde chance pour démontrer que l'union de la gauche n'est pas le bon chemin. À 15 heures, le 30 avril, pendant que Pompidou s'adresse aux députés gaullistes, dans la salle du palais Bourbon où ils sont réunis, les députés socialistes, auxquels se joint le radical Maurice Faure, viennent supplier Defferre de se présenter. Il se contente de dire oui, avec un plaisir non dissimulé.

Il affiche une bonne humeur dont je pense, apparemment pas lui, qu'elle ne durera pas. Car sa candidature déclenche toute une pluie de candidatures de gauche, à qui l'absence d'alliance entre les socialistes et les communistes laisse un boulevard. Michel Rocard, secrétaire général du petit PSU, voit l'opportunité de se faire connaître davantage. Il est à l'époque favorable au communisme yougoslave, fervent propagandiste de l'autogestion. Quant à Alain Krivine, le fondateur de la Ligue communiste révolutionnaire, figure sympathique mais dogmatique de l'extrême gauche, il se déclare dès le lendemain.

La décision des communistes ne se fait pas attendre. Waldeck Rochet avait envoyé deux lettres à Guy Mollet, qui lui a répondu par une fin de non-recevoir. Il a appris la candidature de Defferre par voie de presse. Il ne s'est pas pressé, mais enfin, il a abattu sa carte le 4 mai. Le sort est tombé sur un vieux de la vieille, ou un dur de dur, comme on voudra, pour les représenter à la présidentielle. Les communistes ont ressorti, à soixante-treize ans, Jacques Duclos du Panthéon communiste. L'annonce en est faite dans une salle de la rue Lafayette, à quelque pas de la Fédération communiste de Paris. Dans sa première déclaration, le dirigeant communiste déclare accepter l'honneur qui lui est fait, mais regretter vivement l'absence d'un candidat unique de la gauche.

Lorsque je vois que c'est lui, vieux communiste historique, qui a été désigné par le comité central, je tombe des nues : et quoi, ils n'ont rien trouvé de mieux pour les représenter dans une élection capitale que ce vieux monsieur, ancien ouvrier-pâtissier et fier de l'être, autodidacte passionné d'histoire ? Je sais, bien sûr, que, repéré par la direction du Parti, il a été appelé en 1924 à suivre la première école des cadres du parti, se hissant, d'une élection à l'autre, à la vice-présidence de l'Assemblée nationale après la guerre. Je connais tout le rôle qu'il a joué pendant la Seconde Guerre mondiale, exerçant en réalité le pouvoir sur les communistes clandestins tandis que Maurice Thorez avait été appelé par l'internationale communiste à Moscou où il s'était réfugié. C'est lui qui, à la Libération, négociera directement avec le général de Gaulle la participation des ministres communistes dans le gouvernement.

Mais je ne vais pas ici faire la biographie de Jacques Duclos, qui remplirait des pages et des pages de Wikipédia. Qu'on sache simplement, que, en 1969, lorsque le PC le choisit pour la bataille présidentielle, il est un dirigeant communiste qui a connu toutes les guerres depuis la guerre d'Espagne et la Résistance, qui a été fidèle à Staline au point de n'avoir pas voulu, avec Maurice Thorez, divulguer auprès des communistes français le fameux rapport Khrouchtchev accablant le « petit père des Peuples » en 1956.

Tel qu'il m'apparaît pour la première fois, il n'est pas de première jeunesse, évidemment. Son physique ne plaide pas pour lui. Lorsqu'il marche, il semble rouler sur lui-même. Il est surtout loin, à mes yeux, de la nouvelle image que le Parti s'efforce de donner. Lorsque je le rencontre seule à seul le lendemain, il est naturel avec moi. Il a un accent savoureux, le propos vif, l'amusement peint sur le visage. Je le trouve si heureux de se présenter à la présidentielle, après avoir occupé tant de rôles dans le mouvement communiste français et international, qu'il en est désarmant. Désarmant mais pas désarmé : « Je ne déroulerai pas le tapis rouge sous les pas de Gaston Defferre, me dit-il, narquois. Ce serait trop simple. » Il me raccompagne à la porte et répète, pour que j'en fasse bon usage : « Ce serait trop simple. »

Au journal, JJSS trouve insignifiante l'information que je lui donne en avant-première, et hausse les épaules devant la médiocrité qu'il prête au vieux dirigeant communiste. Et à l'inutilité de Michel Rocard et d'Alain Krivine. Au fond, me dit-il, ça l'arrange. Lui ne pense, une fois de plus, qu'à recommencer l'histoire là où elle s'était arrêtée à son sens : à la candidature de Gaston Defferre, avortée en 1965, et ce ne sont pas ces petits candidats, parmi lesquels il place Duclos, qui vont lui porter ombrage.

Pourtant, cette multitude de candidats de gauche ne me semble pas devoir faire le bonheur de Gaston Defferre. À gauche, en l'absence de Mitterrand, qui, mélancolique et déjà marmoréen, écrit un livre sur l'avenir, faute de pouvoir s'inscrire dans le présent, ce n'est donc pas le vide, c'est le trop-plein.

Si on ajoute à cette division le fait que les radicaux de gauche, sous la houlette de l'élégant Félix Gaillard, font le siège de Poher pour qu'il se présente, je me dis que Mitterrand, en trois ans, a vraiment perdu son temps. Rien ne reste de la Fédération de la gauche, ni de l'influence de sa petite Convention des institutions républicaines, ni de tout ce qui a motivé les innombrables réunions, en cinq ans, de tous ces gens qui, si on les en croit aujourd'hui, ne pensaient pas une seconde que sa tentative était vouée au succès ou, pire, ne voulaient pas de lui.

Pour couronner le tout, Alain Poher se porte candidat, lui, après avoir hésité une semaine, tout occupé qu'il était par la succession, si on ose dire, du Général. On voyait bien qu'il en brûlait d'envie. Il faut dire qu'on doit se sentir invincible quand on est déjà installé à l'Élysée, qu'on préside le Conseil des ministres du dernier gouvernement de de Gaulle. Même si, à la fin du premier conseil réuni exceptionnellement un vendredi autour de l'ancien président du Sénat, Michel Debré lui a pratiquement crié dans l'oreille : « Dimanche, à la face du monde, la France a connu la défaite » et s'est indigné à l'idée que « les Français aient rejeté l'artisan de leur libération, le restaurateur de leur indépendance ».

La façon, nuancée, compréhensive, avec laquelle Poher a répondu à la fougue, la fureur presque, du premier Premier ministre de de Gaulle, a été jugée plutôt habile par les ministres attentifs à noter sa première prestation élyséenne : il est vrai que Poher, plus sénateur que nature, est expert en réponses patelines.

Je pensais qu'il ne tomberait pas dans le piège de la candidature, qu'il saurait résister à la tentation qui lui offre la Constitution. Eh bien non. Les hommes politiques tombent toujours du côté où ils penchent. Jean Lecanuet, leader du petit Centre démocrate, et son comparse, Pierre Abelin, sont venus le supplier de se présenter, forts, me dit Pierre Bordry, devenu porte-parole de l'Élysée, d'un argument auquel il n'a évidemment pas pu résister : Poher a été ces dernières semaines le défenseur des maires, des élus locaux, des sénateurs de la France entière, il ne peut les laisser tomber.

Le président du Sénat ne demande qu'à céder à la pression de ses proches. D'autant que les sondages qu'il a discrètement commandés, à tout hasard, montrent, qu'après tout, il a ses chances. Il part en seconde position derrière Pompidou, certes, mais à quelques points seulement : l'écart n'est pas insurmontable et, en politique, tout peut arriver : c'est ce que lui démontrent, la seconde semaine de mai, dans un secret bien gardé, le président de la Sofres, Pierre Veil, et son conseiller scientifique, Alain Lancelot, promis à une carrière de politicologue, qui fait là ses premières armes avant de devenir, plus tard, président de Sciences Po et membre du Conseil constitutionnel.

Cinq scènes de la campagne, présentes dans ma mémoire, la résument assez bien. Je vois longuement, le 21 mai, Gaston Defferre dans son bureau-directoire de la rue Caumartin, siège de l'Agence centrale de presse, la deuxième agence de presse française après l'AFP. Pas grand-monde dans l'endroit dont il a fait son PC de campagne. Quelques jours avant un scrutin, il est rare de trouver un candidat entouré de sa seule secrétaire, la fidèle Hélène de Percin, sans qu'autour de lui aucun conseiller pointe le bout de son nez.

Épuisé par les trois heures de campagne officielle qu'il a enregistrées dans un climat d'hostilité inimaginable avec les responsables de l'ORTF, il est abattu par les résultats du sondage qui lui ont été communiqués ce matin. Poher et Pompidou le précèdent, mais aussi Jacques Duclos. Il ne comprend pas : il a pourtant mené campagne depuis le début avec Pierre Mendès France. Il pense, suivant les conseils de Jean-Jacques, que Mendès est resté le préféré d'une certaine gauche démocrate, qu'il est brillantissime sur les sujets économiques, sur lesquels, lui, Defferre, serait à coup sûr moins à l'aise. Et pourtant, me dit-il, rien n'y fait. « Duclos, me répète-t-il,

Duclos... » Apparaître en effet en quatrième position derrière le vieux leader communiste est pour lui un affront personnel. Il préférerait encore, j'en suis sûre, que Pompidou soit élu !

Il ne se rend pas compte, et ce serait trop douloureux pour lui si je le lui faisais remarquer maintenant, qu'une élection présidentielle, c'est l'élection d'un homme seul, pas d'un couple, ni d'un trio. Nous l'avons tous regardé au journal, autour de la seule télévision de la rédaction, dans un petit espace où, chaque semaine, je m'isole pour écrire mon papier. Mendès France était derrière lui, sévère comme un professeur malcommode, Gaston Defferre avait l'air d'être son élève et de répéter ses mots une à deux secondes après qu'il les avait prononcés.

Le pire était qu'ils étaient interviewés tous les deux, dans le cadre de la campagne officielle, par Roger Priouret, éditorialiste économique de *L'Express* qui, lui, donnait carrément des leçons aux deux hommes politiques. Images terribles. Nous étions même en train, Claude Imbert, le directeur de la rédaction du journal en tête, de nous esclaffer devant le spectacle, lorsque nous nous sommes aperçus que Jean-Jacques était derrière nous, et regardait, lui aussi, irrité au plus haut point par nos rires, la performance de son ami. Defferre avait l'air de craindre de ne pas faire l'affaire tout seul, d'avoir pris un joker, comme dans le jeu télévisé « La Tête et les Jambes ». Les téléspectateurs comprendront que Mendès, c'est la tête, et Defferre, les jambes, sans être certains qu'elles soient solides...

Suit, le 22 mai, la mise en scène du ralliement du centriste Jacques Duhamel, figure du Centre démocratie et progrès, à Georges Pompidou. Le face-à-face entre les deux hommes a été pour une fois enregistré dans l'après-midi, et non le soir sur les antennes d'Europe 1 à un moment où la télévision ne joue pas encore le rôle qu'elle jouera plus tard, dans l'organisation du débat présidentiel entre les deux tours de scrutin, par exemple. Les débats qui rythment, et quelquefois bouleversent l'ordre des choses électoral, ont lieu, en ce temps-là, à la radio.

Georges Pompidou, me raconte un confrère d'Europe 1, est arrivé en avance. Très en forme, sourire oblique aux lèvres, avec l'assurance, l'épaisseur du candidat favori, il a eu le temps de discuter, quelques minutes avec le présentateur vedette d'Europe 1, Georges

Leroy. Puis Jacques Duhamel, belle tête volontaire, crinière de lion, les a rejoints quelques minutes avant l'émission. Lorsque celle-ci commence, les deux hommes n'ont pas grand-chose en commun : le premier a commencé sa carrière politique avec de Gaulle, l'autre, Jacques Duhamel, quarante-cinq ans, député du Jura, a déjà une longue vie politique : directeur de cabinet d'Edgar Faure, au ministère des Finances sous la IVe République, il a su se placer au carrefour des différents centrismes – ni tout à fait les mêmes, ni tout à fait différents – depuis la Ve République. Fondateur du Centre démocratie et progrès, il ne s'est jamais rapproché du gaullisme, mais a entrepris, depuis 1962, de marier libéralisme d'esprit, morale chrétienne et gauche réformiste.

Pompidou, que vient de rejoindre Giscard, a besoin, pour l'emporter sur Alain Poher, des voix du centre. C'est là que se situe le cœur de sa bataille électorale. Il lui faut diviser le centre, en séduire au moins une partie, pour élargir sa base, échapper à la dictature des gaullistes historiques, dont certains, on l'a vu, le détestent. Le duel entre les deux hommes tourne assez vite au duo. Duhamel pose trois conditions à son ralliement. Pompidou les a toutes acceptées : entrée de la Grande-Bretagne dans l'Europe, libéralisation de l'ORTF et de la vie publique. Tout cela a l'air spontané, vivant : en réalité, j'apprends dans la soirée que le ralliement a été préparé avec soin entre les deux équipes de Pompidou et de Duhamel. Marie-France Garaud, chez Pompidou, a joué là, avec efficacité, son premier rôle de conseillère. Ce soir-là, Georges Pompidou a pratiquement gagné son pari politique : Giscard d'Estaing d'un côté, Duhamel de l'autre, le voilà mieux loti dans la course.

Moi, pendant l'après-midi, j'ai pour la première fois suivi Jacques Duclos en campagne. Quel drôle de bonhomme ! Les militants qui l'accompagnent, ravis d'accueillir des journalistes, me disent, comme en confidence : « Le petit Jacques a rajeuni de quinze ans. Il nous crève, il faut le retenir ! » Il est partout, enchaîne déplacements et meetings. Il s'attarde auprès des petits commerçants, vante les mérites de la propriété, s'adresse aux femmes en osant participer à la mythique émission de Menie Grégoire, à une heure où seuls les insomniaques peuvent l'entendre, il prend le métro à Boulogne-Billancourt où la plupart des usagers, peut-être non communistes, se lèvent et l'applaudissent dans le wagon. À la télévision, pendant les émissions officielles, le plus souvent mortelles pour les autres, il occupe l'écran : il est né avant le XXe siècle, mais l'exercice des médias lui paraît naturel. Et puis surtout, quelle éloquence, quelle faconde chez ce petit homme faussement rassurant où tout est rond : corps, tête et lunettes !

Je ne sais d'où, ni de qui, est venue l'idée de confier à Duclos ce rôle éminent. C'est loin d'être une erreur, comme je le pensais. C'est la première fois, au cours de son histoire, que le PC affronte le combat présidentiel au suffrage universel : en 1965, il avait reculé et accepté le candidat commun de la gauche. Le 1er juin, c'est autour de Jacques Duclos qu'il devra compter ses voix au premier tour.

C'est sa dernière bataille : Jacques Duclos rigole tout le temps, avec un regard aigu, qui, selon le cas, se plisse d'un sourire ou se glace d'une feinte colère.

Quatrième scène, le 23 ou le 24 mai, à Europe 1 toujours : cette fois, l'émission est en direct et Alain Poher y est invité tout seul. Il est arrivé devant la station, avenue François-Ier, où l'attendaient une dizaine de journalistes dont je faisais partie. Ses accompagnateurs ont jugé utile de lui faire prendre l'ascenseur pour rejoindre au premier étage les bureaux de la rédaction. Poher a appuyé sur le bouton, nous avons tous de notre côté grimpé en courant l'escalier pour le retrouver devant le studio. Au bout de quelques minutes, Poher n'arrivant pas, Jean Gorini, le directeur d'Europe 1, s'est inquiété. Pour s'apercevoir que l'ascenseur était tombé au sous-sol, dans une obscurité totale, d'où Poher n'arrivait pas à sortir. Il a fallu aller le chercher, lui faire escalader à toute allure non pas un, mais deux étages. Il est arrivé devant son micro suant et soufflant. Désastreux présage, d'autant que les sondages révèlent une baisse constante de la cote du président du Sénat face à celle de Georges Pompidou.

Le lendemain, cinquième scène, j'ai rencontré Mitterrand dans le salon de la rue Guynemer, meublé de souvenirs africains, masques et autres objets de bois, face à son grand bureau qui tourne le dos au jardin du Luxembourg. Il écrit, de son écriture irrégulière à l'encre bleue. Claude Estier est dans l'antichambre. Nous entrons tous les deux dans la pièce où Mitterrand, politiquement inoccupé, écrit pour dominer sa tristesse ou sa rage. Je lui demande pour qui il votera. « Je voterai à gauche », me dit-il, feignant l'indifférence.

J'insiste : « Quelle gauche, Krivine ou Duclos ?

– Je vous dis à gauche », dit-il, haussant les épaules lorsque je prononce le nom d'Alain Krivine.

Mitterrand votera Duclos.

Il sera loin d'être le seul. Au soir du premier tour, les résultats sont accablants pour Alain Poher qui ne dépasse pas le quart des suffrages : avec 44,5 % des voix, Pompidou le précède de 20 points. Quant à Duclos, il suit de très près le Président intérimaire : deux points seulement d'écart. Le match entre les deux a été tellement serré qu'on a pu croire autour de 20 heures que Duclos devancerait le président du Sénat. Et 5 % seulement pour Gaston Defferre. 5,01 % pour être précis. Le maire de Marseille, abattu, à qui seul Pierre Mauroy, numéro 2 du Parti socialiste SFIO, venu remonter le moral dans son bureau à l'annonce des résultats, finit par convoquer les rares journalistes, dont je suis, qui sont restés à son QG, bien après 20 heures. Il leur lâche, avec cette pointe d'accent qui ne le quitte pas, une phrase dictée par son amour du bateau : « La politique, c'est comme une course en mer. Un jour on gagne, un jour on perd, aujourd'hui, j'ai perdu. » Drôle d'oraison funèbre.

L'analyse du scrutin est facile : avec le ralliement de Valéry Giscard d'Estaing et celui de Jacques Duhamel, Georges Pompidou a réuni gaullistes et centristes. Le président du Sénat n'a trouvé, autour de lui, qu'une petite partie du centre. Son combat référendaire, sa défense des sénateurs, des élus locaux, n'y ont rien fait. Il a été, pour Pompidou, un adversaire presque inexistant. Après un premier tour comme celui-là, Georges Pompidou n'a guère d'inquiétude à avoir pour le second. Poher n'a aucune réserve de voix : Defferre a fait un score ridicule et Jacques Duclos trouve un slogan irrésistible pour conseiller aux électeurs l'abstention entre les deux candidats en tête au deuxième tour : Pompidou-Poher, « c'est bonnet blanc ou blanc bonnet ». La phrase fait, en vingt-quatre heures, le tour de la France.

Pourquoi, autour de moi, la consigne d'abstention des communistes semble-t-elle incompréhensible ? Elle est tout à fait justifiée, il me semble : quel intérêt y aurait-il pour eux à voter pour l'un ou l'autre des candidats ? « Pompidou sera sûrement élu, me dit Roland Leroy au téléphone tard dans la soirée. Pourquoi irait-on soutenir un centriste ? Pour que les commentateurs concluent que nous l'avons fait battre ? C'est une plaisanterie ! »

Je soupçonne d'ailleurs les dirigeants communistes de se sentir plus proches des gaullistes que des centristes, même s'ils n'osent pas, à l'occasion de ce vote, choisir entre leurs deux représentants. Siège vide à Bruxelles, retrait de l'Otan, volonté d'indépendance entre les deux blocs resteront toujours à leurs yeux, quelles qu'aient été leurs critiques, dans l'ADN du général de Gaulle. Les dirigeants russes n'ont pas même eu besoin de dicter leur conduite aux communistes français pour qu'ils permettent l'élection de Georges Pompidou.

Bonnet blanc et blanc bonnet, c'est sur cette trouvaille que Jacques Duclos achève son dernier combat. Stalinien au-delà de la mort de Staline, il aura pourtant affirmé une image sympathique de vieux travailleur pendant toute cette campagne, au détriment, à gauche, du candidat du Parti socialiste.

Quinze jours plus tard, Georges Pompidou est élu. Avec le score impressionnant de 57 % – que n'avait pas obtenu le général de Gaulle en 1965. Jusqu'ici, son parcours est sans défaut. Six mois seulement après sa déclaration de Rome, il est aujourd'hui le deuxième président de la Ve République. Il a su garder autour de lui tous les barons du gaullisme, de Chaban à Guichard – celui des barons que Pompidou préfère –, qui lui ont manifesté leur fidélité au moment, en 1969, où le général de Gaulle changeait de Premier ministre. Il a su trouver des fidèles plus jeunes, comme Jacques Chirac, réparer les blessures avec Valéry Giscard d'Estaing, ouvrir le régime aux partisans centristes de Jacques Duhamel, sans que le RPR manifeste trop bruyamment son hostilité de base à Giscard, facilement accusé par le parti gaulliste de trahison.

François Mitterrand n'attend pas longtemps pour remiser le manuscrit qu'il va rendre dans quelques jours à son éditeur. Dans une conférence de presse hâtivement convoquée, où seuls quelques journalistes, dont je fais partie, se sont déplacés, lui-même tire, pour la gauche, la leçon qui s'impose désormais à tous : la bipolarisation du système politique français. Les centristes ont rejoint les gaullistes de Pompidou, tandis que les socialistes, restés seuls, ont été effacés. C'est l'occasion pour lui d'appeler à nouveau à l'unité de la gauche, sans laquelle celle-ci, il en est convaincu, ne parviendra jamais au pouvoir. Ah ça, il n'a même pas attendu pour se faire entendre la proclamation des résultats par le Conseil constitutionnel. « Le combat futur sera celui de la gauche contre la droite. Sans alliance à gauche, il n'y aura pas de combat. »

Quelques jours seulement après l'avoir rencontré, chez lui, au comble de la solitude et de la morosité, je le trouve à nouveau sur le sentier de la guerre. Ces monstres de la politique sont des animaux bizarres : rien d'autre ne les arrête vraiment que la mort. Il était sur le bord de la route, laissant les deux autres héros de ce récit, Pompidou et Giscard, se partager la France. Il n'était en réalité que provisoirement sorti du jeu en attendant que ses adversaires, au sein de la gauche, se heurtent à la barrière du système : la bipolarisation.

Avec ces trois hommes, qui se retrouvent dans la distribution des rôles, un quatrième vient prendre place : il s'appelle Jacques Chaban-Delmas, Georges Pompidou l'a nommé Premier ministre. Il y pensait, depuis longtemps : il l'aurait choisi, dit-on, s'il avait été candidat en 1965.

Voilà des années que je me demande pourquoi le général de Gaulle ne lui a jamais confié un ministère. Depuis dix ans, Jacques Chaban-Delmas est président de l'Assemblée nationale, ce qui convient très bien, soit dit en passant, aux autres barons du gaullisme, qu'il invite très souvent à déjeuner dans la petite salle à manger de l'hôtel de Lassay, mitoyen du palais Bourbon dont la cuisine et les vins sont excellents. Et gratuits.

Nommé jeune général de brigade juste avant la libération de Paris, maire de Bordeaux depuis 1947, membre du RPF créé par de Gaulle après son départ du pouvoir, il réconcilie en lui-même deux tentations différentes. Celle du gaullisme : il s'est illustré par son action pendant la Résistance, a été délégué militaire national en 1944. La première fois que Charles de Gaulle a rencontré dans Paris tout juste libéré, en arrivant à la gare Montparnasse, ce général de brigade de vingt-neuf ans, il a cru à une plaisanterie en regardant le jeune visage qui lui était présenté puis, entendant parler par son supérieur de son action pendant la Résistance, a lâché un compliment : « C'est bien, Chaban ! ».

Chaban était encore là à la création du rassemblement gaulliste, le RPF, en 1947. Plus tard enfin, dans les années 1958, Chaban, ministre de la Défense nationale dans le gouvernement de Félix Gaillard, a travaillé, en sous-main, déléguant Léon Delbecque, son « antenne » à Alger en 1968, au retour du général de Gaulle au pouvoir. Au point qu'à l'époque, on le disait ministre le jour et comploteur la nuit.

L'autre tentation de Chaban est celle du radicalisme. Il a gardé de l'amitié pour Félix Gaillard, Maurice Bourgès-Maunoury, son *alter ego* pendant la Résistance, et François Mitterrand. Sans oublier d'autres anciens résistants, comme Maurice Kriegel-Valrimont, qui, communiste, fut de ceux qui négocièrent avec le général allemand von Choltitz la reddition, sans destruction, de Paris. Mais le général de Gaulle n'a pas apprécié qu'en 1953, au moment où, prenant ses distances vis-à-vis de la IVe République et de ses élus, il enterrait le RPF, Chaban-Delmas, lui, ait fondé le Mouvement des républicains sociaux, et soit vite revenu dans le jeu parlementaire. Pas plus qu'il n'a approuvé sa participation, à partir de 1954, aux trois gouvernements de Pierre Mendès France, Guy Mollet et Félix Gaillard. Lorsque le Général a parlé alors de « ceux qui allaient à la soupe » en « succombant aux poisons et délices de la IVe République », n'était-ce pas à Chaban qu'il pensait ?

Est-ce cette complexité politique qui explique la distance dans laquelle de Gaulle l'a tenu après son retour au pouvoir ? En 1958, de Gaulle ne voulait pas non plus de Chaban à la présidence de l'Assemblée nationale, il lui préférait Paul Reynaud, dont il avait été le sous-secrétaire d'État à la Défense nationale et à la Guerre début juin 1940. Mais celui qui avait été élu dans l'intervalle maire de Bordeaux s'était rebellé.

Se considérant comme le mieux placé pour soutenir l'UNR, il avait simplement dit publiquement, et aussi, d'ailleurs, directement à Paul Reynaud : « Si le Général veut que je renonce, qu'il me convoque dans son bureau pour en parler. » Le Général ne l'ayant pas fait, Chaban a été élu sans difficulté. Il faut dire que le surnom que lui donnaient les parlementaires gaullistes était « Charmant-Delmas », tant sa courtoisie et sa gentillesse étaient appréciées de tous. Il semble que le Général ait attendu 1969 pour lui faire la proposition de remplacer Georges Pompidou au moment où il se préparait à s'en débarrasser. Chaban avait refusé de prendre la place du futur ex-Premier ministre. « Par amitié pour Georges », avait-il dit.

Celui-ci, devenu président de la République à son tour, sait reconnaître le geste de solidarité. Au surplus, il juge depuis quelque temps déjà qu'il n'a pas le choix : Chaban correspond à ce qu'on peut attendre de son Premier ministre après la crise de Mai, c'est un gaullisme, nul ne peut en douter, d'ouverture. Jacques Chaban-Delmas entre donc à Matignon, en grimpant quatre à quatre, comme il le fait d'habitude, en ancien international sportif, les marches du perron.

Les ministres de son gouvernement viennent de toutes les formations de la droite et du centre. Le gouvernement correspond bien au sens que Pompidou a donné à sa campagne : pacification et ouverture au centre, ce qu'il avait laissé entendre dans sa conversation-ralliement radiophonique avec Jacques Duhamel la semaine précédant le premier tour de la présidentielle. Il correspond aussi, plus encore peut-être, à l'image et l'itinéraire politique qui sont ceux de Chaban-Delmas. René Pleven, qui a jadis appartenu au même mouvement, l'UDSR, que François Mitterrand sous la IVe République, gaulliste depuis 1940, y fait son entrée. Jacques Duhamel, Joseph Fontanet, ralliés de la dernière heure, y figurent tous deux. Et Valéry Giscard d'Estaing revient au gouvernement, dans le poste de ministre des Finances qui lui avait été confié, puis retiré, par le général de Gaulle.

Gaullistes et pompidoliens gardent néanmoins une large majorité dans la combinaison gouvernementale : ils sont 27. Michel Debré est resté, Maurice Schumann est rentré, tous les barons du gaullisme ou presque y figurent. Dont Olivier Guichard, nommé ministre de l'Éducation nationale. Lui aussi a rencontré quelques difficultés à ce que de Gaulle lui fasse une place au gouvernement, puisqu'il n'a fait son entrée au ministère du Plan qu'en 1967.

Pourquoi Guichard, directeur de cabinet de de Gaulle pendant la traversée du désert de 1951 à 1958, toujours fidèle, toujours efficace malgré son air d'être ailleurs, Guichard à qui le général de Gaulle avait confié le dossier brulant du Sahara, n'a-t-il pas plus tôt été appelé à des fonctions ministérielles ? Il ne fait aucun doute que sa vie privée, pour le moins assez libre, lui était reprochée par Mme de Gaulle, qui ne plaisantait pas avec les choses de la famille. Mme de Gaulle n'aimait pas les hommes légers. Ni les buveurs d'alcool. Louis Vallon m'avait raconté qu'il avait fait rire tout le monde, lors d'une réception à l'Élysée. C'était à l'époque où sa santé lui permettait encore de boire. À de Gaulle qui, faussement sévère, lui disait : « Vous avez bu, Vallon », celui-ci avait répondu, sans oser montrer celle qui l'en empêchait : « En tout cas, pas chez vous, mon Général ! »

Revenons à Giscard. Deux Auvergnats, un descendant de comte et pair de France, polytechnicien et énarque, un fils d'instituteur, ancien élève de l'École normale supérieure, voilà qui scelle la réconciliation de Pompidou et de Giscard. Mais la confiance du président de la République n'est jamais aveugle : Giscard se voit attribuer un secrétaire d'État à l'Économie et aux Finances qui n'est autre que Jacques Chirac, chargé de veiller au grain et de surveiller de près son supérieur hiérarchique.

Sans doute peut-on voir dans cette nomination la main, les mains plutôt, des deux conseillers de Georges Pompidou, Pierre Juillet et Marie-France Garaud. Le moment est venu de parler de ces deux personnages, l'un discret, l'autre plus bavarde, qui ont exercé une influence dominante dans le quinquennat finissant de Georges Pompidou puis dans la carrière de Jacques Chirac.

Au début était Pierre Juillet, râblé, sombre, pipe vissée aux lèvres, yeux sombres, sourcils noirs formant comme une barre au haut de son visage, cape sur les épaules et canne à la main. Après avoir fait, comme presque tous les personnages de la Ve République à leurs débuts, à l'exception de Georges Pompidou, de la résistance pendant la guerre, Juillet a été de toutes les aventures gaullistes : il a été chargé en 1947 de l'implantation du mouvement RPF dans le Limousin, où il est né, et réside, le plus souvent, dans une sorte de ferme-gentilhommière à Puy-Judeau, dans la Creuse, puis rejoint, comme directeur de cabinet d'André Malraux, le ministère de la Culture en 1958.

Sans qu'on sache exactement quelles ont été ses relations personnelles avec le général de Gaulle, il connaît tout du gaullisme et des gaullistes depuis les années 1940, et a connu avec bien d'autres la période du RPF. Sans doute est-ce d'ailleurs ce qui a conduit Georges Pompidou, l'arrachant à Malraux, à le recruter comme conseiller technique, puis chargé de mission à son cabinet en 1962. C'est de son passé gaulliste que Pierre Juillet tenait son influence sur Pompidou. Même s'il n'a jamais pardonné aux grands barons du gaullisme de l'avoir négligé en 1958, de ne pas l'avoir rappelé auprès d'eux, le considérant comme trop droitier, trop sombre aussi, pour faire partie de leur clan. Sept ans plus tard, en l'appelant à l'Élysée, le Président Pompidou a voulu que Pierre Juillet soit indépendant du secrétaire général, Michel Jobert, et de son adjoint Édouard Balladur. Situation qui devait créer par la suite bien des conflits.

Drôle d'homme, ne cherchant pas les honneurs, préférant imaginer dans son bureau les stratégies d'attaque et de défense du président de la République. Très influent auprès de celui-ci, au nom de leur passé commun dans les années 1960. Refusant toutes les fonctions officielles pour assumer son influence subtile mais pesante sur le cours des choses de la politique. Gaulliste de droite qui, selon les cas, sourit ou fustige les prétentions sociales des gaullistes de gauche. Capable de quitter son bureau élyséen ou l'appartement qui lui a été attribué au dernier étage du bâtiment présidentiel, et de repartir s'occuper de ses moutons dans son antre de Puy-Judeau, à une seule réplique irritée du Président, à une seule action entreprise par celui-ci sans qu'il lui ait donné son avis favorable. Boudant, pendant quelques semaines, mais revenant toujours tirer sur sa pipe dans l'ancienne salle du Conseil des ministres, au premier étage du palais, dont on a fait son bureau.

Voilà que cet homme-là, ferme sur ses jambes comme un paysan, passant ses jours à élaborer entre les quatre murs de son bureau ou sur ses champs de la Creuse des combinaisons compliquées, souvent silencieux en public, loquace et directif en privé, trouve, en 1968, son *alter ego*, ou plutôt son agent spécial, son 007 : il s'agit d'une jeune femme d'à peine plus d'une trentaine d'années, avocate, comme lui, de formation, qui a occupé plusieurs postes dans des cabinets ministériels, le dernier en date auprès de Jean

Foyer, ministre de la Justice, qui ne passe pas précisément pour un gauchiste. À noter, ce qui ne manque pas d'intérêt pour la suite de l'histoire, qu'elle avait auparavant souhaité entrer au cabinet de Chaban-Delmas et que celui-ci n'avait pas donné suite à sa demande.

La jeune femme, au beau visage régulier et sévère qu'illumine rarement un sourire ironique, au chignon que personne d'autre que ses intimes n'a jamais vu défait, dont une collection de tailleurs Chanel affine, colore la silhouette et accentue son classicisme, reconnaît, dès les premiers instants de leur rencontre, leur proximité d'esprit : l'un et l'autre pour un État fort, pour la souveraineté de la France, pour l'ordre à maintenir dans une France indocile. L'un et l'autre, défenseurs de la « civilisation chrétienne ».

Si l'on ne sait rien de leurs relations intimes, qui suscitent bien des interrogations parmi les ministres et les dirigeants de l'UDR, (aime-t-elle Chirac ? Juillet ? Ou les deux ? Ou personne ?), leur complémentarité est totale : tous les deux s'accordent à penser que l'influence est plus efficace lorsqu'elle s'élabore dans l'ombre et le secret. La différence est que l'un, Pierre Juillet, n'aime pas se montrer, et qu'elle, au contraire, apparaîtra à la lumière pour développer les idées et les tactiques qu'ils élaboreront en commun. Pour la plus grande gloire de Pompidou, cela va sans dire. Car s'ils s'illustreront tous deux par la suite par des coups tordus, aucun, jamais, ne sera porté par eux à Georges Pompidou.

Comment Jacques Chirac, le spadassin de Pompidou, le jeune et fidèle Chirac, que Juillet et Marie-France ont quelque tendance à trouver moins intelligent qu'il ne l'est – puisqu'il leur obéit – a-t-il trouvé sa place auprès d'eux ? Pourquoi sera-t-il, tout au long de la Présidence Pompidou, prêt à soutenir chacune de leur mission politique, sans prendre de distance ni jamais contester leur jugement ?

Sans doute est-ce parce qu'il les connaît depuis qu'il était lui-même conseiller à Matignon, et qu'il y avait eu assez rapidement l'honneur d'être invité, chaque fin d'après-midi, dans le bureau de Marie-France Garaud et de Pierre Juillet, où il lui arrivait de préparer les whiskys pour tout ce petit monde et parfois, lorsqu'il se joignait à eux, pour celui qui allait devenir président de la République. Le soutien des deux conseillers politiques les plus proches de Georges Pompidou, aujourd'hui installés à l'Élysée, le faisait accéder à une position privilégiée dans la galaxie pompidolienne. Sans doute qu'il était séduit par la force de Pierre Juillet et plus encore par l'ardeur de Marie-France Garaud. Sans compter que son tempérament et sa jeunesse l'incitaient alors davantage à exécuter les stratégies qu'à les concevoir.

Je me suis toujours demandé, y compris plus tard, quand j'ai mieux connu Marie-France Garaud, je veux dire quand j'ai eu quelques conversations en tête à tête avec elle (cela ne s'appelle pas connaître), comment ce couple avait acquis une telle influence sur le président de la République. Au point, à tout moment, de risquer de déséquilibrer la lourde machine de l'Élysée, coupée en deux entre Michel Jobert et Édouard Balladur, dans une aile du palais présidentiel, et Pierre Juillet et Marie-France Garaud dans l'aile opposée, rive droite.

Difficile de ne pas se rendre compte que le couple Juillet-Garaud entretenait avec le couple Jobert-Balladur des relations pour le moins distantes. Passé par le cabinet de Pierre Mendès France, Jobert apparaissait à Juillet comme marqué à gauche. Énigmatique et narquois, précis et ordonné, homme de dossiers, habile dans les missions politiques plus délicates, Pompidou en a fait l'homme de la coordination de la machine présidentielle. À ses côtés, Édouard Balladur, maître des requêtes au Conseil d'État, n'est pas, lui, venu du mendésisme. Il est, de ce point de vue, plus proche du chef de l'État. Subtil et attentif, il se garde bien d'avoir, face aux initiatives de Jacques Chaban-Delmas, les mêmes *a priori* hostiles qu'à l'aile droite du Château.

Mais Pierre Juillet est incontournable. Quant à Marie-France Garaud, elle est loin en réalité, quoi qu'elle en dise, d'être une confidente du chef de l'État. Elle n'est, et c'est suffisant pour qu'elle règne sur le monde politique comme sur les journalistes, que la confidente du confident qui, à l'occasion, joue les mentors.

La première action dont le Président et Valéry Giscard d'Estaing, redevenu ministre des Finances à l'occasion de son ralliement à l'un des trois P, prennent la décision – en en parlant le plus tard possible au nouveau Premier ministre –, est une dévaluation de 12,5 % dès le mois d'août. De Gaulle avait dit non, Pompidou aujourd'hui dit oui. Il jugeait déjà la dévaluation nécessaire l'année précédente, il la juge impossible à éviter. Apparemment, en arrivant rue de Rivoli, Giscard sous-estimait la situation économique. Pompidou, qui avait signé les accords de Grenelle, la connaissait, lui. L'augmentation massive des rémunérations, à elle seule, justifiait une intervention des Finances sur la monnaie. Assez piquant de se dire que Pompidou Président recueille aujourd'hui les fruits de la négociation qu'il a menée hier comme Premier ministre.

Il reste que, pour Giscard, commencer sa mission aux Finances par une dévaluation est particulièrement douloureux : les Français en ont une image funeste, presque maudite. Tant qu'à y passer, a-t-il dû penser, autant le faire dans les premiers jours. Pour remettre les compteurs à zéro, en début de septennat, en surveillant les effets de la dévaluation sur les salariés modestes, les retraités et les épargnants, quoi de mieux que de l'annoncer aux Français en plein milieu du mois d'août ? Même si évidemment, un tour de vis suit trois semaines plus tard : blocage des prix et limitation des prêts aux particuliers. Pourquoi trois semaines plus tard ? Parce que Giscard, sans en dire un mot à personne, est parti quelques jours en vacances au Mozambique, tandis que Pompidou a pour la première fois pris ses quartiers d'été dans la vieille forteresse de Brégançon.

Le général de Gaulle avait certes désigné Brégançon comme résidence estivale de la Présidence, mais n'y avait mis les pieds qu'une seule fois, en 1964, où il avait jugé trop petit le lit de la chambre à coucher et trop entreprenants les moustiques de la côte varoise. Au sens littéral du mot, l'endroit lui avait donné des boutons. Georges Pompidou, habitué, avant de se l'être vu reprocher en 1962, de Saint-Tropez et de ses plages, a choisi, Présidence oblige, les hauts murs de la citadelle construits au XIIe siècle, pour prendre des vacances, ajournant ainsi deux conseils des ministres, ce que n'avait jamais fait le général de Gaulle. Et profitant de ce séjour pour en rajeunir l'intérieur : les meubles modernes, signés Paulin, fauteuils en cuir blanc, sculptures abstraites, y font leur entrée.

Chaban-Delmas n'a été prévenu que tardivement de l'imminence d'une dévaluation, me confie Simonne Servais, si douce dans ce monde de brutes. Giscard, à partir du moment où le Président lui en avait donné l'ordre, ne pouvait que garder le secret. Simonne Servais me raconte que Giscard a alors confié à ses trois collaborateurs préférés, Jean Serisé, Claude-Pierre Brossolette et Jacques Wahl, la mission de préparer les détails de l'opération.

Les trois comploteurs, pour ne pas trahir l'objet de leurs réunions, ont fait semblant de partir en vacances à la fin du mois de juillet, et sont restés à Saint-Germain-des-Prés, ne bougeant pas de l'appartement de Jean Serisé pendant plusieurs jours. Chaban-Delmas, à qui on a caché la nouvelle le plus longtemps possible, a avalé la couleuvre sans broncher. Au surplus, il se débrouille assez bien, désormais, avec les ministres dont il ampute le budget : il arrive, au début de l'automne 1969, en usant à la fois de son charme et de sa fonction, à diminuer les dépenses de l'État.

Il reste, et ce n'est pas anodin, que Pompidou a dissimulé la dévaluation à Chaban jusqu'au dernier moment. Parce que le secret s'imposait ? Certes. Mais vis-à-vis du nouveau Premier ministre ? Dans cette première distance mise, ce premier silence entre son Premier ministre et Pompidou sur un sujet essentiel dans la vie gouvernementale, il y a quelque chose qui préfigure, peut-être, bien des malentendus futurs entre Chaban et lui. De toute façon, l'heure est venue de l'adresse de Chaban-Delmas à l'Assemblée nationale : en juin, il avait fait, sitôt nommé, un premier discours de politique générale, assez rapide, mais celui qu'il prononce à l'automne, le 16 septembre, marque, en même temps que la rentrée parlementaire, la véritable installation du Premier ministre dans ses fonctions.

C'est la première fois, pour ma part, que j'entends, je vois, ce 16 septembre 1969, se dessiner le projet politique de Chaban. Il existe et il me plaît. À vrai dire, en quelques années, j'avais eu, comme tous les journalistes passant beaucoup de temps à l'Assemblée nationale, source essentielle d'informations à l'époque, beaucoup d'occasions d'échanger quelques paroles avec lui ou de recueillir certains de ses commentaires. Mais j'avais surtout apprécié son intervention à l'occasion de notre accréditation, celle de Catherine Nay et la mienne, au Parlement.

Toutes deux fraîchement nommées au service politique de *L'Express*, nous étions arrivées au Parlement pour la première fois dans une tenue que les huissiers avaient trouvée inappropriée. Il est vrai que les journalistes femmes à l'Assemblée nationale étaient fort rares. C'était l'époque du couturier André Courrèges. Catherine Nay était en minijupe et en cuissardes blanches, et moi en tailleur-pantalon, nouvelle mode aussi, rouge. Interdiction de franchir la porte. Nous protestons, prenons nos grands airs, montrons nos cartes de presse. Rien n'y fait. Jusqu'au moment où nous demandons à parler au président de l'Assemblée nationale. Il est en séance. Nous attendons un quart d'heure et, dès la suspension des débats, nous voyons arriver Chaban lui-même, qui nous tire en quelques secondes du bureau des huissiers. Sans les gourmander, mais fermement. C'est avec lui, à son bras presque, que je suis entrée comme journaliste politique en titre, et dans cette tenue, dans les grandes salles du palais Bourbon où je m'étais invitée, depuis des années, comme stagiaire, habillée de façon moins voyante.

Mais évidemment, ce 16 septembre, les députés, de quelque bord qu'ils soient, attendent du Premier ministre qui a engagé la responsabilité du gouvernement, comme le permet la Constitution, autre chose que sa gentillesse connue. De lui, on attend un nouveau souffle, un peu d'air frais après le triste référendum raté. Et aussi une autre façon de parler, après les secousses de Mai.

Un discours de ce genre est rare, sous la Ve République, c'est la cinquième fois seulement, en dix ans, qu'un Premier ministre sollicite le vote des députés. Jacques Chaban-Delmas a passé l'été, à Paris, à préparer sa copie. Lorsqu'il arrive au palais Bourbon, souple et svelte, en montant de deux bonds à la tribune, l'hémicycle est bourré à craquer, l'opposition, silencieuse, la majorité, attentive. Franchement, quel beau discours que ce discours sur la « nouvelle société » !

Députés et journalistes l'ont écouté sans un bruit : visiblement, ils n'attendaient pas de Chaban un projet aussi structuré, une analyse aussi aiguë du mal français, disons-le, un discours aussi original, peu commun dans la vie d'un Parlement. Vêtu de gris, cravate noire, il n'a pas sur ses lèvres le sourire gentil, mondain avec lequel, le plus souvent, il échappe à ceux qui lui cherchent querelle ou sollicitent un rendez-vous. Il a parlé plus d'une heure, et, pour la première fois, sa voix légèrement nasillarde, la seule chose qui heurte chez lui, n'a pas dérangé ceux qui l'écoutaient. Seuls ses propos ont compté, prononcés avec une sorte de fougue, rompant avec l'exercice pratiqué par la plupart de ses prédécesseurs sous la IVe et la Ve République.

Je dois dire que je m'attendais aux thèmes qu'il a abordés dans son discours, sans savoir qu'il deviendrait, pour beaucoup de Français, une sorte de référence. La semaine précédente, j'avais déjeuné avec Françoise Giroud à Matignon, à l'invitation de Simon Nora, que Chaban a appelé à ses côtés. Que de souvenirs entre Françoise et lui, quelle complicité, quelle fidélité entre les deux ! Ils se comprenaient presque sans parler. Et pourtant, ce jour-là, on parla beaucoup. Car Simon, l'aîné des Nora, avait été le conseiller le plus écouté de Pierre Mendès France et plus encore de *L'Express* au moment où l'hebdomadaire s'était engagé tout entier derrière lui, à la présidence du Conseil en 1954-1955.

C'est lui, m'a raconté Françoise dans la voiture qui nous amenait à Matignon, qui a écrit la plupart des « causeries au coin du feu », dans lesquelles PMF s'adressait aux Français le samedi de sa voix mélodieuse. Sa volonté de réformer la société, son analyse des blocages qui l'empêchent de fonctionner, ont été à l'origine de la création de *L'Express*. Simon Nora a maintenant quarante-neuf ans, des cheveux gris déjà sur un visage lumineux ; il envisageait de quitter son rôle de conseiller politique, parfois frustrant, pour devenir chef d'entreprise. La proposition que lui a faite Jacques Chaban-Delmas l'a tenté. Ce sera la dernière. Il y voit la possibilité de défendre la plupart de ses thèmes sur la modernisation de l'État.

À ce déjeuner participait aussi un autre personnage que Françoise ne connaissait pas plus que moi. Il s'agissait de Jacques Delors. Brun, les paupières souvent baissées sur des yeux d'un bleu profond, ombrageux, susceptible et pourtant naturel, il ne vient ni de la haute administration, ni de la haute bourgeoisie, mais du syndicalisme chrétien. Fils d'un employé de banque, il est entré à vingt ans à la Banque de France où il a poursuivi ses études économiques.

C'est le syndicalisme chrétien, la CFTC, qui lui a donné sa vraie chance. En le déléguant au Conseil économique et social, elle en a fait le véritable concepteur du quatrième plan, qui séduit tellement le commissaire au Plan, Pierre Massé, que celui-ci l'engage immédiatement dans son équipe. Lorsqu'en 1966, Georges Pompidou demande au Plan d'établir un rapport sur les conséquences sociales des mutations industrielles, c'est Delors qui se met à l'ouvrage.

Pourquoi, en ayant une fibre de gauche, accepte-t-il, lui, la proposition de Chaban ? Parce qu'il y voit la chance, après les émeutes de Mai, après le départ du général de Gaulle, de définir une stratégie politique qui conviennent aux aspirations nouvelles des salariés et à une normalisation des rapports sociaux. Il a remis à Chaban, en guise d'examen d'entrée, une note de six pages sur les rapports sociaux dans la France future dans lequel le Premier ministre reconnaît, lui dit-il, une grande partie de ses engagements personnels.

Delors fera donc l'affaire. Il rejoint Simon Nora pour dessiner les grands traits de ce que doit être la « nouvelle société ». À Matignon, il a l'air à la fois d'être chez lui et pourtant totalement étranger à la maison. Manifestement, il n'aime pas être servi à table, et, à l'époque, se soucie peu de sa tenue, confortable, moins conforme au code vestimentaire des lieux. Quelques semaines plus tard, je le rencontrerai par hasard boulevard Saint-Germain. Il sort d'un magasin de vêtements connu où il change progressivement sa garde-robe de syndicaliste.

« Vous voyez, me dit-il, se moquant presque de lui-même, maintenant, je m'habille chez Arnys ! »

Autour de la table du déjeuner, dressée au premier étage de Matignon, nous les trouvons d'abord tous deux très heureux d'être à l'endroit où ils sont : convaincus tous deux que c'est de Chaban-Delmas que partira un nouvel élan vers un État plus moderne. Croient-ils cela compatible avec les inclinaisons de Georges Pompidou ? Oui, car il leur semble que le Président, pendant la campagne, a pris des engagements en ce sens : n'est-ce pas autour d'une ouverture nouvelle, d'un nouveau projet, qu'ont porté les conversations avec les centristes, et avec Chaban-Delmas lui-même le jour où ce dernier a été nommé ? Nora et Delors ont en tout cas travaillé dans ce sens, et ensemble, à l'élaboration de la nouvelle bible du gouvernement que Chaban rendra publique le 16 septembre.

Reste donc à passer l'épreuve du Parlement. Chaban-Delmas s'adresse aux députés dont il était le Président il y a moins de cinq mois avec, aujourd'hui, une tout autre légitimité. Il n'hésite pas, sans édulcorer ses mots, à considérer, il le dit dans ses premières phrases, les « Français comme des adultes », c'est-à-dire à dénoncer sans prendre de gants tout ce qui ne va pas en France.

Chaban donne au texte sa cohérence, avec sa dénonciation d'une société de castes, où les inégalités salariales sont excessives. Son constat : une société bloquée, une économie fragile, un État tentaculaire et inefficace, l'archaïsme des structures sociales. Ses remèdes, entre autres : la redéfinition du rôle de l'État, une plus grande liberté donnée aux collectivités locales, aux universités et aux entreprises publiques, l'amélioration de l'économie, la revalorisation de la condition ouvrière et le dépoussiérage des rapports sociaux.

Quant au passage sur l'actualité télévisée et son JT de 20 heures, personne apparemment ne l'attendait. Delors m'avait pourtant assuré la semaine précédente qu'il aborderait le problème du verrouillage de l'information « pour bien montrer, m'avait-il dit, que nous voulons là aussi rompre les archaïsmes ». Je pensais pourtant qu'il n'en parlerait pas dès aujourd'hui, parce que trop polémique à l'égard des députés de la majorité. Et bien non : il parle d'autonomie, d'indépendance, d'information contradictoire, du libre accès de tous à l'antenne, et même, il ébauche une structure nouvelle pour la pesante ORTF.

J'ai relu le discours, baptisé définitivement par la classe politique et les journalistes « Discours de la nouvelle société », juste avant d'écrire ces lignes. Cinquante ans plus tard, il me paraît qu'il n'y a presque pas, hélas, une ligne à y changer. Qu'un président de la République ou qu'un Premier ministre y trouverait encore bien des arguments et bien des références sur les ratés de la désindustrialisation française ou la pesanteur des structures de l'administration. Réellement, c'est un discours où passent un souffle et un élan rares. Même si ses buts restent, au bout d'un demi-siècle, loin d'être atteints.

Lorsque Chaban a terminé, je descends de la tribune des journalistes dans la salle des Pas perdus, où je retrouve François Mitterrand et Maurice Faure en grande conversation. L'opposition n'attendait pas un tel discours. Peut-être Mitterrand pensait-il Chaban doté d'un caractère plus faible face à Pompidou. Mais je sens, chez les deux hommes, une sorte de bienveillance à l'égard du Premier ministre. Ils le connaissent depuis longtemps, ils ont avec lui une complicité qui dépasse les clivages politiques. Ils n'ont pas applaudi, évidemment, lorsqu'il a fini de parler. Mais, tous deux, maintenant, me disent que l'exercice, difficile, a été réussi. Les députés sont de cet avis : ils votent à une écrasante majorité le projet de Chaban : 369 voix contre 85.

Las ! Cette recherche d'une nouvelle société, ces blocages dénoncés, cette envolée sur les classes et les castes, son schéma de l'audiovisuel public, marquent pour Jacques Chaban-Delmas, au moment où il se voit féliciter par tous ses amis, le début d'un mandat difficile, qui finira en calvaire. Les lumières du palais Bourbon à peine éteintes, l'émotion tout juste retombée, commencent déjà à monter les critiques, les plaintes, les procès contre ce discours dont ses adversaires, au sein de la majorité – même s'ils ont applaudi, voté pour Chaban –, déplorent un modernisme qui les fait passer, eux, pour archaïques.

La première réaction vient de l'Élysée. Georges Pompidou avait pourtant nommé Chaban pour qu'il réalise la synthèse, difficile, entre les barons du gaullisme, dont ils font tous les deux partie, et le centrisme. Il s'était aussi, pendant la campagne présidentielle, engagé pour des changements.

C'est précisément à quoi visait la nouvelle société. Alors ? À quoi Pompidou s'attendait-il d'autre qu'un programme plus ouvert, prononcé sur un ton plus enthousiaste, autour d'une certaine idée de la France qui change ? Sur la forme d'abord, se plaint-on au Château, Chaban a commis un crime de lèse-majesté. La dernière version du discours du Premier ministre n'a pas été envoyée à l'Élysée. Pour une bonne raison : Simon Nora, me dit-on à Matignon, était encore en train d'y travailler le matin. Il a fallu que le Président fasse envoyer un motard à Matignon, dans la fin de matinée du 16, pour pouvoir jeter un regard sur le contenu final. Il n'a pas apprécié. A-t-il fait savoir son mécontentement à Chaban dès le 17 au matin ? Peut-être pas, mais ses conseillers politiques s'en sont chargés, par interlocuteurs interposés, et leurs propos ont trouvé, au sein de l'UDR, des oreilles attentives, amicales même.

Pierre Juillet et Marie-France Garaud ont bien noté, en écoutant Chaban, qu'il n'a fait référence au président de la République qu'une seule fois pendant son discours. Cela a été répété en haut lieu. Ils ont entendu aussi dans la bouche de l'orateur bien des références empruntées aux travaux des clubs et autres cercles de réflexion, plutôt de gauche, auxquels appartiennent Simon Nora et Jacques Delors, dont le profil inquiète particulièrement les conseillers du Président. À ce moment, dans leurs bureaux, à l'autre aile de l'Élysée, le secrétaire général Michel Jobert et son second Édouard Balladur ne trouvent rien à redire aux propos de Chaban-Delmas. D'autant qu'Édouard Balladur a participé à toute la négociation des accords de Grenelle, en 1968, qu'il a bien enregistré la demande syndicale de rapports sociaux plus faciles et ne trouve pas anormal que le Premier ministre y fasse écho.

Les deux conseillers « hors hiérarchie » du Président, au premier étage de l'Élysée, ne perdent pas de temps. Du haut en bas de la pyramide de l'UDR, ils transmettent, ou font transmettre, leur mauvaise humeur. Les propos de Pierre Juillet, comme toujours, sont tenus tout bas. Marie-France Garaud se charge de les rendre publics.

La « conseillère » s'étant fait une spécialité de commencer toutes les phrases par un « Le Président dit que », « Le Président veut que », ses propos sont immédiatement relayés, et, naturellement, amplifiés. D'autant que, certes oui, bien des militants, quelques députés surtout, n'ont pas apprécié le discours de Chaban. Certains le ressentent avec une sorte d'indignation, qu'ils dissimulent en présence du Premier ministre : celui-ci a-t-il voulu, en condamnant l'immobilisme du système politique, dénoncer sans le dire leur action depuis dix ans ? Dénoncer le général de Gaulle ?

D'autres sont plus mécontents encore, pensant, comme Pierre Juillet, qu'à force de s'adresser à la gauche et de s'entourer de gens de gauche, Chaban va diviser l'électorat gaulliste. Sa phrase clé, telle que Jacques Chirac me le rapporte un peu plus tard à l'Assemblée, est : « Pour tenter de séduire un électorat à gauche, que nous n'avons pas, il ne faut pas perdre celui qu'on a. » C'est en effet la certitude des conseillers politiques présidentiels, qui, par capillarité en quelque sorte, remonte jusqu'au sommet de l'UDR.

Quel que soit le rôle du duo Juillet-Garaud, il y a bien dès le début un malentendu, vite devenu désaccord latent, qui se terminera par une vraie rupture, entre Georges Pompidou et Jacques Chaban-Delmas.

Leur caractère, d'abord, est profondément différent : le Président est méthodique, il aime les dossiers, qu'il lit, commente et interprète en ancien élève de l'École normale qu'il est. C'est un intellectuel qui fait de la politique. Chaban-Delmas, lui, est un actif, toujours pressé, qui survole les dossiers. Un signe : lorsqu'il participe à une réunion, qu'elle soit politique ou de travail, il regarde souvent sa montre, placée à l'intérieur et non à l'extérieur de son poignet. Et cherche, le plus souvent, à l'occasion des comités et autres bureaux politiques, par exemple, à trouver une place près d'une porte de sortie. Comme si, entré dans une réunion, il ne voulait en aucun cas y rester trop longtemps. Cette habitude, paraît-il, exaspère Pompidou. Quand on est dans le bureau du président de la République, le temps s'arrête, on ne regarde pas le cadran de sa montre.

Autre différence, de tempérament politique celle-là, que révèle le Discours sur la nouvelle société : pour le Président, les choses suivent leur cours, la justice sociale s'imposera d'elle-même, en son temps, avec le progrès. L'histoire et la culture font la continuité des peuples. L'humanisme fait le reste. Chaban, lui, a envie d'un monde neuf. Les discussions, avec lui, ne s'éternisent pas. Il va droit aux conclusions, sans lire les chapitres précédents. C'est un homme pressé.

Quelques jours après le 16 septembre, jeune journaliste à TF1, Patrice Duhamel passe avec un technicien par le hall du palais de l'Élysée. Le Président n'est pas loin, il raccompagne des hôtes vers le perron. Patrice Duhamel entend distinctement une phrase de Georges Pompidou à ses interlocuteurs qui révèle à merveille ce qu'il pense des propos de Chaban à l'Assemblée nationale. « Ah, dit-il, cette nouvelle société ! J'ai déjà bien assez de mal avec l'ancienne. »

Et puis, comment en serait-il autrement, il y a aussi l'ombre du général de Gaulle, qui pèse sur les pensées, les actes de Georges Pompidou, qui ne peut justement pas se permettre, comme il l'a dit aux membres directeurs de l'UDR au moment de sa candidature, d'être « médiocre ». La comparaison permanente qu'il fait en lui-même avec le général de Gaulle est à coup sûr une sorte de fardeau, fardeau glorieux, mais fardeau néanmoins pour Georges Pompidou. Pas pour Chaban-Delmas. Et dans cette lutte contre le souvenir, Georges

Pompidou craint de voir les pouvoirs que lui donnent la Constitution de la Vᵉ République remis en cause. Voilà qui explique sa réaction, profonde, immédiate, au discours de Jacques Chaban-Delmas.

Celui-ci a défini sa politique comme l'aurait fait un président du Conseil de la IVᵉ République : en somme, sans que le Président ait son mot à dire. Pompidou y voit une prise de pouvoir inadmissible, anticonstitutionnelle presque, du Premier ministre. Dans sa première conférence de presse, dès juillet, il avait pourtant précisé comment il concevait son rôle : « À la fois chef suprême de l'exécutif, gardien et garant de la Constitution, il est à ce double titre chargé de donner les impulsions fondamentales, de définir les directions essentielles et de contrôler le bon fonctionnement des pouvoirs publics : à la fois arbitre et premier responsable national. » Après le 16 septembre, il voit sa définition des institutions bousculées par Jacques Chaban-Delmas, et craint de voir attaquer la prééminence présidentielle.

C'est ainsi que commence, dans les trois mois qui suivent sa nomination, une sorte de lutte sourde, aggravée par nos deux compères de l'Élysée, entre le Président et son Premier ministre. Je n'en donnerai que quelques exemples, encore que la période en fourmille, mais je retiens de cette guerre larvée, permanente, l'impression d'un immense ratage et d'une multitude de coups fourrés.

Quelques jours seulement après le discours de Chaban, le 22 septembre, Georges Pompidou a convoqué une conférence de presse. Fini, au passage, sur le côté de l'estrade de la salle des fêtes élyséenne, l'alignement des ministres concentrés et attentifs, recueillant la bonne parole du Général. Il s'agit, précise-t-il d'emblée, d'une conférence consacrée aux problèmes financiers. Est-ce une façon d'apparaître, face à Chaban, comme le président de la République, c'est-à-dire comme « la clef de voûte » de la Vᵉ ? À coup sûr, non.

Si Georges Pompidou apparaît en pleine forme, yeux vifs sous des sourcils légèrement raccourcis, il ne quitte pas le domaine de la finance, où il est très à l'aise – son expérience de directeur général de Rothschild n'a pas été inutile –, sans préciser ce qui pourtant, on le sait, lui tient le plus à cœur : la prééminence du président de la République. Il s'explique longuement, certes un peu tard, sur la dévaluation du mois d'août, insiste sur les efforts nécessaires des

Français et va jusqu'à recommander aux mères de famille, pour ne pas tomber dans le piège de l'endettement, de remettre au plus tard possible l'achat d'une machine à laver.

Je me rappelle le commentaire du *Monde*, le lendemain : son directeur politique, Jacques Fauvet, disait du président de la République qu'il avait fait une conférence de Premier ministre, à moins d'une semaine de distance du discours de Chaban-Delmas, qui lui, avait prononcé un discours de Président. La conférence de presse, du point de vue du rééquilibrage des pouvoirs, rate son but. Pompidou en est blessé. En revanche, elle restera sans doute, elle est restée pour moi comme une des plus révélatrice de l'homme Pompidou. Sans doute était-il, sur beaucoup de sujets, monétaires, économiques, politiques, conservateur. Mais il ne l'était pas, et c'est cela qui fait de lui un homme complexe et complet, sur la société et sur ses mœurs.

Mon ami Jean-Michel Royer, éditorialiste à RMC, m'avait téléphoné le matin pour me dire de ne surtout pas éteindre mon poste avant la dernière question qu'il poserait au président de la République. C'était, entre parenthèses, une époque où les questions posées par les journalistes à l'issue d'une conférence de presse étaient triées sur le volet par le service de presse de l'Élysée, où l'ordre en était soigneusement fixé, et la formulation, surveillée. Je dois dire que, de cette conférence de presse, reste seule dans mon esprit la réponse inattendue, bouleversante, à la question posée. Elle portait sur Gabrielle Russier.

Un mot pour rappeler le fait divers qui, en septembre 1969, était au cœur des conversations des Français. Une jeune professeure de lettres était tombée amoureuse d'un de ses jeunes élèves de seize ans. Jugée pour détournement de mineurs, incarcérée brièvement, puis condamnée à un an de prison avec sursis, elle venait de se donner la mort début septembre. Son suicide avait coupé la France en deux : ceux qui jugeaient coupable l'amour de la jeune femme de trente-deux ans pour un garçon de seize ans, et ceux qui, Mai 68 étant passé par là, trouvaient que la justice intervenait inutilement dans une affaire qui ne la regardait pas.

Je n'oublierai jamais la réponse de Georges Pompidou à la question de Jean-Michel Royer. Long silence, rare sur le petit écran, du Président. Il ne dit pas ce qu'il a pensé, ni ce qu'il a fait : demander discrètement à l'Éducation nationale de ne pas sanctionner Gabrielle Russier, mais la justice a été implacable. Pour évoquer ce qu'il a ressenti, il cite, avec un sourire ému, ces quelques phrases d'un poème d'Éluard. « Moi, mon remords, ce fut la victime raisonnable au regard d'enfant perdue, celle qui ressemble aux morts qui sont morts pour être aimés. »

Certes, on le savait, l'agrégé de lettres classiques qu'était Pompidou avait publié une anthologie de la poésie française. Certes, on le savait, il aimait la peinture moderne et avait transformé l'Élysée en musée. Mais l'entendre, de sa voix éraillée par les cigarettes, citer Paul Éluard, poète communiste de surcroît, pour reconnaître à Gabrielle Russier l'innocence des enfants perdus, a été pour moi, je l'avoue, un moment fort. Qui passa sans doute au-dessus des spécialistes de l'économie et des finances. Et ne porta pas, politiquement, sa conférence de presse au niveau du discours de Jacques Chaban-Delmas.

Pour moi, cette effervescence de l'UDR, cette inquiétude des parlementaires m'ont toujours paru incompréhensibles. Absurdes, même. Le mouvement gaulliste n'est en rien menacé. Il détient une très large majorité au Parlement. Le gouvernement a largement ouvert ses portes, et ses postes, aux gaullistes de toujours, comme Michel Debré, aux barons du gaullisme, Roger Frey, Olivier Guichard. Certes, il s'est ouvert aux centristes et aux giscardiens, et s'est donc élargi au point de n'être menacé que par le petit parti centriste de Jean Lecanuet et par une gauche encore en pièces.

Alors ? Pourquoi ces craintes, pourquoi ce climat ? Un temps, à l'automne, ce fut la présence et l'action de Valéry Giscard d'Estaing, taxé de hauteur et de condescendance à l'égard des élus, que ceux-ci choisirent de critiquer. Avec, toujours, la même petite musique : le ministre des Finances a contribué au départ du général de Gaulle – s'il ne l'a pas suscité – par son refus de voter le référendum. Poniatowski, à qui je demandais ce qu'il pensait de ce climat, avait eu un sourire de confiance : « Ils ne peuvent rien faire. Pompidou, Chaban et Giscard sont le dos au mur et sont forcément solidaires. L'un ne tombera pas sans les deux autres. Donc pour le moment tout va bien. »

En effet, il a raison, tout devrait aller bien. Mais ça ne va pas. La nouvelle société n'est décidément pas ce qu'attendent les gaullistes orphelins. Jacques Chaban-Delmas va connaître leur acharnement tout au long de ses trois années de Matignon.

Quelques exemples. Au Conseil national de l'UDR à Versailles, fin juin 1970, on me raconte que le Premier ministre saute, plutôt qu'il ne monte, à la tribune. Un Chaban presque enragé, si mal accueilli par la salle qu'il en est blême de colère. Pierre Messmer, président de la petite association de gaullistes virulents, Présence et action du gaullisme, mène l'offensive. Il reproche à Chaban, en substance, de malmener des principes du gaullisme. La réponse du Premier ministre est rude, sans complaisance.

De grâce, plaide-t-il, cette confiance que je vous accorde, il faut qu'elle soit réciproque. Manifestement, elle ne l'est pas. Il reste néanmoins Premier ministre « pas pour mon plaisir, répète-t-il avec rage, pas pour mon plaisir ». Un véritable ton de patron, qu'on ne lui connaissait pas, mais que j'attendais presque après ces mois d'embuscades. Plus autoritaire que Georges Pompidou, aussi sincère que Michel Debré. Je trouve violent que beaucoup, dans les couloirs, tout près du château de Versailles, chuchotent qu'ils n'ont plus confiance en Chaban, parce que ce n'est pas un des leurs. En 1944 non plus, peut-être, il n'était pas un des leurs ?

Beaucoup des dirigeants de la majorité doutent maintenant de Chaban. Je me rappelle, fin juillet, ces quelques propos que me tient Jacques Baumel, devenu secrétaire d'État auprès de Chaban, dans son bureau, à l'hôtel de Clermont : « Il y a un an, me dit-il, j'aurais dit à Pompidou : le choix de Chaban est excellent pour ses rapports avec la majorité et les parlementaires. Pour les initiatives sociales, en revanche, ce n'est pas sûr. Aujourd'hui, on dirait le contraire : les rapports de Chaban avec les députés sont exécrables, ses initiatives sociales, pas mauvaises. »

Paul-Marie de La Gorce, pourtant favorable à Jacques Chaban-Delmas, confirme cette impression : pour lui, Chaban ne sait absolument pas parler aux gaullistes. Il est à la fois trop rude, trop câlin (« Ne t'en fais pas, mon petit chat », phrase qu'il prononce le plus souvent avant de quitter au pas de course un dirigeant ou un député angoissé, qui lui demande un conseil, une faveur, un encouragement, et se sent blessé par la pirouette du Premier ministre) et trop pressé, comme si ce qu'il souhaitait le plus au monde, lorsqu'il approchait un interlocuteur, était de prendre la fuite.

Il faut dire que la majorité élue après la vague de 1968, à la faveur d'élections dites « de la peur », n'est pas précisément celle qu'aurait préférée Chaban, elle a été élue contre les désordres étudiants, les grèves sociales, sur le thème de la sécurité et de l'ordre. Chaban, gaulliste social, aurait sans doute préféré une majorité moins conservatrice.

J'ai souvent l'occasion de penser, durant les trois années passées par Chaban à Matignon, au jugement de François Mitterrand : celui-ci, pendant la séance de nuit, au cours de la discussion générale au Parlement après le discours du 16 juin, avait résumé en une phrase prémonitoire le défi qui était celui du Premier Ministre. Je l'avais notée, et repensé souvent au chemin difficile que Mitterrand dessinait, dès le soir du 16 septembre, à son ami Chaban : « Quand je vous regarde, je ne doute pas de votre sincérité. Quand je regarde votre majorité, je doute de votre réussite. » Là, en effet, est bien le problème de Chaban-Delmas.

À y bien regarder, pourtant, ce ne sont pas sur les réformes sociales que militants et parlementaires sont vent debout contre Chaban. Les contrats de progrès chers à Delors se signent, et calment considérablement les revendications salariales dans les grandes entreprises comme la SNCF et EDF. Le dialogue social, qui a tellement fait défaut avant 1968, est une réussite, reconnue des partenaires sociaux. L'effet des hausses de salaires dues à Grenelle s'éloigne et finit même par disparaître. La France travaille et les nouvelles éruptions de jeunes, préoccupantes pour le gouvernement, ne se répercutent pas sur les salariés. Pas de contagion des mécontentements. La fronde des parlementaires et des cadres est d'autant plus incompréhensible. Si encore Chaban s'effondrait dans les sondages… Mais non, sa cote est au sommet, elle dépasse celle du président de la République et le restera pendant les deux premières années qu'il passera à Matignon. Il n'est pas sûr, d'ailleurs, qu'aux yeux du président de la République, cela n'ait pas aggravé son cas.

Tout est bon pour accuser Chaban, tantôt d'indulgence excessive pour Valéry Giscard d'Estaing, tantôt de bienveillance à l'égard de Jean-Jacques Servan-Schreiber.

La faute à Chaban, aussi, l'ouverture de l'ORTF. Là, pour le coup, en effet, il en est, seul, le responsable. Pompidou l'avait promise, Chaban l'a faite et cela, plus que tout, lui a été fatal.

Il faut dire que l'ORTF, jusque-là, avait été presque totalement verrouillée. La direction de la télévision, et surtout les responsables de l'information, avaient été longtemps des gaullistes de stricte obédience, surveillés par des ministres de l'Information zélés. Rien n'avait changé depuis 1965. C'est dire à quel point les apparitions à l'antenne des opposants étaient rares. En 1969, mis à part la campagne électorale officielle, dans laquelle tous les candidats avaient une égalité des temps d'antenne, la situation n'avait guère bougé, sinon que quelques émissions d'information, comme « Cinq Colonnes à la une », avaient vu le jour – encore était-ce parce que son producteur, Pierre Lazareff, qui s'appuyait sur le trio Desgraupes-Dumayet-Barrère, était un ami de Georges Pompidou. En outre, les deux journalistes et leur réalisateur attitré savaient jusqu'où ne pas aller trop loin. Libéraliser l'information à la télévision, ce que Pompidou avait expressément promis à Jacques Duhamel et aux centristes avant son élection, n'allait pas de soi.

Le 11 mai 1968, les responsables des grandes émissions d'information « Cinq Colonnes à la une » et « Panorama » avaient constaté dans une déclaration publique, avant de se mettre en grève, que la « direction et la rédaction en chef de l'actualité télévisée avaient été incapables de résister aux pressions gouvernementales ». Ainsi, du 2 au 14 mai, selon le bilan des images archivées, deux heures avaient été consacrées dans les journaux d'information aux événements de Mai : une heure trente émanant des autorités, chef du gouvernement, ministres ou préfet ; trente minutes pour le compte rendu des manifestations, deux minutes pour les leaders syndicaux et enseignants. L'équilibre n'y était pas.

Dans son discours, Chaban était entré dans les détails des modifications qu'il voulait apporter à la télévision française. Il avait annoncé la création de deux unités d'information autonomes dans le cadre des chaînes existantes. Il annonça quelques heures plus tard la décision de nommer à la tête de la première unité d'information Pierre Desgraupes, un des animateurs de « Cinq Colonnes à la une » qui s'était joint à la grève de l'ORTF, et à la direction de la seconde, Jacqueline Baudrier, directrice de la radio d'État. Si la seconde nomination ne pose aucun problème dans la majorité, celle de Pierre Desgraupes, au contraire, apparaît comme une provocation.

Elle a entraîné la seule scène orageuse dont j'eus directement connaissance entre le Premier ministre et Pierre Juillet. Dominique de La Martinière, directeur général des impôts, qui a tout entendu, me la raconte. Ami du Premier ministre, il est encore chamboulé en me la restituant. Elle s'est passée à l'ambassade de Grande-Bretagne quelques mois auparavant.

Jacques Chaban-Delmas croise Pierre Juillet. Il attaque : « Alors, Juillet, vous voulez ma peau ? Je peux vous demander pourquoi ? » Juillet ne s'est pas démonté : « Parce que je pense à mon pays, et que je n'ai pas envie qu'il se désagrège à cause de votre politique. » « Vous avez livré la télévision à nos pires adversaires. Votre politique en toutes choses avantage des gens qui ne sont pas de nos électeurs, et qui ne vous en sauront aucun gré, tandis que nos électeurs traditionnels nous laisseront tomber ! » avait-il ajouté, alors que les invités étaient à quelques mètres d'eux. L'un et l'autre, blêmes de colère, s'étaient tournés le dos. Jacques Chaban-Delmas me confirma la scène plus tard, en 1987, alors qu'il était redevenu président de l'Assemblée nationale. Il ajouta que Charles Pasqua aussi l'avait menacé de la même façon, devant les parlementaires UDR réunis salle Colbert, salle la plus vaste de l'Assemblée nationale qui leur était réservée : « Votre destin, avait-il dit, semble être de faire disparaître le gaullisme de la politique nationale. »

Mais, pour Chaban, le pire échange sur le sujet est surtout celui qui l'a opposé au président de la République, à la mi-septembre 1969. Chaban lui annonçait pour la première fois la désignation de Pierre Desgraupes. « C'est un adversaire, lui dit Pompidou. Le groupe et le mouvement ne l'accepteront jamais. »

Chaban n'a pas reculé, allant même jusqu'à proposer sa démission au Président. Pensant qu'il se déjugerait lui-même s'il changeait de Premier ministre quelques mois seulement après l'avoir désigné, Pompidou abandonna l'offensive.

Très vite, les informations de la première chaîne suscitent des protestations permanentes. Les apparitions d'opposants sont trop nombreuses, on n'entend qu'eux, les syndicalistes parlent trop, les dirigeants de l'UDR, pas assez. Toutes ces protestations trouvent, cela va sans dire, des oreilles complaisantes chez Marie-France Garaud et Pierre Juillet qui, naturellement, répercutent leurs doléances à Georges Pompidou.

Au surplus, ministres et dirigeants politiques sont logés à la même enseigne : ils doivent, pour passer à l'antenne, recueillir le feu vert de Matignon. Il s'agit de protéger l'indépendance des journalistes du service public. Mais, dans les faits, chaque ministre qui se voit opposer une fin de non-recevoir par un rédacteur en chef d'une des deux unités rend Chaban responsable de son interdiction d'antenne. Il n'y a guère que Valéry Giscard d'Estaing qui s'affranchisse de ces consignes et méprise assez les directives pour s'imposer, quand il le veut, sur le petit écran. Mais il n'appartient pas à l'UDR, ce qui exacerbe les critiques des gaullistes éconduits.

Les journalistes choisis eux aussi font problème. J'en ai fait moi-même l'expérience. Au début de l'année 1970, Pierre Desgraupes me demanda si, dans le cadre de l'émission « Panorama », alors confiée à Olivier Todd – le père d'Emmanuel –, j'accepterais de faire le portrait audiovisuel, en une séquence de vingt minutes, de quatre jeunes dirigeants dont je pensais qu'ils étaient destinés dans les années à venir à jouer un rôle important dans la politique française. À l'exception des centristes : une autre journaliste de mes amies, Irène Allier, étant pressentie pour Jacques Duhamel et Jean Lecanuet.

Je proposai quatre noms, qui furent immédiatement acceptés : Olivier Stirn, alors jeune député gaulliste du Calvados, Jacques Chirac, secrétaire d'État à l'Économie et aux Finances, qui avait été élu en 1967 en Corrèze et faisait beaucoup parler de lui. J'y ajoutai, pour l'opposition, les communistes Roland Leroy et Georges Marchais, ainsi que Jean-Pierre Chevènement, dont l'influence au sein de la gauche commençait à se faire sentir.

Ma première interview fut celle d'Olivier Stirn, que je suivis quelques jours dans le bocage normand. Il y avait, dans le jardin de la maison qu'il occupait, une table de ping-pong. Nous y jouâmes lors d'une pause, et commençâmes, entre chaque échange, à parler du gaullisme. Le réalisateur, qui trouvait riches et originaux ces échanges politiques en même temps que sportifs, en fit une séquence de deux ou trois minutes, que je trouvais moi-même assez inattendue à l'intérieur de l'émission. Le lendemain de la diffusion, Pierre Desgraupes recevait un coup de téléphone du ministre de l'Intérieur, Roger Frey, s'indignant qu'on puisse, sur la première chaîne du service public, parler du général de Gaulle sur bruit de balles de ping-pong. Il assortissait sa protestation d'une critique du choix de la journaliste en question, qui, écrivant dans un hebdomadaire n'appartenant pas à la majorité, n'avait rien à faire à la télévision. Pierre Desgraupes, qui n'aimait pas les intimidations, me demanda de continuer : c'est ainsi que je suivis Jacques Chirac à Ussel et sur d'autres lieux corréziens – c'est le premier portrait télévisé de celui qui deviendrait le cinquième Président de la Ve République –, puis Roland Leroy dans un meeting à Rouen et Georges Marchais lors d'un déjeuner de famille du dimanche.

L'émission sur Jacques Chirac, évidemment, ne suscita aucun problème auprès du duo présidentiel, d'autant qu'elle y montrait le basculement d'un département communiste, désormais acquis à l'UDR. Elle m'attira même la sympathie de Marie-France qui m'invita à venir la voir à l'Élysée pour la première fois. La troisième émission consacrée aux deux dirigeants communistes saisis dans une intimité, familiale ou politique, qu'ils répugnaient le plus souvent à dévoiler, parut en revanche insupportable aux dirigeants de l'UDR. Au point que je me décourageais, et Desgraupes aussi, par lassitude, de faire le portrait télévisé de Jean-Pierre Chevènement, lui aussi promis à un bel avenir.

Avec le recul, cette bataille d'une violence démesurée sur l'ORTF, qui a occupé tant de temps, à l'Assemblée et dans les instances de l'UDR, paraît aussi exagérée que nocive. Elle n'a cessé de diviser l'UDR, jusqu'à la démission de Chaban. Tout était dit entre les deux hommes dès la fin 1970.

Une pause seulement, dans les trois ans que passa Chaban à Matignon entre le Président et le Premier ministre – encore ne dura-t-elle que quelques jours –, fut la mort du Général, le 9 novembre 1970. Georges Pompidou a appris la nouvelle le 10 à 4 h 30 du matin, me raconte le nouveau chargé de presse de l'Élysée, Denis Baudoin. Il arrive très tôt à son bureau où il est rejoint par Pierre Lefranc, président de l'association de soutien au général de Gaulle – auquel il ressemble au point qu'une légende veut qu'il soit son fils naturel. Chaban, le visage marqué, les rejoint à 10 heures.

Je me suis demandé, sur le moment, quels pouvaient bien être les sentiments du Président et de son Premier ministre dans ces heures. Il m'a semblé qu'ils devaient être profondément différents. Pour Jacques Chaban, la Résistance, derrière le chef de la France libre, était sa première aventure. Il avait appris avec lui le sens de la lutte, le goût du danger, celui de la décision rapide et de l'engagement dans l'action. Avec sa mort se tournait une page la plus enthousiasmante de sa vie. Il ne pouvait, au moment de sa mort, que penser à sa propre aventure.

Plus complexes évidemment devaient être les sentiments de Georges Pompidou. Il devait tout au Général. Certes, il n'avait pas vécu l'épopée de la Résistance, mais il avait partagé bien d'autres moments avec de Gaulle de 1944 à 1970 : l'après-guerre, la direction de son cabinet rue de Solférino (où, m'avait précisé un jour le conseiller Grégoire, Pompidou se rendait aux toilettes aux mêmes heures que le Général, deux fois par jour !), les heures de méditation sur le retour au pouvoir, la négociation sur la fin de la guerre d'Algérie, la nomination à Matignon.

Même si leurs relations, à partir de 1968, avaient lourdement changé, même si dans la lettre adressée à Georges Pompidou le lendemain de sa déclaration de candidature, le Général, qui assurait l'approuver, avait néanmoins ajouté que mieux eût sans doute valu qu'il ne l'ait pas annoncé plusieurs semaines à avance, « ce qui a fait perdre quelques voix au "oui" ». Georges Pompidou apparaît bouleversé à la télévision, à l'heure du déjeuner, vêtu de sombre, cravate noire avec, dans ses yeux clairs sous ses sourcils noirs, une intense tristesse. C'est vrai qu'il est débarrassé aujourd'hui de la présence et de la magistrature morales du Général. Mais je ne crois pas, ou alors je suis bien naïve, qu'il en ait éprouvé autre chose, sur le moment, qu'un vrai vide.

Pompidou retient à déjeuner Chaban, Olivier Guichard, Roger Frey et, nouveau venu parmi les barons du gaullisme, Jacques

Chirac, dont manifestement les trois hommes se demandent ce qu'il fait là. Simple, il me semble : Guichard et Frey sont là parce qu'ils aimaient de Gaulle, et Chirac est présent parce qu'il aime Pompidou. Dans l'après-midi, sans consulter personne d'autre que Mme de Gaulle, sans en dire un mot à Pompidou, Michel Debré va s'incliner devant sa dépouille. Pompidou en concevra une grande irritation puisqu'il ne pourra s'y rendre que le lendemain (« Demander la permission, moi, d'aller à Colombey ? me dira plus tard Michel Debré, lorsque je lui poserai la question, il n'aurait plus manqué que cela ! » Il en reviendra, le soir même. Pompidou n'osera jamais lui en faire le reproche). Debré veut montrer ce qu'il est : le premier et le dernier des gaullistes. Et il se peut bien que, dans l'histoire, il le reste.

En dehors de ces quelques heures où chacun d'eux avait fait, en lui-même, l'examen de tout ce qu'il devait à de Gaulle, le ton de Georges Pompidou se faisait de plus en plus sévère chaque jour contre Chaban qu'il accusait de jouer au tennis plutôt que de travailler, de chercher à séduire plutôt qu'à mener un combat politique. Les réussites du gouvernement n'étaient pas comptées au profit de Chaban : mensualisation, participation des salariés de Renault aux fruits de l'entreprise, institution du Smic, mais à ceux de l'Élysée, tandis que les divisions politiques au sein de l'UDR relevaient entièrement de la responsabilité, ou plutôt de l'irresponsabilité de Matignon.

Il est vrai qu'il ne s'occupait pas du mouvement gaulliste avec le sérieux qui eût été nécessaire : les affaires d'appareil l'ennuyaient à périr, les bagarres ou les inimitiés entre les dirigeants l'exaspéraient. De sorte que Marie-France Garaud ainsi que Pierre Juillet et Jacques Chirac organisaient sans le dire, et comme ils l'entendaient, l'organigramme du parti majoritaire. Robert Poujade, secrétaire général du mouvement gaulliste depuis 1968, semblait-il trop indulgent à l'égard de Chaban ? Il fut nommé au gouvernement, à un poste fumeux, ce qui parut une promotion alors qu'il s'agissait proprement d'en débarrasser de la direction de l'UDR.

Dans la même intention, début janvier 1971, Chirac était nommé ministre chargé des relations avec le Parlement, ce qui en faisait l'interlocuteur privilégié des parlementaires de la majorité. C'était une fausse bonne idée, Jacques Chirac détestant les états d'âme et les esprits ronchon, y compris ceux des députés UDR, qu'il écoutait rapidement, et à moitié. Mais enfin, l'Élysée avait son homme pour suivre de près les parlementaires au palais Bourbon. Jacques Chaban-Delmas, à qui on ne la faisait pas même s'il laissait faire, convoqua Chirac deux jours seulement après sa nomination. « Que puis-je pour vous ? dit-il avec autant de bienveillance qu'il le pouvait. Vous savez bien que je n'étais pas favorable à votre nomination. Elle est acquise aujourd'hui, donc je m'y range. Qui voyez-vous comme secrétaire général de l'UDR ? » Chirac répondit prudemment qu'il serait sans doute démocratiquement élu par les instances du Parti. « Puis-je vous demander une place pour Valleix ? » demanda le Premier ministre, en reconnaissant par cette seule question qu'il n'avait pas voix au chapitre.

En effet : René Tomasini est nommé secrétaire général de l'UDR. Certes, il est dans l'appareil depuis longtemps. Il a gravi les uns après les autres les échelons du mouvement gaulliste : comité central, bureau politique, direction. Lorsque je le rencontre, le lendemain de son élection, ce fils d'un ancien préfet révoqué par Vichy, devenu chargé de mission au Bureau central de renseignements et d'action (BCRA), chargé des renseignements par la France libre à Londres, proche de Michel Debré à la Libération, puis sous-préfet aux Andelys dont il était finalement devenu député en 1958, me raconte d'abord qu'il a deux passions : la chasse et le bateau, que ce dernier a coulé l'été précédent au large de la Corse et que sa maison familiale, où vit sa mère, porte le nom, qu'il ne comprend pas lui-même, de Petreto Bitschinano.

Sa nomination, m'avoue-t-il le plus naturellement du monde, n'a pas posé de problème puisqu'il était le candidat de l'Élysée. Il a obtenu 89 suffrages sur 99 votants. Quant à l'ouverture, il n'en est pas un franc partisan : « L'UDR n'est pas un hall de gare où l'on entre et on sort sans arrêt. Pour moi, la majorité présidentielle ne doit rejeter personne, sauf ceux qui représentent vraiment le symbole de l'antigaullisme, ou qu'ils l'aient manifesté. »

Désigné pour mener la vie dure au Premier ministre, il le fait avec conscience et détermination, tout au long des années 1971-1972, attaquant un jour la presse, un autre la magistrature, parfois même les deux à la fois avec une violence qui n'a d'utilité que celle de démolir Chaban. Quant à la télévision : « Pour l'information nous sommes favorables à la liberté, mais Info première est dominée par les ennemis de la liberté ! » « La télévision ne cherche et ne met en valeur que tous les aspects négatifs de la société française. » Et, pour conclure, un peu plus tard : « Je sais que, dans ce domaine, le Premier ministre n'est pas de mon avis. Il croit qu'avoir mis Desgraupes à la tête de l'information, c'était le seul moyen de rendre crédible sa politique, je crois qu'il a tort, que c'est la seule bavure sérieuse de sa politique. » Pour faire bon poids, il part dans un dégagement sur les magistrats sur le thème devenu classique : si les prévenus traduits devant la justice bénéficient de peines dérisoires, la faute est celle des magistrats dont il dénonce la « lâcheté ».

Chaban s'en étrangle, convoque René Tomasini et Jacques Chirac. Résultats : une mise au point assez piteuse de Tomasini, rédigée par Chirac. Jacques Chirac me raconte lui-même la suite. Après le Conseil des ministres, le mercredi qui suit, Chaban et Debré suivent Pompidou dans son bureau. Quelques minutes plus tard, Chirac est appelé dans le bureau présidentiel. Devant Pompidou, Chaban lui annonce que la décision vient d'être prise : Tomasini doit démissionner. Il faut réunir toutes affaires cessantes le bureau exécutif de l'UDR pour entériner la décision. « C'est cela que vous voulez ? » demande Chirac au Président. Celui-ci, l'air malheureux, le confirme. Chirac, responsable au premier chef de la nomination récente de René Tomasini, plaide que, en cas de limogeage, près de cent parlementaires vont démissionner. « C'est ce que nous avons décidé, dit Chaban ; un point, c'est tout. »

Chirac ne s'avoue pas battu. Il appelle Pierre Juillet, qui déjeune au restaurant du coin, puis Tomasini : les trois hommes se retrouvent dans le bureau de Juillet. Celui-ci prépare sa contre-offensive. Chirac appelle Debré sans attendre et plaide qu'une démission de « Toto » serait pire que tout, qu'il faut l'éviter à tout prix pour maintenir l'unité du groupe. Puis il demande à voir Pompidou qui le reçoit sur l'heure. « C'est la première fois que je vous désobéis, dit-il au Président, mais je ne demanderai pas la démission de Tomasini tout à l'heure lors de la réunion du bureau du groupe. »

Pompidou sourit : « Vous ne m'avez rien dit. Je n'ai rien entendu », répond-il avec indulgence. René Tomasini reste secrétaire général de l'UDR. Chaban a perdu. Tel est son quotidien.

Tous les mois, désormais, se ressemblent : agitation du groupe parlementaire, manèges des conseillers, irritation de Georges Pompidou, résistance – ou défi – de Jacques Chaban-Delmas. À ceci s'ajoute, en avril 1972, la tenue du référendum sur l'entrée de la Grande-Bretagne dans la communauté européenne, qui n'arrange pas, quoique son résultat soit positif, l'humeur de Georges Pompidou.

Le 19 janvier 1971, Georges Pompidou fait sa troisième conférence de presse à l'Élysée. Il apparaît un peu vieilli, très grimé, la voix sourde, les yeux étrangement bridés. C'est la première fois que je ne l'écoute pas à la télévision et que j'assiste à cette cérémonie, car c'en est une. Je trouve le décor de la salle des fêtes, les pesants lustres, la couleur rouge foncé de l'ensemble, beaucoup plus lourd que je ne le pensais. Pour la première fois, Pompidou sort du monde selon de Gaulle. La nouvelle Europe se fera, façon Pompidou, avec le Royaume-Uni. Il reconnaît aux Anglais trois qualités : « l'humour, la ténacité, le réalisme ». Il ne dépeint pas un mariage d'amour, mais de raison. Et de citer, fidèle à sa fibre poétique, Rimbaud : « Ah ! Que le temp vienne / Où les cœurs s'éprennent. »

Nous n'en sommes pas là avec les Anglais, certes. Il reste que Pompidou vient de rompre avec la politique extérieure de de Gaulle. On ne peut pourtant pas lui faire grief, lui, d'avoir changé d'avis : il a toujours été favorable à l'entrée du Royaume-Uni dans la communauté européenne. Il le rappelle d'une phrase ferme : « J'ai été depuis plus de vingt ans le collaborateur le plus proche du général de Gaulle. Je ne reconnais à personne le droit de critiquer ma politique au nom du général de Gaulle. » N'empêche qu'il a attendu sa mort pour appeler la Grande-Bretagne à rejoindre l'Europe.

Voilà un point, il n'en y a pas tellement, sur lequel le Président et le Premier ministre sont d'accord. Jacques Chaban-Delmas parlait déjà d'association avec la Grande-Bretagne en 1952. On peut dire qu'il avait presque de l'avance sur Georges Pompidou. Cette conférence de presse m'a fait beaucoup d'impression : autant le visage du Président, sa voix m'ont paru changés, et sa fatigue évidente, autant son autorité, sa présence, son épaisseur m'ont impressionnée. Je me suis dit, en quittant l'Élysée, que ces qualités-là, Chaban, en effet, ne les aurait jamais.

Pompidou attendait beaucoup, Chirac me le dit dans les couloirs de l'Assemblée, du référendum fixé en avril 1972 sur l'entrée de l'Angleterre dans le marché commun. « Regardez l'Europe aujourd'hui, insista Chirac. Il n'y a personne de la stature de Pompidou pour faire le poids. Ni Willy Brandt, qui va être un jour prochain mis en minorité. Ni Edward Heath, talonné par Wilson et son opposition à l'Europe. Ni les Italiens, trop gênés par leurs propres affaires. Alors, affirme Chirac, c'est à lui de jouer, et il joue. Il a une route qui s'ouvre devant lui : la route d'Aix-la-Chapelle. »

Il ajoute que Pompidou juge utile de faire un référendum « pur », comme dit Chirac, qui ne pose pas le problème du maintien ou du départ du président de la République, contrairement à celui de de Gaulle sur le Sénat. C'est une façon, dit-il, de redonner au référendum sa mission essentielle : maintenir, entre deux consultations électorales, le lien avec les Français.

L'entrée de la Grande-Bretagne dans l'Europe heurte une grande majorité de gaullistes. Tous ne le disent pas. J'ai pourtant le souvenir d'un déjeuner avec Maurice Couve de Murville, dix jours avant le vote, où, répondant à une de mes questions, le dernier Premier ministre de de Gaulle me répond, après un silence expressif : « Je trouve que ce qui est fait est fait. Il n'y a jamais eu de gaullisme, il y a eu le général de Gaulle. Et puis il n'est plus là. Voilà tout ! »

En revanche, Giscard, bien discret depuis le début du septennat, rappelle que le « oui vient de loin », du traité de Rome, en 1957, et « qu'il ira loin ». Il voit surtout dans ce référendum la possibilité, enfin, d'envisager, après tant de difficultés, l'union monétaire. Lorsque je lui demande où est la cohérence gouvernementale, entre Michel Debré, qui juge lui aussi le Général trahi, et lui, il me répond, superbe : « Ma préoccupation est d'assurer la cohérence de ma pensée. » Que rétorquer à cela !

Quant à Olivier Guichard, il m'avoue n'avoir nulle part senti dans ses déplacements le moindre signe de mobilisation en faveur de l'entrée de la Grande-Bretagne dans l'Europe, et que d'ailleurs, dans sa circonscription, il n'a pas même fait campagne. Mais enfin, il juge utile que le référendum ait lieu, et me répète, comme l'a fait Chirac, que le Président français sera, dans les balbutiements présents de l'Europe, son numéro 1.

Mais les résultats du 23 avril ne permettent guère à Pompidou d'en tirer parti. 47 % des Français s'abstiennent ou votent nul. Le oui l'emporte, certes, mais avec un tel taux d'abstention, que l'entrée de la Grande-Bretagne en Europe n'est réellement souhaitée que par 36 % des votants. Georges Pompidou considère qu'il s'agit d'un échec. Roger Frey a beau lui répéter, comme il me le dit, qu'une majorité des Français ont dit oui, et que c'est l'essentiel, le Président n'est pas convaincu : il n'appelle pas cela, lui, un succès. Une chose est sûre, désormais : à la rencontre des dix chefs d'État européens, déjà prévue pour l'automne à Paris, il n'arrivera pas en conquérant. Les conseillers élyséens ne font guère de commentaire. En revanche, chez Chaban, on est plus disert. Pierre Hunt, conseiller de Chaban à Matignon, ne mâche pas ses mots lorsque je le rencontre le lendemain : « Ce référendum est un échec pour le président de la République et la majorité tout entière. L'abstention a certes touché tous les partis politiques, mais les troupes de la majorité ont montré qu'elles ne répondent pas, ou plus, au commandement. »

L'année 1972 marque la fin de l'aventure Chaban. Avec une première chausse-trape connue, l'épisode dit de la feuille d'impôts.

En 1972, *Le Canard enchaîné* annonce, feuille d'impôts à l'appui, que Jacques Chaban-Delmas ne paie pas les siens. Chaban ne s'est pas inquiété l'année précédente lorsque le même *Canard* avait annoncé qu'il payait peu d'impôts. Mais, pas du tout ? Il a beau se défendre, dire que le système de l'avoir fiscal, mis au point par Giscard d'Estaing, permettait de payer autrement l'État, rien n'y fait. Moins encore l'apparition de Chaban à la télévision, embarrassé à l'idée de raconter sa vie, interrogé par Pierre Desgraupes, qu'il a lui-même nommé, dont la gêne est évidente, qui ne se veut ni procureur ni complaisant. Sa popularité, qui était son vrai trésor politique, chute de 9 points.

Second accroc : Chaban a eu la malencontreuse idée d'engager à l'Assemblée nationale, lorsqu'il en était le président, le frère de l'inspecteur des impôts du 16e arrondissement, écroué pour avoir conseillé quelques-uns de ses contribuables. Trop d'affaires d'impôts décidément autour de Chaban. Et les multiples affaires immobilières dans lesquelles s'empêtrent une dizaine de députés de la majorité n'arrangent pas le climat, même si Chaban n'y est pour rien.

Puis vient l'épisode final du conflit sur l'ORTF. Le Sénat, après un rapport alarmiste de la Cour des comptes, a mis en place une commission d'information animée par Robert Diligent et Henri Caillavet. Tandis que la réforme de la télévision n'a pas encore été mise en œuvre, leur rapport dénonce de nombreux abus de gestion et rend public le trafic de la publicité clandestine. La commission de l'Assemblée nationale enfonce le clou. Et Chaban cède : il accepte de mettre fin aux fonctions de Jean-Jacques de Bresson à la tête de l'ORTF. Philippe Malaud, secrétaire d'État à la fonction publique, est chargé de préparer un projet de réforme de la télévision publique. Dernier round pour Chaban qui, de fait, est déchargé du dossier. Tout cela était fait pour l'abattre, il fut donc abattu. Non sans avoir, volontairement cette fois, en défiant Pompidou, engagé une dernière fois la responsabilité de son gouvernement et recueilli une confortable majorité de voix. Dernière colère de Pompidou contre le Premier ministre.

Quelques jours avant son départ, qu'il feint ne pas voir venir, Chaban reçoit deux ou trois journalistes à Matignon. Nous parlons de l'ORTF, évidemment. Il s'emballe. Il veut la libération de la télé. « Je me fous complètement du procès qu'ils me font ! » Il répète avec colère : « Je m'en fous. Quand je suis arrivé au gouvernement, n'importe quel sous-fifre du ministère des Finances était plus important que celui de l'ORTF. C'est cela que j'ai changé. » Je lui demande alors si, à force d'obliger la majorité à voter des projets de loi dont elle ne voulait pas, elle n'avait pas fini par se défouler, notamment sur la télévision. Il me répond oui de la tête, avec un sourire attristé.

Pierre Juillet, lui, avait dit : « Si Chaban est encore en place le 5 juillet, moi, je m'en vais. »

Le 5 juillet, Pierre Messmer le remplace à Matignon.

7.

Quand Mitterrand prend le pouvoir… à gauche

Pourquoi Messmer ? Dans les dernières conversations que j'avais eues avec Olivier Guichard, j'avais plutôt imaginé qu'il serait, lui, le successeur de Chaban-Delmas. Il le pensait, lui, en tout cas. Eh bien non ! Décidément, il faut croire que, même pour Georges Pompidou, il passe pour un dilettante, ce que sa placidité et son apparente insouciance laissent évidemment croire. Une fois de plus, Matignon lui passe sous le nez. Alors, pourquoi Messmer ? Commentaire direct de Xavier Marchetti, du service de presse du président de la République : « C'est un homme de l'Est, discipliné, plus facile, plus obéissant que Chaban. » Certes, mais pas seulement : il s'agit de récupérer les voix gaullistes que le tandem Juillet-Garaud croit perdues par Chaban-Delmas. Les élections législatives sont en effet programmées pour le printemps 1973.

Le paysage politique que trouve Pierre Messmer en arrivant à Matignon est profondément différent de celui de 1969. Pendant que l'UDR ne cessait ses chicayas intestines, Valéry Giscard d'Estaing et François Mitterrand ont fait, chacun de leur côté, un grand bout de chemin.

Le ministre de l'Économie et des Finances joue, depuis 1969, un jeu discret. Au début du septennat, pas question de faire de vagues. Fini le « oui, mais ». Il est un des premiers à avoir félicité Georges Pompidou pour son élection par un télégramme enthousiaste, qui n'est pas vraiment de son style : « Bravo ! Monsieur le Président, pour votre magnifique élection et aussi tous mes vœux pour le succès de votre action au service de la France. »

Après l'élection de Georges Pompidou, après, surtout, son retour aux Finances, VGE choisit le silence. Sa stratégie est simple : ne pas prendre de distance avec la majorité pompidolienne. « Coller à Pompidou », c'est le mot d'ordre au moins pour la première moitié de son septennat. Il existe désormais une délégation permanente entre l'UDR et les Républicains indépendants où la paix semble régner. Plus de polémiques, même si Michel Poniatowski n'a pas sa langue dans sa poche. Ce descendant d'une famille noble polonaise, descendant d'un maréchal de Napoléon, du duc de Morny mais aussi de Talleyrand, a rencontré Giscard pour la première fois en 1953.

Peu de seconds rôles, dans la vie politique, ont été aussi efficaces pour les premiers que Ponia l'a été pour Valéry Giscard d'Estaing. Ensemble, ils préparent, depuis 1962, la longue marche vers l'Élysée. Dans son salon défile tout ce que la France compte de centristes, du centre gauche au centre d'extrême droite, dans la perspective, souvent différée, toujours recherchée, du grand rassemblement en marge du gaullisme. Il existe deux Poniatowski, presque inconciliables : l'homme qui murmure, intoxique, subodore, flaire, combine, complote. Et puis l'autre, plus surprenant encore, celui qui rêve d'une société moderne, réfléchit sur le progrès et les moyens d'en faire profiter l'homme, qui médite sur la science, et qui, surprise, est le premier à dénoncer, sous Pompidou, la loi archaïque sur la pénalisation de l'avortement. Les deux Poniatowski ne trouvent leur unité qu'en Giscard.

Il est, au moment où Messmer entre à Matignon, le principal organisateur du mouvement giscardien. Il n'a pas son pareil pour dire tout haut, en y mettant le ton, ce que Giscard pense tout bas. Et l'art de la formule est son style préféré. Ainsi, à la fin des années Chaban, juste avant le départ de celui-ci, au moment où la feuille d'impôts du Premier ministre et les scandales immobiliers comme celui de la garantie foncière, impliquant des parlementaires UDR, font la une de tous les journaux, il est l'auteur de la phrase très connue sans lui être toujours imputée, sur « la République des copains et des coquins », phrase qui ne lui a pas valu que des amis chez les copains.

Plus de cela aujourd'hui. L'essentiel, désormais pour VGE, est de préparer la future présidentielle de 1976 sans faire de remous avec l'UDR, ni avec le Premier ministre. En passant évidemment par la case législatives de 1973, prévues en mars. Organiser autour de lui son mouvement FNRI, le développer, le mettre en ordre de bataille pour les futures compétitions politiques qui s'annoncent : en décembre, il en est élu président à la quasi-majorité de son parti tandis que son noyau de fidèles reste inchangé. Poniatowski en est toujours secrétaire général, entouré de Michel d'Ornano, lui-même descendant de Marie Walewska, et de Roger Chinaud, roturier arrondi et intelligent qui n'a pas son pareil dans la connaissance et l'analyse de la carte électorale. Des giscardiens sûrs.

Pour le moment, ce n'est pas le mouvement gaulliste, ni le nouveau Premier ministre issu de ses rangs qui l'exaspère, c'est bien plutôt un ancien camarade de jeunesse qu'il n'aurait jamais envisagé de retrouver sur sa route. Jean-Jacques Servan-Schreiber a décidé, en se portant au secrétariat général du Parti radical, à la fin de l'année 1969, d'être plus réformateur que Giscard. « Comment donc ? me dit JJSS lorsque je l'interroge à la fin de 1969, sur son OPA sur le Parti radical dans lequel l'a aidé Maurice Faure, élu président. Vous m'avez dit, pendant l'été 1965, que faire de la politique sans un grand parti, c'était impossible. Et maintenant que je suis dans les instances dirigeantes du Parti radical, à un poste clé, vous me dites que cela n'a pas de sens ? Bien sûr que oui, ça a un sens : celui de faire passer mes idées dans la réalité. »

Comment s'y est-il pris pour devenir secrétaire général de ce vieux parti, né sous la IIIe République, vivace encore sous la IVe, happé par la Fédération de la gauche en 1965 ? Celui qui en est devenu président, Maurice Faure, s'est en quelque sorte entiché de l'auteur du *Défi américain*, paru en 1967, dans lequel JJSS recherchait une troisième voie entre libéralisme et socialisme. Sans doute le rejet du communisme explique-t-il l'arrivée au pouvoir, au siège du Parti radical, place de Valois, de cet étonnant couple.

Étonnant, et bientôt, on s'en apercevra vite, détonnant, tant les deux hommes sont dissemblables. L'un, qui a négocié, comme secrétaire d'État aux affaires étrangères en 1957, le traité de Rome, fondateur de la communauté européenne, est un élu local qui connaît tout de sa circonscription, devenu très jeune ministre, qui s'est toujours frayé un chemin avec une facilité faussement bonhomme dans le monde compliqué du radicalisme. Il se méfie des grandes idées, mais sait aussi déjouer les petites manœuvres. Bon, excellent vivant, il aime les foies gras du Périgord (« Ce que je préfère dans le foie gras, c'est le jaune », me dit-il un jour, désignant l'épaisse couche de graisse qui borde la chair du canard, ou de l'oie), la bonne chère, les longues promenades digestives, à Paris ou à Cahors, dont il a bien besoin après un déjeuner dans un de ses restaurants préférés. Il aime les femmes et reconnaît volontiers qu'il les préfère à la politique, dont il ne peut cependant pas se passer. D'une exceptionnelle éloquence, en dépit ou grâce à l'accent du Sud-Ouest dont il sait jouer à merveille, il confie volontiers qu'il n'aime pas écrire, convenant avec modestie qu'il « n'est pas le meilleur dans cet exercice ». Il est drôle sans être méchant, profondément sceptique et ne donne pas facilement sa confiance. Il adore passer des heures dans les couloirs de l'Assemblée nationale avec François Mitterrand, qu'il fait beaucoup rire, ce qui ne l'empêche pas de combattre la stratégie d'union de la gauche de son ami.

Jean-Jacques Servan-Schreiber a attendu les années 1970 pour se présenter à Nancy, il a longtemps préféré agir en coulisses, comme avec Pierre Mendès France ; il n'a pas beaucoup d'amis, mais des gens qui l'admirent ou des femmes qu'il attendrit, il aime les idées et les grandes batailles politiques que maintenant il veut mener. Quant à la nourriture, j'ai le souvenir d'un déjeuner auquel le Parti radical avait convié les journalistes, dans un restaurant parisien dont la préparation et la cuisson des truffes faisaient la renommée. J'étais à une table voisine de la sienne que présidait un autre ténor du Parti radical qui s'était opposé à l'entrée de JJSS dans son parti et avait été battu, Félix Gaillard. Il a fallu quelques minutes à celui-ci pour juger du coup de fourchette de Jean-Jacques : celui-ci parlait à ses voisins, sans boire autre chose que de l'eau, et goûtant à peine son omelette aux truffes. « Oh, oh, me glissa Félix Gaillard à l'oreille, un dirigeant radical qui n'aime pas bien manger ! Il ne restera pas longtemps parmi nous… »

Il y restera assez pour bousculer tant les radicaux qu'il finit par les diviser. Tout allait très vite avec lui : il réquisitionna pour commencer le bureau de Maurice Faure, prié d'aller poser ses pénates dans une autre pièce, plus petite, parce qu'il avait moins de collaborateurs, écrivit en trois mois un manifeste, *Le Manifeste radical*, harmonieusement baptisé « Ciel et Terre », qu'il fit distribuer dans la France entière. Chroniqueurs et adversaires politiques n'en retinrent que deux angles : qu'il envisageait de mettre un terme à la transmission héréditaire de la propriété des moyens de production en taxant lourdement les grosses fortunes, et qu'il s'engageait à transformer les modes de désignation des dirigeants d'entreprises pour y introduire la démocratie. Autant dire que JJSS était plus audacieux en la matière que les socialistes. En fixant au Parti radical une ligne réformatrice forte, le secrétaire général, devenu bientôt, à la suite du jet d'éponge de Maurice Faure, président du Parti radical, ne pouvait que croiser, ou plutôt heurter, la route de Valéry Giscard d'Estaing.

De l'existence de ce duo Maurice Faure-JJSS, inattendu et fugace, de son poids dans la vie politique, pendant le septennat de Georges Pompidou, je garde deux souvenirs. Je me rappelle surtout le choc que fut, pour la classe politique, l'élection à Nancy de Jean-Jacques Servan-Schreiber en 1970.

En juin, Roger Souchal, député UDR de Meurthe-et-Moselle, s'élève contre le tracé du TGV Paris-Strasbourg, qui, passant par Metz, ne désenclave pas Nancy. Il décide de remettre son mandat en jeu et démissionne pour solliciter une nouvelle onction de ses électeurs. Jean-Jacques Servan-Schreiber saute sur l'occasion : il se présente contre le député gaulliste sortant qui croyait n'être sorti de l'Assemblée nationale que pour y être réélu.

Il ne connaît pas la ville, n'y a aucune attache, sinon l'amitié que lui voue le directeur du grand journal local *L'Est républicain*, Léon Chadé. Mais il sait les Nancéens inquiets de l'avenir de la sidérurgie, psychologiquement frustrés de leur éloignement avec Paris et de la primauté politique de Metz. Il débarque à Nancy avec une toute petite escorte, y fait une campagne étincelante, dénonçant sans finasser davantage le « carcan bureaucratique de l'État », « le mépris de Paris pour la province », « l'abandon de Nancy par le gouvernement ». Pas question de parler de programme radical, encore moins de l'abolition de l'héritage. Il n'a autour de lui que des adversaires, mais triomphe néanmoins largement du député sortant, obtient le score de 45 % dès le premier tour, et est élu une semaine plus tard, le 28.

Pour lui barrer la route, Georges Pompidou a envoyé, le temps d'un meeting, Jacques Duhamel qui, ami de Jean-Jacques, a néanmoins accepté de s'y rendre, la mort dans l'âme, et Valéry Giscard d'Estaing, inquiet d'une victoire éventuelle d'un homme qui pourrait bien devenir un concurrent, un rival plutôt, réformateur. Quoiqu'ayant quitté depuis quelques mois *L'Express* pour Europe 1, ce soir-là, j'ai rejoint toute la famille de JJSS à Nancy – dont sa mère, qui avait assuré l'intendance de tout son petit monde pendant quelques semaines –, pour suivre les résultats, d'un bureau de vote à l'autre, dans cette Lorraine que je ne connais pas. Enfin, pas moins ni plus que JJSS.

Quand je remets les pieds à l'Assemblée nationale, je m'aperçois que son élection en Lorraine a mis la majorité sens dessus dessous. Au Conseil des ministres, la semaine dernière, Olivier Guichard aurait dit, il me le confirme lui-même quelques minutes plus tard : « La majorité est menacée. » « C'est un homme de la IVe République, me dit Jacques Chirac. Il ne siégera pas à l'Assemblée et fera les couloirs, et il va mettre un de ces bordels ! » Sanguinetti : « Il pourrit tout ce qu'il touche » ; « Il est totalement dénué de scrupules, la Ve République est en danger » ajoute, pour faire bon poids, Michel Poniatowski. J'avoue que je ne comprends pas : la majorité se sent-elle si fragile qu'elle se croie menacée par l'élection d'un seul homme ?

Au Parti radical, en revanche, JJSS reçoit une avalanche de félicitations. Maurice Faure qui, avec Jean-Jacques, est toujours comme une poule qui a trouvé un couteau, est soulagé. Et JJSS, ravi d'avoir découvert « le terrain » : « Rien n'est plus politique, me dit-il, que de connaître la vie quotidienne des gens et de vouloir la changer. » C'est bien la première, et la dernière fois, que j'entendrai Jean-Jacques se préoccuper du quotidien, lui qui ne pense qu'à changer l'avenir. Je l'imagine mal sur les marchés et dans les inaugurations s'intéresser aux problèmes quotidiens, précisément, de ses électeurs.

La séquence ne dure pas. À peine le temps de savourer sa victoire, à peine le temps de prendre quelques vacances, et

Jean-Jacques m'apprend qu'il va se présenter à Bordeaux contre le Premier ministre Jacques Chaban-Delmas. Eh quoi ? Alors qu'il vient d'être élu à Nancy ? Justement, c'est maintenant qu'il doit, explique-t-il, lutter contre la majorité, dénoncer l'État-UDR et rendre sa combativité au centre-gauche. Ses amis sont stupéfaits, Françoise Giroud, atterrée. À *L'Express*, le plus grand nombre des journalistes politiques en perdent leur latin et se préparent à quitter l'hebdomadaire. L'éditorial du journal, signé par Georges Suffert, s'intitule, interrogation inédite quand on écrit sur le propriétaire de son propre journal : « Est-il fou, est-il génial ? »

La question se posait en effet. J'avais encore fait le déplacement de Bordeaux, le dimanche du premier tour, le 20 septembre 1970. Je pressentais la défaite, car Chaban était, pour Jean-Jacques, le pire des adversaires : il était fortement implanté dans la ville et son Discours sur la nouvelle société n'était pas loin de certaines des certitudes du manifeste radical. Jacques Chaban-Delmas était un homme d'ouverture. Pourquoi aller se battre contre lui ? Et puis surtout, qu'en penseraient les Nancéens ? Que leur nouvel élu n'avait que mépris pour eux ? Jean-Jacques, qui se vantait d'avoir découvert le terrain pouvait-il en changer ? La défaite était inévitable. Elle fut pire encore : il ne recueille que 16 % des suffrages. Je rentre, en voiture, seule à Paris, méditant sur cet échec, dont à mon avis il ne se remettra pas.

J'aime chez lui, depuis longtemps, sa force et sa volonté. Je découvre qu'à force de vouloir bouleverser les codes, il finit par se détruire lui-même, et les causes auxquelles il croit. Le lendemain, je déjeune avec Maurice Faure, lui aussi bouleversé, interdit. Je découvre entre eux un fossé dont je ne mesurais pas la profondeur. « Ce n'est plus possible, me dit-il, il n'est pas amendable. Il me met toujours devant le fait accompli. C'est comme la peinture des bureaux de la rue de Valois : il ne m'avait pas dit qu'il les faisait repeindre. J'ai eu l'air d'un con… »

En tout cas, du côté de chez Giscard, on se rassure : Jean-Jacques ne leur fera plus jamais peur.

François Mitterrand, lui, a fait plus qu'un bout de chemin, pendant que Chaban était à Matignon. Que s'est-il passé depuis la fatale conférence de presse du 27 mai 1968, où Mitterrand a enterré trop vite le général de Gaulle et le gaullisme, bouleversés par la rébellion étudiante et les grèves ouvrières ? La Fédération de la gauche, qu'il présidait, est tombée d'un coup comme ses bâtiments, trop vite construits, s'effondrent sur eux-mêmes. Mitterrand s'est retrouvé le paria de cette gauche qu'il avait représentée non sans quelque succès à la Présidentielle de 1965.

Mitterrand est, une fois de plus, un homme seul. Le PS continue sans lui : s'il dit clairement qu'il votera non au référendum proposé par de Gaulle, Mitterrand ne prend pas part à la campagne présidentielle de 1969, il ne soutiendra pas Defferre. Il se promène longuement dans le jardin du Luxembourg, achète et recherche des livres anciens, entretient ses amours avec Anne, jeune fille dont il est tombé amoureux à qui il écrit parfois chaque jour, marche dans Paris avec elle, relit Chateaubriand. La pression de la politique retombée, Mitterrand est un homme différent.

Il garde les mêmes amis – et les mêmes amies –, passe des vacances à Hossegor, où il a connu Anne et ses parents, et, depuis 1966, à Latche, bâtisse découverte au hasard d'une promenade en forêt, qu'il a acquise en 1965. Il y fait des kilomètres dans la forêt landaise avec ses chiens et un ânon rétif. Lorsque je le vois, chez lui, fin 1969, il lit tout haut le manuscrit du livre qu'il est en train de peaufiner, *Ma part de vérité*, rajoutant un mot, en changeant un autre, déplaçant une virgule. Chaque week-end, il s'installe à l'hôtel du Vieux- Morvan, puisque la Nièvre lui a fait le plaisir de l'élire à nouveau député depuis décembre 1962.

Dans la chambre, plus que simple, un grand lit, deux étagères, quelques livres, une table. Des patrons chaleureux, des petites rues où on l'appelle François et parfois, quand un passant morvandiau s'enhardit, « Françoué ». Un soir de septembre, à Paris, au moment où la nuit tombe sur les arbres du jardin du Luxembourg, il se demande à voix haute, devant moi, quand il a commis la faute la plus grave, l'erreur capitale.

« Non, dit-il, ce n'est pas ma fameuse conférence de presse que je ne voulais pas faire, vous le savez, et pour laquelle je me suis cru presque contraint par l'histoire, les événements, le désordre, de tenir. Mon erreur, ma première faiblesse, date de 1967 : après les élections législatives de mars, où la gauche avait spectaculairement progressé, j'aurais dû briser la vieille SFIO, faire éclater les radicaux, créer un nouveau parti. Et ne pas me contenter de cette Fédération minable. »

Rien, à l'époque où sa cote est au plus bas, ne le fait douter de la route à suivre. Il ne remet pas en cause l'union de la gauche, socialistes et communistes unis dans le même combat. Quitte, évidemment, à perdre des voix au centre.

Le revoilà, un an plus tard, remis à neuf : la cuisante défaite de Gaston Defferre lui fait reprendre le combat, à pas comptés, là où il l'avait arrêté un an auparavant. Avec ses petits 5 %, Gaston Defferre n'a pu empêcher que le Parti communiste l'écrase, avec son candidat hors du temps, Jacques Duclos. La conviction de Mitterrand, maintenant définitive, est qu'aucun candidat venu de la gauche ne pourra accéder à la présidence s'il ne parvient pas à un accord avec le Parti communiste. Pire : dans le cas où PC et PS ne parviennent pas à trouver sur quoi s'accorder, alors les communistes domineront toujours les socialistes au premier tour avant d'être incapables de gagner le second. C'est abandonner, jusqu'à quand ?, le pouvoir à la droite.

Avec Mitterrand, la petite Convention des institutions républicaines qu'il a fondée en 1964 est totalement isolée. Et pourtant, il lui faudra moins de dix-huit mois pour prendre la tête d'un nouveau Parti socialiste dont il est élu, en juin 1971, premier secrétaire. Une conquête au pas de charge, dont la première étape est Château-Chinon. C'est de là qu'il repart, le 7 novembre 1970. Il n'y a invité que ses fidèles de la Convention des institutions républicaines, et peu de journalistes. Pourquoi a-t-il choisi ce moment ? « Parce que, me dit-il, il fallait que je me dépêche de rattraper la gauche. Un peu plus tard, je n'aurais plus eu qu'un cadavre à ramasser. »

On claque des dents dans la salle des fêtes de Château-Chinon, où le chauffage n'a pas été allumé. Quelques-uns des journalistes tombent des nues, à l'idée de voir Mitterrand remonter sur sa bête, avec la même force qu'il avait hier, comme si 1968 était oublié, comme si tout était à refaire, et cette fois, le plus vite possible. Il nous répète, ce jour-là, que « l'union de la gauche est le seul moteur de la gauche face au moteur de la droite ».

Sa démarche, seule, a changé, après les réflexions dont il m'a fait la confidence sur son propre échec : plus de fédération de la gauche « minable », plus de pourparlers infinis avec les uns et les autres, plus de conversations avec socialistes et radicaux enfermés chacun dans leurs appareils jaloux : un seul parti de gauche dont il prendra la tête.

Comment a-t-il pu mener à bien, en si peu de temps, sa conquête de la vieille citadelle dont Guy Mollet a été secrétaire général pendant vingt-trois ans, pratiquement depuis la fin de la guerre ?

Peut-être ce dernier, lui aussi fortement ébranlé par Mai 68 et les résultats ridicules de la consultation de 1969, lui a-t-il facilité la tâche. Il a entrepris, pendant le retrait que s'est imposé Mitterrand, de transformer lui-même le Parti dont il était le patron : le Parti socialiste portait toujours depuis sa formation, en 1905, la dénomination de SFIO, Section française de l'internationale ouvrière.

Il l'a rebaptisé « Nouveau Parti socialiste » (NPS) et pensait en proposer la direction à Pierre Mauroy, qui apparaissait alors comme son dauphin, à condition qu'il accepte à ses côtés, pour être chargé de l'organisation du PS, le plus vieil et le plus proche ami de Guy Mollet, Ernest Cazelles. Mauroy, qui savait qu'il serait ainsi sous contrôle, a décliné l'offre. Du coup, la direction du NPS fut confiée à Alain Savary, homme d'ordre et de mesure, dénué de charisme, connu pour, en désaccord avec sa politique algérienne, avoir claqué la porte du gouvernement Guy Mollet, en 1956. Il ne put jamais en rien moderniser la vieille cité Malesherbes. En réalité, dans les coulisses, où il s'est mis lui-même, Guy Mollet tient dans ses mains les ficelles du parti, il n'a concédé que son titre à son successeur, mais pas ses fonctions.

Un mot, ou plusieurs, sur Pierre Mauroy, au moment où il commence à prendre sa place dans la gauche socialiste. Enfant d'une famille modeste, né en 1928 d'un père instituteur et d'une mère catholique à Cartignies dans le Nord, il a adhéré à dix-huit ans aux Jeunesses socialistes, dont il a été désigné président en 1950. Devenu professeur d'enseignement technique, il est élu secrétaire général de la Fédération de l'éducation nationale (FEN) en 1955 et, de là, bascule dans la vie politique. Très engagé, comme la majorité des jeunes socialistes, dans la lutte contre la guerre d'Algérie, il se trouve souvent, en 1956 surtout, opposé à Guy Mollet. S'il n'a pas encore la carrure, la densité qui lui viendra avec le temps, il prend une place majeure dès 1965 dans la campagne présidentielle auprès de Mitterrand en lui présentant les grands barons socialistes du Nord, pas franchement tentés par la candidature de celui-ci ni convaincus de la profondeur de son socialisme. Pourtant, rien *a priori* ne rapproche les deux hommes, l'un militant de toujours, l'autre que le militantisme a toujours rebuté.

Lorsque se crée la Fédération de la gauche socialiste, Pierre Mauroy devient sans difficulté la courroie de transmission entre les anciens, ceux de la SFIO, et les modernes, hommes et femmes de clubs, sans troupes, autres que clairsemées, de la Convention des institutions républicaines, créée par François Mitterrand, ou d'organisations nouvelles totalement dépourvues de représentation parlementaire. Comme à tous ceux qu'il embarque dans son aventure, Mitterrand lui dit, lorsqu'ils se rencontrent pour la première fois à l'occasion d'un meeting à Lille : « Vous savez, Pierre, il suffit de cent hommes décidés, et tout sera possible ! » Pierre Mauroy, trente-sept ans à l'époque, n'est encore ni maire ni député, mais il est le patron de la puissante Fédération socialiste du Nord. Et il se sent désormais, avec l'enthousiasme qui ne le quitte jamais, au nombre des cent hommes décidés.

C'est, en dehors de Jean-Pierre Chevènement, un des seuls dirigeants socialistes que reçoit Mitterrand dans le trou d'air qu'il traverse entre 1968 et 1970. Il est évidemment le levier essentiel de la conquête par François Mitterrand du Nouveau Parti socialiste. Car l'heure est venue – de cela seulement, Mitterrand a convaincu Alain Savary – de faire leur place dans ce nouveau mouvement à tous les militants de gauche, jusqu'à présent éclatés entre différentes formations, NPS, convention et autres clubs, à l'intérieur d'un seul parti. Le congrès de fusion est fixé à Épinay au mois de juin 1971. « Je serai Premier secrétaire du Parti socialiste ou rien du tout », m'avait assuré Mitterrand, quelques semaines auparavant, dans le calme de son bureau en avril. Dans le cas contraire, avait-il ajouté, « je ferai un tel bruit qu'ils en seront eux-mêmes assourdis ».

Alain Savary est persuadé que la fusion, dont les conditions sont examinées depuis quelques mois par une commission *ad hoc*, se fera à son profit, donc à celui de Guy Mollet. Participent au congrès, dans l'immense salle du gymnase d'Épinay, tendue de rouge, 800 socialistes, 97 membres « conventionnels » (du mouvement de Mitterrand) ainsi qu'une centaine de délégués d'autres clubs, celui de l'ancien communiste Jean Poperen, de Vie nouvelle et d'Objectif 72, qui regardent passer les balles. Toutes les tendances au sein du Parti socialiste sont représentées : celle de Gaston Defferre, à la droite du PS, et celle de Jean-Pierre Chevènement, qui vient de fonder, à la gauche du Parti, un centre de réflexions interne, baptisé CERES.

Dans ce regroupement, la Convention des institutions républicaines n'est qu'un club parmi tant d'autres, François Mitterrand n'est qu'un participant et ses troupes ne sont pas les plus nombreuses. Autrement dit, sur le papier, il n'a aucune chance de prendre la direction du mouvement à naître. Mais voilà qu'il trouve un point de ralliement entre la majorité des différents acteurs de ce congrès : « tout sauf Guy Mollet », c'est un slogan simple autour duquel se rallièrent avec enthousiasme un grande majorité des délégués du congrès d'Épinay.

François Mitterrand, parfois rancunier, savait habilement oublier son ressentiment lorsqu'il le fallait : il avait donc sans peine renoué ses liens avec Gaston Defferre, oubliant, ou faisant mine d'oublier, que le maire de Marseille l'avait condamné après Mai 68. Il n'en pensait pas moins, mais il sut le convaincre au moins sur un point, décisif : si Épinay pouvait aboutir au renversement définitif de Guy Mollet qui continuait de régner par Savary interposé, ce serait, en soi, une réussite dont la gauche entière devrait se féliciter.

Au soir du samedi, il apparut que le complot, car c'en était un, me confia sous le sceau du secret un conjuré, Claude Estier, était jouable : Mauroy, Defferre et Mitterrand comptaient et recomptaient les voix que les motions de chacun d'eux avait recueillies dans la journée : un peu plus de 40 % pour Mermaz-Mauroy-Defferre, en réalité, celle de Mitterrand ; un peu plus de 40 % pour Guy Mollet et Alain Savary.

C'est alors que François Mitterrand demanda à Jean-Pierre Chevènement de participer à une petite réunion discrète, à l'occasion d'un dîner, dans un pavillon de chasse de Montmorency, au sein de la forêt voisine. Tout cela dans un secret total : comment Guy Mollet lui-même, qui, comme une araignée dans sa toile, était passé maître dans l'art de repérer ses adversaires pour mieux les diviser, aurait-il pu imaginer que Chevènement, ce jeune homme intelligent et indiscipliné, leader de la gauche du PS, rejoindrait un jour, dans une auberge de banlieue, Pierre Mauroy et Gaston Defferre pour y conclure une alliance, tout cela au profit de Mitterrand qui n'était pas socialiste ? Avec ses acolytes du CERES, Jean-Pierre Chevènement se perdit dans la forêt, et n'arriva au dîner que pour le dessert, vers 11 heures du soir. Il n'en dégusta pas moins avec appétit des fraises à la crème sous l'œil attendri, raconte-t-il, du maire de Marseille. Dans une des chambres de ce lieu inconnu et romanesque, l'accord fut passé entre ces quatre hommes, autour de minuit : tous voteraient la motion Mermaz-Mauroy-Defferre à condition qu'elle mentionne expressément la conclusion d'un programme de gouvernement avec le Parti communiste.

La bonne humeur était à son comble. Ils s'efforçaient de parler bas, car ils craignaient de signaler leur présence aux autres occupants du relais de chasse. Seuls en effet troublaient leur harmonie, me raconta un des conjurés, les soupirs de bonheur intense qui émanaient de la chambre au-dessus de celle qu'ils occupaient. Il s'agissait d'un notable de la gauche, hostile, lui, à Mitterrand, dont je ne dirai pas le nom (le mur de la vie privée, etc.) qui honorait, semble-t-il d'excellente façon, une compagne : les congrès politiques servent aussi à quelques exploits extraconjugaux.

À des échanges de sourires, poignées de main et autres coups d'œil complices, sans doute involontaires, Guy Mollet, le lendemain, sentit tout de suite le rapprochement entre Defferre, Mitterrand et Mauroy. Il redoutait depuis le début, avant ses proches, un rapprochement entre François Mitterrand et les deux plus grandes fédérations du Parti, le Nord et les Bouches-du-Rhône. Encore ne mesurait-il pas la relation forte, basée sur la séduction du plus âgé et l'acuité intellectuelle du plus jeune, qui s'était établie, au fil des ans, entre François Mitterrand et Jean-Pierre Chevènement. Mais il se rassurait, en comptant sur son ami Augustin Laurent, maire de Lille, qui détenait, dans la Fédération socialiste du Nord, un tiers de mandats, ceux de sa ville, favorables au tandem Alain Savary-Guy

Mollet, tandis que Pierre Mauroy, son secrétaire fédéral, n'en avait que les deux tiers restants et soutenait Mitterrand et Defferre.

Mais voilà que, le dernier jour du congrès, Augustin Laurent, maire de Lille, disparut brutalement d'Épinay. Pris en étau entre Guy Mollet, son vieux camarade de combat, et Pierre Mauroy, son jeune adjoint à la maire de Lille, Augustin Laurent avait pris la poudre d'escampette, prétextant, sans en dire un mot à son ami Mollet, l'enterrement, prévu pour le lendemain, du directeur de l'Institut Pasteur de Lille. Ainsi laissait-il Mauroy agir à sa guise, c'est-à-dire en faveur de Mitterrand. Celui qu'on appelait le plus souvent par son prénom, Augustin, avait été longtemps un leader du Parti, mais aujourd'hui, il était fatigué et la mairie de Lille lui suffisait.

Guy Mollet comprit tout de suite le danger : si toute la Fédération du Nord votait en faveur du clan Mitterrand, la victoire lui échappait. Il crut un instant qu'Augustin allait revenir : « Où est Augustin, demandait-il, qui a vu Augustin ? » Je le voyais, depuis la tribune, inquiet, scrutant la salle. Ne l'y trouvant pas, il le chercha partout, ouvrit la porte de toutes les toilettes attenantes à la salle du congrès, le faisant plusieurs fois par micro appeler à la tribune. Il comprit deux heures plus tard seulement qu'Augustin, qui avait été des années durant son *alter ego*, avait pris la fuite.

Les amis de Guy Mollet avaient organisé la fin du congrès le dimanche, pour que leur leader parlât le dernier. Ce qui avait pour but, évidemment, d'effacer de l'esprit des congressistes l'effet de l'orateur qui devait le précéder, François Mitterrand. Dans un discours où il mit, ou eut l'air de mettre, ses tripes, Mitterrand trouva le moyen de conjuguer l'extrême rigueur de la gauche et la prudence nécessaire à un homme qui n'avait même pas, au moment où il parlait, sa carte du Parti socialiste.

Aux socialistes, il parla de rupture, avec cette phrase que je ne l'avais jamais entendu prononcer avant 1971, et qu'il n'utilisera plus guère par la suite : « Celui qui n'accepte pas la rupture avec l'ordre établi, politique, avec la société capitaliste, celui-là, je le dis, il ne peut être adhérent du Parti socialiste. » En même temps, il sentait bien que les plus vieux des congressistes socialistes pouvaient à bon droit douter de son engagement plus récent : baissant la voix comme s'il faisait des confidences, il leur parla alors de son cheminement vers la gauche, toujours plus rapide, toujours plus évident, qui l'amenait aujourd'hui à vouloir « amener le Parti socialiste au pouvoir ».

Le mot « pouvoir » eut un effet considérable : depuis le temps que la gauche ne l'exerçait pas, elle l'avait presque oublié. Elle eut l'impression, en l'entendant, que Mitterrand leur en montrait le chemin.

L'effet fut concluant. Prenant la parole après lui comme il l'avait exigé, Guy Mollet, la voix assourdie, semblait presque assommé par le discours de celui qui l'avait précédé. Il y voyait, reflété par le regard des mille congressistes présents, l'espérance de la victoire. Ses propos parurent fades.

Le 13 juin, dimanche soir, Mitterrand gagna la partie, si tardivement que les congressistes, retenus jusqu'à 20 heures, manquèrent leur train de retour. Il devint, dans la semaine, Premier secrétaire du PS. Pierre Mauroy me raconta plus tard à quel point il avait dû insister auprès de Mitterrand pour qu'il accepte ce poste que, selon lui, il ne désirait pas. Je ne lui en dis rien. Mais je me rappelais, moi, que, bien avant son raid sur les socialistes, le même Mitterrand m'avait annoncé qu'il serait « Premier secrétaire ou rien ». J'en conclus qu'il n'avait pas tenu le même langage à Pierre Mauroy avant leur opération anti-Mollet. Cela ne m'a pas outre mesure étonnée : au cas où Mauroy lui-même aurait souhaité l'être, il était en effet plus prudent, pour faire réussir l'OPA sur le Nouveau Parti socialiste, de ne pas se porter candidat avant lui ! De l'utilité du double langage.

La presse, certains militants, Guy Mollet lui-même, parlèrent de hold-up sur le PS, de complot, de combine, pourquoi pas de trucages. Mais le personnage de Guy Mollet ne suscitant pas un fol enthousiasme, pas plus à gauche qu'à droite, la pilule fit vite avalée. D'autant que, dans la foulée, un programme commun de gouvernement entre socialistes et communistes s'élabora, en moins d'un an, au prix de centaines de réunions, de colloques, de conversations.

Un mot sur le programme commun de la gauche qui, outre une arme – à double tranchant – pour elle, était inimaginable pour la droite. Je ne suis pas la seule à ne pas l'avoir lu avec une méticuleuse attention, tant on y entrait dans les détails de la vie économique, sociale et institutionnelle de la politique française. Je suis sûre que François Mitterrand lui-même ne le lut jamais dans son intégralité. On n'en retenait que deux ou trois engagements, qui, il est vrai, avaient de quoi bouleverser la droite : les nationalisations des banques et des moyens de production jointes à l'appropriation collective des sociétés nationales, d'économie mixte coopératives, mutuelles et j'en passe ; les 40 heures de travail par semaine ; la retraite à soixante ans pour les hommes, à cinquante-cinq pour les femmes. À noter que tous gouvernements qui suivront, pendant plus de cinquante ans, auront à se dépêtrer de cette dernière mesure... La philosophie générale, elle, était claire : il s'agissait de montrer qu'il y avait une alternative de gauche à la politique du gouvernement.

Sur beaucoup de ces points, la discussion exaspérait souvent François Mitterrand qui pourtant se mêlait le moins possible aux négociations. Il était clair que, pour lui, le programme commun était un moyen et non une fin, et qu'à ce titre, il fallait en disposer au plus vite. Il s'irritait des polémiques qu'il jugeait inutiles. Notamment sur le nombre des nationalisations prévues, que les communistes voulaient les plus nombreuses possibles. Je me souviens d'un jour où Mitterrand s'était esclaffé devant moi, en lisant un passage du programme économique en gestation : « S'ils le pouvaient, me dit-il, avec un mélange d'ironie et de colère, ils nationaliseraient la cellulose du pin ! »

Clair aussi que Mitterrand n'a jamais été, au sens où l'entendait Guy Mollet, un homme de parti. Rien ne l'énerve autant, alors, que les réunions interminables des bureaux politiques et autres comités directeurs, où il lui arrivait souvent de quitter la salle en disant à Georges Dayan, le plus proche de ses amis, qui avait le rare privilège de le tutoyer : « Bon, tu me racontes tout cela demain matin ? » Il n'aimait rien des rites du PS, des militants qui vous tutoient comme s'ils vous connaissaient depuis toujours, qu'il continuait de voussoyer, ou des rapporteurs de commissions internes qui s'attardaient des heures sur leurs sujets, économiques ou institutionnels.

Ceux qui, le plus souvent, excitaient sa mauvaise humeur étaient les parlementaires. Combien de fois l'ai-je entendu dire à Maurice Faure, avec lequel il entretenait, pendant les suspensions de séances au palais Bourbon, un dialogue ininterrompu, auquel je participais parfois : « Qu'est-ce que je fais là ? Ils sont vraiment trop cons (mot qui n'appartenait pas à son vocabulaire, mais que je l'ai entendu prononcer à cette occasion) ces parlementaires ! Je le savais, bien sûr, j'étais assez pessimiste à leur sujet, mais ce n'était rien à côté de la réalité. »

Il est vrai que, depuis Épinay, les députés socialistes étaient de loin les plus hostiles à la stratégie d'union de la gauche : élus le plus souvent avec les voix du centre contre les communistes, le rapprochement avec le PC les inquiétait beaucoup. Et combien d'autres, mollétistes de cœur – il y en avait –, redoutaient ce qu'ils appelaient l'aventurisme de Mitterrand !

Quant aux communistes, ils en prenaient aussi pour leur grade. Deux exemples : ils voulaient rendre publique la liste complète des nationalisations envisagées. Blocus de Mitterrand. « Ce serait, dit-il, une erreur psychologique grave dans la France actuelle. » La liste ne sera pas publiée. Deuxième exemple : Georges Marchais, secrétaire général du PC par intérim, faisait campagne pour que les radicaux, il est vrai divisés avec JJSS à leur tête, soient exclus de l'union de la gauche. Fin de non-recevoir de Mitterrand : « Nous sommes toujours prêts à nous asseoir autour de la table, jamais à passer dessous. »

Bref, François Mitterrand n'intervenait dans l'élaboration du texte commun que lorsqu'il sentait, de loin, que son outil politique principal, l'union de la gauche, était menacé par ceux qui souhaiteraient en faire une prison pour leurs partenaires. Il participa, en revanche, *in extremis*, la veille de la publication du programme commun, à la discussion finale sur les nationalisations. Les communistes avaient chargé la barque, les socialistes souhaitaient l'alléger. Ce qui se fit dans la toute dernière ligne droite, après explication des gravures entre Mitterrand et Georges Marchais qu'accompagnaient seulement, témoins pratiquement muets, Pierre Mauroy et Roland Leroy. Le marchandage final, quand on le relit, reste assez incompréhensible, les socialistes « échangeant » la nationalisation des transports aériens et les autoroutes, qu'ils refusent, contre celles de l'industrie chimique et informatique, qu'ils acceptent. Tout le reste, ressources du sous-sol, armement, nucléaire, industrie pharmaceutiques, banques, avait déjà été destiné à la nationalisation.

Le 27 juin, communistes et socialistes rendent leur copie sur le programme commun. Gaston Defferre juge que le volume des nationalisations est excessif. Les radicaux de gauche font grise mine. Ils signent néanmoins, actant de ce fait la division du Parti radical, puisque JJSS étrille, de son côté, le programme commun.

Roland Leroy, que je rencontre le 7 juillet, jubile. Il est convaincu que l'unité s'est faite au profit du Parti communiste. « L'unité, me dit-il, ça fait des années que je me dis qu'elle passe par la mort de la social-démocratie. » Et encore, plus net : « Tout de même, faire accepter le premier programme commun de gouvernement de l'histoire par quelqu'un qui n'est même pas social-démocrate, mais un bourgeois libéral ! »

Le 12 juillet, François Mitterrand, Georges Marchais et Robert Fabre, radical de gauche associé *in fine*, malgré le veto de Jean-Jacques Servan-Schreiber, à la négociation entre les deux partis, présentent ensemble leur programme dans le salon de l'Aiglon de l'Hôtel Intercontinental. François Mitterrand n'est pas superstitieux : c'est dans ce même hôtel qu'il a prononcé, le 27 juin 1958, la conférence de presse qui l'a exclu du jeu politique pendant deux ans !

Moi, finalement, je me demande ce que j'en pense. Je n'y crois plus beaucoup, après ces discussions de marchands de tapis, à cette union entre communistes et socialistes, et les propos de Leroy, sur ce point, lèvent mon doute. Cette unité tant bien que mal, cette unité ahanante, pénible, finalement, survivra-t-elle aux élections législatives de 1973 ?

Quelques jours plus tard, les Soviétiques envahissent la Tchécoslovaquie pour mettre fin au printemps pragois. Les communistes français ont beau ne pas manifester leur solidarité avec l'URSS, le coup est dur pour les alliés socialistes de Georges Marchais. Je rencontre celui-ci dans son bureau quelques jours après la conférence de presse. Il a quelque chose que bien des hommes politiques n'ont pas, je pense, à l'exception peut-être de Jacques

Chirac : une sorte de gaieté intérieure. Nous parlons même des vacances prochaines, il est content de terminer l'année sur un accord : je comprends qu'il y a aussi peu participé que Mitterrand, sauf dans les moments difficiles. Il se rembrunit quand il me parle de Prague et de la répression des communistes tchèques. Il trouve cela inutile et nuisible à l'ensemble du mouvement communiste. « C'est trop bête et ça ne sert à rien… »

J'ai encore dans l'oreille les phrases de Roland Leroy, acides, ironiques, et je les compare à celles de Marchais. La plupart de mes confrères et consœurs, qui suivent moins que moi les communistes français, pensent que Georges Marchais est le plus « dur », tandis que Roland Leroy, habitué à la fréquentation des intellectuels qu'il est chargé officiellement de canaliser, est plus souple, moins dogmatique, plus ouvert à la social-démocratie. Je pense exactement le contraire. Roland Leroy a pour lui son visage intelligent, son charme, sa dialectique impeccable, son habileté avec les journalistes, son amour des intellectuels. Georges Marchais est plus rude avec eux, son vocabulaire est populaire, sans recherche, sans nuances parfois non plus. Mais il se soucie comme d'une guigne des dogmes. Je suis sûre qu'il est beaucoup plus distant de la « dictature du prolétariat » que ne l'est Roland Leroy. Il est plus libéral, mais il n'a pas la tête de l'emploi.

8.

Sur fond de maladie présidentielle

Républicains giscardiens en ordre de bataille, qui, évitant les coups, se tiennent à égale distance du Président et du Premier ministre, partenaires de l'UDR, gauche en marche vers un programme commun, c'est ainsi que, lorsque Pierre Messmer arrive à Matignon, en juillet 1972, à quelques mois des élections législatives prévues pour l'année suivante, le paysage politique qu'il a sous les yeux est totalement différent de celui qui a accueilli Jacques Chaban-Delmas trois ans auparavant.

Sa désignation par Pompidou est une surprise pour tout le monde. Pas pour Jacques Chirac qui m'a dit, à sa manière, vingt-quatre heures avant sa nomination : « Je pousse Mesmer comme un Nègre au Congo ! » Pourquoi pas Olivier Guichard ? Cela s'est joué à un rien. Malcy Guichard en a eu le récit par son père dans les jours suivant le départ de Chaban : Georges Pompidou en a en effet reçu Olivier Guichard pour évoquer sa nomination à Matignon, ce qui n'est pas étonnant puisque Guichard était depuis longtemps celui des barons gaullistes qu'il préférait, même s'il n'était pas le plus docile. Contrairement au général de Gaulle, le chef de l'État ne voyait pas, ou pas seulement, celui à qu'il avait confié le ministère de l'Éducation nationale dans une période difficile comme un dilettante.

Il demande néanmoins à Guichard d'aller discuter du sujet avec Pierre Juillet et Marie-France Garaud. La demande surprend et sans doute choque celui qui pense ne pas avoir à se soumettre à un examen de passage auprès des deux conseillers du Président.

Guichard les voit néanmoins, assez raide, sans entrer dans leur jeu, sans fournir un effort pour séduire le duo.

Bref, Juillet et Garaud – dont le choix s'est déjà porté sur Pierre Messmer –, persuadent Georges Pompidou qu'il ne serait pas plus manœuvrable que Chaban. Une nouvelle fois, Matignon passe sous le nez d'Olivier Guichard. Et Giscard ? « S'il n'avait pas cru bon de faire un groupe parlementaire indépendant de l'UNR, me dit Chirac, peut-être serait-il demain Premier ministre. » Je n'en crois pas un mot. D'autant, me répond Mitterrand quand je lui demande ce qu'il en pense, qu'« on ne voit pas pourquoi un homme politique cohérent accepterait de prendre la tête d'une coalition qui perdra, cinq ans après la majorité de mai 1968, pour le moins 80 à 100 sièges aux futures législatives ! ». Il n'a pas tort. Giscard se trouve très bien là où il est : 61 % des Français lui promettent le plus bel avenir.

Allons donc pour Pierre Messmer. Entré en 1934 à l'École coloniale, cet ancien gouverneur général de la France d'outre-mer a été si l'on peut dire gaulliste avant la lettre, puisque, lieutenant en 1940, il a quitté son régiment et choisi de rejoindre Londres le jour de la déclaration d'armistice du maréchal Pétain, le 17 juin, avant même l'appel du 18 juin. Ancien de Bir-Hakeim, compagnon de la Libération, il a occupé neuf ans, y compris pendant la guerre d'Algérie, le ministère des Armées jusqu'au retrait du Général.

Pas grand monde ne connaît pourtant, au moment où il est nommé à Matignon, le visage de Pierre Messmer. Yeux très bleus sous des cheveux devenus gris, il a passé sa vie sous le règne de de Gaulle sans jamais susciter ni passion ni conflit. Chaban-Delmas était charmeur et joli garçon, Messmer a gardé la raideur et le regard de l'ancien légionnaire qu'il est. Se considérant comme le premier gaulliste de France, il a créé avec quelques compagnons le groupe Présence et Action du gaullisme. Messmer, dont on dit qu'il dissuada le général de Gaulle de faire appel à l'armée contre les étudiants en 1968, jugeait, comme Pompidou, qu'avant de parler de nouvelle société, il fallait d'abord faire fonctionner l'ancienne.

Aux yeux du Président, Pierre Messmer présente un avantage sur Olivier Guichard : il est peu, pour ne pas dire pas, connu, et n'est pas assimilé dans l'esprit de la majorité aux grands barons du gaullisme qui tiennent l'affiche depuis des années. C'est en quelque sorte un homme neuf. Et surtout un homme d'ordre et de discipline, ce qui, cela va sans dire, séduit Pierre Juillet et Marie-France Garaud.

Le dosage politique du gouvernement n'est pas bouleversé : Valéry Giscard d'Estaing est toujours là, à son poste, aux Finances, Michel Debré reste aux Armées, Jacques Chirac passe à l'Agriculture. Messmer n'a pas eu grand mal à constituer son gouvernement, concocté à l'aile gauche du Palais. Tout au plus a-t-il pu y faire entrer son ami Hubert Germain, comme lui gaulliste de la première heure, tandis qu'Edgar Faure, après une éclipse de 1968 à 1969, reprend place au gouvernement, chaudement recommandé par Marie-France Garaud, qu'il couvre littéralement de fleurs : c'est la conseillère elle-même qui m'a montré, dans un coin de son bureau, un arbre de fleurs blanches, livré le matin même et qui était changé par le fleuriste tous les quinze jours.

À vrai dire, les débuts de Pierre Messmer ne suscitent pas l'enthousiasme des commentateurs, ni même de ses ministres. Son discours de rentrée au Parlement, début octobre 1972, avait révélé qu'il n'était pas un orateur. Bras ballants, gestes comme décalés par rapport aux paroles, visage incroyablement figé, il n'arrive pas à susciter l'enthousiasme des députés de la majorité. Il n'y a que lorsqu'il fait un couplet sur l'union de la gauche, lorsqu'il se pose en chef de la majorité, en militaire de la majorité plutôt, qu'il galvanise ses troupes.

Je me rappelle l'échange, en marge du débat, au palais Bourbon entre Edgar Faure et François Mitterrand : « Votre Premier ministre est un reître, dit devant moi Mitterrand à Edgar Faure, qu'il connaît depuis trente ans. On ne parle pas au Parlement sur ce ton-là ! » Sentiment partagé par Maurice Faure, ironique : « Tout cela sent le centurion. » Edgar ne dit mot. Mais rien ne vaut le commentaire du gaulliste de gauche Louis Vallon, toujours marginal dans la majorité, qui se permet de dire son fait – excessif – à chacun : « C'est un discours de con, dit par un con, écrit par un con ! Le malheur est que le con qui l'a dicté est à l'Élysée. »

Tout en Messmer montre pourtant qu'il est là pour rassurer les gaullistes et assurer les législatives de 1973. Ce qu'il fait, à sa manière, et pas si mal que cela. Avec ordre et méthode, que ses prédécesseurs n'avaient pas toujours. De ce point de vue, l'organisation de la campagne de 1973 reste un modèle du genre. Une semaine avant l'ouverture officielle de celle-ci, les trois composantes de la majorité, UDR, RI et centristes, sont réunies dans la jolie cité médiévale de Provins, le 7 janvier, par un froid de loup, dans le fief d'Alain Peyrefitte, secrétaire général de l'UDR.

Je me demandais, à l'image de tout le monde politique, comment, après les triomphales législatives de 1968 baptisées « élections de la trouille », la majorité allait s'en sortir pour ne pas laisser trop de morts sur le champ de bataille électoral. Et bien, j'ai trouvé, ce jour-là, un Pierre Messmer en chef d'état-major de la majorité, sans charme, mais avec autorité. Le Premier ministre avait demandé aux trois partis de la majorité de lui transmettre chacun leurs objectifs, qu'il avait regroupés, après en avoir fait évaluer par ses services le coût et le calendrier de réalisation, en trente-trois propositions. Programme commun de la droite contre programme commun de la gauche en somme. Avec la volonté de s'en distinguer, sans autosatisfaction sur le bilan, mais avec l'ouverture de fortes mesures sociales. Et en assurant qu'elles ne compromettraient pas, elles, l'équilibre économique et budgétaire.

Il parla deux heures, d'une voix de stentor, qui faiblit à peine sur la fin, en s'engageant sur un contrat précis et chiffré. L'exercice était certes un peu long pour être parfait, mais enfin, les participants des trois courants, pourtant sévères le plus souvent à l'égard de Messmer, jugèrent qu'il s'agissait d'une réussite politique, la seule peut-être, du Premier ministre, et rentrèrent à Paris, réconfortés. Les résultats en porteront d'ailleurs la marque : avec 311 élus, la majorité de 1973 reste la majorité. Moins large que cinq ans auparavant, certes. L'UDR ne perd que 90 sièges, mais il lui en reste 183. Il reste le parti le plus important dans l'Union centriste des démocrates de progrès, où ils devancent largement les giscardiens et les centristes. La victoire est pourtant nuancée par une poussée de la gauche qui remonte, avec un net avantage pour les socialistes qui gagnent 85 députés et précèdent les communistes.

Malgré le succès de la majorité, relatif, Pierre Messmer, consciencieux, travailleur, fidèle et connaisseur des problèmes, reste une énigme. Seule sa femme, Gilberte, baptisée par les journalistes « la Messmeralda », parce qu'elle est brune et affiche des robes de Gitane, qu'elle a son franc-parler, une vraie spontanéité et déteste les ors de Matignon, attire les commentaires de la presse. N'a-t-elle pas dit, au micro de France Inter le jour de la nomination de son mari : « Qu'il est beau mon légionnaire ! » ? N'a-t-elle pas, en désignant son mari, demandé à Jean Mauriac, qui, journaliste à l'AFP, avait suivi, extatique, toute l'épopée du Général : « C'est de Gaulle, vous ne trouvez pas ? »

Mais lui, dont la femme admire si fort le « profil de médaille », quel homme est-il, quel rôle joue-t-il ? Il sait certes parler aux parlementaires de la majorité, il l'a montré. Et il marche au canon sous les ordres de Georges Pompidou. Mais il reste transparent dans l'opinion publique, il est exécrable à la télévision, ne soulève pas les foules, c'est le moins qu'on puisse en dire, et d'ailleurs il ne le cherche pas. Moins il sort de Matignon, sauf en service commandé, mieux il se porte. « Ah, ce Messmer ! » enrageait Pompidou.

On a l'impression du moins qu'il fait le mieux qu'il peut, à sa manière. Lorsqu'il se soumet aux questions qu'on lui pose, je ne m'en prive pas moi-même lorsqu'il m'invite à Matignon, il montre une inimaginable bonne foi, un imperturbable souci de répondre sérieusement. Il est au premier degré. Il faut presque lui parler comme jadis je le faisais avec Waldeck Rochet : lentement, pour qu'il comprenne bien et réponde avec tous les détails. Il ne fait de grâces à personne, et d'ailleurs ne saurait pas en faire, son sourire est rare, mais il ne commet pas d'erreurs. Et résiste aux regards et aux calculs de ceux qui le surveillent de près : les deux immuables conseillers du Président, Juillet et Garaud. René Andrieu, l'éditorialiste de *L'Humanité*, a eu ce mot sévère en l'écoutant à la tribune de l'Assemblée : « Pompidou, en choisissant Messmer comme Premier ministre, a voulu quelqu'un qui ne l'emmerde pas, alors il a pris quelqu'un qui emmerde les autres. »

En réalité, passé les législatives, les projecteurs ne se portent plus sur Pierre Messmer, comme s'il avait exercé, le mieux possible, sa fonction d'organisateur d'élections difficiles. Ils se tournent, et resteront tournés jusqu'en 1974, sur le président de la République. Car c'est bien lui, désormais, qui pose problème.

D'abord, parce qu'à peine la page des législatives est-elle tournée, le président de la République part, sans alerter personne, sur une nouvelle idée : réduire à cinq ans le mandat présidentiel.

Pourquoi donc, se demande-t-on, dans les rédactions et les ministères ? Entend-il s'appliquer à lui-même la réforme constitutionnelle qu'il veut inscrire à l'ordre du jour ? Pour cela, faut-il qu'il affronte un des dogmes du gaullisme, le septennat, qui établit la suprématie du mandat présidentiel par rapport au mandat législatif ? Son explication, ou plutôt celle que relaient certains de ses ministres, peine à convaincre. Même lorsque Valéry Giscard d'Estaing, qui nous reçoit à déjeuner au ministère des Finances, Ivan Levaï, d'Europe 1, et moi, nous explique, sans rire, que, si Pompidou veut abolir le septennat, c'est qu'il veut renforcer le pouvoir présidentiel. Ah bon ? Raccourcir le mandat, c'est le renforcer ? « Oui, nous assure Giscard, un Président peut exercer ses fonctions deux fois cinq ans, c'est faisable. Deux fois sept, c'est un trop long bail. » À l'Élysée, Xavier Marchetti, mon interlocuteur, ajoute : « Il faut "vitaliser" le pouvoir présidentiel. »

Il y a de l'absurde, ou alors une raison que l'on ignore, dans l'obstination de Georges Pompidou, même si, quelques mois plus tard, après avoir tenté sans succès de convaincre ses propres troupes, il rengaine sa révision constitutionnelle baptisée – par référence au cinq à sept, qu'il arrive aux hommes politiques de pratiquer –, « sept à cinq », devant l'incompréhension ou l'hostilité des députés et des sénateurs. Reste dans les esprits que Pompidou a envisagé d'abréger son séjour à l'Élysée de deux ans. Le débat, qui viendra plus tard, à la rentrée, au palais Bourbon, et tournera en eau de boudin, prolongera pendant de longues journées cette incertitude.

Le plus inquiétant est à venir. Le 1er juin 1973, Georges Pompidou rejoint, à Reykjavik, le sommet franco-américain où il retrouve Richard Nixon. La France entière découvre à cette occasion un Président français méconnaissable. Le service de presse de l'Élysée a beau mettre la main sur les images de télévision, pour éviter qu'elles ne soient diffusées, les photographes du monde entier ont fixé la scène.

Lorsque le Président descend, difficilement, en se tenant des deux mains à la passerelle de l'avion présidentiel qui l'a amené dans la capitale islandaise, il semble fatigué, chaudement enveloppé dans un manteau sombre qui lui bat les mollets, emmitouflé dans un foulard marron qui veut masquer l'enflure considérable de son visage, mais qui, au contraire, l'accentue. Il sourit pourtant ce jour-là, même lorsque Richard Nixon lui dit qu'il est trop lourdement habillé pour la température de l'été islandais. D'un sourire presque coupable, d'un homme qui n'a pas le droit d'arrêter, de poser son fardeau, de passer la main.

Comment a-t-il changé ainsi, en quelques semaines, depuis la dernière conférence de presse où il s'est montré courroucé par l'ironie de François Mitterrand à son égard ? Autour de moi, au journal, au palais Bourbon, dans les antichambres des ministères, partout, j'entends tout de suite le même mot, prononcé presque à voix basse : « cortisone ». Oui, dit-on, un tel changement ne peut s'expliquer que par la prise quotidienne, et pas épisodique, de cortisone. Et on ne donne pas de la cortisone à haute dose à un homme en pleine santé. « Une affection traitée depuis plusieurs mois par irradiations au cobalt et aux corticoïdes », l'explication, fournie par *L'Express* après une enquête trop rapide, amène le monde politique à penser qu'il s'agit d'un cancer. Elle n'est pas reprise par les autres journaux et suscite un démenti violent de l'Élysée.

Je n'avais jusqu'alors, comme la plupart des journalistes, qu'un sentiment : Georges Pompidou n'était pas au mieux de sa forme. On le dépeignait, maintenant, comme facilement coléreux, presque irascible. Jean-Louis Guillaud, entré auprès de Denis Beaudoin et Xavier Marchetti, ancien journaliste de *L'Express*, au service de presse de l'Élysée, à qui je demandais pourquoi, au début de l'année 1973, le Président n'avait pas présenté lui-même ses vœux au personnel de l'Élysée, me soutint qu'il avait attrapé froid à Cajarc pendant le week-end, parce que le chauffage de la maison ne marchait pas. Son caractère change, disaient ceux qui l'approchaient. Toutes choses nouvelles, auxquelles je prêtais attention, mais sans en connaître le véritable sens, et sans vouloir écouter des rumeurs plus malignes. Mais, après cette arrivée à l'aéroport, après ces photographies presque effrayantes, où on découvre un Pompidou inconnu, au visage boursouflé, la vie politique du pays bascule.

À son retour à Paris, un communiqué de l'Élysée annonce, ce qui ne calme pas l'inquiétude, que le chef de l'État ne se rendra pas aux deux garden-parties organisées chaque année par les présidents de l'Assemblée nationale et du Sénat. Et il réduira, à partir de maintenant, ses activités de représentation. Jusqu'au bout, les communiqués médicaux officiels n'auront de cesse de masquer la réalité. De sorte qu'existent maintenant une vérité officielle, des grippes à répétition, et une officieuse, oui, il est malade, mais quelle est sa maladie ?

Terrible, cette impression : la succession s'ouvre, alors que le monarque n'est pas mort. Le pouvoir n'est pas vacant et pourtant le Président est malade. Et peut-être même, commencent à penser certains, condamné. Lui-même pourtant paraît goguenard : il ironise, en public, sur « son cancer hebdomadaire ». Lorsqu'il reçoit pour déjeuner un groupe de journalistes – c'est Georges Suffert qui me le raconte –, c'est pour laisser tomber, ironique : « Chacun a ses soucis, Nixon va être démissionné, et moi, je vais mourir. »

De quel mal souffre-t-il exactement ? Qui le sait ? Il y a des fuites, d'où viennent-elles ? Des médecins, sans doute, les uns par prudence pour que l'État se prépare au pire, les autres simplement pour se donner de l'importance. Les proches, dont le fils du Président, lui-même médecin, ne disent rien, sa femme ignore tout, semble-t-il. Mais peu importe, qu'ils en aient ou non la certitude, la chasse présidentielle est ouverte : Giscard, Chaban, Mitterrand, Edgar Faure, Lecanuet et JJSS s'organisent. Et la hache de guerre entre Valéry Giscard d'Estaing et l'UDR, qui ne sait pas encore quel cheval elle va choisir, est déterrée en un tournemain. Giscard, qui continue à « coller » à Pompidou, dit-il lui-même, laisse beaucoup plus souvent la parole à Michel Poniatowski, devenu ministre. Avec moi, celui-ci, dans le nouveau bureau, gouvernemental celui-là, où il me reçoit, s'amuse déjà aux dépens de ce qu'il baptise le « camp gaulliste » : « Au premier chant du sansonnet, ironise-t-il, chacun trahira trois fois l'autre. »

Il ne se gêne pas le moins du monde, lui, pour faire la critique de l'action de Pompidou et de Messmer, insistant même sur le fait que la majorité n'a pas apporté de réponse aux préoccupations nouvelles de son électorat. « Le gouvernement doit traiter ces problèmes modernes en se projetant dans l'avenir. La France, en outre, est devenue un pays avec 75 % de salariés, ce n'est pas la France qu'imagine Georges Pompidou, ce n'est pas la France de 1958. Ce n'est pas la France rurale dont il rêve. » Son verdict tombe : « Pompidou, il faut d'urgence le transformer en roi fainéant. »

Je n'en crois pas mes oreilles d'autant qu'il finit ainsi notre conversation : « Si Pompidou choisit de ne pas se représenter en 1976, il aura la responsabilité de choisir son successeur. Il choisira inévitablement l'homme qui peut lui faire honneur par la suite. Et celui qui peut casser la dynamique de la gauche. Même s'il ne l'aime pas, il n'y en qu'un, c'est Giscard. » C'est clair, au moment où il me parle, Michel Poniatowski commence la campagne présidentielle de Giscard, comme si elle devait avoir lieu avant la date prévue : les propos sont officieux, puisque la vérité ne peut être dite. Ils s'apprêtent à devenir officiels.

Sur fond de maladie présidentielle, les gaullistes eux aussi se préparent. Mais ils sont divisés. Chaban a déjà son plan : les barons amis lui ont conseillé, après les législatives, de briguer à nouveau, le « perchoir », la présidence de l'Assemblée nationale, de façon à rester en première position pour une éventuelle élection présidentielle.

Pas si simple : Pompidou, qui s'en est débarrassé à Matignon l'année précédente, n'a aucune envie de le revoir à l'hôtel de Lassay. « Il n'a pas assez souffert », me dit, sans même mesurer les mots, comme si Chaban était un prisonnier qui n'avait pas purgé sa peine, Jean-Philippe Lecat, porte-parole du gouvernement.

Marie-France Garaud lui met aussitôt Edgar Faure dans les pattes, dont Giscard, trop content lui aussi d'éloigner l'ancien Premier ministre, soutient aussitôt la candidature. Paul Granet, responsable du club le Contrat social, fondé par Faure, me confirme que ce dernier n'a pensé au perchoir que le jour où Pompidou l'a invité à déjeuner à l'Élysée. « Pompidou, lui a confié Edgar Faure à son retour, veut d'abord éviter Chaban à ce poste. » Explication : il ne veut pas que l'ancien Premier ministre soit le chef de la majorité parlementaire, un an après son départ de Matignon. Edgar Faure gagnera la partie. Il sera président de l'Assemblée nationale.

Commence un drôle de jeu : tandis que les prétendants émergent, les journalistes emboîtent le pas de Georges Pompidou. Où qu'il aille, au bout du monde s'il y va, je suis là, avec une bonne cinquantaine de journalistes français, à le suivre. C'est ainsi que j'accompagne Pompidou en Chine, début septembre. Dans l'avion qui amène la presse à Pékin, il y a davantage de gens qui spéculent sur la résistance de Pompidou, mettent en doute ses capacités physiques, s'attendent à le voir trébucher, que de spécialistes des affaires internationales se demandant si la Chine s'est réveillée ou pas.

Le Président a demandé qu'on allège le plus possible son programme. Néanmoins, difficile de couper à la visite de la Cité interdite. Lorsque les portes lui sont ouvertes, le lendemain à peine de son arrivée, il est épuisé, rouge, presque défiguré. Je suis devant lui, à quelques mètres, au bas d'un des escaliers de la Cité interdite, pour le regarder descendre. Il m'aperçoit depuis le haut des marches. Il surprend mon regard attentif et soupire, exaspéré. Il y a des moments où j'ai été plus fière de faire mon métier. Ce doit être un calvaire pour lui de se sentir épié, de lire un diagnostic dans le regard des journalistes qui l'accompagnent. Il ne passe que quarante minutes dans la cité impériale et, durant ce laps de temps, se repose deux fois.

Au Temple du ciel, le lendemain, il marche un peu plus mais refuse, dans l'après-midi, la visite traditionnelle à la Grande Muraille : l'escalade est jugée trop fatigante. Et, visiblement épuisé, il refuse le lendemain de s'attarder dans les temples bouddhistes inoubliables de Ta-Tung, aux frontières de la Mongolie.

Le seul avantage qu'en retirent les journalistes est de rester avec Zhou-En Lai. Impeccable, souriant, vêtu de sa veste militaire coupée sur mesure, il est aussi élégant que s'il était en complet-veston : il nous rappelle qu'il a passé une partie de sa jeunesse à Paris, nous demande dans un français parfait, avec l'accent un peu nasillard, comment va la place d'Italie. Bonheur de le voir écarter, d'un geste ample, pour rester avec nous, la garde de sécurité qui l'escorte et s'inquiète de sa familiarité avec des inconnus, tandis que la voiture du Président français se dirige vers la gare.

Sur le plan physique, je trouve Pompidou alourdi, épais ; j'ai noté qu'il se ménage, mais pas vraiment qu'il soit faible ou trop fatigué. Sauf peut-être le premier jour à la Cité interdite. Mais je l'ai trouvé en meilleure forme que Mao, dont l'ambassadeur français en Chine m'a assuré, en murmurant, qu'il n'avait plus que quelques heures de lucidité par jour.

De toute façon, les Français ne suivent pas les pérégrinations chinoises. C'est trop loin.

En revanche, que d'interrogations suscitent désormais, en France, ses moindres déplacements, ses moindres mots ! Ainsi de la dernière phrase de sa conférence de presse du 27 septembre : « Je suis prêt à mettre mes capacités à la disposition du peuple français aussi longtemps qu'il le faudra, ou que je le pourrai. »

« Que je le pourrai » ? Que n'a-t-il dit là ! Envisage-t-il de ne pas le pouvoir ? La vie politique est paralysée : toutes les conversations tournent, désormais, autour de la santé du Président. Qu'il quitte Paris pour un voyage en province, comme à Poitiers, où il s'effondre sur son fauteuil, après une courte prise de parole, en s'épongeant le front, qu'il reste à l'Élysée, que le gouvernement Messmer semble ne plus rien maîtriser, il n'est désormais question, à gauche et à droite, que de sa succession.

À gauche, Mitterrand pense, il me le dit dès mon retour de Chine, que l'élection présidentielle n'attendra pas 1976, qu'elle aura sans doute lieu à l'automne 1974. Cela ne change rien pour lui : il sera candidat à quelque moment que ce soit.

À droite, en revanche, la concurrence est désormais établie entre Chaban et Giscard. Ni l'Élysée ni Matignon n'ont pu empêcher que la campagne démarre. Ni Pompidou ni Messmer n'ont eu le temps d'imposer une candidature unique de la majorité. Sans en demander la permission à l'Élysée, en sachant qu'elle lui serait refusée par Pierre Juillet et Marie-France Garaud, Jacques Chaban-Delmas a dévoilé ses intentions aux assises de l'UDR à Nantes dès novembre 1973, où je ne l'ai jamais vu aussi fêté par les gaullistes.

En moins d'un an, il les a reconquis. Il fait un tabac en proposant comme premier objectif de lutter contre la pauvreté, redit sa confiance dans la politique contractuelle et se paie un couplet, ovationné, contre la technocratie. Marie-France Garaud, pendant ce temps, s'est glissée dans les travées de la fédération UDR du Poitou, et commente à haute voix le discours de Chaban : « Du blabla, confie-t-elle à son voisin, qu'elle connaît à peine, quel baratineur ! » Ce dernier, un partisan de Chaban, choqué au dernier degré par son comportement, nous le rapporte dans les minutes qui suivent. La conseillère a beau faire, il n'empêche que la popularité de Chaban est inversement proportionnelle aux doutes qu'inspire la santé de Pompidou aux militants. Venu en curieux le samedi, Pierre Juillet, avisé, disparaît le dimanche. Chaban a gagné les assises. Il m'avait dit un jour, joyeux et sûr de lui : « Je me bats. Il n'y a pas d'exemple dans ma vie politique qu'un événement fâcheux pour moi ne se soit pas retourné en ma faveur. » Le duo de l'Élysée n'a pas pu déclencher une contre-offensive. Chaban est en train d'empêcher Pompidou de désigner son successeur.

C'est alors que l'hebdomadaire *Le Point*, pour son 65e numéro, lance sa bombe. Le journal a été fondé, en 1972, par l'équipe de journalistes qui, autour d'Olivier Chevrillon et de Claude Imbert, ont quitté *L'Express* lorsque JJSS a choisi de se lancer dans la politique, avec la velléité, empêchée par Françoise Giroud, de transformer *L'Express* en journal de campagne. Sa couverture, le 17 décembre, chamboule le monde politique : « Messmer doit partir », titre l'hebdomadaire.

Coup de tonnerre à l'Élysée, où l'on pense que *Le Point*, édité par le groupe Hachette dont Simon Nora, ancien du cabinet Chaban, est actionnaire, se lance dans la campagne de Chaban en choisissant sa cible, l'inaction du gouvernement, sans évoquer celle du président de la République. Je souris encore en pensant à l'incroyable chahut médiatique qui a suivi ce « Messmer doit partir ». Le pouvoir de la presse écrite est à l'époque dominant. À l'Élysée, le duo Juillet-Garaud s'indigne, au point que le président d'Hachette, Ithier de Roquemaurel, juge utile, me rapporte mon ami Paul-Marie de La Gorce, devenu conseiller de Messmer à l'époque, de téléphoner au Premier ministre pour dire qu'il était étranger à cette opération.

Giscard, lui, se donne du temps. D'autres effectuent le travail pour lui.

Comme par hasard, quelques jours plus tard, fin janvier, je reçois, assez tard dans la soirée un coup de téléphone de Jean-Philippe

Lecat, l'ancien porte-parole du gouvernement pendant les élections de 1973, devenu dans l'intervalle ministre de l'Information. Il me demande de passer le lendemain à son ministère. Ce que je fais évidemment. Je le connais peu, il passe pour très intelligent et grand amateur de vins de Bourgogne, et je me doute que sa nomination à l'Information, après toutes les bagarres qui ont eu lieu autour et dans l'ORTF depuis quatre ans (Pierre Desgraupes nommé par Chaban puis écarté, Arthur Conte, président de l'Office démissionnant pour cause de conflit avec le prédécesseur de Lecat à l'Information, Philippe Malaud, lui-même démissionné…) a été encouragée par les conseillers du président de la République.

Il ne me parle qu'à peine de la réorganisation de son ministère et de l'indépendance de l'ORTF : il n'y croit pas, et Pierre Juillet n'en veut surtout pas. Nous parlons évidemment de ce qui est dans tous les esprits depuis la couverture du *Point* : Messmer doit-il partir ? À ma grande surprise, il me laisse entendre que, oui, dans les semaines qui viennent, le président de la République entend procéder à un remaniement.

C'est une information qui vaut cher au moment où Pierre Messmer vient de déclarer : « Le gouvernement Messmer n'est pas fini. Il continue de gouverner. » Encore que, lorsqu'il a prononcé ces paroles, j'ai noté qu'il parlait au présent (il « continue de gouverner ») et pas au futur, ce qui m'avait fait penser qu'il n'en avait plus pour longtemps. Mais enfin, pourquoi est-ce que le ministre de l'Information me l'annonce, un vendredi matin ? Pour me dire que, selon lui, la majorité doit dès à présent se mettre en campagne. « Comme pour la guerre de 1914, insiste-t-il, avant l'offensive, on amène l'artillerie. C'est le cas aujourd'hui, le Président met en place ses batteries. »

Certes, mais quelles batteries ? Jean-Philippe Lecat, sur le ton de la confidence, me laisse entendre que Valéry Giscard d'Estaing sera le prochain Premier ministre. Je m'étonne de le trouver si affirmatif : quoi, ce Giscard dont de Gaulle disait : « C'est sûr, il me trahira, espérons qu'il le fera bien ! », ce Giscard dont récemment encore le secrétaire général de l'UDR, Alexandre Sanguinetti jurait que, lui vivant, il ne serait jamais le dauphin ? Eh bien oui, Lecat me le dit les yeux dans les yeux : Giscard sera Premier ministre d'ici le mois de mars. Les circonstances demandent une figure qui domine les problèmes économiques, et qui sache se faire entendre des Français, ce qui n'est pas la qualité première de Pierre Messmer.

Suit une démolition en règle du Premier ministre par son ministre de l'Information. Je suis surprise, méfiante, stupéfaite. Messmer, me rappelle-t-il, était à Lyon la semaine dernière : dans les rues, pas un chat pour l'applaudir. Lorsqu'il a réuni un peu de monde à la salle des Congrès, comme l'ont affirmé les journaux quotidiens, des membres du SAC, service de protection des gaullistes, sur ordre, remplissaient les rangées qui, sans eux, seraient restées vides. Lecat me demande si j'ai assisté, quelques jours auparavant, à la séance du Parlement sur le franc. Les députés n'ont-ils pas trouvé Messmer « pathétique » ? Quelle différence avec Giscard : « Les chiffres, lui, il les connaît, la technique financière, elle n'a pas de secret pour lui. » Messmer a des qualités, certes, mais pas celles-là, et surtout, pas celle de la communication.

Je comprends que, pour Jean-Philippe Lecat, tout est déjà organisé pour mettre en valeur le futur gouvernement Giscard d'Estaing. Je lui demande si ce n'est pas aussi « pour faire de Giscard le prochain président de la République ». Il sourit sans répondre. Je comprends que c'est le message qu'il veut me faire passer. J'insiste : « Mais les chefs historiques de l'UDR ne l'accepteront pas ! » « Combien sont-ils ? Une vingtaine, peut-être. Il n'est pas impensable de les faire plier. »

Me voilà sur le trottoir, abasourdie. Je comprends, bien sûr, que le ministre de l'Information vient de répondre à l'article du *Point*, dans lequel il a vu la mise en orbite de Jacques Chaban-Delmas et entend que *L'Express* rééquilibre les choses en faveur de Giscard. Manifestement, Lecat a voulu me laisser entendre, donc écrire, que l'élection présidentielle n'attendra pas 1976, et que, dans ce cas, Georges Pompidou avait choisi Giscard et non pas Jacques Chaban-Delmas. M'a-t-il manipulée ? Certainement oui. Et pas tout seul : je suppose que Pierre Juillet et Marie-France Garaud l'ont fortement conseillé. Je pense que Jacques Chirac aussi n'est pas étranger à la manœuvre. Ce que je retiens, après ma conversation inattendue avec le ministre de l'Information, c'est la certitude que l'élection présidentielle sera avancée, et que, dans ce cas, le clan Juillet-Garaud, qui a nommé Lecat à son poste, est favorable, dès maintenant, à une mise en orbite accélérée de Giscard.

Je ne m'attendais pas, je l'avoue, à ce que l'article que j'écrivis une semaine plus tard – sans signaler ma source, comme il se doit, mais néanmoins avec plus de prudence que Lecat n'en avait eu avec moi – fasse tant de bruit. Il faut dire que JJSS, sautant sur l'occasion, a barré la couverture de *L'Express* d'un énorme titre : « Pompidou a choisi Giscard ».

Jean-Jacques aurait mieux fait de ne pas titrer ainsi, car trois semaines plus tard, il y a bien un remaniement. Mais c'est Messmer qui est renommé à Matignon pour la troisième fois, et pas Valéry Giscard d'Estaing pour la première. J'apprends par Jacques Chirac qu'au dernier moment, devant la stupeur et la fureur de l'UDR, notamment à la lecture de *L'Express*, Georges Pompidou, qui y pensait fortement, a reculé : nommer à nouveau Messmer lui a paru une solution neutre, faute de pouvoir régler ainsi, à la hussarde, la compétition Chaban-Giscard.

D'ailleurs, me précise une autre source, bien placée, élyséenne, après le démenti sur le choix de Giscard, Georges Pompidou a reçu Chaban, le 21 février, quinze jours après la parution de *L'Express*, pendant près de deux heures. Il lui aurait demandé de ne pas ouvrir, lui vivant, la campagne présidentielle. Et il compte pouvoir vivre quelque temps encore ! Pompidou avait-il devant lui sur son bureau, comme on me le dit, la maquette de la première affiche présidentielle de Chaban ? Ou bien avait-il eu connaissance du plan de campagne confié par l'équipe de Chaban à Michel Bongrand, spécialiste, un peu vieilli, de l'opinion publique ? « Ne vous moquez pas de moi, aurait-il dit à Chaban, je ne suis pas un enfant de chœur ! » Chaban, toujours optimiste, est sorti du palais présidentiel convaincu d'avoir arrangé ses relations avec Pompidou. « C'est bien ça, commente Olivier Guichard quand je lui demande si cette entrevue a bien eu lieu, Pompidou et Chaban auront passé leur vie à se parler sans se comprendre. Aucun des deux ne donne jamais la même version de leur tête-à-tête. »

Je rase les murs à l'Assemblée nationale où les parlementaires UDR, qui pensent en leur for intérieur sans le reconnaître à l'extérieur qu'il n'y a pas de fumée sans feu et que Pompidou fait les yeux doux à Giscard, me prennent à partie, tandis que Michel Poniatowski me confie qu'effectivement, Pompidou a bien choisi Giscard. Il dispose d'un enregistrement qui le confirme : lorsque Georges Pompidou a répondu à une invitation à déjeuner des Républicains indépendants, à l'automne dernier, il leur aurait fait part clairement de sa préférence en faveur du ministre des Finances. Il m'assure qu'il tient l'enregistrement à ma disposition. Je l'écouterai en effet plus tard. Pompidou n'a pas parlé de préférence, mais a longuement, il est vrai, vanté les qualités qu'aurait Valéry Giscard d'Estaing pour exercer des pouvoirs présidentiels.

Je dois bien cependant reconnaître, le rouge au front, que, non, Giscard n'est pas Premier ministre. Un sacré coup pour moi qui ai annoncé le contraire ! Il n'empêche, ce que retient le milieu politique, c'est que Georges Pompidou n'est pas de taille à imposer Giscard à l'UDR, pas de taille non plus à barrer la route à Jacques Chaban-Delmas.

Le seul vrai changement politique dans le gouvernement Messmer 3 est la nomination de Jacques Chirac au ministère de l'Intérieur. Pour moi, cette nomination confirme que le calendrier de la présidentielle s'accélère : chacun sait qu'il vaut mieux nommer, avant une élection, quelqu'un de sûr à l'Intérieur. Juillet n'est pas arrivé à placer Giscard à Matignon, mais Jacques Chirac est à Beauvau, c'est déjà ça ! Celui-ci me reçoit dans les quelques jours qui suivent sa nomination. Il m'explique la situation, d'une façon décontractée qui me surprend. « Le Président est conscient qu'autour de lui, deux camps s'opposent. Sur un projet politique ? Non, sur un pronostic médical. Jacques Chaban-Delmas dispose de rapports médicaux qui concluent à un départ forcé du Président à l'été, au plus tard à l'automne prochain. Giscard, lui, a des informations différentes : il pense que le Président finira son mandat. Il est donc moins pressé. » Ainsi, Chirac lui-même admet que le Président est malade.

De toute façon, les choses désormais vont très vite. Après une semaine d'arrêt, en février, Georges Pompidou débarque sur les bords de la mer Noire, où il doit rencontrer Léonid Brejnev. Le voyage a été souvent remis : le Président français ne voulait pas prendre froid. Les Soviétiques ont finalement choisi Pitsounda, l'endroit le plus ensoleillé de toutes les Russies. Pas de problème, cette fois à la descente de l'avion, où l'attendent une fois encore, comme à l'affût de l'incident, plusieurs dizaines de journalistes français. Nous voilà installés dans un hôtel de petite station balnéaire, un bloc de béton froid, avec de lugubres salles à manger, sur les bords de la mer, à quelques centaines de mètres de la datcha où les Russes ont installé le Président. Édouard Balladur l'accompagne. Mais le dîner prévu le premier soir entre les deux chefs d'État est annulé, le déjeuner du jour suivant, abrégé. Pompidou achève, exténué, sa conférence de presse finale, dans le jardin de sa datcha. Auprès de lui, Édouard Balladur est impassible et blême.

Je repars vers l'aéroport dans la même voiture que Léon Zitrone, d'origine russe on le sait, qui avait voulu être du voyage. Contrarié de ne pas avoir même approché le Président, il s'adresse à l'agent de sécurité russe qui nous escorte, en accusant, me traduit-il, les apparatchiks soviétiques d'avoir empêché les journalistes de voir le Président. Celui-ci fait une réponse indignée, que je ne comprends pas, et que Zitrone, fortement ébranlé, me traduit à nouveau. L'homme a protesté : « Quoi, a-t-il dit, mais c'est votre Président qui n'a cessé d'être malade. Il a bouleversé le calendrier prévu, il n'est pas sorti de sa chambre. Le Président Brejnev n'y est pour rien. » Il est d'une telle sincérité apparente, même si je ne comprends pas le russe, il fait preuve d'une telle indignation à l'idée qu'on ait pu penser que Brejnev lui ait interdit micros et caméras, que Zitrone et moi le croyons sur parole.

Nous ne disons plus rien jusqu'à notre montée dans l'appareil. Xavier Marchetti, du service de presse présidentiel, m'a gardé une place auprès de lui. Je lui dis que je sais maintenant que le Président est plus malade que ne le rapportent les communiqués, que c'est désormais inutile de me dire qu'il s'agit de grippe ou de refroidissement passager. Il ne répond pas. En rentrant à Paris, nous choisissons, Françoise et moi, de publier l'information non pas dans *L'Express*, mais, le lendemain, dans la lettre confidentielle de *L'Expansion*, autre journal du groupe.

On a beaucoup reproché aux journalistes d'avoir pratiqué une omerta sur la maladie du Président. La réalité est que nous écrivions sur le sujet, sans pouvoir produire une preuve, un diagnostic précis. Michel Debré m'a assuré par la suite qu'il avait été lui-même informé de sa maladie par des sources médicales au début de 1973, et que Pierre Messmer, lui, le savait depuis 1972. Encore avaient-ils disposé, l'un et l'autre, de rapports sûrs, de renseignements certains transmis par les sommités du corps médical, qui avaient tenu à prévenir, pour des raisons de haute politique, le Premier ministre. Les journalistes, eux, n'ont jamais eu accès à la révélation, émanant d'experts autorisés, de ce qui a trop longtemps été un secret d'État.

Vient le temps du dernier Conseil des ministres présidé par Georges Pompidou, le 27 mars. Il a fait l'objet de tellement d'articles, de comptes rendus complets, au mot près, qu'il est inutile d'en faire une fois de plus la relation. Ce qui est certain, c'est que Georges Pompidou pensait encore qu'en se reposant quelques jours il pourrait reprendre ses fonctions : « cela n'a rien de dramatique, et cela finira ». Montrant qu'il n'a plus désormais de complexe, sur la géopolitique, par rapport au général de Gaulle, il dresse un vaste panorama de la politique internationale, puis donne aux ministres présents le conseil, à l'occasion de la prochaine rentrée parlementaire du printemps, d'agir « sans louvoyer ni combiner », ce qui fera figure, plus tard, de testament politique. Quelques mots pour finir : « Soyez tranquilles, comprenez que ce n'est pas agréable. » Un temps, et cette dernière phrase : « J'ai le ferme espoir d'embêter beaucoup de monde. » Yves Guéna, à qui je téléphone après le Conseil, me dit, bouleversé : « Il va mourir. » Olivier Guichard confie à Jean Mauriac : « C'était épouvantable. »

Beaucoup des ministres présents ne reverront plus Georges Pompidou vivant. Trois hommes, Giscard, Foccart et Jobert sont encore reçus en audience le vendredi. Le soir même, le Président part pour sa maison d'Orvilliers. Il y est frappé le dimanche matin de septicémie et ramené en urgence à Paris, dans son domicile du quai de Béthune. Dans la nuit, Jacques Chirac lui rend visite. Il survit jusqu'au mardi où Pierre Juillet est à son chevet. Il meurt à 20 heures, deux heures après le départ de son conseiller. Sa vie s'achève sur la division de la majorité entre deux hommes qui ne s'aiment pas, Giscard et Chaban. Des clans qui se haïssent, une UDR désemparée qui aime ou déteste Pompidou, aime ou déteste

Chaban. Et un monde politique qui, depuis deux ans, s'entend dire que tout va bien.

Question : Pompidou avait-il le droit, pour lui-même, pour sa propre majorité, pour les Français, de cacher la vérité sur sa santé ? Faux problème, fausse interrogation. Installé dans la certitude d'un sursis, Pompidou ne pouvait pas organiser sa propre mort. Personne autour de lui ne pensait que sa fin était aussi proche, pas même son fils qui savait, depuis longtemps, que sa maladie était mortelle. Fallait-il lui parler ? Question que j'ai posée à Édouard Balladur après la mort du Président. « Lui parler ? Pour lui dire quoi ? Les médecins étaient formels : le Président pouvait attendre 1976 sans ennui majeur. Après tout, aucun de nous n'avait de raison de suspecter les autorités médicales. Nous n'avions aucune certitude, ou plutôt oui, nous n'en avions qu'une. Dire à quelqu'un, faites vos paquets, vous êtes malade, c'était dans une certaine mesure le condamner. Lui infliger un choc psychologique insupportable. Je ne m'en suis pas senti le droit. Mais croyez bien que j'y ai, en conscience, réfléchi. »

9.

Giscard au galop

Mardi 2 avril. Le président de la République est mort : l'annonce s'inscrit au bas de mon écran de télévision. Il est 22 h 30. Il pleut sur Paris. Je ne peux pas m'empêcher d'aller quai de Béthune. La foule se presse déjà devant le domicile des Pompidou. Devant le numéro 24, des gens pleurent. Au tabac, des femmes du quartier ont déjà apporté des fleurs. Je ne reste pas longtemps : je ne veux pas faire partie des gens qui viennent voir la mort de trop près. Ça me fait un peu honte, et très peur.

Au Sénat, le président Poher est depuis près de dix mois parfaitement au courant de la maladie de Pompidou. Depuis le début de la matinée, il a été prévenu par une partie des fonctionnaires chargés de la protection du chef de l'État de la dégradation de son état de santé. Lorsque Édouard Balladur l'appelle, Poher attend son coup de téléphone : il est resté seul à cette heure tardive dans son bureau de la présidence du Sénat. Le voilà président de la République par intérim pour la seconde fois. Cette fois, il se gardera de se porter candidat. François Mitterrand, à la suite d'un contretemps, dîne seul chez Lipp. Roger Cazes, le patron de la célèbre brasserie de Saint-Germain-des-Prés, s'approche de lui : « Savez-vous que Georges Pompidou est mort ? » Mitterrand sursaute : il ne savait même pas qu'il était au plus mal. Georges Marchais est devant la télévision dans son pavillon de Champigny. Dès qu'il a vu se dérouler sous ses yeux le communiqué : le Président est mort, il a prévenu par téléphone Roland Leroy, en vacances à Pierrefeu dans les Alpes-Maritimes. Venant de Bordeaux, l'avion de Chaban, après avoir été pris dans un violent orage, atterrit vers 23 heures. Un de ses proches, venu le chercher, lui annonce le décès du Président. Chaban appelle Pierre Messmer. « Avez-vous besoin de moi ? » lui demande-t-il. « Non », répond Messmer, laconique. Valéry Giscard d'Estaing, lui, est revenu à Paris dans l'après-midi : il était en vacances aux sports d'hiver avec femme et enfants. Michel Poniatowski, ministre de la Santé, l'a prévenu quelques jours auparavant de l'aggravation du mal. Sitôt arrivé, Valéry Giscard d'Estaing le rejoint à son domicile, 16 rue Victor-Daix, à Neuilly.

Le ministre de l'Intérieur, Jacques Chirac, est en deuil : il a été, avec Juillet, le premier à apprendre le 31 mars que Georges Pompidou n'avait plus que quelques jours à vivre. Le 2 avril au soir, il a rejoint le Premier ministre, rue de Varenne.

L'un après l'autre, dans la nuit, les ministres UDR convergent vers l'hôtel Matignon. Jacques Chirac, qu'un lien presque filial unissait à Pompidou, oublie sa peine – qu'il a eu le temps de dominer puisque mis au courant plus tôt – pour parler aussitôt de candidature d'union. Il croit depuis longtemps, on le sait, que Valéry Giscard d'Estaing serait le meilleur, mais quoi qu'il pense ce soir-là, il n'envisage pas une seconde de pouvoir imposer d'emblée sa candidature aux ministres UDR présents, dont Michel Debré, qui a déjà fait savoir sa préférence pour Jacques Chaban-Delmas. Il pousse donc « à la russe », dit-il, Pierre Messmer, Premier ministre en fonction, à se présenter. Celui-ci n'est pas chaud. Contrairement à son prédécesseur et à tous ses successeurs dans la Ve République, cet homme réservé ne croit pas, ayant franchi le perron de l'hôtel Matignon, à son destin national. Lucide, il sait que Georges Pompidou ne l'a confirmé à la fin-février que pour gagner du temps, par indécision. Il me confiera quelques jours après, lorsqu'il a accepté de me recevoir dans ces temps troublés, que, ce soir-là, il avait un sondage sur son bureau le donnant battu au deuxième tour par François Mitterrand. Pas de quoi se précipiter à entrer en campagne.

À minuit, Chirac entraîne Michel Debré dans un aparté : « Empêchez Chaban de se présenter, lui dit-il. Il est de notre intérêt d'avoir un candidat unique. La France est traumatisée par la conjoncture économique, elle n'est pas prête à voter à gauche. Un candidat unique de la majorité serait élu sans problème. » « Dans ce cas, répond Debré, à qui on ne la fait pas, pourquoi pas Chaban ? »

Étonnante semaine, où le deuil marque la vie politique française. Seuls les ministres et les amis entourent Claude Pompidou, à qui son mari a jusqu'au bout caché sa maladie, et son fils Alain, le jeudi 5 avril, entre 11 heures et midi, pour les obsèques privées dans la petite église de Saint-Louis-en-l'Île, à deux pas de leur domicile. Chirac pleure pendant la cérémonie sobre et courte. Ni Chaban, ni Michel Debré – qui n'est plus ministre depuis février – ni Roger Frey n'y ont été invités.

Le monde entier, de Richard Nixon à Baudoin de Belgique, du Russe Nikolaï Podgorny à la reine des Pays-Bas, est présent en revanche à Notre-Dame de Paris, le lendemain, où le cardinal Marty, qui a déjà prononcé l'homélie le jour de l'enterrement du général de Gaulle en 1970, accompagne de ses mots la disparition de Georges Pompidou.

Le temps de la politique revient vite. Il a même précédé Notre-Dame : Jacques Chaban-Delmas, craignant que Giscard se présente avant lui et que Messmer ne fasse rien pour l'en empêcher, a annoncé sa candidature la veille, en début d'après-midi, le 4, deux jours seulement après la mort du Président, au moment où Edgar Faure, président de l'Assemblée nationale, commençait l'éloge funèbre de Georges Pompidou devant les députés. Trop tôt, presque indécent, jugent ses adversaires.

La décision de Valéry Giscard d'Estaing est prise immédiatement, il en a d'ailleurs discuté avec Pierre Juillet et Jacques Chirac au cours d'un déjeuner à son ministère le samedi. Toutefois, à leur demande, Giscard accepte de laisser la place à Pierre Messmer si celui-ci se porte candidat. Je passe sur les multiples rendez-vous, pressions, discussions entre le Premier ministre et Jacques Chirac dans les jours qui suivent. Messmer est toujours réticent. Le ministre des Finances n'attend pas longtemps. La semaine suivante, le 8, il prend la parole depuis son fief de Chamalières, dans la salle des mariages de l'hôtel de ville, devant un mur de caméras, dans la mairie où il avait dit non au général de Gaulle en 1969. La veille, il a déclaré en privé, en référence à Jacques Chaban-Delmas : « Je serai candidat si certains qui se sont rendus coupables d'indélicatesses fiscales se maintiennent. »

Son discours, bref, qu'il prononce d'une voix assourdie, presque lentement, est d'une habileté calculée : d'abord parce qu'il s'abrite derrière l'image de Pompidou, qui l'a nommé et maintenu aux Finances pendant toute sa présidence, dont il est décidé à revendiquer l'héritage, même si cela gêne l'UDR, ensuite parce qu'il s'adresse, au-delà d'un parti, le sien, les Républicains indépendants, à tous les électeurs, UDR, centristes et réformateurs, pour former une majorité présidentielle élargie. Habile, très habile, car il ouvre la porte aux centristes de Jean Lecanuet et de JJSS, comme l'avait fait Pompidou en 1969 avec Jacques Duhamel. Ce faisant, il double Chaban sur sa gauche, montrant qu'il est lui, et non pas le candidat de l'UDR, le plus réformateur

Dans une dernière tentative, désespérée, Pierre Messmer fait acte de candidature le 9 au matin, et demande aux deux candidats déjà de se retirer. Trop tard. Chaban débarque au pas de course dans le bureau de Messmer à 3 heures moins cinq, prononce une seule phrase, « Je reste », et sort de Matignon, blême et furieux, cinq minutes plus tard. Giscard pense, lui aussi qu'il est trop tard pour se dédire. Il n'a pas même besoin de le dire, puisque Chaban l'a fait avant lui. Messmer, du coup, sort définitivement du jeu.

Il n'y a guère qu'Edgar Faure pour accepter l'ultimatum du Premier ministre : il a bien annoncé sa candidature, un peu pour la forme, la semaine précédente, mais a vite senti, que, coincé entre Giscard et Chaban, il risquait de faire pâle figure au soir du premier tour. Il saute sur la proposition de Messmer pour s'évader de la compétition présidentielle. Un collaborateur de Pierre Messmer me résume la scène d'une phrase : « Edgar errait dans les coulisses, quand il y a vu l'écriteau : Sortie. » Son obéissance au Premier ministre ne tient en rien à la discipline, mais à l'instinct de conservation.

Il ne manque qu'une candidature, celle de François Mitterrand. C'est chose faite le 12 avril à 11 heures du matin, à la tour Montparnasse, devant 200 journalistes. Je suis à côté de son frère aîné, Robert, qui, entendant le candidat de la gauche se lancer dans la réforme de la fiscalité, ou la nécessité du contrôle des prix, sourit en me disant à l'oreille : « Il aurait dû faire Polytechnique », sans que je sache s'il doute des calculs économiques de son frère ou s'il les partage.

Ce que ne savent pas les journalistes, Claude Estier me l'a raconté la veille, c'est que Georges Marchais et François Mitterrand ont déjà, dans une des salles de l'Assemblée nationale réservée aux parlementaires, scellé leur pacte. « Nous n'avons qu'une seule exigence, a dit Marchais, c'est la référence au programme commun. »

« Pas de problème pour cela, a répondu Mitterrand. Pour le reste, je ne veux pas négocier, je veux garder les mains libres. » Marchais n'a rien ajouté, il ne demande rien de plus : cela lui suffit, son bureau politique s'en contentera.

L'élection présidentielle est annoncée pour les 5 et 19 mai. Pourquoi le ministre de l'Intérieur, Jacques Chirac, a-t-il décalé le premier tour initialement prévu pour le 28 avril ? Sans doute pour laisser à Giscard le temps de consolider son avantage sur Chaban. Un peu plus de quatre semaines pour convaincre les Français. Pas beaucoup de temps. Les candidats se bousculent au portillon : le Conseil constitutionnel en retient douze, des petits et des grands. Douze, c'est trop ? La presse rechigne, pas les électeurs : jamais les émissions de campagne télévisée officielle n'ont eu une aussi grande audience. Jamais les préaux d'école, les salles des fêtes et les palais des sports n'ont été aussi remplis. Parmi les « petits » candidats, la trotskiste Arlette Laguiller crève pour la première fois l'écran par sa passion de déclarer la guerre aux hommes politiques et le sévère maire de Tours, Jean Royer, est persuadé qu'il remportera la bataille face à tous les autres candidats, parce que son rôle de grand inquisiteur lui monte à la tête. Mais, rapidement, la partie se fixe autour des trois « grands » : Chaban, Giscard et Mitterrand.

Dans la semaine qui suit sa déclaration de candidature, Giscard commence sa remontée sur l'ancien Premier ministre, d'abord favori. Il ne cesse, jour après jour, de progresser. En faisant preuve d'une grande habileté : ainsi s'inscrit-il dans la continuité de Pompidou tout en revendiquant sa modernité. Il n'attaque jamais frontalement Chaban, car il sait qu'au deuxième tour, s'il arrive en première position au premier, il aura besoin des voix de ses électeurs. Sa voix, si caractéristique, qui pourrait passer pour affectée, est devenue plus familière, par moments presque amicale. Emporté par le rythme de la campagne, il paraît plus grand, plus jeune aussi. C'est un atout, on l'a appris depuis, à condition d'avoir derrière soi, comme l'a Valéry Giscard d'Estaing, dix-huit ans de vie publique, une implantation familiale en Auvergne, un sens politique qui l'a amené à prendre la tête du vieux parti Indépendants et paysans du conservateur Antoine Pinay, puis à le transformer en un jeune parti libéral, les Républicains indépendants

Sans doute s'inspire-t-il des campagnes présidentielles américaines et pense-t-il à Kennedy, dont le livre dédicacé ne le quitte jamais : le candidat joue sur sa personnalité, sa jeunesse, son dynamisme. Il ne parle pas de projet politique, encore moins de programme. Il mise sur sa compétence, que les Français lui reconnaissent, et sur une image moderne qu'il a fabriquée au fil des années : on l'a vu apparaître à la télévision en pull-over, en 1964, quand le costume trois pièces était de rigueur, puis regagner son ministère en métro, au milieu d'une bonne dizaine de photographes.

On l'a retrouvé sept ans plus tard jouant de l'accordéon en chemise à carreaux, puis en short et maillot de footballeur à Chamalières, commune dont il était le maire. Pensez : il y aurait marqué un pénalty ! En 1974, sa photo de campagne tranche avec toutes les autres : on le voit parler à sa fille Jacinthe, qui l'écoute et sourit. Puis c'est Brigitte Bardot qui paraît, dont le tee-shirt est barré, sur sa belle poitrine, du slogan : « Giscard à la barre ». Pour la première fois depuis que la République existe, des hommes de communication l'entourent, qui font « remonter du terrain », comme on dit dans le jargon politique d'aujourd'hui, l'image que les Français, chaque jour, ont de lui.

Différente, plus laborieuse, parfois presque poussive, la campagne de Jacques Chaban-Delmas est décevante, pour celui qui parlait, deux ans auparavant seulement, de nouvelle société. Dans ce combat contre Giscard, Chaban s'est laissé enfermer dans un personnage qui n'est pas le sien. Il se voulait rénovateur, Giscard a embarqué avec lui les réformateurs et le centre. Serré de près par Michel Debré, l'ancien Premier ministre semble rester prisonnier des gaullistes historiques.

Chaban perd sa campagne en quelques jours. Jacques Chirac n'y est pas pour rien. Le dimanche 14 avril, le jour de Pâques,

39 députés et 4 ministres rendent public un texte, baptisé « appel des 43 », destiné sans le dire à torpiller Chaban, qu'ils accusent implicitement de barrer la route à celui qui a le plus de chances de gagner, Valéry Giscard d'Estaing, contre le candidat unique de la gauche, François Mitterrand. Pendant deux jours, Chirac s'est démené pour élaborer, avec le concours de Maurice Herzog, député de Savoie et célèbre alpiniste vainqueur de l'Annapurna, tout un programme pour entraîner des députés UDR dans son aventure de déstabilisation.

Paul Granet, député de l'Aube, secrétaire général du club fauriste Le Contrat social, me raconta comment il avait été appelé plusieurs fois le samedi par Jacques Toubon, fidèle lieutenant de Jacques Chirac, pour donner sa signature à l'appel. Ce qu'il a fait le dimanche matin, après consultation d'Edgar Faure.

Il me précisa que pour d'autres, la chasse aux 43 avait été plus difficile : pour ce député centriste d'abord qui, en week-end avec sa femme dans le Var dans un hôtel dont il n'avait communiqué le nom à personne, s'était vu appeler trois fois dans la nuit du samedi par le ministère de l'Intérieur et avait fini par dire oui à Jacques Chirac. Ou encore pour le député UDR de la Haute-Marne, Jean Fabre, lui aussi hors de son domicile, éveillé à 2 heures du matin par deux gendarmes qui l'ont amené au téléphone le plus proche où le ministre de l'Intérieur le demandait. Raté : furieux, Fabre a refusé de signer. D'ailleurs, dix d'entre eux abandonneront les 43, disant s'être fait extorquer leurs signatures ; dix nouveaux arriveront ventre à terre.

L'écho est considérable dans la trêve pascale. Chez Chaban, on crie à la trahison. Le ministre des Affaires étrangères, Michel Jobert, favorable à la candidature du maire de Bordeaux, joint Chirac à son ministère le lundi et lui passe un savon sur un ton dont il a le secret : acide et drôle. Chirac plaide l'efficacité : Chaban est un mauvais candidat, il sera battu et l'UDR sombrera. « Vous venez de faire un mauvais coup, lui répond Jobert. Vous mettez des chaloupes à la mer pour un naufrage qui n'a pas encore eu lieu. » Il ajoute, paraphrasant le poème « Le Vase brisé » de Sully Prudhomme : « Vous avez envoyé des coups de pied dans un vase auquel vous n'auriez pas dû toucher, car il était fêlé. »

Claude Labbé, président du groupe parlementaire UDR à l'Assemblée, convoque salle Colbert, au palais Bourbon, Jacques Chirac et ceux qui l'ont suivi dans son aventure des 43. Chirac résiste à Michel Debré et à Alexandre Sanguinetti, qui lui demandent de rentrer dans le rang et de rejoindre les troupes de Chaban. Il ne bouge pas d'un pouce. Et ne votera pas avec les autres députés, bien que Claude Labbé, manifestement pris de court, annonce en fin de réunion, sans oser le dire aux journalistes, que « le groupe unanime a soutenu Chaban ». Tout le groupe, moins un.

J'appelle Jacques Chirac le lundi matin : « Oui, me répond-il, faussement candide, l'air d'un enfant qui a mis le doigt dans un pot de confiture, personne n'a été très content de ce texte. Je ne me suis pas fait que des amis. »

Il me révèle que Chaban l'a convoqué pour lui demander, le vendredi précédant l'appel, de signer la paix. Une vive dispute les a opposés. « Vous êtes un mauvais candidat, lui a répété Chirac, qui me le raconte avec délectation. Il va vous arriver le coup du caillou dans le pare-brise. C'est le pare-brise qui va éclater ! »

D'où, le lendemain, l'appel des 43. La guerre entre Chaban et Chirac est totale après le dimanche de Pâques 1974, tandis que Giscard feint de ne pas s'en mêler. Dans tous les meetings de Chaban, dorénavant, il y aura toujours un petit groupe de militants pour scander : « Chirac, on aura ta peau » et pour instruire un procès en haute trahison contre le ministre de l'Intérieur, qui reste impavide. « Il est fatigant, ce garçon », avait dit Pierre Messmer la dixième fois que Chirac lui avait demandé de se présenter. Fatigant, il l'a été surtout pour Jacques Chaban-Delmas dans ces semaines qui passent, vite, avant l'élection. Trahison ? Chirac avait suffisamment montré, depuis des années, son hostilité à Jacques Chaban-Delmas, il avait suffisamment participé au travail de sape de Pierre Juillet et de Marie-France Garaud, il avait suffisamment pris le parti de Valéry Giscard d'Estaing auparavant pour que le mot « trahison » ne soit pas le bon.

Ou alors, c'était avant la campagne présidentielle qu'il avait trahi. Dans les couloirs de l'Assemblée nationale, lorsqu'il était ministre chargé des relations avec le Parlement. Parlant tour à tour en « petit dernier » du gouvernement (il avait alors trente-huit ans) et en chef des pompidoliens, il s'est toujours placé sous la responsabilité directe de Georges Pompidou, échappant au contrôle de Jacques Chaban-Delmas. Au moment où le Premier ministre, en 1972, s'efforçait de minimiser les dérives financières du député UDR Rives-Henrÿs, compromis dans l'affaire de la Garantie foncière, Jacques Chirac demandait pour celui-ci un châtiment plus rapide. Même divergence avec Chaban-Delmas sur la libéralisation de l'ORTF. Bref, la rupture était assez claire entre les deux hommes pour ne laisser aucun doute sur son choix, si Chaban et Giscard se présentaient tous deux, au risque, calculé, de casser la majorité : il choisirait Giscard. Jamais traître n'a parlé aussi haut.

La campagne semble lui donner raison, puisque Chaban piétine. Et que, dans la France entière, les élus, députés, maires, sénateurs de l'UDR se demandent s'ils n'ont pas choisi le mauvais cheval. Il faut dire que, pour quelqu'un qui a été Premier ministre et qui a deux ans pour s'inscrire au départ de la course présidentielle, l'auteur du discours sur la nouvelle société se montre étonnamment creux. Comme si, lorsque ni Simon Nora, ni Jacques Delors n'étaient là, la « nouvelle société » n'avait plus rien à proposer.

Désormais, l'issue du scrutin ne fait pas de doute. Et lorsqu'à l'occasion de la campagne officielle, Chaban choisit de produire André Malraux à ses côtés, le désastre est total. André Malraux a été réveillé au petit matin pour se rendre aux studios d'enregistrement, son visage est parcouru par des tics qu'il ne contrôle pas, son langage, embarrassé. Qui a eu l'idée d'entraîner le merveilleux auteur de *La Condition humaine* dans une prestation qu'il n'a plus l'âge ni l'énergie de faire ? Ses troupes, déjà démobilisées par Chirac, résistent mal à ces deux coups.

Quelques jours plus tard, François Mitterrand répond aux questions de France Inter. On m'a acceptée, avec d'autres journalistes, dans le studio. À peine l'émission terminée, Mitterrand me demande de le raccompagner à Saint-Germain-des-Prés. Je sais où il va : pas au Café de Flore, endroit où il me demande de le laisser, mais chez Anne Pingeot, qui, depuis peu, habite rue Jacob, à quelques centaines de mètres, ce qu'il ne veut pas me dire et croit que je ne sais pas.

Pendant le trajet, dans la voiture, il fait tout haut ses comptes électoraux devant moi : s'il obtient 42 % au premier tour, il perdra au second ; à 44 %, c'est tangent ; à 45 %, il sera irrattrapable. J'aime la façon qu'il a de parler de son score à la présidentielle comme s'il s'agissait d'un autre. Il pense que Giscard arrivera en tête, d'où son souci de ne pas attaquer Chaban trop fort, pour, éventuellement, récupérer les voix « populaires » du gaullisme ou profiter de la réaction outragée des électeurs UDR contre la manipulation des 43. Il ne fait aucun doute pour lui que Giscard devancera Chaban-Delmas : « C'est le plus fort, m'a-t-il dit, il y a quelques mois déjà, il les battra tous. »

Moins d'une semaine plus tard, le verdict tombe : Giscard a réussi sa percée : il dépasse les 30 %. Avec son tout petit score de 15 %, Chaban s'est effondré. François Mitterrand, lui, n'a pas mobilisé l'ensemble de la gauche. 43 % des suffrages : il est dans une zone de grande incertitude, en dessous des 45 % où il se disait irrattrapable. Et ce n'est pas le face-à-face télévisé, qui, le mardi précédant le deuxième tour, a inversé la donne. Un face-à-face télévisé, j'écris cela comme s'il était naturel, ordinaire, que deux candidats puissent confronter leurs points de vue, devant les téléspectateurs, avant le second tour. Naturel, le mot est mal choisi, car en France, justement, cela n'a jamais existé. La télévision a été fermée à double tour à l'opposition pendant les années gaullistes. Il faut dire qu'avec Pompidou, ou malgré lui, elle s'est ouverte grâce à Chaban. Injustice du sort : celui-ci ne fait pas partie du dernier combat politique, le duel télévisé.

Giscard a fait une campagne au galop, il a montré l'homme politique derrière le technocrate, tout cela avec un tout petit état-major de campagne, les quatre ou cinq qui le suivent depuis le début. Cela a été l'aventure d'un homme libre, tandis que j'ai trouvé Chaban presque ligoté par les anciens gaullistes de droit divin.

Derrière les 43, les plus jeunes se sont retrouvés avec Jacques Chirac derrière Giscard. Celui-ci ne sous-estime pas le rôle du ministre de l'Intérieur. C'est la première phrase qu'il me dit le 16 avril, lors d'un déjeuner au ministère des Finances où il m'avait conviée il y a près d'un mois, qu'il n'a pas voulu remettre pour cause de campagne. « Chirac est le meilleur », confie-t-il, joyeux, au bout de quelques minutes. Les barons gaullistes sont restés auprès de Chaban, sans lui donner un souffle, et au contraire, en le trouvant, quelque amitié qu'ils aient pour lui, tout juste suffisant pour concourir à une élection présidentielle. « Il dit qu'il travaille, m'avait dit avant le premier tour Olivier Guichard, navré, en réalité, il ne travaille jamais. »

En tout cas, le second tour se passe sans Chaban. Sur le plateau, Jacqueline Baudrier et Alain Duhamel animent pour la première fois un face-à-face entre les deux finalistes. C'est un grand jour pour la télévision française. Jusqu'à présent, la radio menait le jeu. Aujourd'hui, avec ce rendez-vous, la télévision prend possession des élections. On ne pourra jamais revenir en arrière. À la même heure, autour d'une table, ou sur un canapé, près de 25 millions de Français, hommes, femmes et parfois enfants, regardent ce premier débat télévisé, habituel aux États-Unis, d'un genre inconnu en France : leur futur président de la République sera le gagnant du match.

Celui-ci se déroule, dès les premières minutes, dans une tension extrême. Plus à l'aise que Mitterrand devant les caméras, Giscard, à son habitude, ne parle ni de ses objectifs, ni de programme de gouvernement. Il choisit l'attaque. Notamment sur ce qu'il juge être le point faible de François Mitterrand, son alliance avec le Parti communiste. Le candidat unique de la gauche est vite réduit à la défensive, ce qui ne lui convient guère. Puis vient, en réplique à un vaste développement sur les privilèges et le progrès social, le fameux : « Vous n'avez pas, monsieur Mitterrand le monopole du cœur, vous ne l'avez pas. »

Maurice Faure m'appelle quelques minutes après : « Mitterrand est sous Théralène » – du nom de cet antitussif abrutissant pour enfants –, me dit-il, navré. « Mes derniers espoirs d'être ministre se sont évanouis ce soir », ajoute-t-il, mi-figue mi-raisin.

Je le trouve sévère. Mais enfin, le monopole du cœur a laissé Mitterrand sans voix, et en effet, il m'a semblé, à la fin, plus lent, moins percutant qu'au début. Giscard a dénoncé en Mitterrand l'homme du passé qui conduira la France au désastre. Mitterrand, un ton en dessous, a condamné le candidat des nantis, des puissants, de l'argent. Tout cela a-t-il déplacé une voix ? Je crois que oui, tout de même : celui qui était le plus à l'aise sur le plateau, Giscard, a été aussi celui qui a gagné aux points.

Et dans les urnes : le 19 mai, Valéry Giscard d'Estaing, qui ne va plus tarder à se faire appeler par ses initiales, VGE, est élu président de la République. De justesse : comme si les électeurs de gauche qui avaient fait défaut à Mitterrand au premier tour étaient revenus vers lui au second. Mais pas assez. Pourtant les communistes avaient tout ce qu'il fallait pour rassurer les électeurs. Inouï : de sa propre initiative, Georges Marchais avait fait une conférence de presse, à laquelle je m'étais rendue par acquit de conscience, trois jours auparavant pour signaler que le PC ne disposerait, dans le futur gouvernement, que de ministères de seconde importance. Surtout pas des Affaires étrangères, de l'Intérieur et de la Défense. On n'imagine pas un communiste, et surtout pas Georges Marchais, aussi doux qu'un mouton : il n'empêche, il a beau faire, cette fois, ça ne passe pas.

François Mitterrand n'est pas étonné : il avait, dès le premier tour, anticipé son échec au second. Au contraire, il paraît surpris d'avoir obtenu plus de voix au deuxième tour qu'il ne l'attendait. Il n'empêche, c'est une seconde défaite. Je l'appelle au téléphone mardi matin, m'attendant à le trouver abattu : même s'il a approché les 50 %, il ne les a pas dépassés. Cela ne l'empêche pas, dès le lundi, de prévenir ses adversaires. Diable d'homme : il me lit au téléphone, presque triomphalement, le communiqué qu'il a préparé : « Il n'y aura de notre part ni pause ni trêve », et m'annonce qu'il reprend immédiatement à Pierre Mauroy la direction du Parti qu'il lui avait abandonnée pendant sa campagne. Commentaire sur le débat, qui finalement n'a pas changé grand-chose : il pense lui-même qu'il a été moins efficace que son adversaire. « Au bout d'un quart d'heure, mon attention a faibli. Je me suis désuni », me dit-il, comme on le dit d'un cheval au galop à qui la patte manque.

Mon histoire de la Ve République a commencé, après la mort du Général, par celle de trois hommes : Georges Pompidou, François Mitterrand et Valéry Giscard d'Estaing.

Aujourd'hui, ils ne sont plus que deux : Giscard et Mitterrand. Un Giscard triomphant, qui n'a jamais douté de son destin national. Comment ses amis le décrivent-ils, au moment où il entre à l'Élysée ? « Ouvert et sceptique. Ouvert parce qu'il n'est pas de solution ni de vue si hérétique qu'il la refuse *a priori*. Sceptique : jamais, pour lui, une solution ne doit être retenue parce qu'elle est évidente et que tout le monde est d'accord » (Yves Cannac).

« C'est le plus naturel, il n'est pas écrasé par ses fonctions, il reste ce qu'il est. Il se fie plutôt à son inspiration. Les méditations à trois ou quatre sont rares. Le risque, c'est qu'il agisse de façon trop personnelle, l'avantage, c'est qu'il est un être humain » (Claude Pierre-Brossolette).

« Très longtemps, il n'a rien connu de la vie des gens. Il supplée son manque de connaissance par son intelligence. C'est un libéral élitiste, mais libéral. Il est heureux avec les gens riches, mais a horreur qu'on lui parle d'argent. Ce qui est une forme suprême du snobisme. Il ne craint pas de se mettre en cause lui-même. Il ne trouve personne, en dehors de lui, qui soit un vrai réformateur. Et surtout pas ses ministres. […] Il peut d'ailleurs être très dur avec eux. L'autre jour, au Conseil des ministres, Jean Lecanuet a commencé ainsi son intervention par une phrase "Vous allez encore dire que je suis pompeux", Giscard a simplement répondu : "oui" ! » (Françoise Giroud).

« Giscard a la certitude qu'il peut faire, lui, ce qui serait interdit aux autres : serrer la main de prisonniers, supprimer les cérémonies du 8 Mai. Tout passe parce que c'est lui qui le fait, parce que c'est de lui que cela vient » (Xavier Gouyou-Beauchamps).

De l'autre côté, un Mitterrand que sa défaite, la seconde, n'a pas un seul instant déstabilisé.

Presque immédiatement va s'ajouter un troisième homme, qui a pris, pendant la campagne électorale, une importance grandissante : Jacques Chirac, nommé Premier ministre dans la foulée de l'élection. Récompense pour services rendus : oui, bien sûr, mais aussi seule façon, croit Giscard, de maintenir une majorité.

Le compagnonnage entre Giscard et Chirac commence en réalité par une méprise. Michel Poniatowski, que je rencontre chez lui, à Neuilly, dans un petit hôtel particulier recouvert de lierre, avant la nomination officielle de Jacques Chirac à Matignon, me vante longuement pour commencer la réussite de Giscard : c'est un homme qui a été élu avec sa seule force, sans grand parti, c'est son style personnel qui a été reconnu, son équation. « Il sera conduit, m'assure-t-il, à poursuivre dans un style présidentiel, à l'américaine. » Sur ce point, je ne peux qu'enregistrer ce qu'il dit. Je suis stupéfaite, en revanche, de la façon dont il parle de Chirac. À ses yeux, ce dernier sera un Premier ministre plus technique que politique. J'entends bien que, dès les premiers jours, Ponia n'a aucune envie qu'un ministre politique vienne lui contester la première place dans le système Giscard, et qu'il a donc tout intérêt à faire de Chirac un animal domestique.

Il développe son analyse : Chirac a été, pour Georges Pompidou, le plus fidèle, le plus attentif, des collaborateurs. C'est son style, il n'en changera jamais. Il sera avec Giscard comme il l'a été avec Pompidou : fidèle, attentif, etc. À mes yeux, Ponia commet une erreur monumentale. Inutile de le lui dire, c'est son problème, et celui de Giscard. Je mesure, en écoutant Ponia, la sorte de distance, je ne dis pas de mépris, qu'il met dans ses relations avec le Premier ministre, qu'il ne connaît pas. Ou du moins très mal.

Jacques Chirac avait du respect, de l'admiration pour Georges Pompidou. Une sorte d'amour qui ressemblait à celui d'un garçon pour un père. Mais aujourd'hui, terminé pour le cœur. Il n'éprouve rien de pareil pour Giscard.

Il me paraît incroyable de penser de lui qu'il s'agit d'un enfant docile et que, sous le prétexte qu'il a obéi aveuglement à Pompidou – ou à Pierre Juillet –, il obéira sans réserve à Giscard. Si ce dernier croit qu'il suscite chez Chirac le même dévouement aveugle, il se trompe. Chirac mange comme quatre, dort cinq heures par nuit, boit des litres de café pour tenir le coup. Ce n'est plus l'énarque de service, au garde-à-vous, celui qui me disait sans rire en 1970, à l'occasion de son premier portrait télévisé, que j'avais fait moi-même : « Au fond je suis fait pour être un bon fonctionnaire. Mon rêve serait d'être secrétaire général de l'Élysée. » Il a changé. Désormais, son dévouement va d'abord à lui-même.

Je ne l'ai pas demandé à Chirac, parce qu'on ne pose pas cette question en politique : a-t-il seulement de l'amitié pour Giscard ? Je pense qu'il n'en a aucune. L'appui qu'il a donné à Giscard est le pur et simple résultat d'un choix politique. Il a véritablement pensé que Chaban allait perdre la partie et que, dans ce cas, il ne devait pas entraîner l'UDR dans sa défaite. La seule façon de sauver l'UDR du désastre était de la diviser.

Peut-être est-ce une position alambiquée et on pourra toujours me dire que Chirac voulait être Premier ministre, un point c'est tout. D'ailleurs, les concurrents, les rivaux de Chirac, sur le moment ou plus tard, ont toujours pensé qu'il était un grand type sympathique, convenablement doué, lisant et étudiant, certes, ses dossiers, mais aussi qu'il agissait avant de penser, que le degré de sa réflexion était asymptotique à zéro et que l'arrivisme ne lui était pas inconnu. Idéal en somme pour assister Giscard, qui voulait exercer, de l'aveu de Poniatowski, une présidence à l'américaine et n'entendait pas être dérangé de quelque façon que ce soit par un, le mot a été employé plus tard, « collaborateur ». C'est sur ce malentendu, donc, que Giscard fait de Chirac son premier Premier ministre. Et ce malentendu pèsera sur le septennat tout entier.

Le duo a tout de même grande allure : deux hommes jeunes, avec juste ce qu'il faut de différence d'âge entre le Président et son second, grands et beaux, l'un qui fait de son apparente décontraction un atout, l'autre encore un peu gauche, les yeux cachés par d'affreuses lunettes carrées – qu'il changera bientôt –, tous deux séducteurs, l'un plus facilement romantique que l'autre, à la distinction naturelle, l'autre, plus chaleureux malgré son costume trois pièces, cela faisait un assez joli couple politique au sortir d'une période que la maladie de Georges Pompidou avait assombrie pendant de longs mois.

Je passe sur les cérémonies d'investiture du 27 mai que j'ai, comme tout le monde, suivies à la télévision : Giscard quittant son ministère des Finances en conduisant lui-même sa voiture, son chauffeur assis à l'arrière, arrivant à pied à l'Élysée, embrassant sa fille sur le parcours, en costume de ville, et non pas, comme les Présidents qui l'ont précédé, en jaquette, le grand cordon de la Légion d'honneur, qu'on ne lui passe pas autour du cou et qui reste sur son coussin noir. Puis ses premiers mots : « De ce jour, date une ère nouvelle de la République française… » Simplicité, « esthétisme démocratique », comme il le dira. Tout, dans le détail, est pensé pour que la rupture avec le général de Gaulle et Georges Pompidou démontre avec éclat sa modernité.

Au-delà des cérémonies, où il n'a négligé aucun détail, le nouveau président de la République fait un autre choix, politique celui-là, capital dans la suite de son septennat : il ne prononce pas la dissolution de l'Assemblée nationale. Un choix, ou plutôt, un non-choix, discutable : les gaullistes y avaient une avance considérable sur les giscardiens. C'est pourquoi Poniatowski pensait, au contraire, que de nouvelles élections législatives auraient permis la constitution d'un centre fort, autour du nouveau Président. Giscard a dit non, cela n'arrivait pas tous les jours, à son ami. Sans doute le Président pensait-il que le débauchage des parlementaires UDR au coup par coup serait d'autant plus facile que leur candidat avait été battu à plate couture et qu'ils avaient le plus souvent besoin, pour être réélus, des voix des Républicains indépendants. Ce qui devait les inciter à la sagesse, et précipiter leur intégration à la majorité devenue giscardienne. Il pensait aussi que viendraient vers lui, par dizaines de milliers, les socialistes hostiles au programme commun avec les communistes.

Le calcul de Ponia, pour sa part, est simple, il me l'explique en deux mots : les législatives ne sont pas pour tout de suite, elles auront lieu dans dix-huit mois ou deux ans – il semble que, sur ce point, Ponia et Giscard se soient donc mis d'accord –, quand Giscard trouvera le moment opportun. D'ici là, il s'occupera de mettre en place une structure commune entre les centristes et les Républicains indépendants. Je crois comprendre qu'il compte aussi sur cette nouvelle formation pour attirer à elle députés gaullistes « pas trop gaullistes », comme il les souhaite, qui voudront, par prudence ou par résignation, se rapprocher du président de la République. Son intention, je la comprends, est de mettre l'UDR sur la touche et de dessiner une nouvelle majorité, faite, en dehors des gaullistes individuellement ralliés, des républicains du centre et des réformateurs, qui permettra à Giscard de se passer des gaullistes, ou de ce qu'il en restera d'ici là.

Jacques Chirac est loin de partager l'analyse présidentielle. Il n'avait pas encore pris son poste à Matignon qu'il réunit en grand secret, au ministère de l'Intérieur, les anciens Premiers ministres et les anciens secrétaires généraux de l'UDR : Chaban, Debré, Couve de Murville, Chalandon, Poujade, Tomasini, Peyrefitte et

Sanguinetti, tous étonnés d'être là, mi-agressifs, mi-ironiques. Le seul parmi les présents qui n'ait jamais été associé à l'UDR est Edgar Faure, que Chirac a convié à se joindre à eux. Il compte sur le président de l'Assemblée nationale pour panser ses plaies. Il lui prête, dans cette tâche, l'extrême efficacité dont il est lui-même le symbole. Et puis, Marie-France Garaud lui a soufflé son nom, alors…

Maurice Couve de Murville m'a raconté la séance qui ne manquait pas de piquant, étant donné les blessures qu'avait laissées la campagne. Chirac prend la parole en premier. Il n'a pas le sourire du triomphe, ni la satisfaction de la réussite. Il leur dit d'emblée qu'il entend constituer un gouvernement en tenant compte de l'équilibre entre les formations de la majorité. « J'ai été choisi par Giscard pour être Premier ministre, leur dit-il. J'ai l'intention de constituer un gouvernement en faisant en sorte que les équilibres entre les partis de la nouvelle majorité giscardienne soient respectés. Mais dans ce gouvernement, je suis UDR : je veux coopérer avec l'UDR et je souhaite qu'elle ne se divise pas. » Il ajoute : « Je ne ferai rien de contraire à nos convictions gaullistes. Je compte, dans ce cas, sur votre soutien loyal. »

« Chirac s'est interrompu, poursuit Couve, qui vient de me répéter mot à mot l'entrée en matière du nouveau Premier ministre, pour laisser parler ceux qu'il a réunis. J'ai senti qu'il s'attendait à une mise en cause personnelle. Figurez-vous qu'au contraire, Chaban est intervenu le premier, non sans élégance. En ce qui me concerne, a-t-il dit, il n'y aura aucun règlement de comptes entre Jacques Chirac et moi. »

C'est d'une assez bonne tenue pour que les voix se délient. « Préoccupez-vous, dit Debré, sans animosité, des ministres de la Défense et de celui des Affaires étrangères. Les gaullistes vous jugeront sur ce point. Et de grâce, ne confiez pas de poste ministériel à ceux qui ont crié trop fort leur désobéissance à l'UDR. Pas de provocation. » Autrement dit : « Nous sommes bien obligés d'accepter que vous, le premier des 43, vous soyez chef du gouvernement. Ne nous rendez pas notre soutien trop douloureux. »

« C'était la carte forcée, poursuit Couve. On ne peut pas renverser celui qu'on vient d'élire. Nous devions nous résigner sans trop crier. Jacques Chirac disait qu'il voulait l'unité de l'UDR. Je l'ai cru personnellement parce que c'était son intérêt. »

Carte forcée en effet : les députés UDR boudent le Premier ministre, car, dans le gouvernement qui sera annoncé dans quelques heures, ils sont écartés de tous les postes clés, mais ils n'ont pas le choix : c'est lui qui possède les clefs de leur réélection. Commentaire rassuré de Jacques Friedmann, ancien directeur de cabinet de Chirac au Budget : « Le groupe UDR suivra, car il aura la trouille. » C'est aussi, en effet, Couve a raison, l'intérêt de Jacques Chirac : un chef n'existe pas sans ses troupes. Et Jacques Chirac a bien l'intention d'exister. Même si, comme il me le confiera plus tard, il a fort peu participé à la constitution de son propre gouvernement. Le ministre de la Défense est bien un UDR, mais il est fort peu connu et fort discret.

Le nouveau Premier ministre m'affirme, un peu plus tard, le 14 juin, qu'il compte bien reprendre le plus vite possible la direction de l'UDR. Je ne crois pas un instant que ce soit possible, tant l'opération des 43 – qui, selon le calcul que m'a livré Olivier Guichard, a enlevé 5 % des suffrages à Chaban – a bouleversé députés, cadres et militants du mouvement. Je pense même qu'il se fiche de moi. « C'est curieux, me répond-il, en levant les yeux au ciel, lorsque je dis la vérité, personne ne me croit. Je reprendrai l'UDR en décembre. Je passe mon temps, ajoute-t-il en riant, à dire la même chose à vos confrères, ils sont comme vous. Ils ne me croient pas ! Dans deux mois, je ferai un putsch sur l'UDR. Les barons sont morts sur le champ de bataille. Le mouvement est à prendre. Rendez-vous en décembre. »

Il m'explique : d'abord, 180 députés gaullistes à l'Assemblée nationale, ce n'est pas rien. J'en conviens sans difficulté. Mais il est évident pour moi que lorsque Chirac m'annonce qu'il reprendra l'UDR, ce n'est pas pour faire plaisir à Giscard, ni pour lui faciliter la tâche : c'est pour lui que Chirac veut l'UDR, pour asseoir son autorité et montrer à Giscard qu'il lui est indispensable. Entre Michel Poniatowski qui m'a prédit, à l'échéance de dix-huit mois, la fin de l'UDR, et Chirac, il y a plus qu'une nuance, il y a un abîme. « La divergence principale, me dit Friedmann, elle viendra plus tard. Et elle portera là-dessus, qui de Chirac ou de Ponia aura le pouvoir ? Ponia a une haine viscérale de l'UDR, il a passé des années à avaler des couleuvres, et aujourd'hui, il est pour la première fois en position de force. »

Il ne faut pas longtemps pour que Chirac montre à Giscard qu'il ne compte pas pour du beurre. L'occasion ? La reprise des essais nucléaires dans l'atmosphère à Mururoa. Elle est la clef du bras de fer qui oppose le Premier ministre à Jean-Jacques Servan-Schreiber, devenu ministre des Réformes depuis le 28 mai. Inutile de dire que Chirac a subi plus qu'il ne l'a souhaitée l'entrée de JJSS dans le gouvernement. C'est Giscard qui l'a voulue et imposée à son Premier ministre à qui tout, chez JJSS, déplaît, et notamment sa volonté permanente de réformes dans laquelle Jacques Chirac ne voit que du vent.

Samedi 8 juin, dans l'après-midi, JJSS me téléphone pour me dire de m'attendre à un grand coup : il attaquera publiquement demain la reprise des essais nucléaires que Chirac à l'intention de réamorcer. Je lui dis qu'il ne m'apparaît pas que le nucléaire fasse partie de ses attributions ministérielles. « Non, m'a-t-il répondu tranquillement, mais je suis au gouvernement, j'ai le devoir de dire ce qui s'y passe. Je ne peux pas vous en dire plus, mais figurez-vous que je suis sûr que Giscard ne me donnera pas tort. » Il a peut-être raison : après tout, Giscard ne peut pas ignorer l'opposition de JJSS à la dissuasion française. S'il l'a nommé au gouvernement, c'est qu'il a pris le risque qu'il s'exprime sur le sujet. À ma question « Et Chirac ? », il me fait une réponse nette : « Chirac, je m'en fous, et Giscard aussi ! »

Dans la soirée, Jacques Chirac me joint et me demande si, vraiment, Jean-Jacques a l'intention d'intervenir sur le nucléaire. Je lui réponds prudemment que je n'en sais rien, qu'il ne m'a pas fait de confidence sur le sujet : je n'ai aucune raison de m'immiscer dans un conflit que je sais inévitable. Qu'ils se débrouillent ! Chirac appelle donc directement JJSS à Nancy. Double version du coup de téléphone. Chirac aurait dit au ministre des Réformes que l'annonce de sa conférence de presse était inopportune. Selon JJSS, il lui a donné son feu vert en lui conseillant la prudence. Conseiller la prudence à JJSS, c'est exactement comme demander la prudence à Jacques Chirac. Celle-ci n'est pas dans leur nature.

La conférence de presse a donc bien lieu. Le ministre des Réformes y redit toute son hostilité à ce qu'a été jusqu'à présent la politique nucléaire française et affirme que, sur la reprise des essais, il s'agit d'une décision précipitée du pouvoir sous pression de l'UDR et du pouvoir militaire, sur laquelle il ne peut rester silencieux. Jacques Chirac était en Corrèze ce dimanche-là. Il demande à être reçu dans la soirée par le président de la République et débarque à l'Élysée vers 22 heures. Je ne sais pas ce que se sont exactement dit Valéry Giscard d'Estaing et Jacques Chirac, si le second a mis sa démission dans la balance ou s'il n'a pas eu besoin de le faire. En tout cas, JJSS, lui, est « démissionné » le soir même. Giscard ne le fait pas de gaieté de cœur, l'entrée de Servan-Schreiber au gouvernement avait été symbolique, ce n'était pas pour s'en séparer aussitôt. Mais, me dit Poniatowski le lendemain, « il a jugé que son autorité était en cause. Dès lors »...

La présence de JJSS au gouvernement aura duré treize jours. Les réformes, dont il était en principe le ministre, se feront sans lui et à vive allure dès la fin de l'été. Giscard, manifestement, veut dépoussiérer la société. Les réformes sociétales s'enchaînent : droit de vote à dix-huit ans, majoration du minimum vieillesse... Ces réformes ne mécontentent pas toutes Jacques Chirac, mais il en est quelques-unes qui lui restent en travers de la gorge. Notamment l'entrée de Françoise Giroud au gouvernement, où elle doit être chargée de la condition féminine, pour compenser en quelque sorte la sortie de JJSS. Françoise me rapporte sa première entrevue en tête à tête avec Chirac fin août, vers 19 heures. « Franchement, lui dit-il, provocant et sec, les bonnes femmes, moi, je trouve qu'elles doivent être aux pieds de leur mari, ne pas travailler, ne pas avoir d'idées personnelles. Mais bon : le Président n'est pas d'accord, vous non plus. Rien à faire, il faut y aller. Il faut donc que vous entriez au gouvernement. Que peut-on faire pour les femmes ? Allez-y, je vous écoute. »

C'est sur une autre réforme que Jacques Chirac, qui lui est hostile au départ, montrera sa souplesse : il pense qu'inscrire l'interruption volontaire de grossesse dans les premiers projets de loi du gouvernement n'est pas franchement nécessaire. Celle-ci figure, à l'instigation de Michel Poniatowski, dans les engagements de

Giscard pendant sa campagne électorale : le Premier ministre est bien d'obligé d'en prendre acte, même s'il n'a pas l'air particulièrement pressé. Pour le coup, je trouve Giscard courageux. Il pense que la réforme doit d'abord s'inscrire dans les mœurs et veut affirmer sa différence par rapport au régime précédent, qui n'a pas osé mettre le dossier à l'ordre du jour. Nouveau ministre de la Justice, Jean Lecanuet, pressenti pour mener le débat à l'Assemblée nationale, a éloigné de lui le cadeau. Pour un centriste-chrétien, en effet, le débat sur l'avortement faisait problème. « C'est une loi de mort », avait-il dit devant quelques ministres au moment où le président de la République annonçait vouloir la soumettre au Parlement. Néanmoins, sachant à quel point Giscard y tenait, et instruit du précédent Servan-Schreiber, tout juste écarté du gouvernement pour indiscipline, Jean Lecanuet a finalement mis une sourdine à son opposition.

Simone Veil, ministre de la Santé, n'a pas les mêmes réserves. Elle accepte, sans se faire prier, de porter le texte devant les députés. C'est un personnage, Simone Veil, même si elle est une débutante en politique et au gouvernement où Valéry Giscard d'Estaing l'a opportunément appelée. Elle appartient, comme on dit, à la société civile, ce qui ne veut pas dire grand-chose : magistrate, elle s'est attachée avec zèle au problème des prisons, au point, dit-on, que les préfets refusaient parfois de la recevoir lorsqu'elle enquêtait dans leur département. Mais c'est surtout un témoin vivant du XXe siècle, dont bien des Français, et en tout cas tous les politiques, connaissent la vie, même si, à l'époque, elle ne la raconte pas encore : son parcours, son arrestation par la Gestapo à l'âge de seize ans, son internement (matricule 78651 tatoué en bleu sur son bras) dans les camps de concentration où sa mère est morte, où, frappée du typhus elle aussi, sa sœur Milou a miraculeusement survécu, la fin tragique de son père et de son frère, déportés eux aussi, (convoi 73), assassinés quelque part dans les pays baltes.

Mariée au sortir de la guerre à Antoine Veil, rencontré à Sciences Po en 1945, elle a fait une carrière dans la magistrature, tandis que son mari, inspecteur des Finances, centriste, européen convaincu, s'était lancé dans la politique, après avoir passé quelques années dans les cabinets d'Alain Poher et de Joseph

Fontanet. Lorsqu'elle est nommée ministre de la Santé, en 1974, Antoine Veil préfère s'écarter : « Quand j'ai vu qu'elle évoluait en Formule 1, je suis retourné au fond de la classe », disait-il, sans rancune. Simone Veil m'a souvent raconté que, jeune femme, elle avait souvent l'occasion de dîner avec une amie de son époux, Marie-France Garaud, alors jeune conseillère du garde des Sceaux Jean Foyer, puis de Georges Pompidou. « À table, racontait-elle en riant, ils parlaient tous deux politique et je n'avais pratiquement pas droit au chapitre. À l'époque, aucun des deux n'imaginait que j'avais l'ombre d'une idée sur le sujet. »

C'est pourtant Marie-France Garaud qui, plus tard rappelée à Matignon par Jacques Chirac, appellera son attention sur la personnalité de Simone Veil au moment où, à la demande du Président, le Premier ministre cherche des femmes : c'est ainsi que Simone Veil figure dans le premier gouvernement de Valéry Giscard d'Estaing, seule femme ministre, les autres n'ayant droit qu'à des secrétariats d'État. Pourquoi diable est-elle nommée à la Santé ? Elle n'en sait rien, mais accepte, convaincue, écrira-t-elle plus tard, qu'une néophyte comme elle n'allait pas tarder à commettre une sottise telle qu'on la renverrait dans ses foyers.

Pour débuter dans la carrière gouvernementale, elle hérite donc d'un dossier difficile, celui de l'interruption volontaire de grossesse. Elle m'a fixé rendez-vous la veille de la discussion parlementaire, le 14 novembre. Elle est égale à elle-même, sereine, alors que le débat en commission a été long, parfois violent, et offensive. Prête à en découdre, s'il le faut. Elle sait qu'il le faudra. La première intervention auprès d'elle de Jean Lecanuet, me raconte-t-elle, alors qu'elle venait tout juste d'être chargée du dossier, a été de lui envoyer une femme médecin pour lui parler de l'IVG : « Dans son esprit, seules les femmes qui, ayant suivi un programme de contraception, finissent par tomber enceintes, devraient pouvoir se faire avorter. Je lui ai dit que, si c'était cela, le projet du gouvernement, Lecanuet n'avait qu'à la défendre lui-même ! Aujourd'hui même, alors que le débat commence dans moins de vingt-quatre heures, ajoute-t-elle, Maurice Schumann et Jean Foyer m'ont encore demandé de renoncer. »

Françoise Giroud m'a raconté le Conseil des ministres qui a précédé l'inscription du projet de loi à l'Assemblée nationale. Valéry Giscard d'Estaing a prévenu les ministres : « Ne vous faites pas d'illusion, il s'agit d'un vote qui va faire perdre des voix à tout le monde, y compris à la gauche. » Chirac, lui, a simplement dit : « Je crains une cassure profonde de la majorité, cette loi est un acte politique qui peut avoir des conséquences graves. » C'est dire qu'ils étaient, l'un et l'autre, lucides.

Lorsqu'elle monte à la tribune de l'Assemblée nationale, après de très longues auditions en commission, Simone Veil, vêtue d'une robe bleue qui met en valeur ses yeux émeraude, n'est pas seulement une très belle femme au passé douloureux. C'est aussi quelqu'un qui connaît son dossier : elle s'est mise au travail pendant l'été, a annoté des piles de documents, commandé des enquêtes d'opinion, préparé le grand public par de très nombreuses conférences de presse et par des émissions télévisées. Elle est moins novice qu'elle n'en l'air, Simone Veil, et comprend vite que si elle veut gagner la partie auprès des catholiques, il faut laisser aux médecins qui lui sont farouchement hostiles le droit de refuser de pratiquer l'IVG. Cela s'appelle l'objection de conscience : habilement, sans faire de bruit, elle avait ainsi désamorcé l'hostilité d'une grande partie de ses adversaires jusqu'ici irréductibles.

Elle a surtout choisi son angle d'attaque. Ministre de la Santé, elle parlera santé publique et ne se laissera pas entraîner par des considérations morales : elle évoquera les faiseuses d'anges, et les dangers qu'elles font courir à celles qui ont recours à leurs services, les morts dues aux mille avortements clandestins par jour, la détresse de celles qui s'y résolvent. Elle plaidera pour la nécessité d'une loi pour entourer, et si possible dissuader, les femmes de courir ces risques.

Nous sommes à la tribune de presse, Catherine Nay et moi, le jour de l'ouverture de la discussion sur l'IVG et ne manquons pas un mot de ce discours très habile, prononcé d'une voix forte, assurée, et suivons les mouvements de l'hémicycle. Simone Veil a une façon de parler, simple, sans esbrouffe, parfois sans construction, qui me fascine. Les politiques, hommes ou femmes, ne parlent pas comme elle. Elle a quelque chose de spontané, de vrai, de rassurant qui séduit, et une détermination qui rassure.

Le reste a été longuement raconté par d'autres que moi, spectatrice attentive, de bout en bout, de ces trois jours et demi de débat. Inutile d'y revenir longuement. Je la revois, pendant trois jours et une nuit, affrontant quolibets et propos absurdes ou ignobles de parlementaires chevronnés, dix fois, cent fois reprenant le micro, pour répondre à des insanités, sans broncher. Pas seulement devant les arguments moraux ou démographiques de Michel Debré ou de Jean Foyer, mais aux diatribes minables de députés rouges de colère. Une seule fois, elle a posé sa tête dans ses mains, pas pour pleurer, comme l'ont cru beaucoup, mais tout simplement, de fatigue.

Tout au long de ces trois journées, je regardais l'hémicycle en me disant que ces parlementaires si bien pensants qui parlaient, et en quels termes, de l'avortement, avaient sans doute accepté sans mot dire l'avortement de leurs compagnes ou de leurs petites amies. L'hypocrisie, ces jours-là, marquait les paroles de chacun. Et les rares parlementaires femmes de l'Assemblée ne s'y trompaient pas. Aucune d'entre elles ne s'est élevée contre l'IVG.

À 3 heures du matin, le troisième jour du débat, comprenant que décidément une grande partie des députés de la majorité refusent de voter sa loi, Simone Veil demande une suspension de séance, et appelle le Premier ministre au secours. On ne m'enlèvera pas de l'esprit qu'il eût peut-être été moins efficace s'il s'était porté au secours d'un vieux ministre moustachu. Mais il aimait beaucoup Simone Veil. Il est arrivé quelques minutes seulement plus tard, a passé un vrai savon aux députés UDR en leur demandant de filer droit, donc de voter la loi. Il a même pris à partie un des adversaires les plus virulents de l'IVG en lui disant qu'il était aussi con qu'une valise sans poignée – termes soit dit en passant qu'il employait beaucoup en évoquant le ministre des Finances que lui avait imposé Giscard, Jean-Pierre Fourcade. D'où ce dénouement inattendu : Jacques Chirac a sauvé la loi dont il pensait qu'elle allait diviser la majorité, en incitant fortement, *manu militari* en somme, les parlementaires UDR présents en séance à la voter. La loi a été adoptée au petit matin à l'unanimité de l'opposition de gauche, avec un faible appoint de la majorité. De Giscard, ce soir-là, ne vint pas un mot. Ni pour Simone Veil, ni pour son Premier ministre.

S'il a démontré ce jour-là son autorité vis-à-vis des parlementaires pour faire adopter la réforme voulue par Valéry Giscard d'Estaing, et si, d'une façon générale, Chirac est plus que réticent aux réformes sociétales voulues par Giscard (le divorce par consentement mutuel par exemple), il n'en oublie pas pour autant de tracer sa ligne.

À la mi-décembre, il met la main sur l'UDR, comme il l'avait annoncé quelques mois plus tôt à deux ou trois journalistes sceptiques dont j'étais. Il nous a reçues, Catherine et moi, pour nous dire par le menu comment il allait procéder pour arriver à ses fins. Il partait quelques minutes après notre rendez-vous, chez Roger Frey, pour dîner avec les barons du gaullisme. Pourquoi chez Roger Frey ? Voilà que l'on retrouve Marie-France Garaud. La conseillère a élu domicile à Matignon, dans un bureau du premier étage sur jardin. Par l'intermédiaire d'un ami, le sulfureux Georges Albertini, alors directeur de la revue d'un anticommuniste virulent, *Est-Ouest*, elle était entrée en contact avec le président du Conseil constitutionnel, qu'elle n'avait « plus vu depuis la mort de Georges Pompidou ». Elle lui a demandé, avec sa force de conviction sans égale, d'organiser le dîner des retrouvailles entre Chirac avec les barons. Roger Frey, avec sa courtoisie habituelle, a accepté.

Lorsque Jacques Chirac a pris place dans la salle à manger du Conseil constitutionnel, le dîner s'est déroulé exactement comme il l'avait prévu devant nous. Il annonça aux barons sa détermination avec la plus grande brutalité : pas question qu'Olivier Guichard se présente le 15, trois jours plus tard, au secrétariat général de l'UDR, lors du Conseil national du parti. C'est lui, Chirac, qui compte se présenter. Et il sera élu. Stupeur, incrédulité, ou inquiétude chez les barons, pris de court. Tous ont fini par en rire, sans vraiment y croire.

Le dimanche qui suit, dans les salons bondés, électriques, de l'hôtel Concorde, à Paris, tout se passe comme l'avait annoncé Chirac. Dans les couloirs, quand j'arrive, je vois dirigeants et parlementaires effarés et soulagés. Les deux à la fois sans doute. Ils étaient sans boussole, sans véritable chef, face au giscardisme triomphant. Au début, lorsque Chirac a annoncé sa décision, qui avait bien entendu fuité, de se présenter au secrétariat général, Guichard est furieux, Michel Debré, indigné. Autour de Jacques Chaban-Delmas, on crie à la pantalonnade. Mais en réalité, six mois après la conquête de l'Élysée par Giscard, aucun des dirigeants, aucun des parlementaires n'a intérêt à rompre les ponts avec Matignon. S'ils se coupent de Matignon, ils se coupent du pouvoir. Ils n'en ont pas la moindre envie.

Car ils le savent : si Chirac n'avait pas aidé Giscard, tous les candidats UDR se seraient vu opposer, dans toutes les circonscriptions, un candidat de l'Élysée, et beaucoup d'entre eux auraient été éliminés. D'une certaine façon, Jacques Chirac, nommé Premier ministre, a sauvé l'UDR. À qui d'autre que lui, si grand qu'ait été le traumatisme de sa « trahison », confieraient-ils leur sort ? À Michel Poniatowski ? Comme me le dit Albin Chalandon : Chirac a fini par persuader « que ce qui peut être sauvé du gaullisme le sera par lui ».

Bref, Chirac est sorti de l'hôtel Concorde, élu à l'unanimité moins deux voix : dont celle de Jacques Chaban-Delmas, sans surprise.

Ce qui m'étonne le plus, dans cette élection si facile, finalement, c'est qu'Alexandre Sanguinetti, qui occupait le poste de secrétaire général, se soit si docilement ou si aisément incliné. Lui qui, patron de l'UDR, avait dit en septembre à Chirac qu'il ne viendrait assister au comité central que « s'il y était invité ». De ce *condottiere* à l'éloquence tonnante et polémique, qui décoche ses flèches depuis six mois à Jacques Chirac, coupable selon lui de félonie, j'attendais plus de résistance. Lorsque je déjeune avec lui, fin janvier, son animosité pour le Premier ministre a nettement faibli. D'ailleurs, me dit-il, Jacques Chirac l'avait prévenu avant tout le monde, à la loyale, qu'il allait prendre sa place. Conviction qu'il fallait sauvegarder le mieux possible les intérêts de l'UDR ? De méchantes langues me disent que les difficultés financières dans lesquelles, de tout temps, Sanguinetti a été empêtré, ont miraculeusement disparu.

Valéry Giscard d'Estaing est à la Martinique, pour un sommet franco-américain, avec Gérald Ford et Henry Kissinger. Un journaliste qui suit le sommet lui apprend que Chirac vient d'être élu à la tête du mouvement gaulliste. Giscard n'en est pas surpris, dit-il, le Premier ministre lui en ayant touché un mot avant son départ en Martinique. En effet, les deux hommes ont eu un vague échange sur l'unité nécessaire de la majorité. Naïveté ? Le Président reste sur ses certitudes : Chirac a persuadé Giscard que s'il prend en main l'UDR, c'est pour assurer l'harmonie de la majorité. En quelque sorte, assure-t-il, il la met dans la corbeille du marié.

Désormais, Chirac n'est plus l'homme presque seul, sans bataillons. Il a rétabli en effet l'équilibre de la majorité, mais à son profit. « Il faudrait que nous soyons bien cons, commente brièvement le lendemain Roger Chinaud, député du 18e arrondissement – un des cinq stratèges, derrière Ponia, des giscardiens –, pour laisser l'UDR être le grand vainqueur de l'élection présidentielle. »

10.

Ruptures

Après ce 15 décembre, les relations changent entre Giscard et Chirac.

Il faut dire que, pendant toute la période qui va de l'automne 1974 à la fin de l'année 1975, Valéry Giscard d'Estaing prend souvent les Français de court avec des initiatives inattendues qui bouleversent l'idée que les Français ont de leur président de la République. Qu'il s'agisse de changer le parcours du défilé du 14 Juillet ou de modifier le rythme de *La Marseillaise*, de s'en aller rendre visite à des détenus après de graves incidents ou de convier des éboueurs à venir prendre un petit déjeuner à l'Élysée au Jour de l'an, l'opinion, habituée aux conférences de presse solennelles du général de Gaulle et de Georges Pompidou, est chamboulée. La classe politique plus encore.

Même chose sur l'idée du président de la République de s'en aller périodiquement déjeuner ou dîner dans une famille française, choisie on ne sait trop comment dans la population. J'anime entre Noël et le Jour de l'an, en remplacement de la journaliste Christiane Collange, début janvier, sur Europe 1, une émission en début d'après-midi baptisée « Oui ou non ». À midi, la veille, le 1er janvier, le Président et son épouse s'en étaient allés déjeuner dans un hospice d'Ivry-sur-Seine. Les pensionnaires n'en revenaient pas. La plupart trouvaient l'initiative sympathique, et avaient goûté les mots employés par Giscard pour marquer « la fraternité que la France doit marquer à votre égard ».

Pour ma part, je ne trouvais pas cela de nature à porter atteinte à la fonction présidentielle. Mais enfin, la plupart des commentateurs s'en inquiétaient et les dirigeants de l'UDR s'en indignaient. J'avais donc choisi d'interroger les auditeurs sur l'initiative du chef de l'État. Le standard téléphonique de la station explosa littéralement et, comme souvent, une moitié des Français trouve l'idée de Giscard formidable, tandis que l'autre moitié ironise sur ces aristos qui vont à la rencontre du peuple. Le résultat avait été néanmoins que, le lendemain, le standard téléphonique de l'Élysée se bloquait à son tour, de très nombreuses familles françaises faisant savoir à Giscard et Anne-Aymone qu'elles les attendaient chez elles. « Oh, se moque Guichard, ce jour-là, Giscard ne sera jamais en peine de trouver des gadgets ! »

Et puis, il y avait le laitier. Je ne sais pas si un camion laitier, comme beaucoup le racontèrent, était véritablement entré en collision au petit matin sur la place de la Concorde avec Valéry Giscard d'Estaing accompagné d'une actrice à la mode. Toujours est-il qu'on lui prêtait des frasques, qu'on ne le trouvait parfois pas à l'Élysée, qu'il avait tendance à disparaître « par une porte dérobée » comme l'un de ses lointains prédécesseurs de la IIIe République, et que cela ne fit pas sérieux. Et puis, il y eut bientôt les voyages en Afrique, les safaris, la jeune photographe qui l'accompagnait souvent et qui montrait parfois les photos prises par elle de son Président, tandis que le protocole de l'Élysée se monarchisait.

Yves Guéna, ex-ministre, député de Dordogne et maire de Périgueux à qui je demandais un jour où il avait été placé lors d'un dîner à l'Élysée, me répondit : « À droite du trou. » En effet, le Président avait souhaité ne pas avoir de vis-à-vis dans les réceptions officielles, pour être vu de tout le monde. Face à lui, en effet, jamais personne ne s'asseyait. On était à la gauche ou à la droite du trou.

Cela n'aurait pas eu d'importance, autre que celle de faire écrire les gazetiers, si la France ne connaissait pas la crise. Dès son arrivée à l'Élysée, Giscard a pris de plein fouet la crise pétrolière, qui avait commencé un an plus tôt. Sans doute n'a-t-il pas mesuré du premier coup le retournement de l'économie et l'inflation qui allait arriver. Sur le plan social, la période est loin d'être calme, sitôt oublié le temps des premières réformes sociétales ou sociales, dont celle de la retraite à soixante ans pour des travailleurs manuels. Dans le Nord et l'Est, les difficultés de la sidérurgie commencent à inquiéter, et le Midi viticole se mobilise au printemps 1975 contre Bruxelles, qui ouvre la concurrence aux vins italiens. Le chômage commence à se faire sentir. À la fin de 1975, le nombre des chômeurs a dépassé le million. Et enfin, *last but not least*, les élections cantonales de 1976 marquent un large succès de la gauche, qui se rappelle, gravement, au bon souvenir du Président et de son Premier ministre.

Ces dangers, économiques et politiques, Valéry Giscard d'Estaing et Jacques Chirac sont bien obligés de les mesurer. Mais il ne les amène pas aux mêmes conclusions. Sur le plan économique, dès le début, Jacques Chirac insiste sur la nécessité d'une relance forte, donnant satisfaction à de larges catégories sociales, fût-ce au prix d'une inflation accrue ; Valéry Giscard d'Estaing demande depuis trois mois au contraire à Jacques Chirac un programme de redressement monétaire, de lutte contre l'inflation, conséquence de la crise énergétique. Au début, ce fut Chirac qui gagna, mais les équipes ministérielles, désireuses de ne pas déplaire à Giscard, se court-circuitèrent, Matignon d'un côté, de l'autre, Michel d'Ornano à l'industrie et Jean-Pierre Fourcade aux Finances. Courte victoire pour le Premier ministre : lorsque, quelques mois plus tard, il insista pour avoir les moyens d'une seconde relance, Giscard la lui refusa.

Tout cela à vrai dire passait inaperçu des Français, mais dans la vie de tous les jours, je sentais bien, dès le début de 1975, qu'il y avait entre tout ce petit monde qui affichait une unité de façade, quelque chose qui n'allait pas, un climat de méfiance, incompréhensible presque, alors que, l'année précédente seulement, Chirac avait contribué, en prenant tous les risques, à la victoire de Giscard.

L'organisation de la majorité représente un vaste programme pour Poniatowski, ministre de l'Intérieur, à la manœuvre. « L'UDR, m'explique celui-ci dès la fin de 1974, est une coquille vide. Certes, il y a des appareils régionaux qui restent en place et obéissent au secrétaire général. Mais, en dessous, les électeurs UDR s'évaporent : une fraction des gaullistes est derrière Michel Jobert, une grande fraction est en hibernation, une troisième seulement, groupes parlementaires, militants reconvertis et autres éléments politiques sans légitimité, est derrière Chirac et encore, sans enthousiasme débordant. » Il ajoute, sans rire, que cette faiblesse de l'UDR l'ennuie beaucoup, parce qu'il ne faudrait pas une distorsion trop forte des élus gaullistes et de leur électorat. Le bon apôtre. Il reste que, si l'UDR est affaiblie, le mouvement giscardien est encore bien loin d'exister. L'UDR reste l'appareil de mobilisation électorale, le mouvement des Républicains indépendants ne l'est pas.

Ponia travaille donc non sans difficulté à la création d'un rassemblement entre les Républicains indépendants, le Centre démocrate de Lecanuet, auquel il verrait bien se joindre les radicaux de JJSS, si celui-ci est, selon la formule de Maurice Faure, « amendable », tout cela pour équilibrer, bien sûr, cette UDR qu'il dépeint pourtant comme si déconnectée de son électorat. Tout cela prend du temps. « Quel intérêt aurais-je à disparaître dans un magma flou ? » se demande devant moi, quelques jours plus tard, Jean Lecanuet. Quant à Jean-Jacques, il ne veut pas davantage, lui, être absorbé par le Centre démocrate. « C'est le cirque Medrano », commentera Edgar Faure, qui continue à couvrir Marie-France Garaud de fleurs. Quelle constance, et quelle femme ! La seule chose qui a changé, dans ces années, est qu'Edgar fait livrer celles-ci à Matignon, et non plus à l'Élysée. La vérité est qu'il aimerait bien, comme le lui susurre le couple Juillet-Garaud aussi, prendre la direction de ce mouvement du Centre.

Mais Michel Poniatowski est là, et bien là.

Quel regard Chirac porte-t-il sur ces difficiles tentatives de rapprochement au Centre ? Il me répond que le Président a bien droit à un mouvement cher à son cœur, à condition qu'il soit, lui, Chirac, comme Premier ministre, le patron des deux courants de la majorité. Dans ce cas, je lui pose la question lors d'un déjeuner à Matignon, n'a-t-il pas eu tort de se faire élire secrétaire général de l'UDR, en décembre, et d'y avoir été confirmé en 1975 ? Michel Debré a toujours plaidé, il le lui a dit souvent, et me l'a dit aussi, qu'on ne peut pas être à la fois Premier ministre, chef d'un Parti, et en diriger un autre. N'avait-il pas raison ? Chirac esquive. Je suis persuadée que, réaliste, il a pensé qu'il fallait d'abord assurer ses arrières, c'est-à-dire assurer la conduite du parti le plus important de la majorité. Le reste, croyait-il, viendrait de surcroît. Il n'est pas venu. Oui, c'est dès le début que ce septennat s'est mal emmanché.

Tout, dans les derniers mois de ce qu'il faut presque appeler leur cohabitation, est ressenti par Chirac comme une humiliation ou comme une agression. Quant aux giscardiens, ils ont du mal à cacher leur irritation, et parfois, ne la cachent pas du tout. Ainsi, après les cantonales, catastrophiques pour la majorité, deux dirigeants des RI, Hubert Bassot et Gérard Ducray, qui parlent avec moins de précaution que Michel Poniatowski, me le confirment, au cas où je n'ai pas compris. Ils se demandent tout haut devant moi pourquoi Giscard n'a pas cassé purement et simplement l'UDR. « Quant à Chirac, disent-ils, il peut toujours servir. » Ils insistent : « Il faut lui faire boire le calice jusqu'à la lie. »

Le calice se remplit au début de l'année 1976. Début janvier, Giscard impose un remaniement au Premier ministre. Jean Lecanuet devient, comme Michel Poniatowski, ministre d'État. Façon de signaler à Jacques Chirac qu'il est sous double bonne garde. Et un certain professeur de droit, ancien commissaire européen, Raymond Barre, entre au gouvernement. Commentaire de Jacques Toubon, qui a pour Jacques Chirac les mêmes yeux de Chimène que Chirac avait pour Pompidou, m'avoue sans fioriture : « Ce nouveau gouvernement, sur lequel Chirac n'a pas été consulté, est centriste et européen. Ce n'est pas bon pour nous. » « C'est difficile, pour Chirac, ajoute-t-il, de parler en chef aux trois autres chefs de la majorité, quand Durafour se prend pour le futur Premier ministre, quand Lecanuet fait semblant de ne rien comprendre et se fiche de toute manière éperdument de tout, et quand Ponia est Ponia ! »

Après le remaniement de janvier, pour lequel il n'a pas consulté Chirac, début mars, le Président fait pourtant de Chirac « l'animateur » de la majorité. Mais Giscard se voit, quelques jours plus tard, accusé de manquer d'autorité, dépassé par son Premier ministre. Michel Poniatowski, du coup, met les choses au point en m'expliquant que, coordinateur ou pas, cela ne l'empêcherait pas, lui, de s'entendre directement avec Jean Lecanuet. Réaction immédiate de Chirac : lui qui animait chaque semaine depuis le début de l'année une réunion des ministres leaders de la majorité, décide le jour même d'interrompre ce cérémonial devenu inutile. Il n'y aura pas plus de concertation à cinq à Matignon.

Puis s'engage la discussion parlementaire, en mai, sur la taxation des plus-values : Giscard en fait, il l'a annoncé dès le début du septennat, une de ses réformes première. La réforme de la fiscalité est une œuvre de justice. Elle est essentielle, il le dit, pour « débusquer le lobby conservateur ». À noter que la taxation des plus-values figure dans le programme commun de la gauche ! Chirac rechigne, Giscard s'exaspère, l'UDR traîne des pieds, les Républicains indépendants veulent aller de l'avant. Le résultat, selon Olivier Guichard : « un compromis merdeux ». Merdeux à cause de qui, demande tout haut la hiérarchie giscardienne ? Du Premier ministre qui ne s'est pas impliqué dans un débat capital aux yeux de Giscard. Du Premier ministre qui a laissé (et peut-être poussé) les députés UDR les plus réactionnaires à déposer amendement sur amendement pour vider la loi de son contenu initial. « Giscard, me dit François Giroud, lui en veut beaucoup. » Elle ajoute : « C'est inouï, ce gouvernement, Même une teinturerie ne marcherait pas dans ces conditions, avec un directeur et un sous-directeur qui ne seraient d'accord sur rien. »

Enfin vient le point d'orgue : la fameuse, réception du couple Chirac par le couple Giscard d'Estaing à Brégançon pour le week-end de Pentecôte. Jacques Chirac s'y rend pour s'entendre confirmer son rôle de coordonnateur. Pas la moindre confirmation ne viendra du président de la République. Au contraire, une mise en scène pour démontrer sa supériorité sur le Premier ministre. Des chaises pour les Chirac, des fauteuils pour les Giscard. Le moniteur de ski de Valéry Giscard d'Estaing et sa femme se joignent à eux au dîner, sinistre. Dès son arrivée à Brégançon, Chirac avait senti que la situation basculait : « Combien de micros croyez-vous que Mme Garaud ait fait installer dans la maison ? » lui avait demandé Giscard. Il n'a pas fallu longtemps à Chirac pour comprendre que l'invitation tournait au drame.

26 juillet 1976. J'ai rendez-vous avec Jacques Chirac à Matignon. Pas pour parler de politique, mais pour recueillir, dans le cadre d'un feuilleton d'été, une interview sur le lieu de ses vacances. Il me reçoit, énervé mais aimable, me dit qu'il ne peut rien me dire, ni sur ses vacances, ni surtout sur son avenir à Matignon, me demande de le suivre, sort de son bureau, descend au rez-de-chaussée, et

m'amène droit au bureau de Marie-France Garaud. En quelques mots, Chirac parti, elle me dit que tout est fini avec Giscard. « Nous nous sommes lourdement trompés, Pierre et moi (comme si Chirac n'était dans l'affaire qu'un simple exécuteur télécommandé par eux) : Giscard est d'un tempérament monarchique et pas démocratique. Nos analyses sont trop différentes pour que Chirac puisse rester. » « Giscard est comme un escargot, poursuit-elle, il lui faut beaucoup de temps pour comprendre dans quelle direction il va. Si on met un obstacle devant lui, il le contourne, puis repart vers sa feuille de salade, obstinément. Au fond, le jour où il a redit : il faut gouverner au centre, nous aurions dû le comprendre. C'est un lent, mais un lent qui ne bouge pas d'un pouce. »

Je retranscris exactement la fin de ses propos, parce qu'ils traduisent son doute sur Jacques Chirac lui-même : « Au début, nous nous disions : Chirac n'arrive pas à gouverner parce qu'il est trop fonceur et pas assez réfléchi. C'était vrai, mais ce n'est pas l'explication : l'explication, c'est que Giscard veut gouverner. Ou plus exactement, que Chirac ne peut pas gouverner parce qu'on ne lui en donne pas les moyens. C'est l'Élysée qui veut le faire, mais il ne s'en donne pas les moyens non plus. Alors, personne ne l'exerce. »

Elle s'interroge devant moi : vaut-il mieux que Chirac parte tout de suite, ou faut-il laisser les autres lui en mettre plein la tête ? Sa conclusion est qu'il lui faut partir. Elle conclut : « Il faut que Chirac sauvegarde ses possibilités de revenir un jour. Je ne me fais pas beaucoup d'illusions. Il y a neuf chances sur dix pour qu'il ne revienne pas. Mais s'il veut revenir, il lui faut conserver l'UDR et l'unité de l'UDR. »

J'écoute. « Pierre et moi, nous... », comme si Chirac n'était pas concerné, comme si, pour « Pierre et moi », il n'existait pas. Ou si peu. Peut-être d'ailleurs n'aurait-il jamais démissionné si « Pierre et moi » ne l'y avaient pas poussé. Je n'oublie pas la dernière conversation que j'ai eue avec Jacques Chirac à l'Assemblée il y a un mois tout juste : « Un homme politique ne démissionne pas. Ceux qui disent qu'il faut partir n'ont pas compris le gaullisme. Si ça commence à aller mal entre eux, le Président fout le Premier ministre à la porte. »

Je demande à Marie France s'il a envoyé sa lettre de démission. Oui, un coursier porte le courrier à l'Élysée au moment où nous parlons. Je me demande, sans broncher, si elle veut me faire passer un message plus tordu ou si elle dit tout simplement la vérité, chose dont elle est la plus avare. Veut-elle que je publie ces informations le plus vite possible, pour que, mis au pied du mur, Giscard garde son Premier ministre ou, au contraire, tout simplement, a-t-elle, ont-ils vraiment, Juillet et elle, décidé son départ ? Difficile à savoir. Elle m'a appris à me méfier. Toujours est-il que je pense, à son ton, à son irritation contrôlée, qu'en effet, Jacques envoie aujourd'hui sa lettre de démission au Président. Mais rien n'est officiel, je ne peux rien publier sans risquer de me ridiculiser si ce n'est pas vrai. J'attends quelques jours, puis finis par partir en vacances. Je guette. Pas un mot dans la presse. Je rentre à Paris. Toujours rien.

Le 25 août, enfin, Conseil des ministres. Au bout d'un mois, Giscard a accepté la démission de Chirac. Françoise que je vois à la sortie du Conseil me donne *in extenso* les notes qu'elle a prises et retapées à la machine, sur son Olivetti, qui ne l'a pas quittée depuis *L'Express*. Avant que le Président fasse son entrée dans la salle du Conseil, Chirac a donc annoncé à ses ministres qu'il démissionnait : « Il y a vingt-quatre mois, contre l'avis de la plupart de mes amis, j'ai soutenu Valéry Giscard d'Estaing. Pendant vingt-quatre mois, je l'ai servi fidèlement et loyalement. Ces derniers temps, j'ai demandé à plusieurs reprises les moyens nécessaires pour affronter une situation économique que je jugeais difficile, je n'ai pas obtenu les moyens et la liberté que je demandais. » Giscard attend que le Premier ministre ait terminé son propos pour rejoindre le gouvernement, et dit, simplement, avec la plus grande insouciance que, quand quelqu'un souhaite s'en aller, il faut l'accepter. D'ailleurs, ajoute-t-il, une nouvelle phase de son action commence. *Exit* Chirac qui, quelques minutes après son arrivée à Matignon, livre publiquement sur le perron le contenu de ses divergences avec le Président. Dernier acte d'un feuilleton à rebondissements multiples, qui laisse Giscard et Chirac également affaiblis.

Présenté par Giscard comme le « Joffre de l'économie », Raymond Barre fait son entrée à Matignon. Olivier Guichard, qui n'a jamais pardonné à Chirac l'aventure des 43, est nommé, avec Michel Poniatowski et Jean Lecanuet, ministre d'État, avec mission de distribuer les investitures de la majorité pour les prochaines élections, en 1978. Entre Chirac qui sort, et Guichard qui entre, l'UDR courbe le dos.

Parenthèse : je me demande pourquoi je viens de consacrer tant de lignes à ce couple politique Giscard-Chirac désuni au bout de deux ans. Parce que je me suis toujours demandé comment les relations entre les hommes dont l'intérêt est commun peuvent à la fois se dégrader sous la pression des entourages, des partis, des amis qui croient bien faire, des idées qu'on ne partage pas, des ambitions qu'on ne dit pas. L'idée qu'il n'y ait jamais eu la moindre explication franche entre les deux, qu'ils ne se parlaient qu'à peine, deux mois seulement après que le premier avait installé le second à Matignon, qu'il ait pu s'installer entre eux une telle incompréhension, irritation, mépris, me surprend encore quelques bonnes dizaines d'années plus tard. Les deux hommes ont commis beaucoup d'erreurs, certes : Giscard, celle de ne pas oser dissoudre le Parlement où l'UDR était si puissant, comme s'il pensait qu'il allait pouvoir en disposer selon sa volonté. Et d'hésiter sur le rôle qu'il voulait donner à son Premier ministre, coordinateur ou pas d'une majorité qui n'était pas la sienne. Chirac, celle de vouloir à la fois conduire l'UDR, dont le conservatisme à l'époque était incompatible avec la volonté de réforme du Président, et de s'être, ce faisant, enfermé lui-même dans une position de droite marginale par rapport à celle de Giscard d'Estaing. J'ai l'impression de ne pas avoir manqué une des scènes du théâtre politique dont ils étaient tous deux jeunes premiers.

Pendant que le duo Giscard-Chirac est sur le devant de la scène, François Mitterrand redevient Premier secrétaire du Parti socialiste après son second échec présidentiel. Il n'est pas surpris, et encaisse sa défaite mieux que ne le font ses partisans. Après le face-à-face qui l'a opposé à Giscard, plus encore après son score au premier tour, il avait perdu tout espoir de gagner. Il n'a pas paru particulièrement touché, il continue la lutte, sans qu'un trait de son visage se soit creusé. Croit-il encore que, pour lui, tout soit possible ? Il fait comme si. Pourtant, après une de ses premières conférences de presse de l'automne 1974, où il vient de réaffirmer, un peu mécaniquement : « Nous aspirons à gouverner », il éloigne les micros tendus vers lui, passe près de moi en quittant la salle, et me dit à mi-voix : « Nous sommes dans le fictif. Il n'y a vraiment aucune chance que nous prenions le pouvoir avant longtemps. »

En effet, les chances me semblent s'éloigner. Pas seulement parce que le contraste entre le langage assuré tenu devant la presse, et la confidence désabusée qu'il m'a faite, est tel que je me demande si, contrairement à sa pugnacité affichée, il a encore envie de se battre pour la victoire aux législatives de 1978 et pour sa victoire en 1981.

Union de la gauche ? Elle ne cesse, depuis l'élection de Giscard, d'être remise en cause par ses partenaires communistes. Pas un comité central, pas un bureau politique, pas un congrès du PC, qui n'exprime son doute sur la bonne foi réelle des socialistes. Sur leur indifférence vis-à-vis du programme commun, pourtant, signé en 1972 avec enthousiasme ou soulagement. Sur leur volonté cachée de devenir la force d'appoint de Valéry Giscard d'Estaing, sous le prétexte que celui-ci a toujours l'espoir de débaucher, individuellement ou collectivement, des socialistes heurtés par l'alliance avec les communistes. Entre socialistes et communistes, l'heure est à la méfiance au moment précis où ils viennent de faire de l'unité leur carte maîtresse, celle qui leur a permis de frôler la victoire trois mois auparavant.

François Mitterrand, qui n'a jamais esquissé, et n'esquissera jamais la moindre ouverture vers Giscard pendant son septennat, a commencé par s'étonner du changement de ton des communistes, alors qu'il n'a jamais été question, dans son esprit, de faire mouvement vers le centre. Puis, assez vite, il est franchement irrité par les mises en causes quotidiennes du PS dont il est redevenu Premier secrétaire. Qu'est-ce qui a changé, chez les dirigeants communistes ? Pourquoi commencer une sorte de guérilla, sur fond d'union de la gauche, contre Mitterrand ?

D'abord, le constat électoral. À une question que je lui posais, Mitterrand m'a déjà répondu, sans cacher son plaisir, début octobre : « Pourquoi, depuis quelques mois, je n'évoque plus le rééquilibrage de la gauche ? Parce qu'il est fait. » Aux élections de 1973, le PCF restait le premier parti de la gauche : 21,4 % des suffrages contre 20,8 à l'Union de la gauche socialiste et républicaine, composée des socialistes et des radicaux. Mais ce sont les radicaux qui avaient reculé tandis que le PS, déjà, progressait à un niveau inégalé depuis 1946. Plus graves aux yeux des communistes, les six élections partielles de septembre 1974, où six ministres de Pierre Messmer et Messmer lui-même se représentent devant leurs électeurs. Les chiffres le montrent dans les urnes : le PC ne profite pas de sa politique d'ouverture. La campagne présidentielle de 1974, où Mitterrand était seul candidat de la gauche, a suscité un phénomène de « vote utile » au profit du PS, entraînant une nette érosion de l'électorat communiste.

C'est bien ce qui déclenche un des premiers tirs de barrage de Georges Marchais, et explique le premier éditorial offensif de Roland Leroy dans *L'Humanité*, dès la rentrée 1974. Le 21e congrès du PC enregistre le début d'une offensive du Parti, qui, premier parti de la gauche depuis 1944, ne veut pas perdre sa place de leader. Le changement de ligne se double d'un changement d'attitude. De vieux militants, staliniens de cœur, qui ont toujours été hostiles à un rapprochement avec les socialistes, rejoints par des jeunes impatients, ne cachent pas que, au fond de leur cœur, ils n'ont jamais souhaité que les communistes disparaissent dans les bras ouverts des socialistes. D'autres encore redoutent au contraire un « adultère » d'un PS tombant dans les bras de Giscard.

Pierre Juquin, député communiste de l'Essonne, membre suppléant du bureau politique du PC, ancien élève de l'École normale supérieure – du temps où les intellectuels étaient encore nombreux au PC –, à qui je demande de m'expliquer le changement de ton marqué de son parti, me parle, pour la première fois, de l'intervention de François Mitterrand au 12e congrès de l'Internationale socialiste à Vienne, en Autriche, il y a deux ans. Mitterrand y aurait dit que le PS ramènerait le Parti communiste en France à un score électoral de 15 %. « Pendant quarante ans, nos adversaires, à gauche, disaient : les communistes plumeront la volaille socialiste. Il ne faudrait pas, aujourd'hui, que ce soit le contraire », s'irrite Juquin, révélant les craintes majeures de ses amis politiques.

« Le PS, explique-t-il, serait tenté d'aller de concession en concession vers le centre, si le PC n'était pas puissant. » Il ajoute : « Il faudra fixer cet objectif. » Diable, comment ça ? On accompagnera les électeurs aux urnes pour qu'ils ne votent pas socialiste ?

Les propos de François Mitterrand à Vienne devant tous les dirigeants socio-démocrates européens datent de juin 1972, à la veille de la conclusion de l'accord sur le programme commun entre socialistes et communistes en France. Pourquoi Juquin m'en parle-t-il aujourd'hui ? Je les relis dans l'édition du *Monde* datée du 30 juin 1972. Mitterrand se défend contre tous les leaders européens qui lui ont reproché son union avec les communistes. Il leur répond, pour faire passer la pilule, qu'au contraire, il entend « refaire un grand parti socialiste sur le terrain occupé par le PC lui-même » et voir le PS récupérer « son authenticité, mais aussi la première place auprès des masses ». Pas d'allusion aux 15 %, mais, en effet, la revendication d'être le premier parti de France. Rien que les communistes ne sachent déjà. Mitterrand n'a jamais caché sa conviction profonde : tant que le PC sera le premier parti de gauche, la gauche ne prendra jamais le pouvoir. Il développe d'ailleurs ce thème depuis 1965. Le PC ne le découvre pas aujourd'hui. Alors, pourquoi en fait-il, deux ans après avoir signé le programme commun, deux ans après Vienne, le cœur de sa méfiance à l'égard de Mitterrand ?

Autre sujet de suspicion pour le PC : l'arrivée remarquée de Michel Rocard au Parti socialiste en octobre 1974. Cela se passe à l'occasion des Assises du socialisme dans la grande salle de réunion, au sous-sol de l'Hôtel PLM Saint-Jacques, à Paris, où le chef du PSU, longtemps rétif, vient de se résoudre – il traînait les pieds depuis le congrès d'Épinay – à rejoindre François Mitterrand, se résignant à voir le Premier secrétaire du PS, et non lui-même, étendre les bases du socialisme français.

Qui était donc Michel Rocard, pour hérisser à ce point, par son ralliement tardif à Mitterrand, le poil des communistes ? Petit homme maigre et brun, au visage aigu, chaleureux comme le chef scout qu'il a été dans sa jeunesse (son totem : « Hamster érudit ») et sérieux comme un militant, qui parle à la vitesse d'une mitraillette, que ses affiliés écoutent avec passion, sans toujours comprendre ce qu'il dit, est membre du PSU depuis sa fondation. À trente-sept ans, il en est devenu le secrétaire général en 1967. Il a la plus grande défiance pour le socialisme tardif de Mitterrand, alors qu'il s'est engagé, lui, dès sa jeunesse, dans toutes les batailles de la gauche : Algérie, de Gaulle, mai 1958, Mai 68. La première fois que Michel Rocard a parlé de François Mitterrand, c'était pour le traiter d'« assassin ». Drôle d'entrée en matière ! C'était au temps de la IVe République et de la guerre d'Algérie. Rocard avait dénoncé en Mitterrand le ministre de la Justice qui « refusait d'instruire les demandes de grâces des condamnés à mort. Il faisait la grève administrative pour les tuer ». Je lui demandais plus tard s'il avait reparlé à Mitterrand de cet épisode. « Non, m'avait-il répondu par antiphrase, cela nous aurait compliqué le travail. »

Les deux hommes ne se supportent pas. Pour Mitterrand, Michel Rocard n'a longtemps été qu'un phraseur prétentieux. Pour Rocard, Mitterrand est un politicien à l'ancienne, un opportuniste qui a joué l'union avec les communistes par pur calcul électoral. Aux yeux de Rocard, Mitterrand n'a pas de conviction, hormis celle de prendre le pouvoir. À François Mitterrand, les idées de Rocard ont toujours paru fumeuses : Michel Rocard semble ne lire que les grands théoriciens de l'économie, et ne se référer qu'à eux. Mitterrand est d'une culture classique, amateur de littérature, dont parfois, il se sent lui-même un personnage vivant.

Existe-t-il un rocardisme ? Mitterrand lève les yeux au ciel quand on lui pose la question. Michel Rocard est à coup sûr un homme qui marque la gauche de son temps depuis une dizaine d'années. Mais le rocardisme ? S'agit-il d'une doctrine, de la recherche d'une modernité, d'un dépoussiérage des idées datant de la moitié du XIXe siècle ? D'une volonté de construire un socialisme humaniste, d'un pragmatisme économique de gauche, opposé aux utopies du socialisme historique, celui, précisément, qu'incarne Mitterrand aujourd'hui ? Michel Rocard a cru, un temps, à l'autogestion, lorsque le sociologue Serge Mallet, au PSU à ses côtés, lui démontrait que là, avec Tito, en Yougoslavie, se construisait le vrai socialisme. Mitterrand a toujours pensé qu'il s'agissait d'une erreur politique. Même jugement négatif, presque ironique, à la vue des résultats obtenus par Michel Rocard à l'élection présidentielle de 1969 : le président du petit PSU avait voulu démontrer qu'à côté du candidat socialiste Defferre pouvait exister un socialisme plus moral, une gauche nouvelle. Il avait obtenu un peu plus de 3,5 % des voix.

Michel Rocard, c'est surtout une gauche sans référence au marxisme. Déjà, à l'occasion d'une épreuve orale du concours de Sciences Po, le bon élève qu'il était n'avait obtenu que 10 sur 20 aux questions de son interrogateur sur Karl Marx. Il est vrai que son examinateur était un des intellectuels phares du PC. D'instinct, de formation, de conviction, Michel Rocard est dès l'âge de vingt ans profondément hostile au Parti communiste. Il ne s'est jamais reconnu dans le socialisme centralisateur et dictatorial mis en œuvre par le PC de l'Union soviétique et dans les pays, qui, de gré ou de force, se sont rangés derrière Moscou. L'union de la gauche, entre socialistes et communistes, telle que la met en marche Mitterrand, n'est pas son combat. Il a choisi de rejoindre celui-ci parce qu'il s'y sent contraint : personne d'autre que le Premier secrétaire du PS ne peut envisager d'amener les socialistes au pouvoir.

Son arrivée dans le PS de Mitterrand apparaît presque comme une provocation pour les communistes. D'autant qu'elle commence par une bourde : le texte final des Assistes du socialisme ne fait aucune référence au programme commun. Georges Marchais s'en indigne. « C'est une connerie », me dit Claude Estier, lorsque je lui demande la raison de cette absence de référence à ce qui est désormais au cœur de la stratégie de Mitterrand. Il m'explique, assez penaud, que le projet initial parlait bien du programme commun. Mais que la dernière version a été rédigée par Michel Rocard et un de ses proches, et qu'ils ont tout simplement « oublié » en chemin d'y faire allusion. Acte manqué ou volonté de ne pas en faire trop sur ce programme qui est loin d'être le sien ?

En tout cas, cet oubli ne passe pas inaperçu aux yeux des communistes. Ceux-ci, Georges Marchais en tête, accusent Michel Rocard de s'introduire au PS comme un cheval de Troie pour abattre les communistes aujourd'hui, avant qu'ils ne prennent le pouvoir demain.

François Mitterrand, qui ne cesse de courir la France, bien que les élections législatives ne soient prévues que dans deux ans, m'a embarquée dans son avion. Pierre Bérégovoy, qui, venant du PSU tendance Pierre Mendès France, a rejoint François Mitterrand dès 1971, est du voyage. Mitterrand l'écoute avec attention, car « Béré », comme l'appellent ses amis, est le seul homme issu du monde du travail, ancien syndicaliste, à faire aujourd'hui partie de l'entourage politique de Mitterrand. Cela le change de Jacques Attali. Bérégovoy croit savoir que Georges Marchais a été mis en minorité par son bureau politique, le parti lui ayant reproché la candidature unique PC-PS en 1974.

Il ajoute que, parallèlement, les dirigeants soviétiques ont durci à nouveau leur politique vis-à-vis de la social-démocratie : les socialistes italiens, leur chef, Enrico Berlinguer, notamment, qui parlent de vouloir créer un « eurocommunisme », une « troisième voie » démocratique, qui n'est évidemment pas celle de Moscou, sont dans leur viseur. Ils craignent qu'ils n'entraînent les communistes français dans leur chemin dissident. Mitterrand écoute Bérégovoy avec attention et répond, en insistant sur le mot « terrorisme » : « Il ne faut tout de même pas céder au terrorisme communiste. Il faut que nous gardions notre langage. Le plus dangereux est que, pour plaire aux communistes, nous ayons peur nous-mêmes de dire ce que nous voulons dire. »

Mitterrand a toujours deux fers au feu. Je comprends ce qu'il ne dit pas. Ou l'union de la gauche fonctionne et il arrivera au pouvoir avec les communistes. Ou elle ne prend pas, et, dans ce cas, il sera à la tête du parti le plus puissant de l'opposition et se voit bien accepter, le cas échéant, le poste de Premier ministre. « Et puis, dit-il, on verra. » Hypothèse que Giscard lui-même n'écarte pas : chaque fois qu'on l'a interrogé sur le sujet, il a dit qu'il appliquerait la Constitution. Le terme « cohabitation » n'existe pas encore dans le vocabulaire français – la paternité du terme revient à Édouard Balladur dans une tribune du *Monde* intitulée « Les deux tentations » publiée le 16 septembre 1983 –, mais Mitterrand, je l'apprends au cours du voyage, ne refuserait pas d'innover ce nouveau, et encore inédit, mode de gouvernement. Je me demande d'ailleurs, si, après tant de conflits depuis des mois avec les dirigeants du PC, après tout, il ne préférerait pas la seconde solution à la première.

Si cette période est difficile pour Mitterrand, qui s'efforce de garder son calme sans y parvenir parfois, elle l'est, semble-t-il, au moins autant pour les communistes français, et d'abord pour Georges Marchais. En janvier 1975, après avoir quitté, vers 17 h 30, les studios de TF1, le secrétaire général du Parti français est repassé à son bureau, place du Colonel-Fabien, où il est frappé, à cinquante-cinq ans, d'une crise cardiaque. Rien de grave, disent les médecins : il sortira quelques jours plus tard de l'hôpital Lariboisière, amaigri et pâle, accompagné de Roland Leroy.

Sa première déclaration, à la porte de l'hôpital, commence par un hommage aux médecins qui l'ont soigné, mais se termine par une admonestation au PS : il craint que les dirigeants socialistes – il n'ose pas dire Mitterrand – ne finissent par céder aux sollicitations de Valéry Giscard d'Estaing. Quelques mois plus tard, c'est au tour de Roland Leroy qui, l'artère pulmonaire déchirée – à jeun, me précisera plus tard son chauffeur, trouvant qu'il buvait beaucoup –, a passé une longue semaine à l'hôpital. Preuve de la pression sous laquelle vivent ces dirigeants communistes français qui ne sont plus tout à fait en phase avec les Soviétiques, puisqu'ils ont condamné, on s'en souvient, leur intervention à Prague en 1968, sans oser néanmoins prendre leurs distances vis-à-vis de Moscou, en se lançant au surplus dans une union avec les socialistes dont ils ne tirent aucun profit. Le Parti communiste français va-t-il enfin rejoindre le Parti communiste italien qui demande sa liberté face aux Soviétiques ?

Je me souviens avoir, à l'automne, accompagné Georges Marchais, rétabli, à Berlin-Est, venu assister à la réunion du groupe de travail chargé de préparer la conférence des partis communistes européens. Atmosphère inouïe. D'abord parce que je découvre un autre monde, celui d'une démocratie populaire. La nuit tombe tôt. Les lampadaires éclairés au néon sont sales ; les restaurants, des cantines ; les étals, des « goum », sortes de grands magasins préhistoriques, vides ; pas un chat dans la rue après 18 heures. Tout cela à quelques kilomètres des superbes hôtels et des boîtes de nuit louches de Berlin-Ouest.

Le premier soir, le leader italien Enrico Berlinguer, sarde, fluet, yeux brillants et peau très brune, tient une conférence de presse dans son hôtel, le moins minable de Berlin-Est. Apparemment, les dirigeants allemands avaient interdit qu'il rencontre les journalistes, il avait donc choisi de les réunir dans sa chambre. Quelques émissaires avaient passé le mot, à la fin de la journée, à une trentaine de mes confrères, tous européens. Spectacle que je n'oublierai jamais : il était assis sur son lit, entouré de deux militants sympathiques, nous tous par terre, et il nous parlait de l'avenir du communisme européen, qu'il nous dépeignait comme une sorte de paradis, loin des dirigeants soviétiques. On a servi une sorte de gnôle allemande, nous étions tous très heureux de notre soirée, quand, vers 1 heure du matin, la direction de l'hôtel nous signifia qu'il était temps de partir. J'avais eu le temps de remarquer qu'aucun dirigeant communiste français ne nous avait rejoints.

Juste avant le départ, le lendemain matin, Georges Marchais était interviewé par une radio française. Il parle dehors, presque sur le perron de l'hôtel. Il a l'air furieux. Manifestement la réunion de la veille ne s'est pas passée comme il l'espérait, et ce qu'on appelait déjà « l'eurocommunisme » a suscité l'ire des Soviétiques. À une question que lui pose le journaliste pour le journal de 13 heures et que je n'entends pas, il répond, rouge de colère : « Non, mais est-ce que je vous demande la couleur de votre slip ? Est-ce que vous voulez voir la couleur du mien ? »

Et il baisse effectivement son pantalon de quelques centimètres : le slip est bleu et blanc. À son côté, le dirigeant français chargé des relations avec ce qu'on appelle encore « les partis frères », qui a préparé la rencontre européenne, Jean Kanapa, professeur agrégé de philosophie, blêmit. Que la conférence ait échoué, soit. Mais que la presse européenne fasse la découverte de la vulgarité de Georges Marchais, c'est trop. L'interview, envoyée par ligne à Paris, n'a d'ailleurs jamais été diffusée parce que les techniciens allemands de l'Est ont refusé de le faire. Il faudra attendre une nouvelle réunion des partis communistes et ouvriers d'Europe, à la mi-juillet 1996, pour comprendre qu'en effet, Georges Marchais ne veut pas, au contraire de ses homologues espagnol et italien, couper les liens avec Moscou. De là à montrer son slip…

Revenons en France. Les communistes français remâchent leur dépit d'être tombés dans un piège, celui de leur disparition programmée. Les résultats des cantonales du printemps 1976 confortent leurs impressions : la progression du PS est nette, tandis que le PC fait du surplace. S'ils se gardent, à ce moment, de rompre avec les socialistes – alors que, sans doute leur décision est déjà prise –, c'est tout simplement que les municipales de 1977 arrivent et qu'ils ne peuvent se passer, pour être élus, de conclure localement des alliances avec eux.

Pour le coup, ils y trouvent leur intérêt : ils détiendront, après les élections, 22 villes de plus de 30 000 habitants. François Mitterrand, maintenant sûr que l'union de la gauche va connaître de sérieuses turbulences, est tout à fait conscient, que, cette fois, pour les municipales, c'est lui qui est momentanément piégé. Il m'a dit, quelque temps auparavant : « Je ne peux pas me permettre d'alliance à droite. Je ne le peux pas et je ne le veux pas. C'est à ce prix que l'unité de mon parti sera conservée. Sinon, il volerait en éclats. Et en même temps, je ne peux pas, sur ma gauche, entrer dans la polémique avec le Parti communiste, même s'il pousse très loin ses attaques. Alors, c'est vrai, ma voie est étroite. »

Même si son visage, avec le temps, paraît de plus en plus sculpté dans une pierre dure, il a du mal, parfois, à cacher son irritation. Ainsi lorsque Georges Marchais dit de lui qu'il est « de plus en plus sûr de lui et dominateur », comme le général de Gaulle l'avait dit du peuple israélien.

J'ajoute que je ne crois pas qu'il tienne en haute estime, c'est le moins qu'on puisse dire, l'état-major du PC. Il m'a confié presque à mi-voix, en conclusion d'un long entretien, être surpris par la faiblesse intellectuelle de ses dirigeants. Le seul qui trouve (relativement) grâce à ses yeux est, rétrospectivement, Waldeck Rochet, dont il avait apprécié la détermination en 1965. Mais il juge en revanche Georges Marchais assez médiocre, et Roland Leroy trop fragile. Je ne sais pas ce qu'il entend par « fragile », mais je crois le comprendre : il boit trop et il aime trop les femmes, ce qui, pour Mitterrand, pourrait paraître un compliment, mais qui ferme définitivement à Leroy, à son avis, la porte du secrétariat général du PC.

Septembre 1977. J'ai quitté *L'Express*, déserté par Françoise Giroud et Jean-Jacques Servan-Schreiber, qui a décidé de vendre le journal au milliardaire anglais Jimmy Goldsmith pour financer sa vie politique, et rejoint, la semaine précédente, *Le Point* et France Inter. Le 14 septembre a lieu au siège du Parti socialiste la rencontre au sommet attendue entre les trois partis de la gauche sur ce que les communistes ont appelé la « réactualisation du programme commun ». Après cinq années et tant de polémiques, chacun se demande si ce sera : « Embrassons-nous, Folleville » ou « Tout est fini entre nous ».

Ce sera « Tout est fini entre nous », tragicomédie en deux actes. L'acte 1 est celui de la comédie : sur les images que diffuse en boucle la télévision ce soir-là, Georges Marchais s'apprête à s'adresser aux journalistes, à l'heure du journal télévisé, lorsque Robert Fabre, président du parti radical, se fraie un chemin jusqu'au dirigeant communiste, ne tient pas compte de ses protestations, d'ailleurs étonnamment faibles pour un homme si fortement charpenté, le repousse, attire sur lui les caméras, tandis que Marchais, ébahi, comme un boxeur battu, lui abandonne le micro.

Le discret pharmacien radical-socialiste de Villefranche-de-Rouergue, qui a mangé du lion, dénonce avec une vigueur étonnante la surenchère du PC : sous le prétexte de réactualiser le programme commun, les dirigeants communistes ont fait monter les enchères. Les nationalisations qu'ils exigent dépassent de loin les engagements du programme signé en 1972. Les hausses de salaires réclamées aussi. Socialistes et radicaux avaient accepté la nationalisation de neuf grands groupes, les communistes proposent aujourd'hui près de mille nationalisations de leurs filiales. C'est à ce moment que Robert Fabre, sans rien dire à Mitterrand de peur qu'il l'en empêche, a gagné la sortie. Non pas pour rompre, dira-t-il le lendemain, mais pour appeler les partenaires communistes à la réflexion.

Acte 2, la tragédie, une semaine plus tard, dans la nuit du 21 au 22 septembre au siège du Parti communiste cette fois. Le coup de gueule de Robert Fabre a marqué une pause, mais le dirigeant du Parti radical de gauche a tout de même repris sa place, cette fois surveillé de près par Maurice Faure. Les délégations s'installent autour de la grande salle ovale qui abrite généralement les réunions du bureau politique. Aux murs, quatre grands portraits des « pères » du communisme : Marx, Engels, Lénine et Maurice Thorez. Marchais est dans son élément, il donne le coup d'envoi de la séance et rappelle les propositions communistes. Mitterrand demande une interruption de séance pour formuler les siennes. Ce qui est fait à 21 h 30. Nouvelle suspension de séance, pour laisser aux communistes le temps de les consulter. Au retour, vers minuit, le dialogue est bref : « Non, ça ne va pas du tout ! » dit Marchais. D'un geste brutal, soudain accablé de fatigue, pâle, les yeux rougis, il rejette, sur la table, en désordre, les feuillets socialistes. François Mitterrand se lève, raide : « Votre conception des nationalisations s'intègre dans une conception de la société future qui n'est pas la nôtre. Constatons que nous ne parlons pas de la même chose. » C'est la rupture.

Cent soixante quatre jours avant les législatives de 1978, la stratégie unitaire, dont François Mitterrand est depuis douze ans l'artisan acharné, s'effondre.

11.

Le retour de Monte-Cristo

Pendant ce temps-là, la majorité a changé de visage. Raymond Barre a remplacé Jacques Chirac. Les Français ne le connaissent pas, même s'il a été appelé par VGE – qui avait sa petite idée sur l'avenir qu'il lui préparait – dans le dernier gouvernement Chirac en janvier 1976 comme ministre chargé du commerce extérieur. Il est pourtant depuis longtemps dans les coulisses du pouvoir. Professeur agrégé de droit et d'économie politique, il avait vite gagné Paris pour accepter le poste de directeur de cabinet de Jean-Marcel Jeanneney en 1952. Puis a été nommé, par le Général, commissaire européen à Bruxelles, où il est devenu vice-président de la Commission, après que la « politique de la chaise vide » chère au général de Gaulle a causé bien des embarras à la France et à l'Europe naissante. C'est lui, on s'en souvient, qui, depuis Bruxelles, avait conseillé *in extremis* au général de Gaulle de ne pas dévaluer le franc après les hausses de salaires de 1968, au moment où les ministres, réunis en urgence, pensaient, dans leur majorité, entériner une dévaluation.

Il n'est pas un politique : il éprouve même un certain mépris pour les hommes qui en ont fait leur métier, il ne se réclame d'aucun parti, d'aucun engagement antérieur, mais se veut un expert incontournable, fier de l'être au point qu'il cumule dans un premier temps le poste de Premier ministre et celui de ministre des Finances. Il entretient avec le président de la République des rapports courtois dans lesquels Valéry Giscard d'Estaing n'a pas à craindre la moindre rivalité politique. Sa voix flutée n'est pas celle d'un leader, son allure est celle d'un notable, costume croisé, visage rond, largement replet au moment où, à cinquante-deux ans, il entre à Matignon. Il aime Mozart, le cinéma, sa bibliothèque, les bons bistrots, ses vacances et sa femme, une Hongroise blonde qu'il a rencontrée en Tunisie dans le court temps où il y a enseigné. Quant à la politique, il faudra plus d'un an pour qu'il accepte, à la demande pressante de Valéry Giscard d'Estaing, de se présenter aux législatives à Lyon. Il n'aime pas les journalistes, et ceux-ci, d'ailleurs, ne le comprennent pas toujours. Il faut dire que ses compétences économiques, reconnues (le président de la République n'a-t-il pas dit de lui, entre autres compliments, qu'il était « le meilleur économiste de France » ?), révèlent souvent la faiblesse en la matière des chroniqueurs, dont la plupart – dont moi – n'osent pas trop l'attaquer, de crainte de ne pouvoir lui répondre.

Sa voix, monotone, a un effet soporifique redoutable. J'ai vu, à l'occasion de l'annonce à la presse de son plan économique, Henry Chapier, emblématique collaborateur du *Quotidien de Paris*, tomber de sa chaise, feignant de s'endormir, dans le salon de Matignon où nous étions tous réunis. Mais enfin, les Français acceptent assez bien, en quelques mois, le personnage qu'il s'est forgé, à la fois docte et bon enfant, savant et familier, pessimiste et jovial, cet homme rond qu'ils baptisent assez vite « Babar », du nom de l'éléphant des bandes dessinées enfantines.

Sa première intervention à la télévision est pourtant raide : « Notre déficit, annonce-t-il, est de 15 milliards de francs, la France vit au-dessus de ses moyens. » Babar se fait « père la rigueur », mais les Français mettront du temps avant de pourfendre sa politique. Dans les premiers mois, il inspire la confiance plus que l'hostilité, même s'il est le chantre d'une austérité que, d'ailleurs, il ne parviendra jamais à véritablement imposer. Avec le temps, pendant les presque cinq ans où il habitera, avec femme et enfants, le petit appartement de permanence de Matignon qui n'est pas fait pour la vie de famille, il apprendra bon gré mal gré à répliquer à ses adversaires politiques, où qu'ils se situent. Il n'est pas arrogant, pas facile non plus, pas toujours aimable, mais sait renvoyer les députés de l'opposition ou de la majorité dans leurs cordes.

Il y souffrira d'ailleurs mille maux, mais s'imposera à Valéry Giscard d'Estaing, même si, en période d'élections, son programme d'austérité relative risque d'embarrasser le chef de l'État. Lui qui n'a aucune expérience parlementaire sera, son poste l'y oblige d'ailleurs, le chef d'une majorité déchirée entre chiraquiens et giscardiens où, de 1976 à 1981, il sera contraint d'appliquer huit fois l'article 49.3 pour l'adoption de la plupart de ses lois de finances ou du budget de la Sécurité sociale. Ainsi que pour le mode d'élection des membres français du Parlement européen que les gaullistes se refusent à voter.

Voilà néanmoins Valéry Giscard d'Estaing rassuré par son Premier ministre. D'abord parce qu'il a confiance en son analyse économique. À moins que, de façon plus tordue – c'est Michel Debré qui en évoque devant moi la possibilité –, il ne pense qu'avec lui, « il dispose d'un technicien qu'il pourra toujours renvoyer, en disant : c'est lui qui s'est trompé ».

Parenthèse : il ne se doutait pas, les Français non plus d'ailleurs, que, près de quarante ans plus tard, on s'apercevrait que cet homme bien sous tous rapports avait accumulé la modeste somme de 11 millions sur un compte suisse, après avoir passé une bonne partie de sa vie à recommander la rigueur aux Français.

Deuxième souvenir, peu glorieux aussi, de l'ancien Premier ministre : sa malheureuse phrase sur les « Français innocents » tués en octobre 1980 par une explosion, à la synagogue de l'Union libérale israélite de France, rue Copernic, le jour de la fête juive de Sim'hat Torah. Perpétré un vendredi en fin d'après-midi, jour de plus grande affluence des fidèles, l'attentat fait 4 morts et 46 blessés. À la chasse, ce vendredi-là, le président de la République est absent de Paris, le Premier ministre est à Lyon, ville dont il est le député depuis deux ans. Valéry Giscard d'Estaing est prévenu le soir même par le secrétaire général de l'Élysée, Jacques Wahl. Pourtant, il n'y aura pas ce soir-là de réaction officielle. Regagnant la capitale le premier, Raymond Barre dit son indignation sur cet acte terroriste – le premier attentat à la bombe qui ait touché Paris depuis la fin de la Seconde Guerre mondiale. Il parle d'un engin explosif « qui voulait frapper des Israélites qui se rendaient à la synagogue et a frappé des Français innocents qui traversaient la rue Copernic ». Propos maladroits qui sont apparus comme la marque d'un antisémitisme involontairement révélé. Simone Veil, qui n'avait pas grande estime de Raymond Barre, se rendant à la synagogue sinistrée, s'indigna aussitôt du non-dit de cette déclaration qui laissait entendre, à des oreilles exercées comme les siennes, d'abord que les Israélites présents dans la synagogue n'étaient pas des Français comme les autres, et qu'ils étaient en quelque sorte coupables de ne pas l'être. Cinq jours après seulement, Valéry Giscard d'Estaing, en Conseil des ministres, désarmait la polémique naissante, en affirmant la solidarité de tous les Français face au drame. Fin de la parenthèse sur Raymond Barre, Premier ministre de la rigueur.

Après les élections cantonales de 1976, un désastre pour la majorité, trois élections se profilent devant le président de la République : les municipales en 1977 ; les législatives, qu'il n'a pas voulu anticiper, programmées pour juin 1978 ; et l'élection présidentielle, où il ne se pense pas menacé. Les sondages lui sont largement favorables, ce qui donne, quoiqu'il affirme ne pas en tenir compte, de l'assurance au futur candidat. Mais cela ne suffit pas, car ses adversaires sont des durs à cuire. Jacques Chirac et François Mitterrand, le plus jeune et le plus vieux d'entre eux, n'ont aucune intention de lui laisser le champ libre.

Chirac d'abord. Que lui est-il passé par la tête, lorsqu'en 1976, après son dernier Conseil des ministres, il a confié au président de la République, en guise d'adieux, qu'il ne ferait sans doute plus de politique ? Mensonge ou court, très court, moment de découragement ? Une sorte de frénésie politique au contraire le saisit, après quatre jours seulement de *farniente*, de retraite comme il dira plutôt, il se lance dans une incroyable activité politique. Il a goûté à Matignon. Il ne renoncera jamais plus à l'Élysée. Pour y parvenir, il a besoin du soutien du Parti gaulliste, même si Giscard a appelé dans le gouvernement Barre le premier des barons, Olivier Guichard, pour surveiller de près les ardeurs des gaullistes et déminer les conflits. Éloigné, Jacques Chirac ne se démobilise pas une seconde. Encouragé par ses deux conseillers, qui ne lui laissent pas une minute de repos, il se lance dans une cavalcade politique fracassante, telle que les Français en ont peu connu depuis le début de la Ve République.

Première préoccupation : l'UDR. Le mouvement gaulliste est déstabilisé depuis que Chirac a quitté Matignon. Yves Guéna, son secrétaire général, me dit début septembre qu'il a du mal à trouver sa ligne puisque des ministres UDR sont restés au gouvernement, d'autres y ont fait leur entrée tandis que Chirac, lui, en est sorti. Quand je lui rends visite à son retour de vacances, je le soupçonne d'avoir rapidement fait une croix sur Jacques Chirac, lui aussi.

« J'aurais pu faire voter une motion de soutien à Chirac par la presque-totalité des fédérations, me dit-il, mais je n'ai pas voulu le faire pour me réserver toutes les possibilités. » Lui rendra-t-il le secrétariat général du mouvement ? Sûrement pas, pas plus que Claude Labbé n'acceptera de lui abandonner la présidence du groupe UDR à l'Assemblée nationale. Au fond, Yves Guéna est prêt à enterrer la hache de guerre avec les giscardiens. Et les députés gaullistes qui refuseraient la paix ? « C'est simple, ou ils se rebellent, m'assure-t-il, et ils auront dans ce cas un candidat Républicains indépendants dans les pattes, ou ils ne se rebellent pas, et ils acceptent ce que le Président leur dit de faire. »

Il me semble presque soulagé de voir sortir Chirac du combat qu'il livre contre le chef de l'État depuis deux ans. La preuve ? Jacques Chirac n'est pas invité aux journées parlementaires UDR de Rocamadour. Pourquoi ? Parce qu'il n'est pas député. Difficile de ne pas voir dans cette réponse une grande envie de se débarrasser de cet empoisonneur d'une majorité tranquille.

J'ai à peine le temps de faire cette réflexion sur la fugacité des relations politiques que Jacques Chirac lance un appel aux militants, passant au-dessus de la direction du parti dont il soupçonne la pusillanimité. Le 15 septembre, il publie dans le journal de l'UDR *La Lettre de la Nation*, sans en parler même à Yves Guéna, son message aux compagnons, légèrement grandiloquent mais efficace pour les campagnes électorales à venir. « Une fois de plus, mes compagnons, nous allons engager un combat décisif… » La presse lui réserve un écho inespéré, d'autant qu'en cette rentrée de septembre, en l'absence du feuilleton Giscard-Chirac, elle n'a rien d'autre à se mettre sous la dent.

Marie-France Garaud que je rencontre dans son nouveau bureau, sur les quais de la Seine, me raconte comment le nouveau plan Chirac a été établi : « Il fallait jeter le cochonnet avant la rentrée parlementaire, avant que Barre n'annonce son plan. Ils étaient nombreux à penser, à l'UDR, que Chirac allait se coucher, s'aplatir. Il a compris plus vite que nous qu'il devait contrattaquer. »

Le retour de Monte-Cristo, qui ne sera pas longtemps resté emprisonné au château d'If, a été concocté, le 8 septembre, dans la maison de Pierre Juillet, à Puy-Judeau, dans la Creuse, où l'ont rejoint, outre Jacques Chirac et Marie-France Garaud, Charles Pasqua, ancien député gaulliste des Hauts-de-Seine et cadre de l'UDR, Jacques Friedmann, inspecteur des Finances qui suit Jacques Chirac dans ses différentes fonctions depuis 1970 et Jérôme Monod, énarque, ancien collaborateur de Michel Debré, qui a été pendant un an, de 1975 à 1976, directeur de cabinet de Chirac à Matignon, après avoir été délégué à l'aménagement du territoire. Le seul proche dont « la vision est réformiste » – la définition est de Jacques Chirac – dérange le couple Juillet-Garaud. Mais Jacques Chirac aime l'intelligence et l'imagination de Jérôme Monod, sa façon, synthétique quoique rapide, d'absorber les dossiers, et d'en retenir les idées originales, pour peu qu'il y en ait. Une sorte d'anticonformisme inattendu chez cet homme issu de l'administration.

Serait-ce la première initiative de Jacques Chirac pour résister à ses mentors, que le seul mot « réforme » fait tressaillir ? Sans doute. Mais, confiants en leur puissance, les deux conseillers permettent à Chirac cette incartade amicale. Dans cette bergerie, à la fin de l'été, ils ont donc tout prévu pour ne pas laisser le mouvement gaulliste s'amollir dans les bras d'Olivier Guichard, pour s'abandonner finalement à Giscard. D'abord, donc, la « Lettre aux militants », à laquelle la presse donne un écho démesuré. Au point que Jacques Chirac, comme un enfant fier de lui, téléphone à Marie-France Garaud, restée dans son château des Moulières en Vendée : « Alors, lui demande-t-il, tout fier, ça a fait un flop, mon appel ? »

Est prévu ensuite, dans la foulée, un grand discours de Chirac, quelque part en province, puis la création d'un nouveau parti, issu de l'UDR, dont le but sera d'ancrer la majorité autour du mouvement gaulliste, en équilibrant et même en dominant centristes et Républicains indépendants. Il y a chez Chirac, en ce début d'année parlementaire, une énergie, un emballement presque, que rien, semble-t-il, ne peut arrêter. Et surtout pas les militants qui s'ennuient sans lui.

Le grand discours en province, ce sera, le 3 octobre, celui qu'il prononce à Égletons, en Corrèze, dans un gymnase où règne un froid de loup. Discours inattendu, vraiment. Voilà Chirac qui parle de « travaillisme à la française ». Au milieu des thèmes incontournables du gaullisme : indépendance, préservation des institutions de la Ve, figure l'esquisse d'un modèle de solidarité sociale, contre les inégalités, pour la participation des salariés aux bénéfices de l'entreprise. La première partie du discours est-elle celle de Pierre Juillet, la seconde, celle de Jérôme Monod ? Est-il inspiré par une jeune femme de gauche dont il est tombé éperdument amoureux il y a déjà quelques mois ? Mystère.

Ce discours surprend, parce qu'il prend de court giscardiens et réformistes, mais n'est-ce pas le vrai Chirac qui parle, lorsqu'il évoque la liberté, l'égalité de tous devant le travail ? Le travaillisme ne serait-il pas la version française d'un néoradical-socialisme qui conviendrait mieux somme toute à sa nature, d'un humanisme plus chaleureux qu'il n'y paraît ? Serait-il devenu progressiste, lui qui a plutôt, Premier ministre de Giscard, porté la voix des conservateurs ? Et puis que veut-il exactement ? S'imposer à Giscard, avant les élections de 1978, comme chef de guerre, détenant la clef de sa réélection ? Ou, au contraire, le défier, à la future présidentielle ? Je suis incapable d'y voir clair. Lui non plus, je le crains.

Je l'accompagne en Corrèze, début novembre, où il fait campagne pour récupérer son siège de député à l'occasion de l'élection partielle dans la 3e circonscription. Devant moi, il confie à ses partisans, qui sont venus pour l'écouter, avoir rencontré Giscard, trois jours auparavant. Mouvements divers dans la petite foule des militants. Il rit : « Ah, mais quand même, c'est quelqu'un de fréquentable, non ? Je ne savais pas qu'il était infamant de le rencontrer ! » Il rassure ses interlocuteurs : il lui a surtout parlé, assure-t-il, de François Mitterrand. Sur ce terrain au moins ils sont tombés d'accord : tout pour éviter le chaos qu'entraînerait son élection.

En tout cas, jusqu'ici, Chirac poursuit sa marche : les dirigeants du mouvement gaulliste, ceux du moins qui, fatigués par son excessive impétuosité, avaient eu l'envie de l'oublier, reviennent vers lui. Tel Yves Guéna, dont j'avais senti, le mois précédent, l'engagement derrière Chirac assez mou. Je m'étonne, après Égletons, de le retrouver solide comme le roc. « Entre l'aventure et la mort lente, me répond-il, que choisiriez-vous ? Vous comme moi choisirions l'aventure. »

En décembre, porte de Versailles, les militants accueillent avec enthousiasme la création d'un nouveau mouvement, le RPR, qui succède à l'UDR, avec objectif d'ouvrir le parti gaulliste à de nouveaux venus dont on ne connaît pas très bien le profil.

La cérémonie, à laquelle j'assiste, est à la fois grandiose et baroque, cirque et fête. Elle a sa star, évidemment, Jacques Chirac. Derrière la tribune, une croix de Lorraine de plusieurs mètres de haut, et deux portraits immenses du général de Gaulle et de Georges Pompidou ; dans l'assistance, 50 000 personnes, peut-être plus – dont une bonne centaine de journalistes –, Michel Debré ovationné alors qu'il vient de me faire part de ses doutes sur les véritables convictions de Jacques Chirac. Olivier Guichard sifflé, tandis que Jacques Chirac, ayant déjà oublié le travaillisme à la française, pourfend la gauche, son programme commun avec les communistes et parle du déclin de la France. Très applaudi par la foule, il l'est un peu moins, je le note, lorsqu'il appelle le nouveau parti à « se situer résolument dans la majorité ». Il l'est à tout rompre en revanche lorsqu'il ajoute, dans une phrase sibylline : « J'ignore s'il sera bientôt toute la majorité mais il sera tout entier dans la majorité. »

Que de flou, tout de même, dans cette énorme manifestation : Debré a remporté le plus grand succès en refusant la perspective, chère à Giscard, de la création d'une Assemblée européenne supranationale, Olivier Guichard, chargé par Giscard de la surveillance de l'ancienne UDR, a été hué par le nouveau RPR, et les membres de ce mouvement veulent faire la majorité à eux tout seuls, comme si les giscardiens avaient vocation à disparaître. Le malentendu continue, et peut-être même s'approfondit entre les deux partis.

Jacques Chirac, largement élu président, nomme Jérôme Monod secrétaire général du nouvel RPR. Celui-ci a refusé une première fois les sollicitations de Marie-France Garaud qui, toujours soucieuse d'établir sa supériorité sur son interlocuteur, avait ajouté : « On vous choisit comme secrétaire général du RPR, on vous aidera, et vous réussirez ! » Ce qui n'a pas eu l'effet escompté sur cet homme fort qui n'a ni l'habitude ni l'envie d'être aidé. Il n'accepte que lorsque Jacques Chirac le lui demande, en annonçant d'emblée qu'il ne resterait à ce poste qu'un an et demi. Ce qu'il fera parce que c'est un homme qui fait ce qu'il dit.

Les élections municipales s'annoncent. Giscard a changé le statut de Paris : la ville était administrée par l'État depuis 1871, façon de punir la rébellion de la Commune de Paris en 1870. Elle aura désormais, comme les autres municipalités, un maire. Qui ? Début novembre 1976, Giscard a tranché. Une réforme giscardienne doit être incarnée par un giscardien. Le président de la République choisit Michel d'Ornano, déjà maire de Deauville. La décision présidentielle, précédée d'une réunion pour la forme avec quelques-uns de ses proches, dont Michel Poniatowski, est sans appel.

Elle surprend tout le monde, autant Michel Poniatowski qu'Olivier Guichard, chargés tous deux de chercher un candidat commun à leurs deux formations. Michel Poniatowski pensait à Pierre-Christian Taittinger, secrétaire d'État aux collectivités locales, chiraco-compatible. Chirac, m'avait dit Ponia, en avait accepté le principe. Olivier Guichard, de son côté, cherchait aussi un candidat consensuel : il avait pensé à Roger Frey ; Chirac avait fait la moue. Puis à Simone Veil, nom que lui a soufflé Jacques Chirac lui-même, qui se serait bien laissée tenter. Mais il avait bien senti, dans sa quête, que Giscard avait une autre idée en tête.

Cela ne lui disait rien qui vaille. « Je trouve, convenait-il quand je l'interrogeai début janvier, que tout cela ne tourne pas très rond. » Délicieux euphémisme. La désignation directe de d'Ornano, candidat unique de la majorité, par Valéry Giscard d'Estaing, plus encore le fait que, à la demande du Président, le nouveau candidat, terrible gaffe, ait annoncé sa candidature sur le perron de l'Élysée, apparaissent comme un chiffon rouge pour le tout nouveau RPR.

Celui-ci répond par un communiqué rageur, regrettant d'avoir été mis devant le fait accompli et rend publique, unilatéralement, une première liste pour Paris

Chirac ne veut pas laisser Paris aux giscardiens. Mais qui ferait le poids face au candidat présidentiel ? Il n'y a qu'une solution, à laquelle Jacques Chirac a commencé par dire non, mais qu'il reconsidère, le temps passant. Car il le sait, lui seul peut relever le défi, lui seul peut empêcher la mainmise de Giscard sur Paris. Après tout, le président de la République ne vient-il pas de dire que la majorité est une maison multiple ? Alors, pourquoi ne pas le prendre au mot ? Pour Chirac, c'est un énorme pari. S'il était battu dans la capitale en 1977, on ne donne pas cher du succès futur du RPR aux législatives prochaines. Quant aux suivantes…

Une semaine plus tard, Chirac rend poliment visite à Raymond Barre, chef de la majorité et, à ce titre, chargé d'affirmer son autorité sur la campagne. Il le prévient de son intention. Son communiqué tombe dès qu'il a quitté son bureau : « À Paris, l'heure n'est plus aux négociations de couloirs ni aux compromis de partis. En conséquence, j'ai décidé de me présenter à Paris. » En réponse à la question d'un de ses proches qui lui demande quelle a été la réaction de Barre : « la foudre et le tonnerre », répond Chirac s'esclaffant.

Le président de la République n'a pas vu venir le coup, que ses deux ministres d'État, Michel Poniatowski et Olivier Guichard, tentaient pourtant d'éviter depuis plus de six mois. Son porte-parole, Michel Bassi, m'appelle le lendemain et parle d'atteinte intolérable à la démocratie, d'un défi incroyable aux institutions et au Président. Il prononce, avant de raccrocher, ces phrases regrettables, révélatrices de la colère présidentielle : « À partir de maintenant, dis-toi bien qu'il te faut choisir ton camp ! Tu es pour nous ou contre nous ! »

Conscient que son avenir est en jeu, Jacques Chirac entend les prophéties de ceux qui envisagent sa défaite et l'imaginent déjà éliminé, lui et son RPR, des combats politiques futurs. Il court Paris, serre tellement de mains qu'il finit par recouvrir les siennes de bandages pour décourager les effusions. Dans la voiture qui le ramène d'une réunion des Buttes-Chaumont au centre de Paris, fin janvier, il me livre tout cru son analyse politique : « Giscard a décidé d'attendre les municipales de 1977 pour liquider les gaullistes à Paris, ce qui est resté depuis plus de deux ans la préoccupation numéro 1 de Poniatowski. Alors, évidemment, je leur fous cette partie de leur stratégie en l'air. » La majorité est finie, ajoute-t-il, aux législatives de 1978, il y aura des élections primaires dans toutes les circonscriptions. Cela m'arrange, conclut-il, car le RPR gardera sa position dominante.

La réaction de Giscard intervient dès la sortie du Conseil des ministres, quelques heures plus tard. Le Président dit que Paris a besoin d'un maire, que les conditions dans lesquelles se profile l'élection ne sont pas celles du pluralisme, mais du désordre. Il charge donc ce pauvre Raymond Barre de prendre les dispositions nécessaires pour dégager une solution d'union. Croit-il encore que Barre pourrait faire reculer Chirac ?

À l'évidence, il ne le peut pas. En fin de campagne, lorsque je le rencontre quelques jours avant le scrutin avec deux autres journalistes, Giscard a changé de ton. Pour lui, l'élection de Chirac à Paris, qu'il considère désormais comme sûre, est un non-événement. Je suis stupéfaite par la facilité avec laquelle il feint de maîtriser, sinon d'avoir prévu, une situation dont manifestement il ne voulait pas. Il n'a pas vu venir la candidature de Chirac, s'en est offusqué et même alarmé. Il ne lui a pas fallu longtemps pour se convaincre que Paris n'a pas d'importance dans le jeu national.

Pourtant, Roger Stéphane me le raconte quelques jours plus tard, Giscard lui-même, alors qu'il voyait d'Ornano vaciller dans les sondages, a demandé à Edgar Faure de se porter candidat à sa place. Lucie Faure, sa femme, avait eu si peur de la faiblesse de son mari, toujours prêt à accepter n'importe quelle promotion, même dangereuse, qu'elle lui a fait jurer, devant Chirac pour lequel elle avait un faible, d'y renoncer.

Dès le premier tour des municipales, le sort de Paris semble réglé : Chirac sera élu au second tour. Quant à d'Ornano, il est dans les choux. Partout, la gauche est en vaste progrès, le RPR devance les républicains. Commentaire de Guichard, qui n'est pas suspect d'être chiraquien, mais s'éloigne de plus en plus de

Giscard : Giscard n'a toujours pas la majorité dans le pays. Il en aurait encore moins sans le RPR.

Au deuxième tour, la gauche contrôle 156 villes de plus de 30 000 habitants. Dans cette défaite globale de la majorité, la victoire de Jacques Chirac fait diversion. Naufrage pour Michel d'Ornano qui, battu dans le 18e arrondissement, ne siégera même pas au conseil municipal. Raymond Barre, désenchanté et lucide à la fois, ce qui est dans sa nature, me confie, dans son bureau de Matignon : « Les centristes restent un agglomérat de formations évanescentes, appuyés sur des notables politiquement dilettantes. » Fin de partie pour les municipales. Chirac prend possession de l'Hôtel de Ville.

Remaniement ministériel le 30 mars : Raymond Barre reste à Matignon. Il y est même conforté. Les trois ministres d'État, Olivier Guichard, Jean Lecanuet et Michel Poniatowski, en sont chassés. Le Premier ministre n'est pas mécontent que ces trois pointures, qui ont fait de la politique leur chasse gardée, lui laissent un peu d'air.

Cette sanction, je ne sais pas pourquoi, me révolte. Olivier Guichard, dont la vigueur des analyses n'a d'égale que son apparente placidité, a été, dans les dernières années, plusieurs fois présenté comme seul Premier ministre possible. Il ne l'a jamais été, mais, directeur du cabinet du général de Gaulle pendant sa traversée du désert, il méritait peut-être davantage d'égards. Centriste, Jean Lecanuet, qui n'a pas de lien d'amitié avec le Président, dira seulement, avec la drôlerie que personne ne lui connaît : « Nous avons été remerciés, au sens où l'entend Giscard, c'est-à-dire renvoyés. » Quant à Ponia, compagnon de la première heure de Giscard, l'ami indéfectible, le bâtisseur du parti giscardien, il gardera pour lui une tristesse sans rancœur. Les trois ont appris par la radio qu'ils ne faisaient pas partie du nouveau gouvernement.

Françoise Giroud, non plus. Candidate dans le 15e arrondissement de Paris, elle a été la cible du RPR pendant toute la campagne, accusée mensongèrement de faux pour avoir inscrit sur son formulaire électoral qu'elle était médaillée de la Résistance. Elle est renvoyée elle aussi. Ce soir-là, alors que, chargée sur France Inter de commenter le nouveau gouvernement, j'écoute le secrétaire général de l'Élysée égrener les noms des membres du gouvernement, et que je n'y entends pas le sien, je sors du studio, prise à la gorge par l'injustice de la vie politique, avec une sorte de dégoût que je n'ai plus guère éprouvé par la suite, et Dieu sait… J'appelle Françoise Giroud, dont je n'oublie pas l'influence qu'elle a eue dans ma vie ni les conseils qui ont fait de moi ce que je suis. C'est elle, la voix altérée, qui me demande de retourner à ma place, devant le micro, pour faire mon boulot de journaliste. Je lui obéis, les larmes aux yeux.

Ainsi s'achève, au moins momentanément, la course folle de Jacques Chirac en 1977. La mairie de Paris, à laquelle Valéry Giscard d'Estaing a voulu donner un nouveau statut, prestigieux, a paradoxalement fait de son rival un personnage politique de premier plan. Pas seulement un chef de parti, mais aussi l'administrateur de la capitale. Le vaste bâtiment de l'Hôtel de Ville de Paris, de style néo-renaissance, abritera Jacques Chirac et ses équipes proches jusqu'à son élection à la présidence de la République près de vingt ans plus tard. Plus qu'une conquête, un inestimable bastion, un inexpugnable bunker.

Pour aller où ? Qu'est-ce qui fait courir Jacques Chirac ? Dans quel but, pour quelle destinée ? Pour le RPR, pour le RPR seulement ? Et après, quoi ? Quel homme est-il derrière la façade d'aventurier politique, de séducteur impénitent auquel Marie-France Garaud rappelle périodiquement qu'il n'est pas là pour être amoureux ? Et surtout, quel rôle jouent à ses côtés la dame de Poitiers et son inséparable Pierre Juillet ? Les deux se veulent faiseurs de roi. Lorsqu'ils exerçaient cette fonction auprès de Georges Pompidou, beaucoup, Olivier Guichard par exemple, avaient tendance à conclure que « le Président n'avait plus la résistance physique pour leur résister ». Mais aujourd'hui, « le plus ténébreux des stratèges, la plus manipulatrice du couple infernal inspirée par un instinct impitoyable et sûr », comme l'écrira Jérôme Monod, sont-ils faiseurs de roi ou démolisseurs de Valéry Giscard d'Estaing, qu'ils avaient contribué à installer au pouvoir en 1974 ?

Arrivons-en tout de suite aux législatives de 1978. La donne politique change à peine en cette année électorale. Georges Marchais continue de se plaindre tout au long de l'année de la trahison de Mitterrand qui, selon lui, aurait feint de découvrir le volume des nationalisations au tout dernier moment de leurs négociations. Pas un comité central du PC, pas un bureau politique qui ne parle de l'attirance des socialistes pour Giscard. Début janvier 1978, le secrétaire général du Parti communiste va jusqu'à dire dans une conférence de presse qu'il n'y aura même pas de désistement entre communistes et socialistes entre le premier et le deuxième tour. D'une phrase, le front républicain est rayé.

Mitterrand, lui, a renoncé à toute tentative de recoller les morceaux de la gauche. Il fait devant moi ses comptes : si le Parti socialiste seul recueille en 1978 7 à 8 millions de suffrages, il aura gagné. « Songez, me dit-il, ce parti vainqueur, poignardé dans le dos devant la France entière par les communistes. Et les autres, à droite, éculés, fatigués, pachydermiques, je leur souhaite bien du plaisir pour l'élection présidentielle de 1981 ! » Ce qui ne l'empêche pas de penser, du matin au soir et du soir au matin, à l'échec de ce programme commun, dont Marchais et lui se rendent mutuellement responsables. « Ce sont des jean-foutre, explose-t-il à un moment devant moi, ils voulaient nationaliser une entreprise de vingt-trois ouvriers à Clermont-Ferrand, et pas Michelin ! »

Yves Guéna me certifie qu'aucun des élus RPR n'acceptera de candidature commune avec les giscardiens, qu'il déposera au moins 400 candidatures, et qu'on verra ce qu'on verra. Jacques Chirac jusqu'ici principal pourfendeur de la gauche, a repris, malgré sa seule allusion, vite oubliée, au « travaillisme à la française », une image de droite. Il entame un nouveau tour de France pour se donner une image plus populaire. Et puis aussi parce que, pour lui, c'est plus facile : il ne tourne pas en rond dans son bureau, il n'a pas à élaborer de stratégie, il se laisse porter par les militants, admirer par eux. À peu près 453 villes et villages visités, 413 discours, 70 meetings. Un vrai bain de fraîcheur, quand il se trouve dans un creux.

Ce qui est le cas : les sondages du RPR baissent. Il ne le nie pas quand, entre deux déplacements en province, je le rencontre pour la première fois en octobre dans les salons de l'Hôtel de Ville : « En décembre, répond-il, je serai assez bas. Mais vous allez voir au printemps ! » Un temps, puis il ajoute : « Pour l'instant, c'est vrai, nous ne valons pas grand-chose, seulement le poids de nos coups de gueule. Mais après les élections j'aurai une légitimité que mes partenaires seront bien obligés de reconnaître. »

C'est pourtant, quelque légèreté qu'il affiche devant moi, ce qui le préoccupe au plus haut point : qui gardera le contrôle des ministres gaullistes restés au gouvernement ? Il a donc convoqué au siège du mouvement l'ensemble des représentants du RPR au gouvernement : quatre ministres, dont Alain Peyrefitte, le premier dans l'ordre protocolaire, Robert Boulin et sept secrétaires d'État, dont Michel Debré dit volontiers « qu'ils sont à peine ministres, et à peine RPR ».

Chirac sent bien que Raymond Barre, Premier ministre, exerce sur eux une influence naturelle, les éloignant, de fait, du chef de leur parti. « On essaie de m'abattre, leur dit le patron du RPR. On cherche à étouffer le RPR, à prendre la place de leurs candidats. Attention à ce que vous allez accepter du chef du gouvernement au cours du dîner où il vous a tous conviés. » Ce à quoi Alain Peyrefitte, garde des Sceaux dans le gouvernement Barre a réagi vertement : « Tout cela, c'est parce qu'ici, vous n'arrêtez pas de critiquer le gouvernement. Lorsque toi, Jacques, tu dis, dans le gouvernement, il y a une bande de chiffes, figure-toi que je n'apprécie pas. Renonce à tes agressions, tu seras moins souvent agressé. » Chirac s'énerve : « Alain, tais-toi », crie-t-il, à bout d'arguments.

La réalité est qu'il est jusqu'aux législatives devant un vrai dilemme : refuser de soutenir les objectifs de Barre, c'est risque de gêner ses propres candidats et donc de se voir désavoué par eux. Les soutenir, c'est se lier à Giscard. Il ne peut pas à la fois être et ne pas être dans la majorité. D'autant que la base des électeurs de la majorité est unitaire, Chirac ne peut l'oublier qu'à son détriment.

Debré donne néanmoins à Chirac de sages conseils : « Ne pas personnaliser votre action, ne pas dire "je", mais dire "nous" ; surtout, a ajouté Debré, nourrir votre discours de propositions constructives et enfin jouer l'unité de la majorité, qui a le mérite d'exister. » Jacques Chirac n'entend sans doute pas, avec Michel Debré, le même discours que lui tiennent Pierre Juillet et Marie-France Garaud, mais il promet d'en tenir compte.

Giscard a répété, la dernière fois dans son discours de Verdun sur le Doubs, le 27 janvier 1978, que, décidé à appliquer les institutions de la Ve République, il resterait à l'Élysée si la gauche gagnait, ce qui a fait bondir Jacques Chirac qui prend cette phrase comme une marque d'hostilité du Président à l'égard du RPR.

Valéry Giscard d'Estaing pense – c'est pour cela qu'il se paie le luxe de bousculer les chiraquiens – que la gauche socialiste seule ayant peu de chances de gagner les élections, il a, lui, plus de chances de ne pas les perdre. Il feint de ne pas se préoccuper des rivalités électorales entre giscardiens et chiraquiens. Inutile de dire que c'est faux : autour de lui, tout un bataillon de spécialistes conduit par un conseiller au visage sombre, que n'éclaire jamais un sourire, Michel Pinton, interprète, mesure et discute tous les chiffres des multiples sondages commandés par les quatre partis de l'opposition et de la majorité. Avec un seul vœu : que l'étiquette Giscard soit plus rentable que l'estampille Chirac. Bien forcé de s'accommoder des primaires entre candidats de l'un et de l'autre, il se résigne : « Le pluralisme organisé, oui, la cacophonie, non. »

Deux scènes pour faire comprendre l'inutile et fratricide combat qui oppose giscardiens et chiraquiens dans la majorité d'un côté, communistes et socialistes dans l'opposition de l'autre. La confusion générale des esprits et des rivalités n'a jamais été telle qu'elle l'est à la fin janvier 1978, deux mois et demi avant le scrutin législatif.

La première est consécutive à l'annonce, au début du mois de janvier 1978, d'un accord électoral entre républicains, centristes et radicaux tendance Servan-Schreiber qui, ensemble, baptisent leur nouveau mouvement l'Union pour la démocratie française (UDF). Déflagration au RPR, relativement incompréhensible puisque, de son côté, le mouvement gaulliste affirmait depuis plusieurs semaines sa volonté de désigner 400 candidats. Il devait bien s'attendre à ce que les giscardiens s'organisent de leur côté, ce qu'ils ont fait en se réunissant maintes fois depuis l'automne dans le Pavillon de musique, petite demeure exquise au fond du jardin de l'hôtel Matignon. Résultat : la publication du nom des 350 candidats de l'UDF. Donc l'assurance que des élections primaires départageront au premier tour des législatives les candidats chiraquiens et giscardiens.

Le président Giscard d'Estaing prend l'initiative de convoquer tous les leaders de la majorité. Alain Peyrefitte me racontera la suite. Il a tout noté, comme il le fait toujours, cette fois sur le menu du déjeuner qu'il m'a laissé : saint-pierre à la cherbourgeoise et carré de veau landais. Se retrouvent, autour de la table, tous ceux qui s'écharpent depuis la création de l'UDF. En fin de déjeuner, un peu avant 14 heures, le Président lit à ses invités un petit texte bien senti, d'où il sort que ces élections primaires sont un gage de démocratie entre RPR et non-RPR et non « d'affrontements au sein de la majorité, qui serait fratricide et suicidaire ». Chacun croit que la séance est terminée. Erreur : ce n'était que la fin du premier acte. Les huissiers de l'Élysée viennent chercher l'un après l'autre ceux des dirigeants qui seront admis dans une réunion en plus petit comité. Ceux qui n'en sont pas sont rouges de colère, les autres retrouvent Valéry Giscard d'Estaing pour le café dans le salon voisin, baptisé salon Pompadour.

Sitôt arrivé dans le salon, Jacques Chirac sort de sa poche un « poulet », comme il dit, dont il veut donner la lecture publiquement. Il le fait sur un ton d'une incroyable agressivité (selon Peyrefitte), « sur un ton inacceptable », me dira plus tard Michel Debré, qui, légitimiste, n'admet pas qu'on parle ainsi au président de la Ve République. Jacques Chirac crie au complot contre les gaullistes, au complot contre lui. Le giscardien Jean-Pierre Soisson intervient alors avec brutalité :

« Je t'interdis de parler de complot. Tu ferais mieux de te taire. Je t'avais toujours dit que nous cherchions à unifier les courants non RPR.

– Tu ne me l'as jamais dit ainsi. Tu mens !

– C'est toi qui mens. »

Giscard rappelle son monde à l'ordre avec hauteur : « Dois-je vous rappeler que la décence interdit de parler d'une certaine façon, ici, à l'Élysée ? Faites attention à vous, vous allez perdre les élections. »

Silence glacé dans l'assistance, que les phrases sévères du Président ne déridient pas : « On peut, conclut Peyrefitte, en me racontant cette prise de bec, parler de catastrophe. »

Deuxième scène, dans l'opposition cette fois, quelques jours avant le premier tour. Elle se passe à Rouen où je suis venu suivre un des derniers meetings de Roland Leroy. Il me précise avant la réunion que les candidats du PC ne se désisteront pour ceux du PS, afin que Mitterrand cède au dernier moment et accepte le programme commun au bout de 36 heures de discussions. La capitulation en rase campagne, quoi. Je lui dis que je n'y crois pas. Qu'un accord politique assez réduit puisse être signé entre les deux tours, peut-être. Le programme commun ? Sûrement pas.

Les propos prononcés en public par le numéro 2 du PC sont de cet acabit.

En sortant, au café, il prend une feuille de papier, trace une ligne dans le sens de la longueur et me demande : « Voulez-vous que nous fassions la liste des socialistes qui ont trahi ? » Il écrit : « Pierre Laval, Marcel Déat, Adrien Marquet, Montagnon. »

Je lui dis que ses noms datent de l'avant-guerre et de la collaboration. J'ai la pudeur de ne pas lui renvoyer les noms des parlementaires communistes qui, au même moment, ont collaboré. Encore moins du pacte germano-soviétique.

Il s'interrompt. Long échange avec un de ses proches pour savoir si Robert Lacoste, ex-ministre résident en Algérie sous la IVe, est un traître. « Non, tranche-t-il après réflexion, il ne faisait qu'exécuter les ordres de Guy Mollet. » « Et Léon Blum ? « Blum, bof ! Il paraît qu'il n'a rien trahi parce qu'il n'avait pas d'idées à trahir. » « Blum ? Traître ? Et Mitterrand ? » Il sourit, c'est à cette conclusion qu'il voulait que j'aboutisse.

Les élections de 1978 sont d'abord un cuisant échec pour les sondages. Jusqu'au dernier moment, ceux-ci annonçaient une gauche triomphante, et une majorité aux abois[1]. Dès le premier tour, dimanche 12 mars, c'est le contraire qui se produit. L'ensemble des mouvements de la majorité devance ceux de l'opposition : 46,5 % contre 45,1 %. Je ne suis pas étonnée, je me disais bien que cette cassure entre communistes et socialistes

1. Sondage Ifop du 23 février. Total droite : 41 % (RPR : 21 % ; UDF : 20 %) ; total gauche : 53 % (PS : 27,5 % ; PC : 21 % ; Radicaux de gauche : 2 % ; extrême gauche : 2 %).

ne profiterait ni aux uns ni aux autres. Mais à ce point-là ! Le Parti socialiste est certes le premier parti de gauche, mais loin des 26 ou 27 % que lui attribuaient les enquêtes d'opinion. Loin aussi des prévisions de François Mitterrand, qui n'a pas réuni sur son nom les 7 millions de voix qu'il avait lui-même fixées comme étiage, persuadé qu'il ferait mieux. Dans la majorité, le RPR, avec 22,6 % des sondages, devance l'UDF. De moins de 2 % seulement, certes : c'est une victoire pour Jacques Chirac, mais ce n'est pas une défaite pour le parti de Giscard, à peine sorti des fonts baptismaux.

À Château-Chinon, où je suis, dans l'hôtel du Vieux-Morvan où, comme d'habitude, François Mitterrand s'est retiré pour attendre les résultats, je l'entends demander tout bas, presque incrédule, à celui qui lui communique les chiffres des sondages sortis de urnes, vers 18 heures : « C'est vraiment tout ? »

Je le regarde : pas de traces d'accablement sur le visage. Comment fait-il ? Il se surveille, comme toujours. Tout de même, lui qui, un mois plus tôt, tablait sur la victoire socialiste, me disant : « Relisez *De l'amour*, de Stendhal. Le PS sera comme un héros stendhalien, aimé parce qu'intouchable, adoré parce que lointain », pense-t-il à cet instant à Stendhal ?

La plus grande déception qu'il enregistre est sans doute dans le faible écart qui sépare le PS du PC : un petit point. La majorité a résisté à ses divisions, pas l'opposition. Commentaire au téléphone de Maurice Faure, que son amitié pour Mitterrand n'empêche pas de résumer clairement la situation : « Le Parti communiste avait fait quatre paris : 1) Ne pas arriver au pouvoir. 2) Réduire l'écart annoncé par les sondages entre le PS et le PC. 3) Abattre Mitterrand. 4) Ne pas perdre de plumes. Eh bien, ils ont gagné leurs quatre paris, tandis que Mitterrand a perdu tous les siens. »

De la rencontre avec le PC, entre le premier et le deuxième tour, sort un texte qui autorise les désistements entre socialistes et communistes. Pierre Mauroy, furieux, dit tout haut : « Tout de même, on aurait pu faire cela en septembre dernier. Aujourd'hui, c'est bien tard ! » Autour de lui, les communistes rient de bon cœur. Avec un cynisme parfait. Ils voulaient l'échec du PS, ils l'ont.

La majorité obtient 291 sièges, l'opposition, 200. Sept cent mille voix seulement séparent la gauche de la droite, mais c'est plus que le nombre de voix qui séparaient en 1974 Giscard de Mitterrand.

Giscard a gagné. Il ne peut que se féliciter des résultats : il est intervenu dans la campagne ni trop, ni trop peu, convaincu depuis le début que les socialistes n'allaient pas se remettre des coups portés par les communistes. Quant au RPR, il devance certes l'UDF, mais le rééquilibrage a commencé en faveur de l'UDF que Giscard a su créer au bon moment. Chirac se réjouit de ce que son RPR soit largement premier, en voix et en nombre de députés. Nouvelle méprise entre le Président et lui : Chirac pense que Valéry Giscard d'Estaing tiendra compte, d'une façon ou d'une autre, de la réussite du RPR et de la façon dont lui, Chirac, a mené la bataille. Pas le moins du monde. Giscard pense que sa victoire est d'abord la sienne, et qu'elle est d'autant plus forte qu'il a longtemps été le seul, ou presque, à y croire.

François Mitterrand, qui prend un peu de temps, seul dans sa chambre d'hôtel, pour accuser le coup, n'a pas encore regagné Paris, que déjà, Michel Rocard, au nom du Parti socialiste, met en cause, frontalement, sa stratégie ratée de l'union de la gauche. Sur le plateau de TF1 où il est invité, Michel Rocard, visage défait, voix grave, reconnaît que « la gauche vient de manquer un nouveau rendez-vous avec l'histoire » et s'interroge : « Est-il impossible, définitivement, que la gauche gouverne ce pays ? Je réponds non. »

La vérité est qu'il a trouvé la campagne de Mitterrand vieillotte et dépassée, et ne s'est pas gêné pour dénoncer en privé, auprès de ses amis rocardiens, et même en public, l'irréalisme politique de ses propositions. Il a rejoint Mitterrand en 1974 parce que ses proches eux-mêmes l'avaient convaincu que seul, désormais, Mitterrand était en mesure d'affronter Valéry Giscard d'Estaing, qu'il était « irrattrapable » et que Rocard n'avait aucune chance, au moins pour l'échéance de 1981. Autant, avaient-ils plaidé, le rejoindre tout de suite.

Mais après ce nouvel échec, le troisième, Michel Rocard n'y a pas tenu. « Il n'y a pas de fatalité de l'échec », dit-il, après avoir évoqué le socialisme « archaïque » du Premier secrétaire du Parti socialiste. Ainsi se retrouve-t-il lui-même persuadé qu'il a raison, qu'il va dans le sens de la modernité, de la vraie gauche moderne aussi sociale que politique, favorable à la décentralisation plus qu'aux nationalisations, au syndicalisme chrétien plus qu'à la lutte des classes, dénonçant des vieux dogmes, les vieilles recettes.

En rentrant à Paris, Mitterrand prend connaissance des déclarations de Michel Rocard. Il comprend que la guerre est déclarée avec cet homme dont il s'est toujours défié. Il le comprend encore mieux quand on lui apprend que, loin d'être une déclaration improvisée, les quelques phrases « spontanées » de Rocard à la télévision étaient écrites et qu'il les avait même répétées avant la soirée du deuxième tour sur un magnétophone.

Je ne suis pas étonnée, j'avais déjeuné en février avec Rocard et il m'avait fait un tableau sinistre de ce qui attendait la France si Mitterrand était appelé à Matignon : le drame dans les huit mois qui suivraient l'arrivée au pouvoir des socialistes, l'inflation, la fermeture des entreprises, le retour de la droite. « Vous remarquerez, avait-il ajouté, que je ne dis rien depuis deux ans... De toute façon, Mitterrand m'a toujours donné tort : j'ai été le seul à recevoir une lettre pour m'interdire de mettre mon texte sur les nationalisations en discussion devant le comité directeur. » Derrière lui, au soir du second tour, ils sont nombreux à pousser leur avantage sur Mitterrand vaincu. Les proches de Mitterrand eux-mêmes sont dans le doute : sur la stratégie de l'union de la gauche, interrogations sur Mitterrand lui-même, luttant sans succès depuis tant d'années, Mitterrand usé par tant de combats perdus.

Au Parti communiste aussi, surprise, la stratégie de Georges Marchais est contestée. Pas par Leroy, le vrai responsable du durcissement du PC, finalement soulagé par la bonne tenue des communistes : « Ce que nous avons craint par-dessus tout était d'arriver au pouvoir avec 30 % de socialistes et 20 % de communistes. Ça, c'était la mort lente par absorption. » À peine l'ai-je quitté que *Le Monde* publie la tribune d'un écrivain communiste, Raymond Jean, membre du PC d'Aix-en-Provence, sous le titre « Le Parti n'a pas toujours raison ». Quelques jours plus tard, Louis Althusser, professeur de philosophie de tant de générations de normaliens, critique dans le même journal l'incohérence de la direction du Parti, ses « volte-face », et demande un débat – refusé – au sein du PC.

Inquiétude également au RPR : « Amère victoire », me dit Guéna le lendemain. Il juge, et Chirac aussi, me confirme-t-il, que Giscard traite bien mal le Parti gaulliste après ces élections où le patron du RPR s'est dépensé sans compter : le remaniement qui a suivi les législatives n'a pas rendu justice au RPR. Au contraire, Giscard a nommé une ribambelle de ministres et secrétaires d'État UDF.

Chirac ne décolère pas. « Cela va se durcir entre Giscard et nous », m'a prédit Michel Debré au téléphone, lorsque sont tombés les résultats du deuxième tour. « Il y en a pour dix ans », ajoute-t-il. Tiens, dix ans, c'est également ce que m'a prédit Pierre Mauroy. Le calcul est simple : l'un et l'autre additionnent les trois ans restant à courir jusqu'à la présidentielle de 1981, et les sept ans du second septennat Giscard, qu'à gauche et à droite, ils croient désormais inéluctable. Dix ans, c'est aussi, me confiera Chirac un peu plus tard, ce que Giscard lui a dit, lorsqu'il a été reçu par lui, comme les autres leaders politiques après le deuxième tour.

Il trouve que c'est bien loin, et, à ma grande surprise, réunit le 9 avril un congrès extraordinaire du RPR où, dans une sorte de frénésie, Marie-France le serrant de près, Chirac décide d'exclure des instances dirigeantes du mouvement gaullistes tous les ministres RPR et les présidents des Assemblées, dont Chaban-Delmas. Celui-ci vient en effet d'être réélu au perchoir, battant largement le candidat de Marie-France Garaud, Edgar Faure. Pitoyable règlement de comptes.

Qu'est-ce qui prend à Chirac ? Que Giscard ne l'ait pas félicité pour la contribution du RPR à la victoire de la majorité, et que Chirac s'en soit offusqué, c'est certain. C'est pourtant habituel : Pierre Hunt, son porte-parole, ne m'a-t-il pas dit, il n'y a pas longtemps : « Giscard ne rend jamais hommage à un collaborateur pour ce qu'il dit, fait, écrit : il récupère pour son profit personnel les idées que celui-ci a exprimées ou mises en avant le premier » ? Il avait ajouté : « D'ailleurs, personne ne l'aime. »

Il y a plus : Chirac n'a pas apprécié la conversation qu'il a eue en tête à tête avec le Président, au moment où ce dernier a reçu l'un après l'autre les dirigeants des partis politique. Chirac a pris dix minutes, il me le dira plus tard, pour exposer au Président tout ce qui le séparait de lui : la politique extérieure, l'Europe, la façon de gouverner. Giscard, sec, a répondu à Chirac sur tous les points. Il aurait ajouté, selon Chirac, que la France n'était pas gouvernable sans l'accord au moins tacite des socialistes. (À François Mitterrand, le Président a dit, en tête à tête aussi : « Je laisserais, s'il le fallait, se dérouler une opération sociale-démocrate, car dans ce cas, la France pourrait vivre. C'est l'hypothèse que vous vous représentiez qui était inacceptable. »)

Réaction immédiate de Chirac, exacerbée par le fait que son ennemi de toujours, Jacques Chaban-Delmas, a été préféré, au perchoir à son ami Edgar Faure : si le Président cherche à profiter de la désunion de la gauche pour s'attirer une partie des socialistes, c'est qu'il ne compte plus ou ne veut plus compter sur le RPR. D'où l'exclusion des ministres – et de Chaban – des instances dirigeantes du Parti supposées prendre leurs ordres du Président, et de celui-ci seulement. Au congrès, seul Olivier Guichard a pris la défense du président de l'Assemblée nationale. Chirac lui a répondu que Chaban, élu avec les voix giscardiennes, « avait choisi de se mettre au-dessus des partis, et notamment au-dessus du nôtre ».

En réalité, Mitterrand et Chirac, qui écoutent sans les entendre les conseils de leurs amis défaitistes, n'ont pas un seul instant le désir de passer la main. Mais avant de défier l'un et l'autre Giscard en 1981, ils auront encore un bout de chemin à faire, Mitterrand pour éloigner Rocard, Chirac pour continuer sa lutte avec Giscard, au moment où celui-ci, vainqueur de la première manche, se pense invincible.

Mitterrand et Rocard, l'empirique et le moraliste, la première et la deuxième gauche, le coureur de fond et le jeune impatient, le perdant et celui qui n'a encore rien gagné, les deux hommes ont ouvertement la même ambition, atteindre le sommet, mais par des moyens différents : Mitterrand continuera, en l'aménageant, sa stratégie d'union de la gauche, Rocard en développant la figure d'une gauche moderne, qui ne ramène pas les espérances socialistes à Jaurès ou à Jules Guesde, encore moins à Karl Marx et à sa nationalisation des moyens de production.

Lorsque je rencontre Mitterrand après son échec, le 26 avril, je le trouve en train d'évoquer avec son frère Robert leurs premiers souvenirs d'enfance : pour Robert, ce sont les locomotives de la gare d'Angoulême, pour François, le bureau d'un grand-oncle et les cinq petites maisons habitées par la famille, avec les chais de cognac, les voitures à cheval sous un hangar, l'odeur de l'écurie. Mitterrand me semble, quelque légèreté qu'il affecte, profondément touché par sa défaite. Ses premiers mots sont pour parler de Michel Rocard : « Quoi de plus normal que certains se disent : à mon tour. Mais à vrai dire, ni Michel Rocard, ni le directeur du *Nouvel Observateur* Jean Daniel, ni les chrétiens qui font mine maintenant de gommer les cinq années du programme commun, de ne les avoir jamais voulues, aucun de ceux-là n'a jamais été proche de moi. J'ai contre moi, constate-t-il avec une sorte de pli amer de la bouche, la gauche intellectuelle. »

« La gauche finira par gagner, murmure-t-il presque pour lui-même. Elle gagne plus lentement, voilà tout. »

Je sors de l'heure passée avec lui convaincue qu'il est très atteint, mais qu'il est loin d'être hors jeu. Touché, mais pas coulé. Il va se battre avec tout ce qu'il a acquis au bout de tant d'années d'adversité : sa détermination, sa connaissance de ses adversaires, la facilité qu'il a, pour se ressourcer, à trouver dans les fermes du Morvan des amis paysans, qui ne sont pas des intellectuels et lui disent qu'il est le meilleur. Et puis tous ceux qui croient en lui, il lui en reste tout de même. « Si je n'ai pas le temps des autres, a-t-il dit en mettant fin à notre entrevue, j'ai mon temps à moi, mon temps mental. Un homme de quarante-cinq ans est obsédé par son échec le lendemain matin. Pas à soixante ans. »

Tout faire, donc, pour mettre l'histoire de son côté. Pour le moment, les vents lui sont une fois de plus contraires. Les sondages de l'été 1978 sont catastrophiques pour lui : il n'est question que de son usure, que de sa succession, et subsidiairement de celle de Marchais. Au PS, il est critiqué, ou pire, condamné. Que Michel Rocard soit désormais candidat à la candidature ne fait aucun doute pour François Mitterrand. Cela se voit aussi dans les sondages, qui sont d'autant plus favorables à Rocard qu'ils sont mauvais pour lui. Aujourd'hui Rocard est le premier homme politique à gauche. Les indices de popularité le classent immédiatement après Giscard et Barre. L'équipe Rocard est d'autant plus sûre d'elle qu'elle dispose des analyses d'opinion d'un jeune chercheur, Jérôme Jaffré, qui pense que Rocard est aujourd'hui le candidat le plus dangereux pour la droite.

Mitterrand sait de son côté que, chez les socialistes qu'il a réunis derrière lui depuis 1971, le doute s'est installé. Ainsi de Pierre Mauroy, qui se plaint beaucoup, il me le dit, de la façon dont Mitterrand le traite. Il me fait le récit d'une réunion du bureau politique dans laquelle il a eu un accrochage très vif avec Mitterrand : « Si vous voulez un système présidentiel dans le Parti, a dit Mauroy, fin novembre 1978, entourez-vous d'un cabinet, et gouvernez par ordonnances. »

Évidemment sa tentation est grande de se rapprocher de Michel Rocard. Pierre Mauroy et lui sont de la même génération. Ensemble, ils se sont mobilisés contre la guerre d'Algérie. Ensemble ils se sont opposés, ces années-là, à Guy Mollet et à Mitterrand, ministre de l'Intérieur de la IVe République. Il faudrait être aveugle pour ne pas comprendre que ces deux-là ne cessent de se concerter depuis la dernière défaite électorale.

Leurs rencontres clandestines ont lieu dans un bistrot du boulevard Saint-Germain, Les Marronniers, dont le patron est ravi de participer indirectement au complot. Parfois, elles se prolongent dans les bureaux installés par l'ancien chef du PSU au premier étage du 98, rue de l'Université.

C'est ce qui m'arrive lorsque, venant voir un des membres du service de presse de Rocard, je croise sur le pas de la porte Mauroy qui s'en va, et Rocard qui le raccompagne. J'essaie d'en savoir plus sur leurs intentions. Dans son bureau, Michel Rocard paraît léger comme une plume (je pense à la phrase terrible de Mitterrand sur lui : « Jamais les Français n'éliront un homme qui pèse cinquante kilos »), il papillonne, m'offre des chocolats, se félicite de ce que les Français aient l'air d'apprécier son honnêteté et sa rigueur économique et se lance dans une comparaison avec la voile, son sport préféré, la passion de toutes ses vacances : « En matière de parti, ce sont les tempêtes qui font les marins, et les tempêtes, je connais ça. » Puis il me parle de sa longue amitié pour Pierre Mauroy : « Songez, l'amitié, ça compte, jamais un coup bas, jamais un mensonge entre nous en vingt-cinq ans. » Mon siège est fait : il mise, pour le futur congrès du Parti socialiste qui doit se tenir à Metz, en avril prochain, l'accord avec Mauroy pour renverser Mitterrand.

Mitterrand de son côté ne reste pas inerte. Il est tenté, lorsqu'il cède à la colère, de rompre avec Pierre Mauroy. Mais il tempère sa mauvaise humeur lorsqu'il pense à sa position de numéro 1 du PS : pour la conserver, au prochain congrès d'avril, il a besoin d'alliés. Pierre Mauroy me raconte, en février, qu'il a été, quelques semaines plus tôt, fin décembre, invité par Gaston Defferre dans sa jolie maison de la montagne de Sainte-Victoire, près d'Aix-en-Provence, qu'il partage avec l'écrivaine Edmonde Charles-Roux, sa femme. François Mitterrand les avait rejoints. De cette rencontre informelle, Mauroy avait conclu que Mitterrand et le maire de Marseille voulaient mettre Michel Rocard en minorité dans le Parti, mais pas lui. Pourtant, à la veille du congrès socialiste, la situation me paraît loin d'être apaisée : on parle de motion commune déposée par les deux hommes pour le congrès de Metz.

Ayant besoin d'une confirmation, j'ai rejoint Pierre Mauroy à Lille – j'ai eu droit, tant il aime sa ville, à la visite du beffroi, à la vieille ville qu'il fait rénover, à l'hospice Comtesse en travaux, et j'en passe. Il m'a confirmé, qu'en fait, oui, il y avait pensé. Mais il m'a dit en avoir été empêché, ensuite, par un double sentiment : d'abord celui d'avoir été, depuis neuf ans, numéro 2 du PS, grâce et avec Mitterrand. « Je ne peux pas me désolidariser de cette politique de la gauche que j'ai suivie pendant sept ans. Ce serait me fusiller. Michel Rocard le peut, moi je ne le peux pas. » En outre, Mitterrand lui a fait du charme : il lui a dit, et ça, dans sa bouche, ce n'est pas fréquent : « Aidez-moi. » Il a craint ensuite de ne pas pouvoir faire mouvement vers Rocard, sans diviser le clan de ses amis « mauroyistes », dont certains ne le souhaitent pas : c'est ce qui reste de la vieille méfiance de la SFIO d'hier contre le PSU qui avait fait scission il y a de cela près de trente ans ! Chez les socialistes, anciens ou nouveaux, rien ne s'oublie.

Reste qu'il y a bien dans les esprits un phénomène Rocard. Parce que celui-ci a appris à soigner son image plus qu'à peaufiner son programme. Et son image est celle d'un homme de gauche compétent, qui se sent plus proche d'un leader comme le sociale-démocrate suédois Olof Palme que du Chilien Salvador Allende.

Il est dans l'air du temps, il ne fait peur à personne, même pas semble-t-il à Giscard, et, autour de lui, on ne prononce pas le mot « communiste ».

Tout ce petit monde se retrouve au congrès de Metz, en avril 1979, dans une atmosphère presque dramatique. Deux périodes fortes : le début du congrès, et la fin. Entre les deux, règlements de comptes, bruits de couloirs, rumeurs, l'âge de Mitterrand, les états d'âme de Mauroy, toutes choses attendues. En début de congrès, dès le vendredi soir, Mitterrand, assiégé par ses adversaires, se dit prêt à casser avec les rocardiens s'il le faut, tandis que Michel Rocard, costume bleu, badge rose à la boutonnière, comme le Portugais Mario Soares, précise enfin à la tribune du congrès ses positions divergentes avec celles du programme de Mitterrand : critique du rôle de l'État envahissant, d'une planification centralisée et rigide, crise de la pensée socialiste, réflexion sur la création nécessaire de richesses. Pour une fois, sur ces sujets, il parle à une vitesse normale, non sans éloquence et conviction. Le décor du congrès est immédiatement dressé : oui, Rocard veut changer de socialisme.

La scène capitale se joue en toute fin du congrès. Mitterrand ne veut pas recoller les morceaux avec Michel Rocard pas plus qu'avec Pierre Mauroy. Jean-Pierre Chevènement et Laurent Fabius, qui le soutiennent, sont manifestement heureux d'attaquer les « idées à la mode » de l'ancien patron du PSU. Pas de motion de synthèse, donc. Il faut percer l'abcès et non l'ignorer. Rocard et Mauroy seront dans la minorité du parti sans avoir accès aux postes de direction. De la tribune où il prend acte de sa position de minoritaire dans le PS, Michel Rocard ajoute : « Nous serons donc dans l'opposition, mais ce ne sera pas celle d'un prétendant. »

La salle, qui croyait précisément le contraire, se fige. Rocard se tourne alors vers Mitterrand, qui a sa tête des très mauvais jours, et s'adresse directement à lui : « Vous serez le premier à prendre votre décision – sous-entendu pour votre candidature de 1981. Si vous êtes candidat, je ne le serai pas contre vous. »

Stupeur dans la salle. Pour quelle raison Michel Rocard fait-il cette promesse, que personne ne lui demandait ? Pense-t-il vraiment que Mitterrand est prêt à déposer les armes, pour le laisser courir vers l'Élysée ? Pourquoi n'avoir pas dit, sans détour, comme l'aurait fait Mitterrand à sa place : Je suis candidat, point final. Décidément, le chef scout qu'est Rocard lui a joué un mauvais tour : il n'a pas osé par honnêteté, par esprit de parti, comme si, au moment de se jeter dans la bataille, il avait craint de passer pour un traître, ou pire, comme si, effrayé par le précipice, il reculait au moment de sauter.

Dans la foule qui s'amasse à la fin des discours et la ruée vers les trains qui attendent les congressistes, je tombe sur mon ami Gilles Martinet, ancien directeur de *France Observateur*, aujourd'hui dans l'équipe de Michel Rocard. Il est consterné : Rocard n'avait pas prévenu ses amis politiques qu'il laisserait, finalement, Mitterrand prendre la décision qu'il voudrait et quand il le voudrait. Tout ça pour ça ! Rocard se bat depuis plus de dix ans avec Mitterrand au point d'être parfois obligé de composer avec lui, et il le connaît si peu ? Et il ne voit pas que Mauroy, qui connaît bien Mitterrand, lui, attendait tout, sauf cette sorte de dérobade ?

Dès lors, François Mitterrand, qui a repris du poil de la bête après la surprenante promesse de son concurrent à Metz, tient à nouveau dans sa main son destin. Oh, ce sera facile. Sur l'éventualité de sa propre candidature, il ne dira pas un mot. Il s'enfermera dans un silence tranquille sans se déclarer, en cachant ses intentions, ce que ses concurrents rocardiens prennent pour de l'hésitation. Il joue, comme me le dit Maurice Faure, « au chat et à la souris ». Avec moi, en août, quand je lui rends visite dans la Nièvre, nous parlons de Rocard évidemment. Son analyse du personnage est claire, il me la livre avec tranquillité : « S'il est élu, la France sera stupéfaite, ébahie par son vide. C'est un charmant garçon, peu cultivé, qui manie très bien les nouveaux mots. Sur le terrain de l'économie, il ne m'a jamais impressionné. Ça ne sert à rien l'économie, la preuve, c'est que les meilleurs économistes ne font jamais rien, ou qu'ils ne sont pas d'accord ! Non, croyez-moi, conclut-il, Rocard n'a rien à dire, ce n'est pas un homme d'État. C'est un bon premier de seconde catégorie. »

Mitterrand-Rocard, donc, le feuilleton de l'année. Mitterrand, Président dans sa tête, aussi longtemps que remonte ma mémoire. Rocard, sûr de lui, de son savoir, de sa vérité. L'un amateur de femmes, d'arbres, de paysages et d'étangs – la seule chose qu'il ait achetée, en des dizaines d'années dans la Nièvre, c'est un étang, pour y mettre des poissons. L'autre, de bateau, de mer, d'idées. L'un mesure ses amitiés, l'autre aime le tutoiement, les camarades, les militants. L'un tortueux, veillant à tout, surveillant tout, devinant beaucoup, redouté et redoutable. L'autre, plus jeune, naïf souvent, misant sur la modernité, l'opinion publique, la presse, les médias. On ne peut pas envisager deux hommes aussi différents.

Mitterrand s'embusque. Il sait que six mois au moins sont nécessaires à Michel Rocard pour dérouler sa campagne présidentielle : il fait attendre Michel Rocard jusqu'à l'extrême limite, sans se déclarer. « Je ne suis pas, m'explique-t-il, dans la même situation que mon rival. Personne en France n'ignore plus mon programme et ma volonté d'unir la gauche. C'est lui qui a besoin de temps pour développer les thèmes de sa deuxième gauche. » Obliger son adversaire à se déclarer avant lui, pour le prendre à revers : c'est la stratégie qu'a choisie Mitterrand. Il ne fait aucun doute à mes yeux qu'il n'a jamais abandonné l'idée de sa candidature. Et après tout, si c'était la bonne, cette fois ?

26 novembre 1978. Au petit matin, la voiture de Jacques Chirac a dérapé à vive allure sur le verglas des routes de Corrèze. Il est, me dit Michel Debré, dont la voix tremble en m'annonçant la nouvelle au téléphone, très atteint, et transporté à l'hôpital dans un état grave. Je file à la rédaction. Les informations tombent. Son pronostic vital n'est pas engagé, comme le disent les médecins, il a probablement la jambe cassée en plusieurs endroits, donc sûrement devant lui plusieurs semaines d'immobilité. « Immobilité » : ce mot me semble incompatible avec Jacques Chirac, toujours en mouvement, toujours pressé. Je me demande comment cette force de la nature, car c'en est une, résistera à l'inaction forcée. C'est le mouvement qui le fait vivre. Je ne l'imagine pas, sans une sorte de serrement de cœur, réduit au repos. Sera-t-il absent des futurs combats, de celui des élections européennes ?

J'ai entendu son discours au congrès extraordinaire du RPR, il y a seulement quinze jours sur la future élection[1], la première, des

1. Décidée par les pays européens au congrès de Paris en 1974.

membres de l'assemblée européenne au suffrage universel l'année prochaine. Un discours de 45 pages, avec quelques phrases assez bien ciselées, qu'il a prononcées, comme d'habitude, avec gaucherie et sans chercher d'effets. Il y a été obligé de tenir la balance équilibrée entre ceux qui, comme Yves Guéna, avaient préparé un texte plutôt conciliant, et ceux qui, comme Michel Debré, craignent plus que tout l'atteinte à la souveraineté française.

L'accueil réservé à Olivier Guichard avait donné la tonalité du congrès dès le matin. Celui-ci avait courageusement suscité, dans une atmosphère globalement hostile, un beau chahut, en proposant un protocole européen de toute la majorité. Un « Ta gueule » a répondu, venant d'un militant inconnu, mais féroce, assis, j'ai compté, au vingtième rang.

La position de Chirac avait été mise au point après de multiples conciliabules, et ajustée sur celle de Michel Debré : les membres de ce futur Parlement, plaidait Jacques Chirac, élus au suffrage universel, auraient la tentation « de s'arroger les prérogatives d'un Parlement de plein exercice, anticipant en somme l'Europe fédérale » dont le RPR ne voulait pas entendre parler. J'avais bien compris, sans connaître son intime conviction sur le sujet, que si Chirac voulait se concilier le congrès, il fallait tenir compte du désir de souveraineté et d'indépendance des gaullistes, dont beaucoup sont sur la ligne de Michel Debré. Résultat : pour les élections européennes, pas de liste unique entre les partisans du président de la République et ceux du RPR.

Huit jours plus tard, avec mes confrères habituels, j'ai rencontré Giscard, qui nous avait pourtant dit envisager au contraire une liste commune de la majorité en faveur d'une Europe confédérale. Pas fédérale, évidemment, car il sait le mot insupportable pour les gaullistes. Pour conduire cette liste commune, il avait déjà, nous a-t-il dit, son homme. Quelqu'un « d'assez au courant des choses européennes », tout en bénéficiant d'une grande notoriété dans le pays. Qui ? Langue au chat. « Je ne peux tout de même pas vous le dire, et espérer que vous le garderez pour vous ! » avait-il plaisanté. C'était tellement vrai que nous n'avions pas insisté.

Après l'accident du 26 novembre, la question se pose, elle est sur toutes les lèvres : qui mènera la campagne à la tête du RPR, si Chirac est hospitalisé ou en convalescence longtemps ? À peine le temps de se préoccuper de son état de santé exact, d'apprendre qu'il avait été transporté à Paris, et surtout que ses blessures le font atrocement souffrir, que la stupeur tombe sur les milieux politiques. Jacques Chirac, sur son lit de l'hôpital Cochin, pavillon Ollier, premier étage, chambre 119, a vu Pierre Juillet puis Marie-France Garaud le lendemain. Résultat : la publication d'un appel rendu public le 6 décembre dont la teneur, le ton surtout font un bruit considérable.

Je ne connais pas encore le contenu exact de la lettre, dont je sais seulement qu'elle précise la position de Chirac sur l'élection européenne prochaine, que j'appelle Marie-France Garaud au téléphone, quai Anatole-France. Celle-ci me dit, la voix dramatique : « J'étais inquiète pour Jacques, et puis je me dis que cette halte forcée lui a été bénéfique. Il a désormais décidé de prendre du champ et de mourir debout, s'il le faut, sur cette question européenne. Nous avons l'impression qu'un nouveau Munich se prépare. Face à l'histoire, il est bon que quelqu'un se lève et dise : c'est Munich. »

Un nouveau Munich ? Veut-elle supprimer les élections européennes, ne pas y participer ? Quelle réaction peut avoir le président de la République face à l'allusion à Munich ? Elle se radoucit. « Pas du tout, me dit-elle, me prenant pour une parfaite imbécile, nous n'affaiblissons pas sa position. Au contraire, il pourra arguer d'une certaine résistance d'une partie de sa majorité. »

En effet. Je cours à l'Assemblée nationale où le président du groupe parlementaire RPR, Claude Labbé, reconnaît qu'en début d'après-midi, il a lu à Raymond Barre, reçu par son groupe, devant ses députés, le texte de Jacques Chirac qui, nous dit-il, a été applaudi par les siens. Nous lui demandons de nous en donner la teneur. Après beaucoup de circonlocutions, il finit par convenir qu'il s'agit d'un véritable brûlot, d'un « non » massif, sur tous les points, à la politique européenne du Président.

Lecture finalement faite, je reste sans voix. L'appel se termine ainsi : « Comme toujours lorsqu'il s'agit de l'abaissement de la France, le parti de l'étranger est à l'œuvre avec sa voix paisible et rassurante. Français, ne l'écoutez pas, c'est l'engourdissement qui précède la paix de la mort. » Giscard appartiendrait-il au parti de l'étranger ? Giscard veut-il le « déclin de la patrie » ? Ou d'une « France vassale dans un empire de marchands » ? Comment le président de la République pourrait-il ne pas prendre ce texte comme une vive agression ?

Le style, emphatique, enflé, n'est pas celui de Chirac, dont l'expression est le plus souvent, disons-le, assez plate. Il est facile, à moi comme à d'autres, de faire le rapprochement. La veille de son accident, Jacques Chirac travaillait avec Pierre Juillet en Corrèze. Et, une semaine plus tard, le même Pierre Juillet est allé lui rendre visite à Cochin, et en est sorti avec un texte signé Chirac. Cela veut dire que le texte était en préparation lorsque les deux hommes se sont vus en Corrèze.

Mais quand l'aurait-il écrit, signé ? Et dans quel état de souffrance ? Sous combien de sédatifs ? Et pourquoi maintenant ? Était-ce si pressé ? Comment croire que Jacques Chirac, même s'il partageait ces idées, les ait exprimées de cette façon ? D'ailleurs, bien malin celui qui pourrait dire ce que pense exactement Chirac sur l'Europe, lorsqu'il n'est pas à l'hôpital, pressé par ses chers conseillers.

Il n'a certes jamais été, ne sera jamais, même beaucoup plus tard, un européen fanatique. Mais aujourd'hui, ce que veut Chirac, c'est d'abord préserver l'unité du RPR. De là à employer des mots aussi forts contre le président de la République, il y a une marge. La différence entre Chirac et Debré, c'est que Debré argumente, tandis que Chirac ameute. Même lui, Debré, trouve que Chirac y est allé trop fort, et que son équipe a été maladroite.

Sur le fond, les membres dirigeants du RPR ne sont pas en désaccord total avec leur président, mais ils jugent que cette fois-ci, la méthode a été détestable. Et le défi à Valéry Giscard d'Estaing, dangereusement disproportionné.

Jacques Chaban-Delmas que je rencontre à l'hôtel de Lassay, n'y va pas par quatre chemins : « Je le sais, m'affirme-t-il (il ne dit pas : je crois) : Chirac ne poursuit désormais qu'un seul but, faire tomber le gouvernement. » Il ajoute : « Chirac est tiraillé par l'envie de foutre en l'air le gouvernement, quitte à favoriser une victoire de la gauche. C'est ce qu'il a dit le 20 décembre à quelques intimes, dont je ne suis pas, au RPR. » À lui seul, l'appel de Cochin apparaît, pour les adversaires de Jacques Chirac, comme une sorte de coup d'État.

L'opération globalement ratée pour celui-ci, qui passe soit pour un fanatique, soit pour un fantoche entre les mains de ses conseillers, entraîne des conséquences politiques immédiates, dont l'étonnante missive qui se veut une lettre d'excuses que Chirac sera obligé d'écrire à Raymond Barre fin décembre, où il dira, dans son style cette fois, que, quelles que soient ses appréhensions sur la politique européenne du Président, il ne prendra pas l'initiative de renverser le gouvernement. Ce qui souligne l'inconfortable position dans laquelle il est : il a gagné les législatives, mais sa victoire est passée au profit de Valéry Giscard d'Estaing. Chef de file du premier parti de France, mais astreint, par la Ve République, au respect de son chef. Représenté au gouvernement, mais par des ministres qui ne le défendent ni ne l'aiment. Fort, mais finalement impuissant.

Pour préserver l'unité du RPR, divisée entre des soutiens de Michel Debré, farouchement hostile à la création d'un Parlement européen trop fort et de dirigeants qui lui sont moins opposés, Jacques Chirac est bien obligé, lui seul peut le faire, de mener la liste de son mouvement pour les élections européennes. Et le voilà qui repart en campagne, au printemps, à peine remis de son accident. Qui était plus grave, on l'apprend alors, qu'il ne l'avait dit : la jambe avait été touchée, certes, mais la colonne vertébrale aussi.

La campagne est dès les premiers instants dominée, dans la majorité, par la personnalité de Simone Veil. Valéry Giscard d'Estaing nous avait mis au défi de trouver le nom de la personne à laquelle il pensait pour conduire la liste de l'UDF pour le Parlement européen. C'était elle, il y pensait depuis longtemps, et son choix était le bon.

Je déjeune, accompagnée de Jean-François Kahn, avec Simone Veil début mai : elle n'a jamais fait de campagne électorale et c'est peut-être ce qui lui donne, avant la bataille, cette sérénité. Pourtant, elle a fort à faire avec ses concurrents : Chirac, Mitterrand, Marchais ne sont pas des acteurs secondaires de la politique.

Face à eux, elle a une présence, une densité qui imposent le respect. Pas seulement parce qu'on l'a vue défendre bec et ongles, devant une majorité d'hommes hostiles, l'interruption volontaire de grossesse. Mais surtout parce qu'il y a bien, en ce printemps 1979, un phénomène Simone Veil qui échappe à la petite politique française, celle des polémiques et des surenchères. Difficile de la voir sans être séduit. Elle incarne à la fois la guerre, qui a ravagé l'Europe, la Shoah, qu'elle a connue dans les camps, et la paix : celle de la réconciliation avec l'Allemagne. Personne ne peut douter, après ce qu'elle a vécu, de sa profonde volonté, de son combat pour une Europe réconciliée.

Et puis, elle se démarque des politiciens traditionnels : son langage, simple, à portée de tous, est différent. Elle ne donne pas l'impression de chercher la gloire, même si elle n'est pas mécontente d'être considérée à sa juste valeur. Elle est loin d'avoir une éloquence classique. Ses phrases sont souvent trop longues, il lui arrive de ne pas les terminer. Mais il y a dans sa voix quelque chose de neuf et d'unique, une harmonie intime qu'elle transmet à chacun de ceux qui l'écoutent.

Chirac, lui, ne s'y trompe pas, depuis le début. Sa campagne, à lui, ne « prend » pas. Dans l'avion où il m'a invitée à le suivre à Rennes, à la mi-mai, un mois avant la consultation, il m'apparaît sans illusions sur ses chances de succès. Il juge que les électeurs, démobilisés, ont l'impression d'être dépassés par les problèmes économiques, par la crise de l'énergie par exemple, qu'ils ne peuvent rien faire, rien corriger, rien anticiper. « On nous répète, me dit-il, filant la métaphore aérienne puisque nous volons en altitude, que l'Europe marche bien depuis vingt-deux ans, qu'il faut aller plus loin comme lorsqu'on monte dans un de ses énormes avions, les jumbo-jets, où l'on ne voit rien, ni le ciel, ni les nuages, ni les pilotes, où l'on confie sa vie à quelqu'un d'autre sans jamais pouvoir s'asseoir dans le cockpit, encore moins prendre les commandes. »

Drôle de campagne : Simone Veil et François Mitterrand, pour lequel elle éprouve une vive et constante antipathie, ont les mêmes arguments, les mêmes convictions sur la complexité de l'Europe et la nécessité de son organisation tandis que Georges Marchais parle de son bilan catastrophique et que Chirac répète que « l'Europe qu'on nous prépare n'est pas la nôtre ».

Il a une sacrée résistance, tout de même : j'ai remarqué ce matin, lorsqu'il a gravi la courte passerelle du petit avion loué pour l'occasion, qu'il boitait bas, en réprimant parfois des grimaces de douleur. Lorsqu'il monte à la tribune, le soir, on lui glisse sous les fesses un haut tabouret car il ne peut pas rester longtemps debout en parlant.

Drôle de campagne, oui, et difficile aussi : depuis trois semaines que je vole dans le sillage des candidats, en Mystère 20, ou sur de plus petits appareils à hélice, je vois bien que Jacques Chirac ne remplit pas les salles, que parfois les socialistes se font rares dans les meetings de François Mitterrand. Seule Simone Veil fait le plein. J'assiste à un de ses derniers meetings à Nancy, le 5 juin. J'écoute à peine ce qu'elle dit. La plupart des gens sont comme moi. N'importe, elle parle avec bon sens, solidité, avec les mots de tout le monde. Les gens, hommes et femmes, se déplacent moins pour l'entendre développer ses arguments que pour la voir, pour acheter des tee-shirts à son nom. C'est la première fois, du reste, que sont vendus, à l'occasion de réunions politiques, ce qu'on appellera plus tard des produits dérivés.

Sans surprise, la consultation électorale du 10 juin montre que les électeurs, hormis ceux de Simone Veil, ne sont pas au rendez-vous. Signe qui ne trompe pas, l'abstention, presque 40 %, est le premier parti de France.

Ce dimanche, lorsqu'un de ses collaborateurs montre à Chirac les premières estimations, autour de 16 %, il pâlit : « Ce n'est pas possible », dit-il, n'en croyant pas ses yeux. Simone Veil est en tête. Mitterrand la suit, précédant de trois points Georges Marchais, troisième. Jacques Chirac, quatrième, ferme la marche.

Sa défaite tombe au plus mal. Tant de souffrances physiques pour si peu de résultats ! L'appel de Cochin, de ce point de vue, a marqué un tournant : il a introduit un doute sur le comportement de Chirac, ses députés, toujours prompts au lâchage, parce qu'ils craignent d'être eux-mêmes lâchés par leurs électeurs, font grise mine, tandis que le porte-parole de l'Élysée, Pierre Hunt, ancien camarade d'école de Valéry Giscard d'Estaing, le prend, dès le lendemain, sur un ton léger, qui traduit une certaine satisfaction du Président : « Il n'y a pas de solution pour Chirac. Si j'étais lui, je céderais la place et j'attendrais des jours meilleurs. La divine surprise, qui sait ? Je ne vois pas dans l'immédiat de rétablissement possible. Ou il prend ses distances, ou il va se marginaliser. »

Claude-Pierre Brossolette, ancien secrétaire général de l'Élysée, puis président du Crédit lyonnais, constate devant moi, chez Roger Stéphane, le même soir, que Chirac s'est lourdement trompé en croyant que Giscard était fragile. Il ne l'est pas. La preuve, c'est sa deuxième grande victoire politique après l'élection de 1978. Désormais, son Premier ministre, Raymond Barre est conforté, et les ministres RPR du gouvernement respirent. Dont au premier chef Alain Peyrefitte qui avait très fortement condamné le texte de Cochin.

Une nouvelle fois, tandis que Simone Veil est élue peu après présidente de l'Assemblée européenne, Chirac est dans un creux, après trois ans d'une folle agitation. Entend-il, autour de lui, la rumeur qui l'enterre ? Jacques Toubon, qui avait été chargé par Chirac de coordonner la campagne, me dit que non. Que pas un instant, Jacques Chirac n'a songé, à ce moment-là, à prendre du champ, encore moins à quitter la politique. Il avait bien vu, et je l'avais vu moi aussi au cours de ses meetings, à quel point ses troupes étaient démobilisées sur le sujet, parce que résignées.

A-t-il compris qu'il était allé trop loin, et que l'esprit de Cochin n'était pas celui de ses électeurs ? Oui, et d'ailleurs, il en retirera, pour l'avenir, la certitude que l'Europe ne mérite ni cet excès de haine, ni cet excès de passion. Il est allé trop loin. « C'est vrai, convient Jacques Toubon, au bout de tant d'élections gagnées, tant de batailles, nous étions un peu tous devenus fous. »

Par une sorte de justice du sort, les plus fous sont les premiers éliminés. Samedi 9, la veille du scrutin, pressentant une lourde défaite, Pierre Juillet rentre chez lui, dans la Creuse, abandonnant Jacques Chirac à l'Hôtel de Ville. Marie-France Garaud fera de même le lendemain.

J'ai mis des jours, interrogé des dizaines de personnes pour reconstituer avec précision ce qui s'est passé. Flash-back : nous sommes le dimanche 26 novembre 1978, celui de l'accident. Pierre

Juillet entre dans l'hôpital d'Ussel. Devant lui, Chirac est seul. Sa femme, déjà alertée, a supervisé son transport dans le centre médical, puis, apprenant que Juillet revient, s'en va prendre un café au restaurant du coin, avec Claude Pompidou, qui était chez elle en week-end en Corrèze. Bernadette Chirac ne pardonnera jamais à Pierre Juillet d'avoir raconté à son entourage immédiat, de retour à Paris : « Il était abandonné quand je l'ai trouvé. » On m'a dit que Claude Pompidou, elle aussi, avait souffert, à la fin de la vie de son mari, de la façon dont Juillet évoquait la fragilité, et parfois la difficulté de Georges Pompidou à exercer ses pouvoirs.

Cela fait plusieurs mois que Bernadette Chirac s'irrite de l'influence des conseillers qui, depuis longtemps, ne sont plus occultes. Elle vit à l'Hôtel de Ville, où une équipe de collaborateurs s'occupent des affaires de la mairie de Paris alors que Chirac est le plus souvent rue de Lille, siège du RPR, ou dans les bureaux de Marie-France Garaud et Pierre Juillet, quai Anatole-France. Ce qui change avec l'accident, c'est que Bernadette, maintenant installée à l'hôpital Cochin, ne quitte pas son malade, parle aux médecins, surveille les allées et venues de ses collaborateurs. Elle voit tout. Et elle n'est pas une femme-objet.

Avec sa femme, Bernadette, Jacques Chirac a des relations qui sont tout sauf simples. D'abord, ils ont en commun une lourde souffrance qui a pesé, jusqu'à la fin, sur toute leur vie : la maladie de Laurence, leur fille aînée, frappée d'anorexie mentale après une grave méningite. Ils n'en parlent jamais en public, et très peu de gens autour d'eux savent que Bernadette Chirac fait ce qu'il faut, dans une discrétion totale, pour assurer à Laurence une vie, sinon heureuse, du moins possible. Je me suis souvent demandé si lui-même lorsque, selon son expression, il disait à Bernadette : « Je file », n'éprouvait pas un obscur remords en même temps qu'une infinie reconnaissance pour sa femme.

Longtemps, il a pensé que Bernadette, née Chodron de Courcel, ne connaissait rien à la politique, qu'elle n'avait ni l'envie, ni le tempérament pour courir un département et s'y faire élire. Ce fut pourtant le cas : élue au conseil municipal de la petite commune corrézienne de Sarran, en 1971, elle devient en 1977 – en même temps que Jacques Chirac est élu maire de Paris – seconde adjointe au maire et le restera jusqu'en 2020. Deux ans plus tard, en 1979, elle sera élue conseillère générale de la Corrèze. Longtemps, donc, on la verra dans sa petite voiture rouge emprunter les routes sinueuses du département, s'en aller rendre visite à ses administrés qui la réélisent avec fidélité.

Elle est toujours un peu raide, sans être hautaine. Elle donne souvent l'impression, à Paris seulement, de juger avec sévérité la personne, homme ou femme, qui lui est présentée, j'en ai moi-même fait l'expérience. Elle n'est pas toujours aimable, a la critique facile et la dent dure, y compris à l'égard de son mari, s'est faite à son rôle d'épouse résiliente, sachant que Jacques Chirac lui téléphone plusieurs fois par jour, pensant que ses sentiments résisteront aux foucades. Sans doute devient-elle même parfois, avec le temps, presque fière de son éternel conquérant – à condition qu'il lui revienne toujours, pacte auquel, finalement, il n'a jamais manqué.

Politiquement, fille d'un militaire de carrière, dont la famille a été anoblie par Napoléon III, élève d'écoles catholiques jusqu'à son entrée à l'Institut d'études politiques, elle est d'une droite tranquille et n'apprécie pas les provocations inutiles. Elle a de bonnes relations avec Anne-Aymone Giscard d'Estaing, aime bien les d'Ornano, juge que son mari devrait considérer la mairie de la capitale comme une ferme position d'attente sans défier Giscard inconsidérément.

Continuons le flash-back : réunion électorale, le 31 mai, dix jours avant l'élection européenne dans le 17e arrondissement. Bernadette apostrophe Jacques Toubon, le « bulldozer » de Jacques Chirac. « Vous direz à votre amie Marie-France Garaud que je ne suis pas inscrite à l'UDF, contrairement à ce qu'elle raconte partout. » Sidéré, craignant que les journalistes ne recueillent ses propos, Jacques Toubon, c'est lui qui me l'a raconté, se tait, et prend une avoinée magistrale : « Jacques va sombrer, s'il vous suit, il devrait se contenter de Paris avant d'aller à la catastrophe électorale qui l'attend. »

La veille du scrutin, Pierre Juillet, qui pressent que les choses tournent mal, se retire, comme il le fait souvent dans ce cas, dans sa ferme de Puy-Judeau. Seule, le 10 juin, Marie-France Garaud reste à son poste, dans l'attente des résultats. Elle est présente tout au long de la triste soirée électorale aux côtés de Chirac, avec Jacques Toubon, Charles Pasqua et Bernadette Chirac. À minuit, Bernadette Chirac regagne ses appartements privés de l'Hôtel de Ville, après avoir lâché un « Ce sera elle ou moi » menaçant.

Marie-France Garaud n'est pas femme à attendre d'être congédiée. Le lendemain matin, elle dit à Chirac, devant son ami le journaliste Paul Guilbert, dans le grand bureau de l'Hôtel de Ville, qu'il ne sera jamais président de la République. Elle le quitte. Pour combien de temps ? Le 26 juin, je suis invitée, ainsi qu'une vingtaine de femmes, par l'épouse de l'ambassadeur d'Arabie Saoudite à Paris dans sa résidence privée. J'entends Bernadette Chirac dire à Florence d'Harcourt, sa voisine de table : « Je suis le conseiller de mon mari, maintenant. »

Pour que la chose soit définitive, car, au RPR et à l'Hôtel de Ville, beaucoup craignent un retour de la conseillère, Bernadette Chirac ira jusqu'au bout.

À la fin de juin 1979, Christine Clerc, alors débutante, qui collabore au journal *Elle*, où elle rédige des portraits de femmes connues, est conviée à un déjeuner organisé au Pré Catelan pour couronner les plus belles roses de Bagatelle. Madame Chirac en est l'invitée d'honneur. La femme du maire de Paris passe de table en table, se voit reprocher souvent l'attitude, jugée par certains belliqueuse, de Jacques Chirac à l'égard du président de la République, dangereuse car « elle divise la majorité et la mène à sa perte ».

À sa grande surprise, Christine Clerc entend Bernadette Chirac répondre à ses interlocuteurs qu'ils ont bien raison. Une telle liberté de langage l'amène à demander à Bernadette Chirac une interview pour le magazine *Elle*[1]. Un hebdomadaire pour femmes, que les hommes lisent peu, et encore moins les hommes politiques. Idéal pour un coup médiatique.

Bernadette Chirac lui donne rendez-vous en Corrèze, la reçoit dans leur demeure en granit rose de Bity, près de Sarran, (un château auquel Chirac a toujours refusé de donner ce nom). Après le

1. *Elle*, 19 septembre 1979.

déjeuner, la femme du maire de Paris embarque la journaliste dans sa petite automobile pour une tournée dans les neuf communes de son canton. Et parle de sa vie. Elle reconnaît qu'être femme d'un homme politique tel que Chirac n'est pas facile. Et, passant à Marie-France Garaud, elle en vient aux choses sérieuses : « C'est une femme intelligente et pleine de charme, dit-elle. Mais elle a beaucoup de mépris pour les gens. Elle les utilise, puis elle les jette, Moi, elle me prenait pour une parfaite imbécile. Son tort a été de ne pas se méfier assez de moi. On ne se méfie jamais assez des bonnes femmes. » L'interview paraît la semaine suivante, avec un écho qu'on imagine. Jacques Chirac téléphone à Christine Clerc pour lui demander d'en rester là. « Cet article, dit-il, c'est Hiroshima ! » En tout cas, c'est la mise en quarantaine : pendant vingt ans, Christine Clerc sera rayée des listes de la mairie de Paris.

12.

Le face à face de Mai 81

Une fois de plus, après les européennes comme après les législatives, Valéry Giscard d'Estaing a gagné la partie. Les sondages sont excellents pour le président de la République, qu'aucune personnalité politique ne talonne vraiment. Il n'a même jamais été aussi fort qu'après ces élections. Le Parti socialiste est toujours affaibli par sa défaite de l'année précédente, même si son score aux européennes a été correct. Mitterrand n'arrive pas, malgré sa victoire au congrès de Metz, à mettre fin à la division du PS, pas plus qu'il n'arrive à normaliser ses relations avec le Parti communiste. Simone Veil, candidate du président de la République, a écrasé le RPR, qui n'est plus, en l'occurrence, le premier parti de la majorité. Jacques Chirac n'a évité ni la marginalisation chez les électeurs, ni la discorde dans ses rangs. Pour l'instant, il est comme neutralisé. Pour l'instant.

Mais il n'y a pas le repos en politique. Et Giscard s'en aperçoit vite, même si sa popularité reste dans les sommets.

Le 9 octobre 1979, *Le Canard enchaîné* publie un article dans lequel il accuse le président de la République d'avoir bénéficié en 1973 (il n'était alors que ministre des Finances) d'un cadeau du président de la République centrafricaine d'un million de francs. Il s'agirait d'une plaquette de diamants de 30 carats. La nouvelle s'étale, en rouge, à la une du journal satirique : « Quand Giscard empochait les diamants de Bokassa ». Pire : le lendemain, *Le Monde* reprend l'information du *Canard*, et son directeur, Jacques Fauvet, publie un éditorial qui fait sensation, pompeusement titré « La liberté et l'honneur », qui réclame la mise au point de l'Élysée sur « ce royal cadeau ».

Valéry Giscard d'Estaing a des problèmes avec *Le Monde* depuis que celui-ci a évoqué, à la fin de 1974, l'accident qu'il y aurait eu, à 5 heures du matin, en plein Paris, entre la voiture présidentielle et un camion de livraison de lait. Cette fois-ci, *Le Monde* va plus loin et consacre le 10 octobre deux pages aux diamants de Bokassa.

Giscard a dîné la veille à l'Élysée avec Jacques Fauvet, qui ne lui en a pas dit un mot. Et personne à l'Élysée n'a osé parler au Président de la prose du *Canard enchaîné.* Celui-ci découvre, le lendemain dans l'après-midi, tout à la fois le bruit que font ses safaris en Afrique, l'ampleur du don de Bokassa, et l'implication de deux de ses cousins dans des affaires financières africaines. L'affaire, la première de ce genre, relayée par l'ensemble de la presse, prend de plein fouet le président de la République qui refuse de répondre sur-le-champ pour dégonfler la polémique. Son cabinet envoie dans la soirée à l'AFP un texte neutre, d'où il ressort qu'il s'agit là « d'un échange de cadeaux de caractère traditionnel ».

J'ai un souvenir précis de ce jour car je dînais le soir avec Étienne Burin des Roziers, l'ancien directeur de cabinet du général de Gaulle. Celui-ci, d'une probité mémorable, affirmait aux convives que « jamais de Gaulle n'aurait accepté un tel cadeau ». Ou qu'il l'aurait rendu. Mais, ajoutait-il, « Giscard n'a pas enfreint la loi, le cadeau lui a été donné en privé. Ce n'est pas comme Jules Grévy, qui faisait trafic des décorations ».

« Peut-être, répondit un convive, mais il a fraudé le fisc ! »

L'atmosphère générale autour de la table était que cette affaire était la plus grosse de la Ve République et que Giscard démissionnerait dans les deux mois. J'ai passé toute la semaine, avec une bonne demi-douzaine de journalistes du *Point*, à enquêter sur cette affaire des diamants.

Je ne sais pas comment l'un d'entre eux m'a donné le numéro de téléphone de la fameuse Mme Dimitri, secrétaire de celui qui, dans l'intervalle, est devenu l'ex-Président Bokassa. Le plus simplement du monde, j'ai appelé le Palais, qui m'a sans difficulté transférée à elle. Elle avait eu en main la fameuse plaquette.

« Oui, me dit-elle calmement : une des productions de Centrafrique étant les diamants, nous offrions des diamants. Je ne vois pas ce qu'on pouvait offrir d'autre, à part de temps en temps une défense d'éléphant ou un objet en ébène. » Elle ajoute, parfaitement au courant de l'information reprise par *Le Monde*, que « la somme d'un million de francs ne correspond pas à la réalité, que les cadeaux offerts n'excédaient pas deux millions de francs CFA, soit, à peu près, me dit-elle, 400 000 francs ». Elle poursuit sans aucun embarras la conversation : « Nous offrions d'ailleurs les mêmes cadeaux à tous les chefs d'État et hautes personnalités. » Elle cite pêle-mêle Robert Galley, ministre français de la Défense, Nicolae Ceausescu et Mouammar Kadhafi. « C'étaient toujours des petits diamants, ça allait de 10 points à 20-25 points. 30 points, c'était très rare. » Je lui demande, car je n'y connais rien, mais je ferai vérifier par la suite, et c'est vrai, combien de points vaut un carat, elle me répond qu'un carat pèse 0,2 gramme et vaut 100 points. J'en conclus que cela ne doit pas être bien gros. Évidemment donc, le cadeau officiel à Giscard n'est pas aussi important que l'ont dit *Le Canard* et *Le Monde*. Mais le mal est fait.

Choqué, Giscard refuse longtemps de se défendre. Invité le 27 novembre à la télévision par Alain Duhamel et Jean-Pierre Elkabbach, il les prend de haut, de trop haut. « À la question que vous me posez, j'oppose un démenti catégorique, et j'ajoute, méprisant. » C'est lui, du coup, qui paraît méprisant. Il restera muré dans le silence, indigné, mais optimiste comme toujours, persuadé lui-même que l'affaire ne fait de bruit que dans les rédactions parisiennes. Rencontrant le chef du service politique de TF1, Patrice Duhamel, le Président parlera d'une affaire qui court « du Flore aux Deux-Magots ». Beaucoup plus tard, Raphaëlle Bacqué, journaliste vedette du quotidien du soir, mettra elle-même en cause, dans *Le Monde*, en juillet 2014, certains de ses anciens confrères qui, pour des raisons politiques, ont volontairement accentué les effets du *Canard enchaîné*. Pour ma part, j'ai gardé un très bon souvenir de la gentille et prolixe Mme Dimitri.

Sur le moment, les sondages publiés n'ont pas marqué une chute de la popularité de VGE, mais, au contraire, une légère hausse. Comme si la sympathie des Français était de son côté. Il faut laisser « les choses basses mourir de leur propre poison » : c'est par cette phrase courte, mais belle, que le Président tourne la page de cette séquence. L'a-t-il vraiment tournée ? L'affaire des diamants a peut-être, de façon subliminale, influencé les Français jusqu'en 1981, au moment où, sur ses affiches de campagne, des diamants dessinés par ses adversaires masquaient les yeux de Valéry Giscard d'Estaing.

Pas de repos non plus avec l'économie. La France, ces années-là, n'a pas à se réjouir outre mesure. Le chômage s'accroît et la menace sur le pouvoir d'achat se fait plus précise. À tout cela s'ajoute un fort déficit budgétaire et un non moins fort déficit de la Sécurité sociale. Seule l'inflation est relativement stabilisée. Les Français, à leur habitude il est vrai, n'ont pas le moral.

D'où les interrogations sur l'avenir de Raymond Barre. Après les européennes, elle se pose plus que jamais. Le cycle intense d'élections locales nationales et européennes est bouclé, un peu moins de deux années séparent le Président de l'élection présidentielle et il ne semble pas devoir être menacé. Est-il temps donc, pour Giscard, de se donner un nouveau Premier ministre pour un souffle nouveau ?

Il faut dire que Raymond Barre est tout sauf un démagogue. On aurait fort à faire pour trouver, dans l'éventail de toutes les personnalités de la Ve République, quelqu'un de moins politique que lui, même si, chef de la majorité, il pense pouvoir la conduire. Mais je n'y résiste pas : je me rappelle son arrivée aux journées parlementaires de l'UDF, les premières de ce parti qui a été créé pour les législatives, dans le beau site de Châteauvallon, dans le Var.

Les ouvriers des chantiers navals de Toulon sont venus manifester leur très mauvaise humeur. Jean Lecanuet, aujourd'hui président de l'UDF, rejoint les parlementaires après avoir été pris à partie sur la route. Lorsque sa voiture, pare-brise et carrosserie défoncés à coups de pied, les mains du chauffeur tailladées par des éclats de vitre, s'arrête, Jean Lecanuet a perdu son sourire de légende.

Raymond Barre, lui, est prudemment arrivé en hélicoptère : « Ne comptez pas sur moi pour faire le joli cœur, me glisse-t-il, en approchant des parlementaires, Corneille c'est bien, mais moi je préfère Racine. » Son discours est d'une brutalité inouïe, son langage glace les assistants. En quelques phrases, il donne le ton : « La France est économiquement sous-développée et socialement surprotégée » ; « Il n'y aura pas de dynamique d'assistanat pour les chefs d'entreprise, je garde le cœur de glace et le tempérament d'acier ! » ; « Je n'ai pas l'intention de pérorer sur l'emploi. Nous aurons une période difficile à traverser en matière d'emploi. Mieux vaut le dire. Pas de politique d'emploi sans vérité économique ». Les députés sont accablés, ils sortent péniblement de la salle de réunion pour retrouver le soleil léger de la fin septembre.

Même tirade dans la salle à manger de l'hôtel Matignon, où il m'a invitée quelques jours après, avec trois ou quatre autres journalistes, il y va de bon cœur : « Je vous garantis, moi, que si on continue à engloutir des milliards de francs, dans des secteurs entièrement désorganisés, ce n'est pas 1,2 million de chômeurs que nous aurons l'année prochaine, mais deux ! » Un prélèvement conjoncturel sur les fortunes est-il envisageable ? Réponse : « Pensez-vous ! Les députés rogneraient les ailes de tout projet allant dans ce sens. Bien sûr, on exonèrerait les résidences principales, puis la première résidence secondaire. Le calcul des fortunes commencerait à la deuxième résidence secondaire ! »

Son jugement sur les Français est du même acabit. À quelques députés UDF, il a dit récemment : « Les Français ont trois caractéristiques : la première est l'hypocrisie, la deuxième est le sens des privilèges, ils sont donc incontournables. La troisième est que, Dieu merci, ils ont la trouille. C'est pour cette raison que nous sommes encore là ! »

Cette envie de remplacer le Premier ministre pour permettre la réélection de Giscard n'est pas récente. Dès avant les européennes, les milieux politiques donnent Alain Peyrefitte et Robert Boulin comme tous deux Premier-ministrables, car ils sauraient réconcilier, eux, après l'échec de Chirac aux européennes, giscardiens et chiraquiens. Ce qui, on s'en doute, apparaît comme une menace sérieuse au maire de Paris, qui n'a pas perdu l'espoir de reconquérir, sur Giscard, le terrain perdu.

Le 30 octobre 1979, pendant que les diamants de Bokassa alimentent encore les gazettes, le ministre du Travail, Robert Boulin, est retrouvé mort, au petit matin, noyé dans cinquante centimètres d'eau d'un étang de la forêt de Rambouillet. Lui rendant hommage à l'Assemblée nationale, Jacques Chaban-Delmas évoquant la campagne de dénigrement qui, depuis quelque temps, visait Robert Boulin, parle d'« assassinat ».

Robert Boulin était en effet, depuis quelques semaines, bouleversé, meurtri par les accusations portées contre lui, relayées dans toutes les rédactions par des lettres anonymes : il aurait acquis, à Ramatuelle, dans le Var, un terrain à trop bas prix pour qu'il s'agisse d'une opération honnête. L'accusation était d'autant plus cruelle, il l'avait ressentie d'autant plus durement, qu'il avait mené sa carrière, dans les gouvernements du Général, de Georges Pompidou et de Valéry Giscard d'Estaing, sur sa réputation d'intégrité et de rectitude.

Il avait certes laissé, après des semaines de mises en cause et de dénigrement, une lettre posthume pour annoncer son suicide, lettre dans laquelle il mettait en cause un de ses amis les plus proches, un homme curieux, mi-barbouze, mi-homme d'affaires, toujours mêlé à des coups foireux, incarcéré à Caen. Il y accusait aussi, dans les dernières lignes, le garde des Sceaux, Alain Peyrefitte, d'être « davantage préoccupé par la marche de sa carrière que par la justice ». Curieuse phrase, qui vise justement celui qui, dans les conversations, apparaissait comme son concurrent dans la course, réelle ou imaginaire, à Matignon.

Dans ce contexte de rivalité, le mot « assassinat » de Chaban prend une importance singulière. Alain Peyrefitte, qui accepte de me voir dans la journée, au ministère de la Justice, me paraît plus qu'embarrassé : véritablement inquiet. Il me raconte qu'en effet, Robert Boulin était venu se plaindre à lui de la tournure judiciaire que prenait l'affaire, et lui demander, à mots couverts, d'intervenir. Ce qu'il n'avait pas voulu faire, après avoir demandé au procureur général de Caen de lui faire un rapport, lequel était plus que circonspect sur le rôle du ministre dans cet imbroglio. « Au milieu de tout ça, ajoute Peyrefitte, Boulin m'a dit : “Je crois que ça vient de chez Chirac.” »

Diable, l'affaire prend une tournure qui explique la peur que je sens dans les propos de Peyrefitte. « Boulin avait l'impression que je n'avais pas fait ce que j'aurais dû faire. Mais que n'aurait-on dit si j'avais dessaisi le juge ! » Il ajoute, presque pour lui-même : « À vrai dire, j'en ai trop fait : j'aurais dû intervenir plus tôt pour faire gicler Boulin du gouvernement. » Ce qui me paraît révéler exactement le fond de sa pensée.

Une semaine plus tard, je demande à Jacques Chaban-Delmas dans son bureau de l'hôtel de Lassay pourquoi il a parlé d'assassinat. Est-ce parce que Robert Boulin avait dit le 24 octobre, une semaine avant sa mort, au secrétaire d'État aux anciens combattants Maurice Plantier qui en avait fait état : « Je sais depuis ce matin d'où ça vient, de l'entourage de Chirac » ? Chaban me raconte, à sa façon, « le barouf inouï » qu'a fait Jacques Chirac lorsqu'il a appris les indiscrétions de Maurice Plantier. Il a appelé Chaban à la fin du week-end dans sa résidence secondaire d'Ascain, à côté du court de tennis qu'il fréquente généralement en fin de semaine : « J'apprends que toutes ces attaques viennent de vous, lui aurait dit Chirac, je crois ce qu'on m'en dit : en tout cas, on ne prête qu'aux riches. » « Attention à ce que vous dites », a grondé Chaban qui fait à mon usage ce commentaire : « Il s'est écrasé ».

Oui ou non, y a-t-il eu, comme l'a prétendu Philippe Alexandre, l'éditorialiste redouté de RTL, un matin, une volonté de certains proches de Chirac au RPR de rendre public le dossier Boulin pour faire barrage à son éventuelle nomination à Matignon ? Chaban me répond, avec une moue : « Ça me paraît bizarre ! »

Valéry Giscard d'Estaing prend la chose au sérieux. Il ne veut pas, pour le coup, qu'une éventuelle mise en cause de Chirac fasse un bruit de tonnerre supérieur à celui qu'a fait le suicide de Boulin. Le directeur de cabinet de Raymond Barre, Philippe Mestre, qui ne porte pas particulièrement Chirac dans son cœur, me dit dans l'après-midi néanmoins que le Président lui-même, en Conseil des ministres, n'a pas apprécié ce qu'il a appelé les « commérages » de Maurice Plantier. « Que certains petits corniauds du RPR aient dit : Boulin, on le tient, peut-être, mais que les dirigeants du RPR se soient mis d'accord pour mouiller Boulin, personne ne le croit, ni le Président, ni le Premier ministre, ni moi », conclut-il.

Pour le reste, au moment où, plus de quarante ans plus tard, l'interrogation sur la mort de Boulin, suicide, assassinat, intimidation qui a mal tourné, demeure, loin de moi l'idée d'apporter quelque clarté dans cette affaire, sans doute plus sombre qu'on ne le croit. Je sais simplement que la première conséquence de l'affaire Boulin est que, c'est maintenant certain, Raymond Barre restera à Matignon, sans doute jusqu'à l'élection présidentielle. Le président de la République n'entendra pas les arguments de ceux qui lui disent que les mesures prises par son Premier ministre, son comportement, nerveux à l'Assemblée nationale contre ses opposants, de gauche et de droite, menacent sa réélection. Je soupçonne fortement d'ailleurs que Valéry Giscard d'Estaing a une sorte de sympathie pour Raymond Barre, qui dit tout haut ce que le Président pense, notamment lorsque le RPR vote contre ses budgets à l'Assemblée nationale, et dont les colères, y compris celles qu'il piquait, dit-on, au Conseil des ministres, attendrissent presque le Président, tant elles traduisent la sincérité de ses convictions. Il est vrai qu'une fois, le Président a eu cette petite phrase qui en dit long. Après avoir évoqué les mesures forcément impopulaires qu'allait entraîner la hausse du prix du pétrole, il a eu cette phrase : « Le gouvernement doit montrer qu'il a raison, non contre les Français, mais avec les Français. » Preuve qu'il mesure tout à fait les qualités de Raymond Barre puisqu'il le garde, mais aussi ses défauts.

Le décor de l'année qui vient, celle de la future élection présidentielle, est planté dès le début de l'année précédente. Tous les personnages du scénario, encore inachevé, sont présents. Même si on ne sait pas encore l'ordre de leur entrée en scène.

Un Valéry Giscard d'Estaing toujours très populaire, au moins dans les sondages, auxquels il apporte il est vrai une puissante attention, indigné pourtant, meurtri par la façon dont il a été attaqué sur l'affaire des diamants de Bokassa, stupéfait à l'idée que l'histoire, la provenance et la disparition de ces misérables cailloux aient pu être évoquées à la télévision française, de façon succincte (deux minutes et quarante-sept secondes) mais libre, par le présentateur vedette du 20 heures, Roger Gicquel. Un Président qui s'est bien mal défendu, par orgueil sans doute, en mettant de la hauteur, là où mieux eût valu la sincérité, mais qui pense avoir tourné la page.

Autour de lui, on ne sait pas vraiment pourquoi, les amis se font rares : Ponia, le compagnon, l'homme des années de conquête, le soudard timide, facilement rougissant, qui a tant fait pour son élection, est aujourd'hui député européen, à Strasbourg ou à Bruxelles, loin de Paris. Au sein des Républicains indépendants, le fidèle Roger Chinaud, qui a beaucoup fait aussi pour l'élection de 1974, s'attend, son destin étant politiquement lié à celui de Michel Poniatowski, à être éloigné lui-même, sans plus d'explications, un jour ou l'autre. Jean Lecanuet, aujourd'hui président de l'UDF, le parti giscardien, n'a avec Giscard que des contacts de pure politique intérieure. Il le regarde gouverner avec distance. « Je me demande, me dit-il un jour, si Valéry Giscard d'Estaing ne traite pas les problèmes de politique internationale comme il traite les problèmes de politique intérieure : il a la conviction que l'intelligence, la raison sont plus fortes que le drame et la passion. Il n'a pas une vision tragique du monde. Il démonte admirablement les mécanismes et sait faire jouer les antagonismes. Mais il ne croit pas que les forces obscures puissent triompher. »

Je trouve que c'est une assez bonne analyse de Giscard, de son optimisme, de sa confiance en lui. Confiance dont je suis sûre, contrairement à Chirac, qu'elle l'amènera à se représenter dans quelques mois.

Lecanuet, pour en revenir à lui, reste totalement libre de sa parole, qualité, c'est est une, que bien des proches du Président n'ont pas. Ainsi, quand Valéry Giscard d'Estaing reconnaît le droit à l'indépendance du peuple palestinien et Yasser Arafat comme interlocuteur qualifié, je suis avec lui lorsqu'il l'apprend – par la radio –, l'ayant raccompagné en voiture devant le siège de l'UDF, boulevard Saint-Germain, après une rencontre avec la presse. Dans son vocabulaire, qui m'amuse depuis des années tant il est différent de son langage public, il lâche son commentaire : « Les Juifs, plus les pieds-noirs qui, pour d'obscures raisons sont souvent juifs et, en tout cas, toujours anti-arabes, ça nous fait un pacson d'un million de voix dans la gueule. » C'est une façon de voir les choses qui n'est pas celle de Giscard.

Jean-Jacques Servan-Schreiber, qui a passé sa jeunesse à partager avec celui qu'il appelait par son prénom vacances, week-ends et femmes, a progressivement abandonné la politique, après son échec aux législatives de 1978, sans garder de liens amicaux avec le Président.

Les collaborateurs qui ont accompagné Giscard à son cabinet au début ou pendant le septennat ont certes gardé pour lui de l'admiration : pourtant, Claude Pierre-Brossolette, ami depuis toujours de Giscard, le premier à s'être inquiété de ses absences, nocturnes ou africaines, a quitté l'Élysée au bout de quelques mois, sans cacher son désenchantement. Jean François-Poncet est ravi d'avoir abandonné son poste de secrétaire général de l'Élysée pour se retrouver ministre des Affaires étrangères. Il lui arrive de ne pas être d'accord, sur le plan extérieur, avec Giscard. Lorsque les troupes soviétiques envahissent l'Afghanistan le 25 décembre 1979, il va jusqu'à lui reprocher une trop grande indulgence avec les Russes. Lorsque, allant plus loin, le Président français rencontre le secrétaire général du Parti communiste de l'URSS, il souffre. Mais, côté cœur, il ne me paraît pas avoir gardé pour lui la moindre parcelle d'amitié si tant est qu'il en ait jamais eu.

Curieux, les sentiments qu'il lui porte. Il me le décrit parfois comme mesquin, préoccupé de choses futiles, argent, honneur, titres de noblesse, et parfois au contraire dominant les problèmes, intelligent, visionnaire. Jean-François Deniau ne comprend toujours pas pourquoi c'est Giscard, et non lui, qui règne au sommet de l'État. Il en garde une sorte de rancœur, nuancée d'admiration pour ce double plus chanceux, ou plus habile. Bref, le Président a éloigné de lui, en six ans de pouvoir, une armée de compagnons déçus.

Est-ce le protocole qui, au fil des années, éloigne, non sans ridicule parfois, Giscard de ses anciens lieutenants ? Au début de son septennat, pourtant, le Président l'avait plutôt démocratisé : lui-même, pour la cérémonie de son sacre républicain, était arrivé à pied à l'Élysée, en très élégant costume-cravate et non en jaquette et les gardes républicains avaient dû renoncer, pour l'accueillir dans la cour du Palais, à leurs casques à crinière ; personne n'avait passé à son cou le collier de grand maître de la Légion d'honneur, qui était resté dans son coffret. Et, dans le salon d'honneur, les dignitaires gaullistes, eux aussi sans jaquette, se trouvaient à côté d'enfants des écoles invités dans la grande salle des fêtes par le nouveau Président. En janvier 1975, il avait interdit toute référence à des titres nobiliaires, lui dont la famille s'en était fait attribuer un, d'emprunt.

Six ou sept ans plus tard, au contraire, la presse parle souvent de sa dérive monarchique. On savait déjà qu'il exigeait à table de se faire servir en premier, qu'à Brégançon, il avait traité de haut le couple Chirac, « humilié », disait alors celui qui était son Premier ministre, en les faisant asseoir sur des chaises, tandis que les Giscard d'Estaing avaient droit à de confortables fauteuils. Yves Guéna m'avait raconté, en riant, que le Président n'acceptant aucun convive en face de lui, la place restait toujours inoccupée.

J'avais moi-même pu vérifier, un peu plus tard, à l'occasion d'un de ses déplacements en province, qu'une tente blanche, luxueusement agencée, lui était réservée : sur une table basse, des chandeliers argentés. Des assiettes de porcelaine sur la table, plus haute, prévue pour un rapide dîner. Je m'étais emparée du menu, royal : aspic d'écrevisses, belons aux asperges du Lubéron, pigeons au foie gras. Tout cela en pleine campagne. Dans la tente voisine, quelques bouteilles de vin et des sandwiches pour les journalistes. « La société de classes », avait commenté un journaliste du *Figaro*.

Soyons justes : si dérive monarchique il y eut, je ne l'ai jamais personnellement ressentie dans chacun de nos échanges, que ce soit au ministère des Finances, rue de Rivoli, ni, plus tard à l'Élysée. J'ai simplement noté qu'après l'affaire des diamants, il a mis un terme à ses rencontres informelles avec la petite poignée de journalistes qu'il avait coutume de réunir plusieurs fois par an. Il jugeait sans doute qu'en écrivant ce que nous avions écrit les uns et les autres, librement, sur cette malheureuse « plaquette » de cailloux, nous avions bien mal récompensé ses efforts de communication.

Tel était Giscard dans les années 1980, à la veille de la présidentielle, élection à laquelle il faisait mine de ne pas penser.

Jacques Chirac, lui, n'a pas changé : toujours en tour de France, toujours pressé, toujours rapide. À l'aise dans son grand bureau (155 m^2, immense bureau Louis XV, table basse de verre doré autour de laquelle il fait asseoir ses visiteurs dans de moelleux fauteuils) de l'Hôtel de Ville, il ne quitte toujours pas des yeux l'Élysée, ni celui qui s'y trouve. Il est assez heureux de ne plus avoir de comptes à rendre à ses conseillers de l'ombre, devenus vraiment trop voyants. « Au fond, me dit-il en juillet 1980, ils n'ont jamais accepté que je grandisse. » Sait-il que Marie-France Garaud dit partout qu'il ne sera jamais Président ? À la question d'un de mes amis, Jacques de Lanversin, agrégé de droit qui lui sert de conseiller juridique, elle répond, non sans mépris : « Chirac ? Il ne pourra peut-être pas se présenter. Mais est-il capable de s'en apercevoir ? »

Que Marie-France Garaud se rassure : il ne s'en aperçoit pas. Le plus drôle est que, feignant de maintenir le suspense sur sa propre candidature, il ne cesse d'en parler autour de lui. Comme lors de ce 17 mai 1980, lorsque je le retrouve dans l'ascenseur de RTL, où il vient déjeuner avec Jacques Rigaud, l'administrateur délégué de la station, entouré de l'équipe politique de la radio, dont je fais désormais partie.

« Je serai Président, vous savez ? »

Je m'étonne :

« En 1981 ?

– Je ne plaisante pas. Oui, en 1981.

– Vous pensez que Valéry Giscard d'Estaing est aussi faible, aussi fragile que vous me le disiez il y a quatre ans en Corrèze ?

– Plus encore, vous verrez qu'il ne se représentera pas. »

Jacques Chirac, en effet, me dit un de ses proches, est convaincu que l'affaire des diamants empêchera Giscard de se présenter. « D'ici à ce qu'il la fasse rebondir lui-même, il n'y a qu'un pas ! » ajoute-t-il, presque amusé.

Même Alain Peyrefitte, qui n'est pourtant pas un de ses confidents proches, est certain que le maire de Paris sera sur la ligne de départ de la présidentielle dans un an. Une note qu'il écrit en ce sens à Giscard, à la mi-mai, soulève une brève tempête au RPR. Il y prévient le Président – non sans un certain sens politique – de la candidature certaine de Chirac et juge que VGE, pas plus que Lecanuet et Ponia, ne fait assez pour amadouer ceux des parlementaires gaullistes qui, légitimistes, seraient récupérables par Giscard, pour peu qu'il y mette les formes. Le ministre de la Justice ajoute que Chirac risque, au deuxième tour de l'élection, de demander à ses partisans de favoriser le candidat de la gauche plutôt que de demander à ses électeurs de reporter leurs suffrages sur Giscard.

Interceptée ou volontairement « fuitée », la note fait forte impression chez les chiraquiens qui depuis quelques années déjà soupçonnent le garde des Sceaux d'avoir choisi le camp du Président. Alain Peyrefitte dément, faiblement lorsque je lui pose la question, mais fermement dans *Le Monde*, le contenu de sa note, et, après avoir manifesté son émotion, Chirac préfère laisser s'éteindre la polémique. Sans doute ne veut-il pas qu'on lui demande quelle sera sa position si, lors d'un éventuel deuxième tour entre Mitterrand et Giscard, il doit choisir entre les deux.

Pas une semaine ne se passe sans qu'une goutte de vinaigre soit distillée par le maire de Paris. Après la condamnation du « laisser-aller » du gouvernement Barre, en février, vient en mars cette phrase dans une interview accordée au *Monde* : « Si je faisais un bilan du septennat… je dirais que ce ne sera pas une des époques qui marquera notre histoire par une situation brillante pour notre pays. »

En juillet, le maire de Paris annonce dans un long communiqué à l'AFP qu'il attendra l'automne, ou peut-être même janvier prochain pour annoncer ou pas sa candidature. Tout le monde, il n'y est pas pour rien, sait pourtant à quoi s'en tenir. La raison ? Selon l'AFP, il ne veut pas ajouter à la confusion. « Un candidat gaulliste doit renforcer l'union et non susciter la division. »

Tente-t-il, par cette phrase, de dissuader Michel Debré de se porter candidat ? C'est bien tard. Longtemps, le président du RPR a pensé pouvoir empêcher l'ancien Premier ministre du général de Gaulle de prendre part à la présidentielle. Il a déployé tous ses efforts pour le dissuader de s'engager. Début juin, il lui a rendu visite, un samedi, chez lui, rue Jacob, dans la surprenante maison, entourée de hauts arbres plantés dans un immense jardin, dont il a hérité de son père, à deux pas de l'église Saint-Germain-des-Prés. En prenant beaucoup de précautions, en parlant de choses et d'autres au début du déjeuner, Chirac lui confie qu'il voit l'avenir sombre. « Très sombre », approuve Debré. Puis le président du RPR finit par lâcher ce pour quoi il a demandé ce déjeuner : « Ma décision est prise, dit-il, je ne changerai pas d'avis. Je serai candidat.

– Je vous avais dit que je le serai, répond Michel Debré. Moi non plus, je ne changerai pas d'avis.

– Il vous faut beaucoup d'argent pour la campagne, vous n'en aurez jamais assez, s'irrite Jacques Chirac.

– Si vous continuez à dire aux industriels de vos amis qu'ils ne doivent pas me donner un franc, réplique Debré, il est certain que je ne les aurai pas. »

Après cet échange aigre, Chirac prend congé.

Antoine Rufenacht, maire du Havre, a accepté depuis longtemps d'être le directeur de campagne de Michel Debré. Il se trouve qu'il a rendez-vous de longue date avec Chirac à l'Hôtel de Ville.

Ce jour-là, Chirac, très chaleureux, l'accueille sans dire un mot de Michel Debré, et lui dit à quel point l'union des gaullistes est nécessaire pour barrer la future élection de Valéry Giscard d'Estaing. « Le meilleur candidat, dans ce cas, répond prestement Rufenacht, qui y croit à peine, serait Michel Debré. Toi, réserve-toi pour la bataille législative qui suivra. » Chirac pâlit, entre dans une colère noire, menace son interlocuteur, s'il participe à l'aventure Debré, d'exclusion. « Que vas-tu faire, demande Rufenacht, bravache. Exclure aussi Debré ? » Sans ajouter un mot, Chirac raccompagne Antoine Rufenacht à la porte de son immense bureau : « Tu avais de l'avenir au RPR, j'ai le regret de te dire que ton avenir est derrière toi. »

« On ne se présente par pour raconter sa vie, mais pour gagner », commente Chirac quelques jours plus tard, lorsqu'il a encaissé le choc et minimisé ses effets. Non, cela, en effet, Michel Debré ne l'a pas compris. J'ai le souvenir de lui avoir répondu, lorsqu'il m'a posé la question, qu'il n'avait rien à faire dans cette bataille, et qu'il me paraissait inutile qu'il finisse sa carrière politique par un échec assuré. Il ne m'en voulut pas. Il se contenta de m'écrire quelques jours plus tard, depuis sa maison de vacances à Préfailles, en Loire-Atlantique : « À quoi bon ? C'est une question que je me pose à moi-même. Impossible d'agir autrement. L'honneur de vivre, l'honneur de vivre jusqu'au bout. » Que dire, après cela ?

Mais Chirac n'a pas bu le calice jusqu'à la lie : fin octobre, Marie-France Garaud elle-même dépose sa candidature. La femme de l'ombre apparaît au grand jour. Je l'avais vue, dans son bureau du quai Anatole-France début juillet. Elle m'avait parlé de ses relations avec Chirac en des termes que je n'avais pas aimés dans sa bouche, qui trahissaient à la fois dépit et amertume : « Je ne croyais plus en lui depuis 1976, je savais que ce n'était pas un homme d'État. Pierre Juillet, avait-elle convenu, c'est différent, il a longtemps cru que Chirac était son fils et un fils à son image, il est tombé de haut, moi pas. » J'avais trouvé que ces phrases ne la rehaussaient pas. Après cela, avait suivi une grande tirade sur la molle stratégie européenne de Giscard, qui avait échoué à en prendre le leadership. Elle avait pris sa respiration, puis, fière de son effet, lancé comme un cri de guerre : « Ce qu'il faudrait, c'est un nouvel appel de Cochin. » J'avais trouvé qu'elle ne manquait pas d'air.

Elle a préparé minutieusement son coup : club de la presse d'Europe 1 en septembre : les auditeurs entendent sa voix pour la première fois. Elle a le trac, la dame de fer. Cela ne l'empêche pas, pour que nul ne l'ignore, d'annoncer publiquement sa rupture – elle en parle presque comme d'un divorce – avec Jacques Chirac. Comment la justifie-t-elle ? Parce qu'il se tait face à l'abaissement de la France et à l'impérialisme de l'URSS.

Deuxième salve : le JT de TF1 à la fin d'octobre. Chignon strict, robe noire à pois blancs, elle mesure ses effets, joue avec la caméra de son œil tour à tour ému et sévère. Elle est assez belle, et sait se servir de son charme. Les hommes politiques craignent de dire la vérité ? Elle la dira. Ils ont un parti, une carrière à faire, un avenir à assurer. Elle est seule, elle est femme, elle est libre. La voilà donc candidate. Je me rappelle avoir vu passer un sourire furtif sur son visage dès qu'elle a confirmé à l'écran que, oui, elle participerait à la campagne présidentielle pour dénoncer ceux qui manquent de courage.

« Qui paie ? » ai-je envie de dire, l'émission terminée, quand on sait qu'une campagne présidentielle coûte cher, très cher. Je me suis déjà posé la question pour Michel Debré, mais celui-ci a des troupes qui déplacent des montagnes ou croient pouvoir le faire. Mais Marie-France Garaud ? On parle d'un lord anglais millionnaire, prêt, par sentiment, à la financer. Pour Giscard, en tout cas, sa candidature est inespérée : Jacques Chirac, flanqué de deux candidatures issues de ses rangs, n'ira pas aussi haut, dans quelques mois, qu'il le souhaitait.

C'est à cette époque, sans doute, que le maire de Paris s'est décidé à prendre contact, secrètement, avec François Mitterrand. Le rendez-vous ne pouvait avoir lieu – encore les infinies précautions furent-elles insuffisantes – que dans une maison d'un ou d'une proche. Jacques Chirac avait demandé à son ami Jean de Lipkowski, « Lip » pour les intimes, ancien secrétaire d'État aux Affaires étrangères, député-maire de Royan, d'organiser la rencontre. Lip avait été fiancé à Édith Cresson, l'ancienne patronne des Jeunesses socialistes, jolie jeune femme énergique, que ses ouailles appelaient tout bas « la capo », devenue député européenne en 1979. C'est à elle qu'il proposa d'abriter le dîner clandestin. Il fut bref, puis les deux hommes s'isolèrent. Même sans qu'aucun compte rendu en ait été évidemment fait, encore moins rendu public, on peut soupçonner, sans se tromper, qu'il fut question de la présidentielle et de Giscard. On sut bien plus tard – après que François Mitterrand, à la veille de sa mort, a reçu Valéry Giscard d'Estaing –, qu'en effet Jacques Chirac avait d'emblée posé la question au candidat socialiste : « Comment se débarrasser de Giscard ? »

Georges Marchais, pour le moment, ne cherche à séduire que les communistes. Ainsi apparaît-il à la télévision, en début d'année, égal à lui-même, à l'occasion de l'entrée des troupes soviétiques en Afghanistan. À Paris, une part des journalistes de *L'Humanité Dimanche*, condamnant l'intervention russe, s'est mise en grève et demande que le secrétaire général du PC fasse de même, les intellectuels communistes expriment leur indignation devant cet acte de guerre, chacun pense à l'invasion de la Tchécoslovaquie, où Waldeck Rochet pour la première fois avait dit non aux dirigeants russes.

Une semaine plus tard, Georges Marchais est reçu au Kremlin : la rencontre avec Léonid Brejnev était organisée depuis longtemps. Yves Mourousi, le présentateur célèbre du 13 heures de TF1, reçoit le numéro 1 du PCF en duplex dans son journal.

Reposé et hâlé par le soleil de Cuba où il vient de passer quelques jours de vacances, celui-ci a son visage des mauvais jours. Le matin même, Pierre Joxe lui a envoyé à son hôtel de Moscou un télégramme où il le somme d'avoir « la clairvoyance et le courage de dire aux Français la vérité sur la situation en Afghanistan ». Déchaîné, Marchais traite Joxe d'insolent, de paltoquet, de « petit valet de François Mitterrand ». Oui, les Soviétiques lui ont tout expliqué, il comprend l'intervention militaire au moment où l'impérialisme capitaliste est aux abois. Tout cela sur un ton féroce, yeux étincelants, menton en avant, lèvres mauvaises.

Au flot de questions posées par le journaliste Patrice Duhamel, qui l'interroge aux côtés de Mourousi, ravi de son coup, Georges Marchais assure avoir connaissance d'un reportage de la chaîne de télévision américaine CBS prouvant l'existence de trente bases militaires, situées au Pakistan, prêtes à intervenir contre le peuple afghan. C'est un mensonge soviétique, soutenu bec et ongles par le dirigeant français, que Pierre Juquin, lui-même responsable du service de presse communiste, évente dès le premier jour. Lorsque, Marchais revenu de Moscou, Pierre Juquin lui dit qu'il est très embêté, mais que le reportage de CBS démontrait précisément le contraire, Marchais lui tourne le dos, et dit, maugréant : « Débrouille-toi avec tes journalistes. »

Tant d'années pour montrer un autre visage du communisme, tant d'efforts de communisation anéantis par ces images de Georges Marchais vociférant presque sur fond de place rouge, visage plus courroucé que le plus fermé des dirigeants du Kremlin…

Le Parti communiste, à vrai dire, ne sait plus très bien que faire. Marchais et Leroy sont souvent en désaccord, mais ils sont bien obligés de faire le même constat : ils ont rompu avec les socialistes pour conserver leur rang et s'aperçoivent que la rupture ne leur a rien rapporté. À cela s'ajoute une coupure générationnelle entre les plus âgés des dirigeants et les plus jeunes, les intellectuels surtout, qui voudraient prendre leurs distances avec les Soviétiques.

La perspective de l'eurocommunisme, éloignée par Georges Marchais, envisagée au contraire par le Parti communiste italien et son chef Enrico Berlinguer, l'expérience du Portugal, où le socialiste Mário Soares, l'homme de la révolution des Œillets, gouverne, après avoir chassé Salazar, avec le communiste Álvaro Cunhal, tout cela amène les plus jeunes à envisager un retour à la stratégie de l'unité. Au contraire pour certains, l'eurocommunisme est un poison mortel ; les dogmes, au moins, fédéraient le Parti sur un socle commun. Ne pas monter bien haut, peut-être, mais tout seul.

Je me souviens, après l'échec du programme commun en 1977, du soulagement d'un des premiers spécialistes de la carte électorale, qui travaillait dans l'équipe de l'inventeur de la sociologie politique François Goguel, Jean Ranger, communiste, à l'idée qu'enfin, les choses soient rentrées dans l'ordre, et de sa joie à l'idée de voir le PCF retrouver une identité, quitte à être condamné à ne jamais gouverner. À la tête d'un parti longtemps monolithique, formés pour le consensus, les dirigeants du PC ont du mal à choisir leur ligne. Ils n'en ont pas acquis l'habitude, leur isolement avait des charmes. « Mais, me dit Pierre Mauroy, avec qui nous échangeons sur la dérive des communistes, ils ne referont pas si facilement le chemin qu'ils ont parcouru en cassant tout sur leur passage ; Mitterrand est-il prêt, si les communistes le veulent, à faciliter leur retour ? Pas sûr. »

Rupture de la gauche oblige : Georges Marchais se lance le premier dans la campagne présidentielle après une réunion des instances du PC le 12 octobre. L'ennemi, c'est Mitterrand qui ferait, s'il était élu, la même politique que Giscard. Avant même sa déclaration, Marchais a annoncé à nouveau la couleur : si Mitterrand reste dans les mêmes dispositions, le PC n'invitera pas ses électeurs à reporter leurs voix sur lui au second tour. La fin du front républicain, cher à des générations d'électeurs de gauche : c'est la bombe atomique.

Au début des années 1980, c'est-à-dire neuf mois après le congrès de Metz, ni François Mitterrand ni Michel Rocard ne se sont déclarés. Rocard a dit publiquement à Mitterrand : je ne serai pas candidat si vous l'êtes. Autrement dit, tirez le premier, monsieur le Premier secrétaire. Ce n'est pas tombé dans l'oreille d'un sourd. Mitterrand s'en sert, en gagnant du temps, ce temps dont justement Rocard aurait bien besoin pour mieux se faire connaître des Français, pour développer les thèmes de la « nouvelle gauche ».

En ne disant pas un mot, Mitterrand l'empêche de faire campagne. Même si Michel Rocard sillonne le pays, il le fait sans être investi d'une fonction essentielle, sans pouvoir arguer de l'unité des socialistes. Mitterrand s'est débrouillé, lui, pour faire voter par les deux tiers des militants un texte préparé par Jean-Pierre Chevènement, évidemment à l'opposé des engagements de la « nouvelle gauche ». En attendant, il fait volontairement attendre sa décision. Moins il restera de temps pour la campagne véritable, en avril-mai 1981, plus Rocard en souffrira. En août 1980, les chiffres de l'Ifop indiquent certes que Michel Rocard recueille 54 % d'intentions favorables, tandis que Mitterrand n'atteint que 37 %, mais cela ne le décourage pas, cela lui est arrivé souvent dans sa vie, depuis qu'existent les instituts de sondages. Il sait donc que les choses changent, et sa patience n'a pas de fin.

En 1979, François Mitterrand a perdu un ami de toujours, Georges Dayan, frappé d'une rupture d'anévrisme. Mitterrand, bouleversé, la douleur dans le regard, l'a accompagné, avec sa famille et ses amis, au cimetière Montparnasse, à la fin du mois de mai.

Ils s'étaient connus dans un camp de prisonniers pendant la guerre et ne s'étaient plus jamais quittés. Pas un ministère détenu par Mitterrand sous la IVe République sans que Georges Dayan participe à son cabinet. Il avait le privilège de le tutoyer, et d'être tutoyé par lui, qui en faisait une figure unique dans le cercle (réduit) des vrais amis de Mitterrand. Dayan n'était ni servile ni courtisan, drôle sans être méchant. Lui seul pouvait tout dire à François Mitterrand. Ainsi était-il toujours chargé de messages pour lui, qu'il délivrait avec parcimonie, et gardait parfois dans sa poche. Mitterrand avait pris l'habitude de segmenter ses amitiés – comme ses amours –, de mettre ses proches dans des compartiments séparés en espérant qu'ils ne se rencontrent pas sans lui, pour tisser avec eux des liens particuliers.

Parmi eux, deux hommes seulement, je pense, avaient un accès naturel à lui, à toute heure du jour sinon de la nuit : André Rousselet, ancien de la Préfectorale, qui suit François Mitterrand, d'épisode en épisode, depuis ses cabinets ministériels de la IVe, devenu le riche patron des taxis G7, véritable grand argentier occulte du PS, et Georges Dayan, compagnon de tous les combats. Lorsque la cérémonie a été terminée, lorsque la femme et les enfants de Georges Dayan ont quitté, avec lui, la grande tombe de marbre noir, dans l'allée centrale du cimetière, Mitterrand m'a dit que, s'il était élu en 1981, sa première sortie serait de revenir ici, à Montparnasse, pour le remercier. Ce qu'il fera deux ans plus tard.

« Et s'il ne l'est pas, ai-je demandé à André Rousselet ?

– Ah non, m'a-t-il répondu, si François n'est pas élu, on ne va pas déranger Dayan avec nos histoires ! »

En attendant, il frappe. Une première conférence de presse, en juin. Ses cibles : Giscard d'abord, au moment où celui-ci s'érige, en marge de l'entrée des troupes soviétiques en Afghanistan, en médiateur, au moment où le président de la République pense, et dit, qu'il a obtenu de Léonid Brejnev, le numéro 1 soviétique, l'assurance du retrait d'une partie des troupes russes de Kaboul. Mitterrand démontre soigneusement que, si retrait il y a, ce qui n'est pas encore le cas, il n'aura rien à voir avec la petite conversation privée que le président de la République française aura eue, à Varsovie, avec Léonid Brejnev. Les communistes ensuite : ceux-ci, entraînés hors des « itinéraires inutiles » par leur peur de disparaître, d'être absorbés par la social-démocratie, seront contraints, un jour ou l'autre, de revenir à ce qui les avait liés, en 1972, aux socialistes. Quant à sa propre candidature, il fait profil bas : il n'est pas revêtu de « l'uniforme de celui qui se présente toujours », ce n'est pas à lui d'en décider, il reste à la disposition du choix que fera le Parti socialiste.

Début août 1980, Mitterrand passe quelques jours à Château-Chinon, avant de partir pour Latche. J'ai demandé à le voir, pour essayer d'y voir plus clair moi-même. Il m'a donné rendez-vous à la gare de Nevers, où il m'attend au train de 10 heures, chemise rayée beige et orange, costume de gabardine beige.

Comme d'habitude, pas un mot de politique dans les premières paroles que nous échangeons. Sa circonscription compte près de 150 communes : lorsqu'il en a fait le tour, il recommence, sans jamais marquer de pause. « C'est très intéressant d'ailleurs, souligne-t-il, on suit le cours des choses, on voit évoluer les gens. » Ici, il se mêle avec plaisir aux gens, lui qui déteste qu'un militant socialiste inconnu l'appelle « camarade » et le tutoie. À Nevers, et ailleurs dans son département, il n'a peur, dit-il, ni des opposants ni des fous. Je parle quelques minutes, pendant qu'il est occupé ailleurs, au premier adjoint socialiste de Nevers, qui n'ose pas, tant il craint d'être indélicat, lui demander ses intentions. « À tout prendre, me dit-il, je préférerais que Rocard aille à la bataille, plutôt que de voir François Mitterrand battu une nouvelle fois. »

Mitterrand finit néanmoins, quelques heures après mon arrivée, par parler politique. Il commence évidemment, puisque sa réflexion tourne autour de lui, par Michel Rocard. Il repense au soir des législatives : « Tout de même, dire que c'était la défaite de la "vieille gauche" alors qu'il est venu au PS en pleine période d'union de la gauche, qu'il le savait bien et qu'il en a d'ailleurs profité ! Dire de moi que j'étais sénile avant même de dire que mon vocabulaire était archaïque, c'était injurieux, non ? » Puis il bifurque vers Pierre Mauroy, qui a commis l'erreur de faire le congrès de Metz avec Rocard : « Ça, je ne pouvais l'accepter. Dayan pensait, comme vous, me semblait-il, qu'il fallait transiger. Je lui ai dit non. » Enfin, de Giscard : « C'est curieux, il n'est pas parvenu à décoller », dit-il négligemment. Lui, pour finir, m'assure qu'il ne bougera pas avant la mi-octobre.

Ce qui me surprend, c'est que Michel Rocard, qui lit pourtant les sondages, comme tout le monde, ne profite pas de ce moment pour se montrer davantage, pour s'imposer, au moment où il doit bien penser que Mitterrand doute de ses chances. Bref, je reviens à Paris convaincue qu'il n'a pas encore véritablement fini de peser les choses, de définir sa volonté, mais que Rocard ne paie pas pour attendre. Stupéfaite par ses derniers propos : « Si en 1981, Rocard est battu, ce sera la deuxième fois qu'il se sera présenté. En 1988, il aura cinquante-huit ans, et moi, vous voyez ce que je veux dire, je n'en aurai que soixante et onze. » Je vois ce qu'il veut dire, en effet.

À la mi-octobre pourtant, enfin, Michel Rocard passe à l'offensive. Le 19, un dimanche, tôt le matin, un coup de téléphone de son porte-parole, Christian Blanc, jette hors du lit tous les journalistes de Paris. « Le jour J », me dit-il et il répète : « Le jour J pour Rocard. »

Commence une longue attente. Michel Rocard doit parler depuis la mairie de Conflans-Sainte-Honorine, ville dont, député des Yvelines, il est devenu maire en 1977. Le parallèle avec Valéry Giscard d'Estaing annonçant sa candidature depuis la mairie de Chamalières, en 1974, s'impose. Finalement l'allocution a lieu à 19 h 40, dans la salle des mariages. Le champion de la « nouvelle gauche » parle cinq petites minutes seulement.

Deuxième annonce de candidature, deuxième contre-performance. La voix est presque faible, la silhouette, derrière les micros, fluette. Michel Rocard fait une rapide analyse des échecs du PS, dont celui du programme commun depuis que Mitterrand, qu'il ne cite pas, est à sa tête, et appelle à la construction d'un grand Parti socialiste, comme si celui auquel il appartient en ce moment n'existait pas. Et il présente sa candidature. À qui ? À sa fédération socialiste des Yvelines, qu'il appelle à « en délibérer dans le respect de nos règles et de mes engagements ». Il ne s'est pas adressé aux Français, c'est le PS qu'il prend pour juge, et encore, le PS des Yvelines. C'est devant l'opinion publique qu'il est majoritaire, pourquoi ne s'est-il pas adressé à elle ?

Je ne trouve pas dans ce qu'il dit, ni dans sa détermination trop floue, de quoi empêcher qui que ce soit de faire acte de candidature après lui. Il fallait que Rocard dise, même en cinq petites minutes, que sa candidature était « irréversible » : c'était ce que lui avaient conseillé les plus proches de ses collaborateurs, pour stopper net Mitterrand, qui ne pouvait plus qu'apparaître comme un diviseur.

Rocard s'était-il engagé auprès d'eux à prononcer ce mot-clé ? Peut-être, mais il ne l'a pas fait. Il n'a pas osé sortir de la légalité du PS. Christian Blanc, plus décidé que celui dont il porte la parole, n'en est pas encore remis quand nous nous rencontrons début janvier. Quelle déception pour lui qui, depuis plus de deux ans, croit en Rocard plus, apparemment, que Rocard ne croit en lui-même ! Même regret, avec plus d'humour, d'Edgard Pisani, ancien ministre de l'Agriculture de Michel Debré et de Georges Pompidou, brouillé depuis 1968 avec ce dernier, qui a rejoint Michel Rocard au moment de son entrée au PS en 1974 : « C'est la première fois que quelqu'un tourne une page de ma vie sans me consulter. »

Deux heures plus tard, sans surprise, Mitterrand répond. Il avait été prévenu par Rocard vingt-quatre heures avant de sa déclaration prévue à Conflans le lendemain. Mitterrand avait dit, comme il le faisait quand une décision de quelqu'un d'autre l'énervait beaucoup : « Faites ce que vous voulez. » Dans la soirée, tombe son commentaire, peu aimable.

Il regrette de ne pas avoir perçu chez lui la volonté de l'union des socialistes, ni l'intention de défendre leur projet. J'apprendrai beaucoup plus tard par Pierre Mauroy lui-même que, dès le lendemain ou le surlendemain de Conflans, Mitterrand lui a demandé s'il acceptait, en cas de victoire, d'être son Premier ministre. Mauroy, à la fois stupéfait et enthousiaste, accepte. Mitterrand ajoute : « On ne dit rien, vous êtes sûr de ce que je vous dis, et moi je suis sûr de vous également, voilà. » Ils ne se reparleront de Matignon que le 10 mai 1981 à minuit.

Pour le reste, les choses vont vite. À Marseille, où Gaston Defferre lui a organisé un meeting sur mesure, dix jours plus tard, Mitterrand annonce qu'il sera candidat, lui, si l'ensemble des fédérations socialistes le lui demandent, lors de leur réunion prévue le 8 novembre. Je suis arrivée à l'interroger avant qu'il ne monte à la tribune, tandis que le maire de Marseille « chauffe » la salle. Michel Rocard, me dit-il, l'a déçu pas seulement sur la forme, mais sur le fond. « Quoi, pas une fois le mot "gauche" » dans la déclaration de Michel Rocard ? « Pas une fois ! Comment accepter qu'un candidat de gauche ne dise pas qu'il est à gauche ? ». Puis, quelques jours plus tard : « Il a commis une gigantesque erreur, celle de croire que la campagne menée contre moi avait fini par m'abattre ! Bref, il a fait l'erreur de croire que j'étais comme lui ! »

Qu'aurait-il fait à la place de Rocard ? « J'aurais dit : je suis minoritaire au Parti socialiste, mais malgré tout, je suis candidat devant les Français. Que la loi de la majorité m'abatte. Je ne pouvais pas l'abattre sans me faire une image effroyable. » Je pense, et je le lui dis, qu'avoir « coincé » Rocard ne suffit pas pour gagner. Il a une espèce de grognement que j'interprète comme un « moi aussi ».

La réunion du comité directeur a lieu, comme prévu, le 8 novembre. Ses membres ont devant eux deux lettres, une de Michel Rocard, l'autre de François Mitterrand, tous deux candidats à la candidature. Dans l'après-midi, sans attendre, Michel Rocard retire sa candidature. Il explique qu'il l'avait déposée au moment où Mitterrand ne semblait pas avoir le désir de le faire. Puisqu'il l'a fait, Rocard ne veut pas diviser le parti. Ce retrait sans combat, si élégant soit-il, laisse le champ libre à Mitterrand. Invité le 24 novembre de l'émission « Cartes sur table » sur Antenne 2, Michel Rocard dit tout simplement, avec tristesse, dans une phrase qui lui ressemble : « Je me suis retiré parce que j'en avais pris l'engagement. Tenir parole n'est jamais une défaite ni une capitulation. »

François Mitterrand, dont la lettre est restée seule sur la table du comité directeur, n'est pas encore candidat. Il devra attendre le congrès de Créteil fin janvier pour obtenir plus de 83 % des voix des fédérations socialistes. Il a perdu sa course de lenteur, puisqu'il a déclaré ses intentions avant Jacques Chirac et le président de la République. Il est vrai qu'il était question de sa candidature depuis le congrès de Metz, il y a près de deux ans. Le « jeu du chat et de la souris », comme disait Maurice Faure, ne pouvait pas continuer plus longtemps.

Dans le discours, assez rapide, qu'il adresse au congrès, il remercie Michel Rocard de son retrait et félicite Lionel Jospin qui, après une ascension incroyablement rapide dans le PS, dont on reparlera, en devient premier secrétaire par intérim. Et termine de façon à faire se lever la foule en ne promettant rien d'autre que le courage, la continuité de l'effort, et la volonté de gagner. Dans le discours, il n'a pas dit, volontairement, un mot des communistes sinon une phrase vague sur ceux qui ont « voulu arrêter le mouvement de l'histoire ».

Il a fait mieux : parmi les 380 mesures proposées par le PS, il a demandé à sa garde rapprochée, Fabius, Attali, Charasse, d'en extraire une centaine qui puissent être le bréviaire du candidat dans la future campagne. Avec un fil directeur : mettre au point un programme de gouvernement qui, en prévision d'un éventuel second tour, puisse être accepté par les communistes sans avoir à mener de négociations avec eux. Ainsi le catalogue des 110 propositions qui seront envoyées aux Français se démarque du programme commun abandonné en 1977, mais il s'en inspire aussi, et notamment sur les nationalisations, réduites à celles de neuf groupes industriels.

Un déjeuner suit. Au café, Mitterrand s'approche des tables des journalistes pour parler à la cantonade. Autant il était glacial, visage sculpté, lèvres minces, tout à l'heure à la tribune, autant maintenant, nous le trouvons disert. J'arrive à lui poser une première question sur Michel Rocard, qui faisait bonne figure pendant qu'il parlait, et les rocardiens. « Mais qui est-ce, les rocardiens ? » répond-il, haussant les épaules. On ne peut pas dire qu'il prenne des gants avec son ancien challenger. En revanche il confirme qu'en ce début de campagne, il ne se préoccupera pas des communistes, puisque, citant Épictète, il ne peut rien sur eux.

Je me demande si, au fond, cela ne l'arrange pas. Ce qui l'a perdu, en 1974, ce n'était pas seulement le talent de Giscard, mais le poids du Parti communiste qui avait peut-être éloigné une partie de ses électeurs. En revanche, il sait qu'au deuxième tour, une grande partie des voix communistes ne se sont pas reportés sur lui : il n'a aucune raison, en début de campagne, de tenter de les séduire. Plus les dirigeants communistes attaquent Mitterrand, ce qu'ils font depuis quatre longues années, plus ils le dédouanent. Si les communistes lui sautaient au cou, ce serait, à coup sûr, pour lui, « le baiser de la mort ».

J'entends qu'à la table voisine de la mienne, il confie à une consœur journaliste que, s'il obtient moins de 25 % des voix au premier tour, il n'a pas de chance au second. Je ne vois pas l'intérêt de s'enfermer, comme il l'avait fait en 1974, dans un pronostic. S'il ne les atteint pas, il peut être sûr qu'on le lui resservira.

Il sait qu'il n'est pas bon de commencer trop tôt une campagne, surtout quand on a déjà eu l'occasion, sept ans plus tôt, d'exposer longuement son programme. Et part donc visiter la Chine avec Claude Estier au lendemain de sa désignation par le congrès. Les militants s'étonnent. Mais Mitterrand y voit son avantage. D'abord, cela lui donne une autre dimension, internationale. Ensuite parce qu'il veut attendre la candidature officielle de Giscard pour commencer sa campagne en même temps que lui.

Mais il a déjà en main une carte maîtresse : le publicitaire Jacques Séguéla, un des patrons de l'équipe RSCG, est entré dans sa vie. Pourquoi lui, qui est loin de partager ses idées ? Parce que c'est un publicitaire, justement, attaché à promouvoir un produit : un homme politique dont les sondages sont insatisfaisants, et qui a tout à gagner à accepter à ses côtés un spécialiste du genre. Un élément important, je dois le confier, m'avait échappé à l'époque : la prestation de Séguéla était gratuite, à la seule condition, selon Éric Roussel, un des biographes de François Mitterrand, que le candidat roule en Citroën, principal client du groupe RSCG.

Comment changer le look de François Mitterrand, dont tout le monde connaît depuis des années les costumes plus ou moins bien coupés, marron, gris anthracite ou bleu marine, et qui visiblement n'attache aucune importance à la façon de s'habiller ? Soudain, il prend une allure plus originale, plus décontractée, dans l'air du temps. Le large chapeau de feutre noir qu'il ne quittera plus guère maintenant ressemble comme deux gouttes d'eau au couvre-chef célèbre de Léon Blum, clin d'œil à l'histoire du socialisme de gouvernement. Il s'est fait limer une incisive trop aiguë, donc agressive. J'avais remarqué ce détail quelques mois plus tôt et je m'étais dit, en effet, que changer une incisive mal plantée depuis soixante-quatre ans relevait de l'envie de montrer de soi un autre visage à la télévision, un peu comme une femme va chez le coiffeur avant de passer à l'antenne.

Mais surtout, la trouvaille de Séguéla est dans une affiche, qui sera plus tard sur tous les panneaux de France : sur fond de petit village nivernais, dans un paysage doucement vallonné, que domine une vieille église, le visage de Mitterrand se découpe dans le soleil couchant avec le slogan de Séguéla : « La force tranquille ». Que faire de mieux pour montrer aux Français qu'on peut être de gauche sans vouloir la révolution ?

Après Mitterrand, Jacques Chirac annonce sa candidature le 3 février. Il est 11 h 16 du matin lorsque l'AFP publie son bref communiqué. En une quinzaine de lignes, il y parle de la dégradation de la France, de son affaiblissement, et termine par quelques lignes volontaristes sur l'ambition du rang et la volonté de l'effort, deux termes gaullistes, décidés à montrer que Michel Debré n'est pas seul à se réclamer du Général. La décision de Chirac ne me surprend pas, voilà presqu'un an qu'il en parle à mots plus ou moins couverts. Pourtant, son échec aux récentes élections européennes aurait dû le dissuader de se lancer dans l'aventure. Mais non. Rien ne peut arrêter cet homme, à la vitesse où il tourne. « Il pense, m'assure Jacques Toubon, tout à fait acquis à la décision de Jacques Chirac, vraiment, que Valéry Giscard d'Estaing est un danger pour la France, qu'à force de dire qu'elle est une puissance moyenne, elle le deviendra. »

Le congrès du RPR qui suit doit entériner la candidature de Chirac. Cela me paraît bien peu gaulliste : l'homme qui se présente se présente devant les Français et pas devant les partis. Certes les socialistes ont fait de même avec le congrès de Créteil, mais eux, du moins, ne sont pas gaullistes. Va pour le congrès extraordinaire du RPR réuni au Parc floral de Vincennes le 7 février. Une salle qui saute littéralement aux yeux : bleue, les tables recouvertes de feutrine verte, les fauteuils rouges. Hideux, mais cela n'a aucune importante : le congrès est de pure forme. 95 % des voix des congressistes se portent sur Jacques Chirac.

Les barons hostiles à la candidature du président du RPR ne sont pas venus : Guichard, Chaban, Peyrefitte et Guéna sont restés chez eux. Pour ménager Giscard ou pour épargner Michel Debré ? Ce dernier a demandé aux barons d'avoir l'amabilité de ne pas aller soutenir Jacques Chirac, mais je doute que cette demande ait déterminé Alain Peyrefitte à rester chez lui. Je le sens plus proche de Giscard que de Debré… J'échange en quittant ce congrès inutile quelques phrases avec Charles Pasqua. Curieux homme, qui est passé longtemps pour être le patron du SAC, bras armé du gaullisme, et qui serait plutôt, aujourd'hui, l'homme-orchestre de Jacques Chirac, à la fois organisateur de campagne, conseiller politique et amuseur public. Il me dit tout net qu'en cas de victoire de la gauche, Chirac sera le recours. Quel aveu : Pasqua ne croit pas à la victoire de son candidat, qui n'y croit peut-être pas lui-même ; l'objectif est de prendre date. Giscard, s'il est battu, n'aura plus aucune carte en main. Chirac, oui. Il sera, seul, à la tête de l'opposition.

J'ajoute que, dans la conférence de presse qu'il donne un peu plus tard, il parle à peine de la gauche, et réserve ses coups au président de la République. Une seule phrase dit tout : « Le bilan de Giscard ne conduit pas spontanément de gaieté de cœur certains d'entre nous à lui redonner un bail de sept ans. »

On attend maintenant le dernier grand candidat. Le dernier « petit » s'est déclaré la veille, l'avocat Michel Crépeau, maire de La Rochelle, qui en meurt d'envie, conduira une liste radicale. Maurice Faure a tout fait pour s'y opposer, pour que la gauche radicale ne vienne pas s'ajouter à la gauche communiste face à Mitterrand. Sans succès. Beaucoup de candidats à gauche, tout de même. Ce qui réjouit le camp adverse, lui-même passablement divisé.

Giscard, lui, annonce sa candidature le 2 mars à 19 heures, en 8 minutes. Son épouse Anne-Aymone, timide, habillée d'un tailleur couleur muraille, présente à ses côtés les quelques premières secondes, disparaît bien vite de l'écran. Bien petit moment pour mettre les électrices de son côté. Seul reste, au premier plan, le vase rempli des fleurs dont elle porte le nom. Chemise blanche, costume bleu et cravate foncée, le Président choisit le plus simple : moi ou le chaos. Ou bien la France prend un élan nouveau, avec le même homme. Ou elle cède à ses démons, avec Mitterrand et les communistes, au prix de secousses graves. Quant à Jacques Chirac, il l'évacue d'une seule phrase : « Aucun autre candidat ne pourrait l'emporter contre l'opposition. »

C'était un secret de polichinelle, bien sûr, que cette candidature : les locaux de campagne sont déjà installés, une émission est prévue le 10 mars, et un sondage le 15. Je me demande pourtant, depuis plus d'une semaine, pourquoi Jean-Marie Poirier, porte-parole de la Présidence, m'a dit, le 20 février, une phrase, tout à fait incongrue dans sa bouche : « Tout le monde chez les giscardiens patine dans la choucroute. »

À dix jours d'une déclaration de candidature prévue, sinon annoncée, Giscard n'a pas encore déterminé son état-major de campagne. Pas une réunion, pas de plan de déplacements, et surtout pas d'équipe désignée. Jean-Marie Poirier sait simplement que le secrétariat général de l'Élysée, dans son ensemble, ne s'occupera que de la Présidence, expédiant en quelque sorte les affaires courantes. Une autre équipe se verra réquisitionnée pour la campagne, mais qui ?

Je comprends bien que VGE, dans sa tête, est en resté à sa chevauchée fantastique de 1974, où, en sept petites semaines, il a gagné. D'où sa volonté de ralentir le départ de sa course jusqu'au moment où, encore une fois, il sera tout naturellement porté vers les sommets. Mais 1981 n'est pas 1974. Il lui faut faire son bilan, le défendre, justifier le chômage et l'inflation, annoncer de nouveaux chemins. À ceux qui le supplient, depuis plusieurs mois déjà, de se mettre en campagne, comme Michel Poniatowski, Roger Chinaud, il oppose un mutisme presque désobligeant.

Petit à petit, les choses pourtant se dessinent. Je comprends l'amertume de Poirier, car c'est Jean-Philippe Lecat qui sera le porte-parole de la campagne présidentielle, tandis que lui restera dans son bureau de l'Élysée. Ancien jeune loup de Pompidou, Lecat a pris de l'épaisseur. Devenu ministre de la Culture et de la Communication, puis revenu à l'Élysée, il est requis par Giscard.

Il s'installe à son QG, rue de Marignan. J'ai une première conversation avec lui, dès le lendemain. Il est accompagné d'une jolie jeune femme brune et vive, Véronique Cayla, qui lui inspire apparemment un vif sentiment qu'elle fait semblant de ne pas voir. Tous deux me semblent plus que confiants. Explications : Chirac, qui a choisi de faire une campagne de droite, rejette Giscard vers le centre. Exactement ce que souhaitait le Président-candidat. Chirac s'est « reaganisé », il est hostile à la construction européenne et laisse à l'Allemagne fédérale sa toute-puissance.

« Croyez-moi, conclut-il, un Président qui s'adresse au centre, un Mitterrand qui n'a pas réglé intellectuellement son problème avec les communistes, un Jacques Chirac qui regarde à droite, c'est l'équation idéale pour Giscard. »

Qui sera directeur de campagne ? Giscard, me répond-on, sera lui-même son directeur de campagne. L'état-major de la rue Marignan sera composé de Jean-François Deniau, en charge des études et des argumentaires ; Philippe Pontet, devenu député de l'Eure en 1980, qui vient de la Cour des comptes, aura en charge l'administration générale de la campagne ; Monique Pelletier, ancien ministre, s'occupera des comités de soutien ; et Philippe Sauzay, ancien préfet, qui a joué ce rôle avec Giscard en 1974, sera son directeur de cabinet. Les cloisons ainsi seront imperméables entre l'Élysée et Marignan. D'où la mine triste de tous ceux qu'on croise encore à l'Élysée – et à Matignon – et que je croiserai d'ailleurs, ainsi vont les choses, de moins en moins.

Jean Lecanuet, qui n'a pas, lui non plus, été choisi pour conseiller proche mais qui parlera au nom de l'UDF, le parti du Président, me confie qu'il avait prévu deux axes pour sa campagne : Mitterrand ou l'incohérence, Chirac ou l'inconstance. Il s'est vu demander de renoncer à sa seconde partie. Raison : Giscard aura besoin des voix du candidat RPR au second tour. Cela lui a beaucoup coûté, car le combat contre Chirac, m'assure-t-il, est son combat depuis trente ans. Mais il a obtempéré. Il considère que sa stratégie a été désavouée. Cela ne l'émeut pas. Il est toujours correct avec Giscard, sans plus. Les giscardiens, surtout ceux de la première heure, se plaignent d'être délaissés.

La situation n'est pas meilleure au Parti socialiste. André Rousselet, qui a fait de l'organisation de ses affaires un modèle, se dit proprement terrorisé par l'état de préparation, d'impréparation plutôt, de la campagne de Mitterrand. L'atmosphère n'y est pas meilleure que rue Marignan. Lionel Jospin s'est brouillé, on ne sait pourquoi, avec RTL, ce n'est pas vraiment le moment. Laurent Fabius se sent délaissé. La présidente des comités de soutien à François Mitterrand est proprement injoignable, ce qui ne serait pas grand-chose si la responsable de la communication n'était pas elle-même le plus souvent absente. Quant à Pierre Mauroy, il porte partout la bonne parole, puisque c'est la fonction que lui a déléguée officiellement Mitterrand, mais, du coup, il n'est jamais là. Là aussi, autour du candidat, une armée de combattants déçus fulmine et s'inquiète. François Mitterrand, heureusement, n'est pas de cet avis. Je lui rends visite dans son bureau où il me montre, ravi, ses affiches, dont celle de Séguéla. Il en est une qui le ravit aussi : derrière lui, Jacques Delors, Charles Hernu. « Cela fait équipe de gouvernement », juge en souriant ce solitaire.

La campagne roule maintenant, et peu de jours séparent les candidats du premier tour, fixé au 26 avril.

Avant même que les candidats ne sautent d'une ville dans l'autre, je n'ai plus de doute sur la façon dont elle se déroulera : la campagne officielle à la télévision, pour la première fois surveillée par une commission de contrôle, chargée de l'équilibre des temps d'antenne, prend beaucoup de temps aux candidats qui, de fait, privilégieront leur passage à l'antenne par rapport à leurs déplacements en province. Les radios, RTL, Europe 1, France Inter fixent leurs interviews entre deux enregistrements télévisés, ce qui immobilise encore davantage les candidats dans la capitale. Cette fois, tout passera par la presse, écrite et audiovisuelle.

Quant aux argumentations des uns et des autres, elles sont déjà faites, sur une base assez simple, pour ne pas dire simpliste. Giscard aura Mitterrand dans sa ligne de mire, et ne le ménagera pas. Mais il a perdu un argument de poids : il ne peut pas tirer à boulets rouges sur la terrible alliance avec les communistes, puisque, justement, les deux partis n'ont pas signé d'accord avant le premier tour. Là, pendant que Georges Marchais fait tout seul sa campagne, avec délectation car il aime ça, les foules, les camarades, et les caméras, il laisse toute liberté à Mitterrand de rejeter la sempiternelle question que lui posent ses concurrents.

Invariablement, avec ceux qui voudraient l'entraîner sur la présence de ministres communistes dans le futur gouvernement de la gauche, il répond, sans broncher, qu'il n'est pas question de l'envisager si les communistes restent sur leurs positions actuelles. Le non-accord avec le PC le protège plutôt qu'il ne l'affaiblit. Mitterrand est d'autant plus libre de parler d'eux qu'il n'est pas empêtré dans les interminables négociations avec les communistes, qui, il l'a dit souvent, et l'avait montré plus encore, l'exaspéraient au plus haut point.

Il développe son programme sans même parler de la candidature de Marchais. Relance économique, réduction du temps de travail à 35 heures hebdomadaires, recrutement de 210 000 agents de l'État supplémentaires, tout cela financé « sans doute » dit-il, par un impôt sur la fortune.

C'est à « Cartes sur table », l'émission d'Alain Duhamel et de Jean-Pierre Elkabbach qu'il s'en prend, pour la première fois, à la politique étrangère du Président sortant, et revient, alors que beaucoup l'avaient oubliée, sur sa rencontre avec Léonid Brejnev, il y a près d'un an, au moment de l'entrée des troupes soviétiques en Afghanistan. Il n'a pas de mots assez ironiques pour s'indigner de cette visite de Giscard venu, en « petit télégraphiste », rencontrer le chef du Parti russe, au pire moment de la crise. C'est de bonne guerre. Je trouve néanmoins cette attaque assez audacieuse pour un homme politique qui lorgne sur les voix communistes au deuxième tour.

Il paraît que Mitterrand avait testé l'expression « petit télégraphiste » au cours d'une réunion publique, il y a quelques semaines déjà. Devant les réactions amusées des auditeurs, il l'avait gardée pour sa campagne électorale. Il sait que la visite de Giscard à Varsovie avait été critiquée par une partie de son électorat centriste et frappe là où son adversaire est affaibli.

François Mitterrand m'appelle le lendemain matin au téléphone. Très méfiant vis-à-vis de la télévision, il est content, pour une fois, de sa prestation. Il ne peut s'empêcher de revenir sur ce « petit télégraphiste » qui fait grand bruit dans la presse du matin. « C'était rude, mais je l'ai dit gentiment, non ? » Gentiment !

Tandis que Giscard et Mitterrand s'attaquent durement, Jacques Chirac, lui, joue les électrons libres. Je l'accompagne à Besançon. Aujourd'hui, il est tout sourire. Il l'était moins, paraît-il, hier, à la lecture d'un sondage décevant. Charles Pasqua, qui l'accompagne partout, est enchanté : face à son public, il le trouve de mieux en mieux. À l'arrivée, Lhomond, le chauffeur de Jacques Chirac, est au pied de l'appareil. Depuis son accident, il ne veut plus laisser quelqu'un d'autre conduire son véhicule.

L'atmosphère a changé, depuis le dernier meeting où je l'ai accompagné, à Marseille. Un public nombreux, plus populaire, plus enthousiaste aussi, l'accompagne aux cris de « Chirac Président ». L'organisation est parfaite, contrairement à ce que j'ai vu, l'autre jour, à l'occasion du déplacement de Mitterrand à Amiens. Les affiches de Chirac couvrent tous les panneaux du département, celles de Mitterrand et de Giscard sont plus rares. « La chance a tourné pour Giscard, exulte Charles Pasqua. Il est dans un véritable état de désamour. Au soir du premier tour, il y aura des pleurs et des grincements de dents. Pas chez nous, chez lui. »

J'ai toujours été stupéfaite par la facilité avec laquelle les candidats croyaient en leurs chances, par la façon dont ils mésestimaient les chances de leurs rivaux. Ils aiment s'illusionner, peut-être ce moteur leur est-il nécessaire. Aujourd'hui, pas de doute, Chirac pense qu'il peut être numéro 2 le 10 avril.

Il faut dire que je ne l'ai jamais vu aussi décontracté, aussi lui-même : il ne se lance que sur les sujets qu'il sait préférés par ses auditeurs : les technocrates de Bruxelles, la Grande-Bretagne et le marché commun, et l'échec de la politique économique de Giscard, bien entendu.

Je ris, oui, je ris lorsqu'un habitant du petit village de Gray où il s'arrête l'interroge, Dieu sait pourquoi, sur les pompes funèbres. Chirac annonce immédiatement une vaste réforme sur les pompes funèbres en inondant son questionneur de chiffres et de solutions dont il ne sait rien. Une chose m'apparaît clairement en le suivant de ville en village aujourd'hui : il n'attaque véritablement que Giscard et réduit au minimum son affrontement avec François Mitterrand. Quant à Pasqua, il me livre une fois de plus, lorsque les clameurs des militants se sont éteintes, le véritable calcul du leader du RPR : « De toute façon, la solution est entre nos mains. Si nous ne gagnons pas cette fois, nous serons incontournables pour les législatives qui suivront. »

Il me semble essentiel de retrouver, après Mitterrand, après Chirac, le Président sortant dans son exercice de candidat. Je l'accompagne à Provins et à Troyes, le 9 avril. Après avoir suivi les deux autres concurrents, j'étais en train d'oublier qu'il faisait la course en tête. Comme toujours, il commence par s'adresser à l'intelligence de ses auditeurs plus qu'à leur cœur. Pourtant, plus la soirée avance, plus il retrouve une partie de l'élan de 1974.

Lorsqu'il dit à Troyes : « Le roc giscardien tient bien, je viens d'une province bâtie sur le granit, demain nous gagnerons », il est ovationné. Lorsqu'il ajoute : « J'en porte la certitude en moi, chaude et rayonnante dans le soleil », en revanche, il loupe son effet. Et lorsqu'il évoque les sondages qui le portent toujours en tête, là, il gagne à tous les coups.

Que s'est-il passé, vraiment, dans l'esprit de Valéry Giscard d'Estaing ? Pourquoi cette campagne ratée, sans élan, si différente de celle de 1974 ? Sans doute est-il plus difficile d'aborder un second septennat en étant responsable des échecs du premier. Du moins faut-il défendre ses réussites. Giscard dira plus tard, en 2001, qu'en effet, il s'était mal défendu, qu'il n'avait pas vraiment compris ce qui se passait.

Était-ce l'effet du fameux « enfermement » de l'Élysée ? De l'isolement dans lequel le palais présidentiel, la cour, les vérités que les proches eux-mêmes n'osent pas dire ? De tout cela en même temps sans doute.

Je reste convaincue que, pour Giscard, longtemps béni des dieux, l'épisode des diamants a été essentiel : ce fut pour lui tout à la fois un coup du sort, une vengeance collective, une insupportable injustice, presque un complot. Rien dans sa vie précédente ne l'avait, depuis le plus jeune âge, préparé à ce genre d'agression devenue courante en politique.

À la fin de la campagne, les questions qui se posent sont assez simples : quel score obtiendra Chirac au soir du premier tour ? Sera-t-il en mesure de menacer Giscard ? Autre question, pour le deuxième tour seulement : que feront les communistes ? Peut-on envisager, après des années de procès entre les deux partis, un pacte entre communistes et socialistes ?

Ah, j'oubliais. Il y avait bien une autre candidature à laquelle, je sais pourquoi, je n'ai pas consacré une ligne. Il s'agit de Coluche, qui avait fait un joli coup, en 1980, aux hommes politiques en se présentant, en même temps que les premiers « petits » candidats. Amuseur reconnu, personnage de la radio et de la télévision depuis des années, engagé dans la lutte contre la misère dans les Restos du cœur, qui lui ont survécu, Coluche était populaire : dans les premiers sondages, il avait atteint pratiquement 10 % dans les enquêtes d'opinion, mais j'avoue que je n'y ai pas cru une seconde, tandis que d'autres, dans de puissants hebdomadaires de gauche, donnaient à mon avis trop d'importance à la plaisanterie.

Je ne m'en suis préoccupée qu'au moment où il abandonnait sa campagne, le 15 mars 1981. Entretemps, il s'était sans doute bien amusé, mais il laissa à son directeur de campagne, qui n'était autre que Romain Goupil, un message amer, considérant, que, finalement, le « sérieux « avait gagné, et qu'il n'avait plus rien à faire – et surtout pas les signatures requises – pour se consacrer à autre chose qu'à l'amusement.

Je me suis amusée, moi aussi, à regarder les candidats en campagne. C'est un moment où ils sont à la fois plus libres et plus contraints. Plus libres de dire ce qu'ils ont sur le cœur, plus contraints par le rythme extravagant qui leur est imposé.

Chacun a ses petites manies : Mitterrand passe son temps à chercher ses lunettes, Chirac n'a qu'une peur, celle de perdre sa serviette, un vieux cartable de cuir, usagée, dont il sort de temps à autre un sandwich, confectionné à la mairie de Paris et enveloppé dans du papier aluminium. Giscard, depuis qu'il est candidat, conduit lui-même sa propre voiture, une 505 Peugeot verte qu'encadrent ses services de sécurité. François Mitterrand met d'emblée une vraie distance avec la foule. En déplacement, il ne veut ni déjeuner, ni dîner, il ne touche jamais aux buffets composés de mets locaux, et ne boit que de l'eau. Mais Chirac ! Il ravit les restaurateurs par son appétit. Petit couac, il boit de la bière, même dans les zones de grands crus, Bourgogne ou Bordeaux. Dès qu'il s'arrête de parler, il a faim. Je l'ai vu, après un dernier meeting, chercher un bistrot ouvert dans un petit village d'Alsace, ou même s'adresser à des gendarmes pour leur demander une baguette de pain. Leur chef avait répondu, embarrassé, qu'il n'avait pas le droit de transporter de la nourriture dans sa camionnette.

Quant à Giscard, il reste lui-même. Il ne se porte pas, comme Chirac, au-devant de la foule, et celle-ci le voit le plus souvent de loin. Rassemblement à 20 h 30 pour Giscard, à 21 heures pour Jacques Chirac, et à pas d'heure pour Mitterrand, toujours en retard, au point qu'il a désigné son beau-frère Roger Hanin, dont la verve est intarrissable, pour faire attendre, parfois des heures, ses auditeurs.

Georges Marchais n'a pas interrompu son tour de France depuis sa déclaration de candidature, et Giscard n'a trouvé son rythme de croisière que quelques jours seulement avant le premier tour. Et il y a toujours eu des foules autour de François Mitterrand et de Jacques Chirac. J'ai rencontré ce dernier à l'hôtel de ville de Paris à la veille du premier tour. Finies les envolées des réunions publiques. Son intention, quoi qu'il en disc aux militants du RPR, n'est pas d'arriver second au premier tour. Il ne se fait aucune illusion sur ce point. C'est après, me dit-il, que tout commence. 30 % de son électorat ne se reportera pas sur Giscard, 10 % choisira Mitterrand et 20 % s'abstiendra. Le reste votera pour le Président.

Dans ce cas, Mitterrand gagnera, Giscard repartira à Chamalières, et lui, Chirac, sera Président dans trois ans. « Car la gauche, me dit-il, ne restera pas sept ans au pouvoir. »

Nous y voilà. Chirac, s'est convaincu, ses conseillers politiques aussi, que la gauche, élue, sera au bout de trois ans dans de telles convulsions que Mitterrand sera obligé de remettre son mandat en jeu. Et qui, dans ce cas, tirerait les marrons du feu ? Lui, évidemment. Du moins est-ce sa certitude, même si le pari politique relève du « *wishful thinking* », d'un souhait personnel plus que d'une analyse politique.

Sur la première partie de sa démonstration, les résultats du 26 avril lui donnent raison. François Mitterrand atteint le score de 26 % qu'il n'espérait pas, et Giscard, avec ses 28,32 %, devance de 10 points Jacques Chirac. Seuls le radical Michel Crépeau et le vert Brice Lalonde empêchent Mitterrand de précéder le Président sortant au premier tour.

Avec 15 %, Marchais accuse également le coup. Il s'attendait à recueillir plus de 5 millions de suffrages et il n'est arrivé à réunir sur son nom que 4 millions d'électeurs. L'atmosphère au siège du Parti communiste, me dit Roland Leroy après son passage à l'antenne de RTL, est sinistre. Il est évident qu'une partie des électeurs communistes a voté Mitterrand dès le premier tour. Pas question, contrairement à ce que Marchais avait laissé entendre pendant la campagne, de donner la consigne de ne pas voter socialiste. Son électorat, de toute façon, ne suivrait pas. D'autant que les dirigeants communistes auraient du mal à condamner les 110 propositions du candidat Mitterrand, sorte de programme commun allégé de ses excès.

À peine les leaders et leurs lieutenants quittent les plateaux des télévisions et des radios, place aux négociations, à droite et à gauche. À gauche, les choses se déroulent assez vite. Marchais se retire en faveur de Mitterrand, mais ce dernier se gardera bien de faire sa campagne du deuxième tour autour de l'unité de la gauche. À la base, communistes et socialistes unis pour déposer le même bulletin dans l'urne, très bien. Au sommet, avec Marchais, pas question.

En revanche, pour la première fois, Pierre Mendès France vient apporter tout son soutien moral – car le capital politique de PMF est surtout celui-là – au candidat socialiste. Nous sommes début mai dans la salle Médicis au rez-de-chaussée du Sénat, fauteuils rouges, murs clairs, il est 15 heures. Mitterrand vient rendre compte du travail des experts socialistes sur les dossiers sociaux et économiques : parmi l'assistance, fournie, toutes les grandes voix et les jeunes turcs de la gauche non communiste, de Mendès à Jacques Attali. La présence de Mendès marque le terme d'un compagnonnage entre les deux hommes, parfois contrarié qui, cette fois, a tout son sens : elle a pour vertu de rassurer les Français qui redoutent l'aventure économique, la faillite, qu'attend justement Jacques Chirac. Avec PMF, la gauche non communiste est tout entière unie. Une carte maîtresse pour François Mitterrand.

Cet atout, Giscard ne l'a pas. Le lundi, Jacques Chirac a dit qu'il voterait Giscard en son nom personnel. C'est le minimum. Giscard voudrait plus. Aujourd'hui, il a besoin d'un appui politique net du candidat RPR, de sa présence à ses côtés pour espérer l'emporter sur François Mitterrand le 10 mai. Seulement voilà : le raisonnement de Chirac, son pari politique implique qu'il en fasse le moins possible pour aider un candidat qu'il souhaite voir battu. Giscard a beau téléphoner lui-même à Jacques Chirac, lui écrire et lui faire porter une lettre personnelle pour solliciter son aide, et surtout demander sa présence au grand meeting de l'entre-deux tours à la porte de Pantin le 4 mai : Chirac ne lui répondra pas et ne viendra pas. Les 100 000 personnes, canotiers tricolores sur la tête, qui se sont déplacées ne verront pas le maire de Paris à la tribune. Giscard a beau, à sa place, dire qu'il est le seul à pouvoir maintenir l'héritage institutionnel du général de Gaulle, rendre hommage au candidat du RPR, ce qui, dans la circonstance, a sans doute été difficile, presque insupportable pour lui, l'absence de Chirac lui porte un rude coup.

Pas à la foule, qui, ici et maintenant, est acquise à Giscard. Encore qu'il soit loin du carré réservé à la presse, je le regarde, et retrouve néanmoins, dans le meilleur discours de sa campagne actuelle, quelques accents de sa campagne de 1974. Même si au moment où il interroge son auditoire conquis : « Allez-vous briser l'élan de la France ? », c'est sa voix à lui qui se brise, ajoutant à la dramatisation de la soirée.

VGE a un espoir, celui du face-à-face qui doit l'opposer, comme cela a été le cas en 1974, à François Mitterrand. C'est sa dernière carte. Il se sent à l'aise dans un débat, croit pouvoir facilement déstabiliser son adversaire, comme il l'avait fait lors de leur première joute présidentielle. Après sa contre-performance d'alors, Mitterrand, qui s'était trouvé exécrable, s'en défie. Il craint, dit-il, « un coupe-gorge ». Impossible pourtant, sans passer pour un pleutre, de se dérober.

Le 29 avril, Robert Badinter, l'avocat de Mitterrand, ne formule pas moins de vingt-et-une propositions à l'équipe de Giscard. Sûr de la domination du Président sortant, son équipe les a toutes acceptées : nombre des caméras, éloignement des tables derrière lesquelles ils prendront place, place de la commission de contrôle, choix des animateurs.

Pas de vedettes de la télévision parmi eux, Mitterrand les a récusés. Ses conseillers ont avancé quatre noms ; ceux de Jean Boissonnat et de Guy Thomas, chroniqueurs connus d'Europe 1, du polémiste Jean-François Kahn, et moi-même, alors éditorialiste à RTL. « Prenons les deux premiers par ordre alphabétique », a dit Giscard.

Notre rôle, nous le savons, est fixé par la commission de contrôle : nous devons veiller au « bon déroulement du débat ». C'est-à-dire respecter l'égalité des temps de parole et organiser le débat entre plusieurs séquences : politique, sociale, économique et internationale. Nous y avons travaillé deux jours, au domicile de Boissonnat, préparant les questions, imaginant les conflits qui pourraient les opposer, comment, dans ce cas, ne pas sortir de notre neutralité, etc. Inutile de dire que nous ne sommes jamais entrés en relation avec les candidats et leurs équipes, comme certains, bien sûr, nous ont soupçonnés de l'avoir fait.

La Maison de la Radio est sous bonne surveillance ce soir-là. Giscard et Mitterrand arrivent à quelques minutes d'intervalle, et, premier petit conflit, choisissent la même maquilleuse. La commission de contrôle n'avait pas prévu cela. Je me rappelle son prénom, Nelly. Nous ne voulions rencontrer aucun des candidats avant l'émission. Elle a donc dû faire son choix toute seule. Elle a choisi François Mitterrand. Giscard n'a pas manifesté d'émotion, il était simplement étonné qu'on puisse lui préférer celui qui n'était pas Président.

Voici les concurrents face à face. Rapidement, on s'aperçoit qu'en sept ans, Mitterrand a rattrapé son retard, à la télévision, au moins, sur Giscard. Il a préparé, avec Laurent Fabius jouant le rôle de son adversaire, nombre de ses répliques. Et notamment celle-ci, qu'il a soigneusement, me dira-t-il plus tard, passée et repassée dans sa tête : « Vous avez un peu tendance à reprendre le refrain d'il y a sept ans : l'homme du passé. Quel dommage que vous soyez devenu, depuis, l'homme du passif. »

Je vois, de ma place, Giscard se contracter lorsque Mitterrand l'attaque, du coup, sur le chômage et l'inflation. Il est agacé lorsque Mitterrand défend ses nationalisations, accablé quand ce dernier parle, de façon assez cafouilleuse, pour dire le mot, des institutions, et finalement surpris lorsque Mitterrand, qui a gagné en autorité, se permet de contester la sienne.

Au bout de deux heures quinze, chacun pourtant est assez satisfait par sa performance : Mitterrand craignait que le débat ne tourne autour de l'entrée des ministres communistes au gouvernement. Cela n'a pas été le cas. Giscard voulait séduire les électeurs de Chirac au premier tour, il s'est adressé à eux en priorité, et les a sans doute en partie convaincus. En revanche, après le face-à-face, je trouve Delors et Attali déçus. « Mais enfin, dit Jacques Delors, pourquoi avez-vous dit que vous alliez nationaliser toutes les banques ?

– Oui, j'ai un peu exagéré », répond Mitterrand, nonchalant.

Son humeur, en fait, est excellente, et Delors ne peut pas la gâcher. Il y a sept ans, Mitterrand avait perdu la partie. Aujourd'hui, Giscard ne l'a pas gagnée. Cela lui suffit pour penser qu'il sera élu. André Rousselet me le confirme dès le lendemain : les sondages sont à 52/48 pour le candidat de la gauche.

Cette fois, les sondages ne se sont pas trompés, après avoir été assez imprécis depuis plusieurs semaines. Le 10 mai, le visage de Mitterrand apparaît sur les écrans des chaînes télévisées. Il est élu avec près de 52 % des voix. À RTL, où l'équipe politique à laquelle j'appartiens tient l'antenne, je vois, devant moi, les privilégiés qui ont été invités pour suivre ce moment décisif, politiques ou grands patrons, se décomposer ou sourire, selon leurs préférences. Je me rappelle que le patron de *L'Express*, le millionnaire Jimmy Goldsmith auquel Jean-Jacques avait vendu son journal il y a déjà des années, avait manqué s'évanouir, tandis que d'autres affichaient un large sourire. La scène est partout la même, dans les salons des radios ou des télévisions, où des figures allongées prennent congé précipitamment des lieux, laissant derrière elles des visages épanouis.

Pendant ce temps, Mitterrand remercie ses proches depuis l'hôtel du Vieux-Morvan et rentre à Paris. Non sans s'arrêter rue de Solférino, où l'attendent les siens.

Je pensais à Giscard, sur lequel, jusqu'à ce jour, les bonnes fées se sont penchées. Et à Mitterrand, qui a reçu tant de coups. « Eh oui, m'avait-il dit au lendemain du débat, c'est que je reviens de loin. Marchais, Rocard, Chirac, Giscard... Si je gagne, je serai finalement venu à bout de tous. »

Stupéfiant de voir la vitesse avec laquelle les choses se font. Déjà, l'équipe montante, avec Pierre Bérégovoy, qui, dans les bureaux de la rue de Solférino, siège du PS, prépare la transition. Il n'était pas le premier des fidèles de Mitterrand, mais il est devenu indispensable dans son univers. Il circule, au milieu des caisses et des dossiers, accueillant son homologue du côté élyséen, Jean Mérimée, sinistre et figé. Au milieu des énarques et autres hauts fonctionnaires, il n'a qu'un certificat d'études et un CAP d'ajusteur. Il est transporté de bonheur à l'idée que, dans quelques jours, il sera à l'Élysée. André Rousselet aussi, qui a en charge la cérémonie de passation du pouvoir, reçoit, costume rayé impeccable et cigare aux lèvres, les émissaires de l'ancien Président.

Giscard, lui, parle de « trahison préméditée », me dit Jean-Marie Poirier : il vise Jacques Chirac, son refus de participer à la grande réunion de la porte de Pantin et, pour faire bonne mesure, accuse ce dernier d'avoir fait envoyer à certains des militants du RPR une lettre pour leur demander de voter Mitterrand au second tour. Il sait que les portes se referment sur lui, et en désigne le responsable, Jacques Chirac qui, il est vrai, a empoisonné son septennat.

Son adieu aux Français, à la télévision, est sobre et républicain. Il n'est gâché que par la fin : une séquence qui paraît interminable, où un long travelling le suit, de dos, de son fauteuil présidentiel à la porte par laquelle il quitte le plateau. Le seul souhait de ses fidèles, maintenant, est que la gauche soit majoritaire aux prochaines élections législatives, dont Mitterrand a déjà fait annoncer les dates.

Je suis allée rendre visite à Michel Poniatowski, dans l'après-midi. C'est lui maintenant qui souhaite la défaite de Chirac aux législatives. « Il aura 80 sièges dans la vue, il va le payer », souffle-t-il. Je remarque pourtant qu'il fait, aujourd'hui, le même pronostic que le patron du RPR : « Il faut six mois pour vider les caisses. D'ici-là on aura une dévaluation de 15 %. » Ça durera trois ans, m'a prédit Chirac. Deux, me dit aujourd'hui Michel Poniatowski.

Drôle de situation, Mitterrand est président sans l'être. Il fait ses adieux aux conseillers généraux de la Nièvre, voit ses amis, remercie ses équipes. Et pense aux premières nominations. Très vite, j'entends dire que Pierre Mauroy va s'installer à Matignon. Il me le confirme lui-même à la veille de sa désignation.

Le 22 mai, pour la première fois sous la Ve République, un Président socialiste fait son entrée à l'Élysée. Tout est symbole, autant dans les salons de l'Élysée que dans la mise en scène grandiose dans laquelle on reconnait la patte de Jack Lang, qui va dominer la journée. Je commente le matin à l'antenne la cérémonie baroque, dans laquelle le président du Conseil constitutionnel, Roger Frey, livide, se mêle à la foule des invités socialistes de Mitterrand, le visage consterné du président du Sénat, et celui, plus serein, de Jacques Chaban-Delmas, qui en a vu d'autres. En revanche, je suis présente l'après-midi à l'Hôtel-de-Ville où, traditionnellement, le maire de Paris accueille le nouveau Président. Mitterrand ne s'attarde pas, car il a rendez-vous, au Panthéon, avec, ce sont les termes convenus, « le peuple de Paris ».

Je n'ai aucune chance, à pied, de quitter la mairie et d'être à temps au Panthéon pour voir entrer Mitterrand sous la coupole. Mais le nouveau Président me propose de monter dans sa voiture, où s'entassent des compagnons de la première heure, parmi lesquels Claude Estier.

Pour des raisons de protocole, le chauffeur nous débarque, lui et moi, au milieu du boulevard Saint-Michel. Embouteillage monstre. La voiture de Mitterrand passe de justesse, celle de Mauroy est arrêtée à ma hauteur. Il me fait signe de monter dans sa voiture, au lieu de risquer d'être piétinée par les Parisiens qui convergent vers le Panthéon. Je trouve Mauroy préoccupé, visage sombre, lui qui avait l'air si heureux ce matin en remontant les Champs-Élysées en compagnie du Président. Il doit rentrer directement à Matignon. Je lui demande ce qui se passe. Il me dit que le franc est attaqué et marque des signes de faiblesse, que Jacques Delors, futur ministre des Finances, est déjà au travail. Je lui demande s'il a parlé du franc à Mitterrand. Oui, tout à l'heure, me dit-il. Et qu'a-t-il répondu ? « Pas maintenant, Pierre, pas maintenant. »

REMERCIEMENTS

Mes remerciements vont d'abord à Jean-Luc Barré qui m'a convaincue de me lancer dans cette aventure, mi-souvenirs, mi-histoire qui n'est pas terminée.

Ils vont aussi à Benjamin Koplewicz, et aux services de documentation de *L'Express* et du *Point*, ainsi qu'à Henri de Beauvillé, des éditions Bouquins pour son efficacité.

Et je n'oublierai ni ma fille, Stéphanie Tchou-Cotta, pour sa présence attentive, ni mon mari, Philippe Barret, pour son soutien sans faille.

TABLE DES MATIÈRES

Composition et mise en pages
Nord Compo à Villeneuve-d'Ascq

#lisez engagé !
www.lisez.com
Pour plus d'information :
Imprimé sur du papier issu de forêts gérées durablement.

CET OUVRAGE
A ÉTÉ ACHEVÉ D'IMPRIMER
SUR ROTO-PAGE
PAR L'IMPRIMERIE FLOCH
À MAYENNE EN SEPTEMBRE 2023

N° d'éditeur : 65971/01 – N° d'imprimeur : 103192

Imprimé en France